Teología del pecado original y de la gracia

SAPIENTIA FIDEI

Serie de manuales de Teología

PLAN GENERAL DE LA SERIE

Teología fundamental

3 *Dios, horizonte del hombre,* J. de Sahagún Lucas (publicado)
5 *Patrología,* R. Trevijano (publicado)
9 *Historia de la Teología,* J. L. Illanes y I. Saranyana (publicado)
14 *Introducción a la Teología,* J. M.ª Rovira Belloso (publicado)
19 *Fenomenología y filosofía de la religión,* J. de Sahagún Lucas (publicado)
Teología de la revelación y de la fe, A. González Montes

Teología sistemática

1 *Teología del pecado original y de la gracia,* L. F. Ladaria (publicado)
10 *Mariología,* J. C. R. García Paredes (publicado)
16 *La pascua de la creación,* J. L. Ruiz de la Peña (publicado)
18 *Eclesiología,* E. Bueno de la Fuente (publicado)
El misterio del Dios trinitario, S. del Cura
24 *Cristología,* O. González de Cardedal (publicado)
26 *Antropología teológica y fundamental,* A. Martínez Sierra (publicado)

Teología sacramental

2 *Penitencia y Unción de enfermos,* G. Flórez (publicado)
4 *Tratado general de los sacramentos,* R. Arnau García (publicado)
6 *La liturgia de la Iglesia,* J. López Martín (publicado)
11 *Orden y ministerios,* R. Arnau García (publicado)
12 *Matrimonio y familia,* G. Flórez (publicado)
22 *Bautismo y Confirmación,* I. Oñatibia (publicado)
23 *Eucaristía,* D. Borobio (publicado)

Teología moral

8 *Moral fundamental,* J. R. Flecha Andrés (publicado)
15 *Moral socioeconómica,* A. Galindo (publicado)
28 *Moral de la persona,* J. R. Flecha Andrés (publicado)
Moral sociopolítica, R. M.ª Sanz de Diego

Teología pastoral y espiritual

7 *Teología espiritual,* S. Gamarra (publicado)
13 *Teología pastoral,* J. Ramos Guerreira (publicado)
Pastoral catequética, A. Cañizares
29 *Homilética,* F. J. Calvo Guinda (publicado)

Historia y arte

17 *Arqueología cristiana,* J. Álvarez Gómez (publicado)
20 *Historia del arte cristiano,* J. Plazaola (publicado)
21 *Historia de las religiones,* M. Guerra Gómez (publicado)
25 *Historia de la Iglesia.* I: *Antigua,* J. Álvarez Gómez (publicado)
30 *Historia de la Iglesia.* II: *Media,* J. Sánchez Herrero (publicado)
31 *Historia de la Iglesia.* III: *Moderna,* J. García Oro (publicado)
27 *Historia de la Iglesia.* IV: *Contemporánea,* J. M.ª Laboa (publicado)

Derecho Canónico

32 I: *El Derecho del Pueblo de Dios,* AA. VV. (publicado)
33 II: *El Derecho en la misión de la Iglesia,* AA. VV. (publicado)

TEOLOGIA DEL PECADO ORIGINAL Y DE LA GRACIA

Antropología teológica especial

POR

LUIS F. LADARIA

SEGUNDA EDICION
(Tercera impresión)

BIBLIOTECA DE AUTORES CRISTIANOS
MADRID • 2007

Primera edición: octubre de 1993
— *segunda impresión:* enero de 1997
Segunda edición (actualizada): abril de 2001
— *segunda impresión:* noviembre de 2004
— *tercera impresión:* septiembre de 2007

Con licencia eclesiástica del Arzobispado de Madrid (10-IX-1993)

Don Ramón de la Cruz, 57. Madrid 2007
Depósito legal: M. 16.686-2001
ISBN: 978-84-7914-582-8
Impreso en España. Printed in Spain

INDICE GENERAL

Págs.

Págs.

INTRODUCCION

«Todo hombre es Adán, todo hombre es Cristo». Se podría elegir esta frase, inspirada de cerca en san Agustín [1], como lema de este volumen dedicado a la teología del pecado original y de la gracia (lo que podríamos llamar «antropología teológica especial») porque precisamente el pecado y la gracia, las coordenadas que marcan la existencia del hombre en su relación con Dios, nos vienen de Adán y de Cristo, más aún, nos identifican en cierto modo con ellos. Recogemos con esta frase, como en su momento hizo Agustín, el paralelismo entre Adán y Cristo, de tan profunda raigambre paulina (cf. 1 Cor 15,21-22.45-49; Rom 5,12-21). De Adán viene el pecado y la muerte y de Jesús la gracia y la vida. En este sentido las dos figuras se contraponen. Pero con esta consideración no hemos recogido toda la riqueza de la enseñanza paulina. Desde el primer instante debemos tener presente que Adán no es sólo el primer pecador, sino también como el primer hombre. Los dos aspectos se hallan ciertamente unidos en Pablo, pero a la vez el Apóstol insinúa también la distinción entre ambos. En virtud de ella, el paralelismo a que nos hemos referido no puede entenderse sólo en relación con la gracia y el pecado. En los textos a que acabamos de aludir, Jesús no es contemplado sólo como el que nos redime del pecado, sino también como el que lleva al hombre, y con él la creación toda, a la realización de su destino (cf. 1 Cor 15,45-49). El paralelismo no se agota, por tanto, en la contraposición. La «prefiguración» es también un elemento fundamental del mismo. Adán, «figura del que había de venir» (Rom 5,14), ha de ser entendido por consiguiente a la luz de Cristo, aunque a la vez debamos tener en cuenta que la significación salvadora de Jesús no se puede explicar en concreto sin la referencia al «primer hombre»; en él ha tenido origen la situación de «desgracia» que afecta a todo el género humano [2].

[1] AGUSTÍN, *In Ps.* 70, ser. II 1 (CCL 39,960): «Omnis homo Adam, sicut in his qui regenerantur, omnis homo Christus». Volveremos más adelante sobre la sentencia. Por ahora quiero sólo hacer ver que no la he tomado al pie de la letra, sino que me he inspirado libremente en ella para resumir el contenido de esta obra.

[2] W. KASPER, *Christologie und Anthropologie:* ThQ 182 (1982) 202-221, 212: «En la medida en que Pablo entiende a Adán a partir de Jesucristo, deja claro a la vez en Adán cuál es la significación de Jesucristo».

Por la distribución de las materias entre este volumen y el que le precede en la serie, el que trata de lo que podríamos llamar «antropología teológica fundamental», no nos corresponde estudiar directamente la condición creatural del hombre, y por tanto el designio creador de Dios, que alcanza en Cristo su cumplimiento. Pero no podemos en absoluto desentendernos de esta perspectiva para la recta comprensión de las materias que deberemos desarrollar. Por esta razón interpretamos la frase agustiniana que nos sirve de lema en un sentido mucho más amplio que el que le dio originariamente el doctor de Hipona. Todo hombre es Adán: ante todo porque todo hombre comparte la condición humana, que nos une a todos nuestros semejantes de este momento histórico, pero que a la vez, por la sucesión de las generaciones, nos une a todos los que nos han precedido desde el comienzo de nuestra especie y a quienes hasta el final de los tiempos nos seguirán. Pero todo hombre es Adán también porque por el hecho de venir al mundo participa de la condición de pecador en la que el pecado del primer hombre (y también, en su medida, el de los hombres de todas las generaciones que se han ido sucediendo) lo ha sumido.

Todo hombre es Cristo: ciertamente lo es en el sentido más pleno de la palabra aquel que, renacido del agua y del Espíritu Santo, inserto en Jesús, vive en la Iglesia la vida de los hijos de Dios. Pero, a la vez, todo hombre es Cristo porque Jesús es la luz verdadera que ilumina a todo hombre al venir a este mundo (cf. Jn 1,9); porque ningún ser humano tiene otro destino que el de la plena configuración con Jesús en la participación de su filiación divina; porque todo hombre, desde el comienzo creado a imagen de Dios (cf. Gén 1,26s), ha sido llamado a llevar la imagen del hombre celeste, Jesús resucitado (cf. 1 Cor 15,49); porque Jesús, el hombre perfecto, revela al propio hombre su misterio y la sublimidad de su vocación (cf. Vaticano II, GS 22). Sólo en este contexto tiene sentido la contraposición más estricta entre la gracia y el pecado en la que nos deberemos centrar. Sólo porque todo hombre está últimamente llamado a ser Cristo, puede ser Adán. Sólo porque fue creado en la gracia pudo el hombre ser pecador. Por la obediencia de Jesús, la gracia sobreabunda donde abundó el pecado (cf. Rom 5,20). Pero, además, la gracia es la primera y la última palabra de Dios sobre el hombre. El designio salvador de Dios comienza en el primer instante de la historia, preside ya la creación del hombre. La enseñanza de la Iglesia sobre el paraíso y el estado original es una expresión elocuente de esta verdad. Y este designio original de gracia, al que el pecado se opuso, acabará al final realizándose en virtud de la fuerza de Cristo. Sin que podamos minimizar en absoluto la tragedia del pecado (sus efectos continúan siendo demasiado visibles para que se pueda pensar en ello), la mirada creyente a Jesús crucificado y resucitado descubre el amor de Dios más fuerte que el egoísmo humano y se abre a la «esperanza contra toda esperanza» (cf. Rom 4,18). El hombre se halla, ciertamente, bajo el signo de Adán y bajo el signo de Cristo; pero esta última determinación es mucho más radical: el mismo Adán primero se halla ya bajo el signo del segundo y definitivo [3].

Nuestro tratado, sin perder de vista el marco que brevemente hemos recordado, se ocupará específicamente de los temas del pecado original y de la gracia, aquellos que más directamente afectan a la experiencia del creyente, su ser en Cristo y el pecado del que Jesús nos libera. O, dicho con otras palabras, el ser humano en los avatares de la realización histórica de su vocación. A nuestra reflexión precede la «antropología teológica fundamental», que analiza la visión cristiana del hombre en sus estructuras fundamentales, el sujeto del cual decimos que es pecador o agraciado por Dios. Y a su vez a nuestro estudio habrá de seguir el de la escatología cristiana, que trata de la plena realización del designio de Dios sobre el hombre y el mundo y la historia entera.

Los tratados de escatología cristiana, sucesores muy renovados del clásico *De novissimis,* tienen un estatuto bastante claro dentro del conjunto de la sistemática teológica. No se puede decir exactamente lo mismo de la «antropología teológica». No sólo porque hay diversas propuestas de estructuración de los temas, sino porque incluso el agrupamiento unitario de las materias teológicas que tienen al hombre como objeto dista mucho de ser aceptado por todos [4].

Con todo, la antropología teológica como disciplina englobante sobre todo de los antiguos tratados *De Deo creante et elevante* y *De gratia* se va abriendo paso, de manera especial en los países del área latina [5]. No quiere decir esto que se haya llegado a un acuerdo en la

[3] Así lo han visto claramente algunos padres y escritores de la antigüedad cristiana; p.ej. TERTULIANO, *De res. mort.* VI 3-5 (CCL 2, 928): «En lo que se expresaba en el fango, se pensaba en Cristo, que iba a ser hombre... Por ello, lo que (Dios) formó, lo hizo a imagen de Dios, es decir, de Cristo. Así aquel barro, que revestía ya la imagen de Cristo que iba a existir en la carne, no era sólo obra de Dios, sino también garantía» (la primera parte de este texto figura citada en nota en GS 22); ID., *Adv. Prax.* XII 3-4 (CCL 2,1173): «Había uno a la imagen del cual hacía (al hombre), es decir, a imagen del Hijo, el cual, teniendo que ser más tarde el hombre más cierto y más verdadero *(homo futurus certior et verior),* hizo que fuera llamado hombre aquel que en aquel momento debía ser formado del fango, imagen y semejanza del verdadero»; PEDRO CRISÓLOGO, *Sermo* 117 (PL 52, 520): «El segundo Adán plasmó al primero, e imprimió en él su propia imagen» (cita este texto el *Catecismo de la Iglesia católica,* n.359).

[4] Una visión sintética de las diversas propuestas de los últimos tiempos se hallará en L. F. LADARIA, *Introduzione all'antropologia teologica* (Casale Monferrato 1992), 15-38; en el mismo lugar se encontrarán más indicaciones sobre lo que sigue.

[5] Cf. la bibliografía. El primer manual que agrupó estas materias bajo el título de

articulación concreta de los temas. Por una parte no faltan propuestas que tienden a hacer prevalecer el punto de vista «lógico» sobre el «cronológico» en la articulación del tratado; esto significa en concreto que, si el designio primordial de Dios sobre el hombre es la comunicación de su amor y de su gracia, el tratamiento de esta última ha de tener la prioridad; por ella se ha de empezar, por tanto, en la antropología teológica [6]. Pero la mayoría de las obras recientes, aun buscando una estructuración unitaria de la materia, siguen el orden tradicional de creación-pecado-gracia. Éste es también el que seguimos en la presente ocasión.

Más novedad ofrece, en cambio, la división de la materia en antropología teológica «fundamental» y «especial» [7]. Tiene entre nosotros el precedente de la conocida y excelente serie de manuales de J. L. Ruiz de la Peña [8]. Pero, en la enseñanza teológica, es más frecuente, por lo que conozco, agrupar en una primera parte de la antropología las doctrinas de la creación y del pecado, dejando para una segunda parte el tratamiento de la gracia [9]. El hecho de que se siga aquí esta división responde a razones en gran parte contingentes, que no es el momento de explicar. En todo caso, aunque otras distribuciones de la materia son posibles, la que aquí se adopta tiene su sentido. El hombre, aunque llamado a la gracia de Dios y precisamente por ello, tiene una determinada estructura ontológica, es una persona, un sujeto libre. Características todas ellas que tienden a posibilitar la comunicación de sí mismo con que Dios quiere agraciarlo, y a partir de las cuales se realiza la historia de las relaciones del

«antropología teológica» es, hasta donde alcanzan mis conocimientos, el de M. Flick-Z. Alszeghy, *Antropología teológica,* que vio la luz en 1970.

6 Este principio rige la estructura de la obra de G. Colzani, *Antropologia teologica. L'uomo: paradosso e mistero.* En cierta manera se llevan en ella a la práctica las propuestas que había formulado bastantes años antes L. Serenthà, *Problemi di metodo nel rinnovamento dell'antropologia teologica:* Teo 2 (1976) 150-183.

7 Uso estos adjetivos en un sentido muy general, sin querer en absoluto insistir en esta terminología.

8 J. L. Ruiz de la Peña, *Imagen de Dios. Antropología teológica fundamental* (Santander 1988); Id., *El don de Dios. Antropología teológica especial* (cf. la bibliografía). Respondería también aproximadamente a la antropología teológica «especial», aunque no se usa este nombre, la obra de O. H. Pesch, *Frei sein aus Gnade.* Por otra parte, «antropología teológica fundamental» es el subtítulo de una obra reciente que abarca los temas de la creación y del pecado: G. Gozzelino, *Vocazione e destino dell'uomo in Cristo. Saggio di antropologia teologica fondamentale* (Torino 1985). Pero este subtítulo ha desaparecido en la reelaboración de la obra *Il mistero dell'uomo in Cristo. Saggio di protologia* (Torino 1991).

9 Esto incluso en los casos en que se da una cierta unidad a la enseñanza teológica sobre el hombre. Esta división es sin duda heredera de los tratados clásicos a que nos acabamos de referir. La creación y el pecado forman también un bloque, separado de la gracia, en los casos en que no se agrupan las materias que tratan del hombre, cf. p.ej. MySal.

hombre con Dios. Presupuestas, por tanto, estas cuestiones fundamentales, que, por otra parte, sólo en la realización histórica del designio divino pueden iluminarse con claridad, podemos dedicarnos en este volumen más específicamente al estudio de la oferta de la gracia de Dios, que determina desde el comienzo de la historia la vida humana, y la respuesta del hombre a este ofrecimiento.

Dos son las partes principales de que consta nuestro volumen. En la primera consideramos, ante todo, el ofrecimiento de amor y amistad que Dios ha hecho al hombre en el primer instante de su creación. Este hecho, como acabamos de decir, determina toda la existencia humana. Por esta razón, para que quede más clara, aun en la disposición sistemática de la obra, la primacía de la gracia, he preferido dar al tema del «paraíso» una cierta autonomía y no englobarlo en el del pecado original. El estudio de este último, el rechazo del hombre a esta gracia y don de Dios, ocupará la primera parte en casi toda su extensión. La segunda parte, la teología de la gracia, se ocupa de la oferta radical del don divino y la plena respuesta humana al mismo que han tenido lugar en Jesucristo, la «gracia» en persona. A partir de él ha cambiado el signo de la historia, se ha abierto una nueva posibilidad de ser hombre en la filiación divina y en la fraternidad respecto de los hombres. Aparecerán así, esperamos, internamente articuladas las coordenadas de la gracia y el pecado que enmarcan la existencia del hombre.

Sería, naturalmente, demasiado simplista considerar el pecado y la gracia sólo como dos situaciones sucesivas en las que se encuentra el hombre ante Dios. No le faltó al hombre la gracia y el amor de Dios después de la caída y antes de que viniera Jesús (cf. Gén 3,15). Por otra parte, el pecado, vencido ya, sigue presente en el mundo, incluso en quienes se han incorporado a Cristo y a su Iglesia por el bautismo; además sigue abierto ante cada uno de nosotros el interrogante de nuestro destino final. Por ello, en nuestra consideración del hombre en la gracia y el pecado, debemos tener presentes siempre estos dos aspectos: por una parte, la victoria de Jesús ya realizada; por otra, la inevitable coexistencia, mientras vivimos en este mundo, de gracia y de pecado; del don de Dios ofrecido y aceptado libremente, también por gracia, por los hombres en quienes triunfa la obra del Espíritu, y rechazado, en no pocas ocasiones, aun por quienes desean seguir a Jesús. El hombre pecador y el hombre justificado no son dos hombres, sino uno y el mismo. Y aunque la justificación sea para cada hombre un momento de cambio fundamental, como lo ha sido para la humanidad en su conjunto el de la muerte y resurrección de Jesús, la plenitud de la gracia y de la filiación divina, sin amenaza ninguna de mal ni de pecado, será gozada sólo en la vida eterna. Nuestro estudio del hombre en el pecado y en la gracia habrá de tomar en consideración la implicación mutua de estas dos dimensiones —muy diversa ciertamente según las circunstancias y siempre con el primado de la gracia— en todo hombre y en todos los momentos de la historia.

A las dos partes principales de la obra precede un capítulo dedicado a la cuestión del sobrenatural. Creo necesaria esta reflexión antes de abordar el tema del estado original y el paraíso, para que quede claro cómo se inserta en el ser del hombre la llamada a la filiación divina; ésta, siendo absolutamente trascendente y gratuita, es a la vez la única posible plenitud del ser humano que conocemos, creado por Dios para hacer posible el don de sí mismo [10].

La presente obra constituye una reelaboración de la mayor parte de mi *Antropología teológica,* aparecida por primera vez en 1983. He optado por mantener el orden y la estructura fundamental de los capítulos correspondientes a la materia de este nuevo libro, ya que considero que en líneas generales siguen siendo válidos. Las posiciones adoptadas no han sufrido tampoco muchos cambios sustanciales, pero sí variaciones de matiz y de expresión en no pocas ocasiones; se ha transformado la estructura interna de algunos capítulos y se tratan con más extensión (y, espero, profundidad) algunos puntos. La revisión del texto y de las notas ha sido completa, aunque no en todos los casos se hayan introducido modificaciones de gran relieve. Una de las preocupaciones fundamentales ha sido la de poner al día la bibliografía, tanto general como específica [11].

La «antropología teológica especial», como ya hemos dicho, presupone la «fundamental». Esto significa en concreto que algunas de las soluciones adoptadas en las cuestiones que en este libro se tratan (pienso especialmente en los temas del sobrenatural y del estado original, pero también en algunos enfoques de la teología de la gracia) dependen de opciones previas que, por obvias razones, no siempre he podido exponer y justificar con detalle. He procurado dar un mínimo de explicación cuando me ha parecido que las circunstancias lo requerían. Para una información más completa me remito a los primeros capítulos de la *Antropología teológica* [12].

[10] La estructura de esta obra ha resultado así análoga a la de J. L. RUIZ DE LA PEÑA *El don de Dios.* Pero cf. también mi *Antropología teológica,* Roma-Madrid 1983, a la que en seguida me referiré.

[11] Aunque he de hacer notar que, viviendo y trabajando en el extranjero, no me han sido de fácil acceso las traducciones castellanas de diversas obras.

[12] Espero que una segunda edición completamente reelaborada de la obra (que incluirá también las materias de este libro) pueda aparecer en lengua italiana en los primeros meses del año 1994. Llevará por título *Antropologia teologica* (2.ª ed.), y será publicada por la Editrice Pontificia Università Gregoriana (Roma) y Edizioni Piemme (Casale Monferrato).

Para hacer posible la publicación del presente volumen por la BAC en la serie *Sapientia fidei,* las «Publicaciones de la Universidad Pontificia Comillas» (Madrid) y la «Editrice Pontificia Università Gregoriana» (Roma), coeditoras de la ya repetidas veces mencionada *Antropología teológica,* han renunciado a ulteriores reediciones de la obra en castellano. Quiero dar las gracias a ambas instituciones por la apertura de espíritu y la generosidad que con este gesto han mostrado. Como en el momento de la primera edición de esta obra, deseo manifestar mi reconocimiento a mis colegas y a mis alumnos de la Universidad Pontificia Comillas de Madrid en los ya lejanos, pero siempre presentes, primeros años de docencia teológica; y también a los profesores y alumnos de la Pontificia Universidad Gregoriana de Roma, con quienes comparto desde hace ya algunos años los gozos y las fatigas de la investigación y la enseñanza.

BIBLIOGRAFIA

Señalo en esta bibliografía las obras generales sobre la antropología teológica y los tratados sobre la gracia. El criterio seguido para incluir o no los títulos en esta bibliografía comentada no es, por tanto, en ningún modo la *calidad* de los escritos, sino su *carácter.* He omitido los artículos, las monografías, los estudios exclusivamente bíblicos e históricos. Para no alargar indebidamente esta nota bibliográfica, omito también los estudios específicos sobre el pecado original; tienen en general un carácter más bien monográfico y, en todo caso, afectan a una parte más limitada de esta obra; el lector los encontrará elencados al comienzo del cap.3. Se encontrarán igualmente en las notas de los diversos capítulos las referencias bibliográficas complementarias. Para mayor información indico aquí los títulos originales de los libros y las traducciones al castellano, si las hay, de los escritos en otras lenguas. A lo largo del presente volumen he procurado citar las traducciones españolas de estas y de otras obras cuando me han sido fácilmente accesibles. En algunas ocasiones me ha parecido prudente, para una mejor orientación del lector, dar las referencias de los originales y de la traducción.

J. AUER, *Das Evangelium der Gnade* (Regensburg 1970) *(El evangelio de la gracia,* Barcelona 1975).
— *Die Welt-Gottes Schöpfung* (Regensburg 1975) *(El mundo, creación de Dios,* Barcelona 1979).

Volúmenes V y III, respectivamente, de la serie *Kleine katholische Dogmatik (Curso de teología dogmática),* publicada por J. Auer y J. Ratzinger. Las fechas de publicación no afectan al orden de la serie. El volumen consagrado a la creación dedica al estado original y al pecado original un espacio relativamente breve (p.518-545 y 602-641 de la ed. española). Mucho más completo es el tratado sobre la gracia, de estructura tradicional pero atento a las corrientes renovadoras de los años posconciliares.

CH. BAUMGARTNER, *La grâce du Christ* (Tournai ^{2}1967) *(La gracia de Cristo,* Barcelona 1969).

La obra se divide en dos partes, histórica la primera y sistemática la segunda. Esta última parte mantiene la estructura escolástica de las tesis. Recomendable por la claridad, aunque tal vez el estilo de la segunda parte no responde del todo a nuestros hábitos actuales. Se ha de poner de relieve la importancia sistemática que se da a la filiación divina del hombre. El mismo autor escribió una obra notable sobre el pecado original.

L. BOFF, *A graça libertadora no mundo* (Petrópolis-Lisboa 1976) *(Gracia y liberación del hombre,* Madrid 1978).

Probablemente el manual sobre la gracia más representativo en la línea de la teología de la liberación. La teología de la gracia se aborda desde la experiencia de la misma que puede tener el hombre en los diferentes ámbitos de su existencia (parte 2.ª de la obra, tal vez la más original). Los temas clásicos de la teología de la gracia se abordan con competencia en las partes 3.ª y 4.ª, dando preferencia en el orden de exposición a las nociones de gracia habitual y actual sobre las de la divinización, filiación divina, inhabitación del Espíritu Santo.

G. COLZANI, *Antropologia teologica. L'uomo: paradosso e mistero* (Bologna [2]1997).

Manual de antropología teológica que reúne las materias tradicionales de creación, pecado y gracia. En las dos primeras partes, dedicadas a la teología bíblica y a la «memoria de la fe en la tradición de la Iglesia», se combinan los temas dedicados a estos diversos aspectos de la antropología. La parte sistemática no sigue el orden clásico, sino que da prioridad a la doctrina de la gracia, ya que en ella se descubre el proyecto cristiano del hombre. A esta luz se estudia el estado original y la libertad del hombre. El pecado, la justificación y la vida nueva se tratan en la última parte.

M. FLICK-Z. ALSZEGHY, *Il vangelo della grazia. Un trattato dogmatico* (Firenze 1964) *(El evangelio de la gracia,* Salamanca 1965).
— *Fondamenti di una antropologia teologica* (Firenze 1970) *(Antropología teológica,* Salamanca 1970).

La primera de las obras puede considerarse ya «clásica» en la teología de la gracia. Se caracteriza por la amplitud de perspectivas y una gran riqueza de material. Sigue siendo una fuente casi necesaria de información para quien quiera adentrarse en el estudio de la teología de la gracia. Después de una primera parte más general sobre el hombre y la gracia, la libertad, etc., se estudia el camino hacia la justificación, la justificación misma y la vida del justificado. Se ha de poner de relieve que en la parte dedicada a la justificación, el estudio de las relaciones del justo con Dios precede al de la gracia creada.

El segundo volumen, más reciente, es, en la parte dedicada a la gracia, una especie de refundición del anterior, para adaptarlo a las exigencias pedagógicas. Es un manual completo de antropología teológica que trata de la creación, el pecado y la gracia. Los dos primeros temas se agrupan en la primera parte, «el hombre bajo el signo de Adán», a la gracia se reserva la segunda, «el hombre bajo el signo de Cristo». Completamos la información sobre estos autores aludiendo a su obra sobre el pecado original, de la que haremos uso abundante sobre todo en el cap.3.

J. A. GALINDO RODRIGO, *Compendio de la gracia. La gracia, expresión de Dios en el hombre. Hacia otra visión de la antropología cristiana* (Valencia 1991).

Como indica el subtítulo, este manual quiere reconsiderar los temas clásicos de la teología de la gracia a partir de la idea central de la gracia como «expresión de Dios en el hombre». Por ello se estudia ampliamente el concepto de «expresión», para pasar después al estudio de las fuentes bíblicas y tradicionales, las nociones fundamentales y las dimensiones más específicas de la teología de la gracia, la justificación, la divinización, las relaciones del justo con las divinas personas, la gracia increada y la creada. En todos estos puntos concretos se pone de relieve cómo la gracia es expresión de Dios en el hombre; una noción que sin confundir los dos términos, Dios y el hombre, el expresado y el que expresa, nos los muestra en su relación; ofrece un modelo interesante para iluminar las relaciones del hombre con Dios y, por tanto, la teología de la gracia.

A. GANOCZY, *Aus seiner Fülle haben wir alle empfangen. Grundriss der Gnadenlehre* (Düsseldorf 1989) *(De su plenitud todos hemos recibido,* Barcelona 1991).

Este manual consta de tres partes, bíblica, histórica y sistemática. En esta última, en la que se estudian las cuestiones clásicas de la teología de la gracia, se empieza por tratar de la iniciativa divina en la salvación (Dios que se dirige al hombre), para pasar después al contrapunto antropológico (el hombre orientado hacia Dios, ya como ser orientado a la trascendencia); en los capítulos dedicados a la realización de la gracia en el hombre y en el pueblo de Dios se estudian las dimensiones personales y sociales.

M. GELABERT BALLESTER, *Salvación como humanización. Esbozo de una teología de la gracia* (Madrid 1985).

Este «esbozo» intenta presentar la teología de la gracia de modo accesible para el hombre de nuestro tiempo, de manera que resulte relevante y significativa en relación con su experiencia y mentalidad. Por ello dedica la primera parte a la confrontación entre la experiencia humana y la gracia, para pasar después al porqué de la respuesta cristiana de la salvación en Cristo. La tercera parte del volumen, con mucho la más extensa, desarrolla esta respuesta cristiana. Entre las diferentes formas de explicar la gracia prefiere el autor el modelo de la «palabra», que expresa la vida de Dios que se hace vida nuestra. Presta también atención a las dimensiones sociales y eclesiales de la gracia.

J. I. GONZÁLEZ FAUS, *Proyecto de hermano. Visión creyente del hombre* (Santander 1987).

Otro manual de antropología, de gran extensión, que recoge de modo unitario y con el orden tradicional los tratados de la creación, el pecado y la gracia. El título muestra bien la intención del libro. La realización plena del hombre en la fraternidad implica todas las dimensiones de la existencia humana, incluidas las sociales y políticas. El tema del sobrenatural se une con el de la creación del hombre a imagen de Dios. El pecado original se estudia en relación íntima con el «pecado estructural». «El hombre bajo la mirada benevolente de Dios» es el sugestivo título del capítulo que abre el estudio de la gracia. Las dimensiones de la justificación y de la liberación de sí mismo y de los demás son los aspectos del nuevo ser del hombre que se ponen más de relieve. Da especial importancia a la cuestión de la experiencia de la gracia.

G. GRESHAKE, *Geschenkte Freiheit. Einführung in die Gnadenlehre* (Freiburg 1977).

Volumen de pequeñas dimensiones que ofrece sobre todo un buen resumen de la evolución histórica de la doctrina de la gracia. En la parte sistemática conclusiva insiste sobre todo en la capacidad de obrar libremente que Dios concede al hombre.

Mysterium salutis. Grundriss heilsgeschichtlicher Dogmatik II (Einsiedeln 1967), 546-561; 818-941; IV/2 (Einsiedeln 1973), 593-984. *Mysterium salutis. Manual de teología como historia de la salvación* II/1 y 2 (Madrid 1969), II/1, 602-614; II/2, 915-1042; IV/2 (Madrid 1975), 573-936.

Esta conocida obra en colaboración divide las materias objeto de nuestro interés entre el volumen II y la segunda parte del IV. La cuestión del sobrenatural, el estado original y el pecado original se tratan en el primero de los volúmenes indicados; G. MUSCHALEK, W. SEIBEL y P. SCHOONENBERG son los autores de los capítulos correspondientes. En particular el dedicado al pecado original, estudiado en relación con el «pecado del mundo», ha suscitado mucha discusión y ejercido también gran influencia en la teología de los últimos tiempos. El tratado de la gracia comienza con dos capítulos bíblicos (Antiguo y Nuevo Testamento), obra de H. GROSS y F. MUSSNER respectivamente. Especialmente lograda es la exposición histórica de P. FRANSEN. La parte sistemática trata de tres temas fundamentales: la elección (M. LÖHRER), la justificación (O. H. PESCH), el nuevo ser del hombre en Cristo (P. FRANSEN). La gran extensión de estos capítulos hace que la obra sea difícilmente utilizable como manual en el sentido estricto; puede prestar grandes servicios como obra de consulta.

O. H. PESCH, *Frei sein aus Gnade. Theologische Anthropologie* (Freiburg-Basel-Wien 1983).

El pecado original y la gracia son los temas que se estudian sobre todo en esta «antropología teológica»; antes de entrar en estos puntos fundamentales se hacen unas interesantes consideraciones sobre el sentido de la antropología teológica y el horizonte de la autocomprensión del hombre en nuestros tiempos. La característica y, a la vez, mérito fundamental de esta obra es el punto de vista ecuménico desde el que se abordan los temas concretos. El autor, estudioso de Lutero de reconocido prestigio, muestra bien las diferencias entre las concepciones católicas y protestantes, así como también los puntos en los que la discusión puede considerarse hoy superada.

H. RONDET, *Gratia Christi* (Paris 1948); *Essais sur la théologie de la grâce* (Paris 1964) (trad. de las dos obras, *La gracia de Cristo,* Barcelona 1966).

La traducción castellana engloba en un solo volumen dos obras algo lejanas en el tiempo y también de características diversas, pero unidas por la temática fundamental. La primera obra es más erudita, la segunda está al alcance de un público más vasto. Pese a los años transcurridos, estos estudios del P. Rondet conservan su interés; sobre todo la primera obra, que creo podemos contar también entre los clásicos en la materia. Las exposiciones históricas muestran un gran conocimiento del tema. Sin duda, estos escritos han contribuido notablemente a la renovación de la teología católica de la gracia a partir de las fuentes bíblicas y patrísticas. Rondet es también autor de un conocido estudio sobre el pecado original.

J. L. RUIZ DE LA PEÑA, *El don de Dios. Antropología teológica especial* (Santander 1991).

Concluye con esta obra la «trilogía» del autor dedicada a la antropología teológica, después de los volúmenes dedicados a la teología de la creación en general y a la «antropología teológica fundamental». Obra de exposición muy clara y sistemática. Comienza por el tema del sobrenatural, para ocuparse en las dos partes principales del pecado y de la gracia. Se recoge muy bien el *status quaestionis* de los diferentes problemas en la actual teología católica y se ofrecen soluciones equilibradas. También se ha de notar el interés por la historia de las doctrinas del pecado original y de la gracia: su estudio ocupa una parte notable del volumen. Aunque en medida limitada, se tiene en cuenta el entorno cultural en el que tiene hoy lugar la discusión y el anuncio de estos temas teológicos fundamentales.

I. SANNA, *L'uomo via fondamentale della Chiesa. Trattato di antropologia teologica* (Roma ^{2}1989).

Otro manual de antropología que estudia al hombre en su condición de criatura, de pecador y de agraciado por Dios. Es obra bien documentada y de fácil lectura. Muy visible el influjo de las obras ya mencionadas de M. Flick y Z. Alszeghy.

A. SCOLA - G. MARENGO - J. PRADES, *La persona umana. Antropologia teologica* (Milano 2000).

Este manual pretende ser un tratado completo de antropología teológica. En el tema de la creación da la prioridad a la creación en Cristo, para pasar después a las otras cuestiones clásicas de la libertad del acto creador, la creación de la nada, etc. Un cap. extenso se dedica propiamente a la antropología, bajo el signo del hombre creado a imagen y semejanza de Dios. Ya en este momento se aborda el tema de la filiación divina. El pecado original se presenta como la contraposición negativa de la solidaridad en Cristo. Un último cap. dedicado a la justicia cristiana trata ampliamente del tema de la justificación y de la vida nueva del hombre en Cristo.

SIGLAS Y ABREVIATURAS

AAS	Acta Apostolicae Sedis.
AG	CONC. VATICANO II, Decr. *Ad gentes.*
Ang	Angelicum (Roma).
Ant	Antonianum (Roma).
Aug	Augustinianum (Roma).
BAC	Biblioteca de Autores Cristianos (Madrid).
Bib	Biblica (Roma).
BZ	Biblische Zeitschrift (Paderborn).
Cath	Catholica (Münster).
CBQ	The Catholic Biblical Quarterly (Washington).
CCL	Corpus Christianorum. Series Latina (Turnhout).
CEC	Catechismus Catholicae Ecclesiae (Città del Vaticano 1997).
CFT	*Conceptos fundamentales de la teología* (Madrid 1966).
CivCat	La Civiltà Cattolica (Roma).
Conc	Concilium (Madrid).
CSEL	Corpus Scriptorum Ecclesiasticorum Latinorum (Wien).
CT	*Concilium Tridentinum* (Freiburg 1901-1930).
CTom	Ciencia Tomista (Salamanca).
DBS	*Dictionnaire de la Bible. Supplément* (Paris 1928ss).
DH	CONC. VATICANO II, Decl. *Dignitatis humanae.*
DS	DENZINGER-SCHÖNMETZER, *Enchyridion symbolorum, definitionum et declarationum de rebus fidei et morum,* 34.ª ed. (Barcinone... 1967).
DTAT	*Diccionario Teológico del Antiguo Testamento* (Madrid 1973ss).
DThC	*Dictionnaire de Théologie Catholique* (Paris).
DV	CONC. VATICANO II, Const. dogm. *Dei Verbum.*
EE	Estudios Eclesiásticos (Madrid).
EstTr	Estudios Trinitarios (Salamanca).
EThL	Ephemerides Theologicae Lovanienses (Bruges).
EThR	Études théologiques et religieuses (Montpellier).
FKTh	Forum katholische Theologie (Aschaffenburg).
FZPhTh	Freiburger Zeitschrift für Philosophie und Theologie (Freiburg Schweiz).
GCS	Die griechischen christlichen Schriftsteller der ersten drei Jahrhunderte (Leipzig).
Gr	Gregorianum (Roma).
GS	CONC. VATICANO II, Const. past. *Gaudium et spes.*
GuL	Geist und Leben (Würzburg).
HThG	*Handbuch theologischer Grundbegriffe* (München 1962).
HThR	The Harvard Theological Review (Cambridge Mass.).

IKZC	Internationale katholische Zeitschrift Communio (Köln).
KuD	Kerygma und Dogma (Göttingen).
Lat	Lateranum (Roma).
LG	CONC. VATICANO II, Const. dogm. *Lumen gentium.*
LSt	Louvain Studies (Leuven).
LThK	*Lexikon für Theologie und Kirche,* 2.ª ed. (Freiburg 1957-1965).
MCom	Miscelánea Comillas (Madrid).
MSR	Mélanges de science religieuse (Lille).
MThZ	Münchener Theologische Zeitschrift (St. Ottilien).
MySal	*Mysterium Salutis. Fundamentos de la dogmática como historia de la salvación* (Madrid 1969ss).
NA	CONC. VATICANO II, Decl. *Nostra aetate.*
NovT	Novum Testamentum (Leiden).
NRTh	Nouvelle Revue Théologique (Louvain).
PG	Patrologia Graeca (Paris).
PL	Patrologia Latina (Paris).
PLS	Patrologia Latina. Supplementum (Paris).
RBi	Rivista Biblica (Brescia).
RCatT	Revista Catalana de Teologia (Barcelona).
RCICom	Revista Católica Internacional *Communio* (Madrid).
REA	Revue des Études Augustiniennes (Paris).
RET	Revista Española de Teología (Madrid).
RevAg	Revista Agustiniana (Madrid).
RICom	Rivista Internazionale di Teologia e Cultura *Communio* (Milano).
RM	JUAN PABLO II, Enc. *Redemptoris missio.*
RSR	Recherches de Science Religieuse (Paris).
RThL	Revue Théologique de Louvain.
RThom	Revue Thomiste (Paris).
RThPh	Revue de Théologie et de Philosophie (Lausanne).
RTLim	Revista Teológica Limense (Lima).
Sal	Salesianum (Roma).
Salm	Salmanticensis (Salamanca).
SC	La Scuola Cattolica (Milano).
SCh	Sources Chrétiennes (Paris).
SM	*Sacramentum Mundi.* Enciclopedia Teológica (Barcelona 1972-1976).
StdZ	Stimmen der Zeit (Freiburg).
Teo	Teologia (Milano).
ThGl	Theologie und Glaube (Paderborn).
ThLZ	Theologische Literaturzeitung (Leipzig).
ThPh	Theologie und Philosophie (Freiburg).
ThQ	Theologische Quartalschrift (Stuttgart).
ThRev	Theologische Revue (Münster).
ThS	Theological Studies (Baltimore).
ThWAT	*Theologisches Wörterbuch zum Alten Testament* (Stuttgart 1973ss).

ThWNT	*Theologisches Wörterbuch zum Neuen Testament* (Stuttgart 1933-1979).
ThZ	Theologische Zeitschrift (Basel).
UR	CONC. VATICANO II, Decr. *Unitatis redintegratio.*
WA	M. LUTHER, *Werke. Kritische Gesamtausgabe* (Weimar 1883-1949).
WiWei	Wissenschaft und Weisheit (Düsseldorf).
ZAW	Zeitschrift für die alttestamentliche Wissenschaft (Berlin).
ZKTh	Zeitschrift für katholische Theologie (Wien).
ZNW	Zeitschrift für die neutestamentliche Wissenschaft und die Kunde der älteren Kirche (Berlin).
ZThK	Zeitschrift für Theologie und Kirche (Tübingen).

TEOLOGIA DEL PECADO ORIGINAL
Y DE LA GRACIA

CAPÍTULO I

EL HOMBRE, CRIATURA DE DIOS LLAMADA A LA VIDA DIVINA

(La cuestión del sobrenatural)

BIBLIOGRAFIA

J. ALFARO, *Lo natural y lo sobrenatural. Estudio histórico desde santo Tomás hasta Cayetano (1274-1534)* (Madrid 1952); ID., *Trascendencia e inmanencia de lo sobrenatural:* Gr 38 (1957) 5-50; ID., *El problema teológico de la trascendencia e inmanencia de la gracia,* en *Cristología y Antropología. Temas teológicos actuales* (Madrid 1973), 227-343; J. AUER, *El Evangelio de la gracia,* 215-226; H. U. VON BALTHASAR, *Karl Barth. Darstellung und Deutung seiner Theologie* (Köln 1951), 278-213; ID., *Der Begriff der Natur in der Theologie:* ZKTh 75 (1953), 452-464; M. FLICK-Z. ALSZEGHY, *Antropología teológica,* 597-615; J. I. GONZÁLEZ FAUS, *Proyecto de hermano,* 123-170; G. GOZZELINO, *Il mistero dell'uomo in Cristo. Saggio di protologia* (Torino 1991), 65-73; L. F. LADARIA, *Naturaleza y Sobrenatural,* en B. SESBOÜÉ (dir.), *Historia de los Dogmas* II (Salamanca 1996) 281-308; H. DE LUBAC, *El misterio de lo sobrenatural* (Barcelona 1970); G. MUSCHALEK, *Creación y alianza como problema de naturaleza y gracia:* MySal II 1, 602-615; K. RAHNER, *Sobre la relación entre la naturaleza y la gracia,* en *Escritos de Teología* I (Madrid 1963), 325-347; ID., *Naturaleza y gracia,* en *Escritos de Teología* IV (Madrid 1964), 215-242; J. L. RUIZ DE LA PEÑA, *El don de Dios,* 19-45.

La primera parte de la antropología teológica (antropología teológica «fundamental») ha mostrado ya al ser humano como criatura de Dios hecha a su imagen y los elementos fundamentales de su constitución. Como ya acabamos de señalar en la introducción, nos toca ahora considerar más directamente a este hombre en cuanto inmerso en el misterio del amor de Dios y de su gracia, en la historia salvífica que arranca desde la creación y que alcanza en Jesucristo la definitividad de su sentido. Pero antes de entrar en la consideración de las coordenadas que marcan la relación histórica del hombre con Dios (la gracia y el pecado), conviene reflexionar un poco más sobre el ser humano en cuanto llamado desde el primer instante a la comunión con Dios en Cristo, y creado sólo para que sea posible esta comunión. El hombre es criatura de Dios, pero la creaturalidad no es el único aspecto de su relación con Dios. Inseparablemente unida a ella se halla la vocación «divina», la única vocación del hombre según enseña el concilio Vaticano II en GS 22.

En el capítulo que ahora iniciamos, introductorio a toda esta segunda parte de la antropología, nos proponemos reflexionar explícitamente sobre la unidad profunda del ser humano que somos y conocemos en la duplicidad de dimensiones básicas que determinan nuestra relación con Dios: nuestra condición de criaturas y nuestra condición de «agraciados» en Jesús desde antes de la creación del mundo y predestinados a ser conformados con él para compartir su filiación divina (cf. Ef 1,33ss; Rom 8,29). El hombre es criatura de Dios y al mismo tiempo es más que criatura. Nos esforzaremos por poner de relieve, por una parte, la gratuidad absoluta de la llamada del hombre a la comunión con el Dios trino. Esta llamada ha sido posibilitada por la encarnación del Hijo y el don del Espíritu Santo. Su gratuidad es, por tanto, consecuencia de la gratuidad absoluta del don que Dios nos hace de sí mismo en Jesucristo y en el Espíritu que el Resucitado ha derramado sobre los hombres. Pero, a la vez, deberemos mostrar cómo esta gratuidad total no es sinónimo de extrinsecismo, sino que sólo en este don gratuito y trascendente alcanza el hombre la perfección a la que está llamado. De modo análogo a como el ser humano es uno en la dualidad de alma y cuerpo, es también radicalmente uno en la duplicidad de las dimensiones que, en el lenguaje tradicional, se han venido llamando «naturales» y «sobrenaturales».

Puede parecer a primera vista sorprendente que tratemos de este tema como introducción al tratado de antropología teológica especial y, en concreto, antes de tratar de la gracia. En realidad no hay unanimidad en la colocación de este tema en los tratados sobre la materia, aunque la que aquí se propone es la seguida por algunos de los más recientes estudios. Por otra parte, ya desde el primer momento en que se trata del hombre desde el punto de vista teológico se observa que una separación o distinción demasiado simple y tajante entre lo que pertenece a la naturaleza humana y lo que la sobrepasa corre el peligro de resultar inadecuada. Si partimos de la creación del mundo por y en Cristo y de la creación específica del hombre a imagen de Dios, queda claro que no conocemos ni nos consta la existencia de otro «hombre» más que el que desde el principio ha sido llamado a la perfecta semejanza con Jesús. Hallamos, por tanto, elementos y aspectos de su ser que son «sobrenaturales», es decir, que no se deducen de su condición creatural, pero que a la vez aparecen inseparablemente unidos a ella. Es, por tanto, consecuente que, después de haber estudiado la creación del hombre, se trate de ver cómo su ser se halla configurado por aquellos aspectos o dimensiones que derivan de la llamada a la filiación en Jesucristo y aquellos otros que son consecuencia de la relación de dependencia respecto del Creador. Tendremos así un conocimiento más profundo y claro del ser humano que después veremos inmerso en el misterio del pecado y de la gracia. Ha de quedar claro desde el comienzo que establecer esta distinción de principio entre estas dos dimensiones del hombre no nos autoriza a delimitar con claridad los contenidos de lo que pertenecería a una y a otra. Ambas se encuentran formando, de hecho, una unidad indisoluble en el único hombre que somos y conocemos. El hombre puede alcanzar su plenitud sólo en Dios, en aquel que por definición lo sobrepasa.

BREVES APUNTES HISTORICOS

Esta cuestión no ha sido objeto de atención refleja prácticamente más que a partir de la gran escolástica. No se ha podido plantear directamente este problema más que cuando se ha empezado a reflexionar sobre el concepto abstracto de «naturaleza», ya no identificado con la situación y la condición del hombre realmente existente, sino obtenido a partir de la distinción entre aquellos bienes y perfecciones que en cierto modo pueden ser exigidos para la perfección de una determinada criatura en cuanto tal y los que de ningún modo pueden considerarse exigidos por criatura alguna. Pero el que no se haya dado este planteamiento reflejo no significa que esta tensión entre aquello que pertenece a la «naturaleza» del hombre, lo que constituye su ser como criatura, y aquello que lo supera no se halle en la misma Escritura y en todos los estratos de la tradición cristiana.

Ya la misma creación del hombre lleva consigo una proximidad de Dios a esta criatura privilegiada que no se deduce de la pura creaturalidad. Sólo al ser humano se le comunica la vida divina, sólo él ha sido creado a imagen y semejanza de Dios. Añadamos a ello que el pueblo de Israel ha tenido conciencia de la gratuidad de su elección, de la predilección de que ha sido objeto y que ningún otro pueblo comparte con él. No es que la relación entre la creación y la alianza sea equiparable al problema de la naturaleza y la gracia como se ha planteado en tiempos posteriores. Pero muestra ya que, dentro de la gratuidad total con que Dios da al hombre sus beneficios, se distinguen ciertos grados, diversos planos en el don inseparable. El hombre es creado, no es Dios, pero ha sido creado a su imagen. El pueblo de Israel es el predilecto por voluntad libre de Dios, pero su elección es también salvación para otros.

En el Nuevo Testamento encontramos, a su modo, unas categorías semejantes. En él vemos desarrollada una teología de la manifestación del amor de Dios en Cristo que es la máxima «gracia», el máximo favor pensable (cf. p.ej. Rom 8,32; Jn 3,16), en relación con el cual el hombre no puede invocar ningún derecho o pretensión (cf. Rom 5,6-10; 1 Cor 4,7). Desde el momento en que el hombre es pecador, esta gratuidad de la salvación en Cristo se manifiesta de un modo particularmente intenso en la justificación por la fe: la superación de la condición de pecador no puede conseguirse por el esfuerzo humano. Se trata de un don que rebasa las posibilidades del hombre y que, por consiguiente, apunta a una gratuidad mayor que la propia existencia del ser humano. Con todo, tampoco aquí es legítimo oponer esta experiencia de salvación como «gracia» a la «naturaleza»; el pecado del hombre es la negación de la oferta de amistad de parte de Dios, y por lo tanto no se puede considerar la situación del hombre que ha roto esta relación como equivalente a la condición «natural». Pero, hecha esta necesaria advertencia, también es claro que en todo el Nuevo Testamento el acontecimiento salvador de Jesús y sus consecuencias para el hombre se consideran como fruto exclusivo del amor de Dios al mundo. Algo totalmente indeducible de la existencia previa del universo creado por Dios, incluso cuando el mismo Jesús es considerado la razón y el sentido de todo cuanto existe. Del hecho de que Dios haya creado no se sigue que haya de enviar a su Hijo al mundo ni haya de comunicarse personalmente a la criatura.

Tampoco los Padres han planteado expresamente el problema que nos ocupa. Para ellos no hay duda de que no hay más destino del hombre que la visión de Dios y de la «divinización», hecha posible porque el Hijo ha asumido la naturaleza humana. Es también claro que esto es un puro don al que no podemos tener ningún derecho. No responde a la «naturaleza» del hombre, sino a la libre voluntad de Dios [1]. Pero esto no quiere decir que se pueda hablar de dos «órdenes»; la naturaleza no se considera como una esfera consistente en sí a la que se superpone otra distinta. Es más, en no pocas ocasiones se explicita la relación entre la salvación y la creación, de tal manera que queda claro que la primera es la única plenitud de la segunda, y ésta, a su vez, el presupuesto y el comienzo de aquélla [2]. En la Escritura y en los primeros siglos cristianos encontramos una innegable tensión entre la condición creatural del hombre y la perfección del mismo, que es don de Dios por medio de Jesús y en el Espíritu. Pero el movimiento del amor de Dios que empieza en la creación y culmina en Cristo se ve en una perspectiva unitaria. El hombre histórico, realmente existente, es el que se toma en consideración. La relación con Dios es la única plenitud del hombre [3]. No se piensa en otra

[1] Así CLEMENTE ALEJANDRINO, *Strom.* II 77,4 (GCS 15,153), distingue entre la filiación por naturaleza (φύσει), propia de Jesús, y la nuestra, por voluntad (θέσει) de Dios; una distinción semejante se halla en ORÍGENES, *In Joh.* frag.109 (GCS 10,562s); cf. J. RIUS CAMPS, *El dinamismo trinitario en la divinización de los seres racionales según Orígenes* (Roma 1970), 211-215; H. DE LUBAC, *Le mystère du surnaturel* (Paris 1965), 115 *(El misterio de lo sobrenatural* [Barcelona 1970], 130).

[2] Cf. L. F. LADARIA, *El Espíritu en Clemente Alejandrino* (Madrid 1980), 33s.

[3] AGUSTÍN, *Conf.* I 1 (CCL 27,1): «Nos has hecho para ti y nuestro corazón estará inquieto hasta que descanse en ti». Agustín conoce también la distinción entre lo que corresponde al hombre por ser criatura y la filiación por gracia: «Aunque seamos ya

posibilidad, porque ésta en realidad no existe. Lo «sobrenatural» no es lo que se opone o supera un orden natural, sino la visión de Dios y, en general, lo divino [4].

Anselmo de Canterbury considera que Dios mismo es el fin de la naturaleza racional, sin que parezca que esto constituya para él un problema [5]. Aunque todavía se seguirá considerando que la visión de Dios constituye el último fin del hombre, con la gran escolástica, y en concreto con santo Tomás, cambiarán un tanto las cosas. A partir de este momento, el término «sobrenatural» adquirirá un significado preciso, no se usará sólo para designar el ámbito de lo divino. El punto de referencia pasará a ser lo que en el hombre es «natural», es decir, lo que es debido a su ser como criatura. Lo natural no será ya la situación concreta en que el hombre nace, o en que la humanidad ha comenzado a existir, sino una abstracción, aquello que sería el hombre «en sí», el hombre como tal, sin la «elevación» al orden que supera su naturaleza, el orden sobrenatural.

Tal vez ha podido influir en este cambio de perspectiva la introducción del aristotelismo en el pensamiento occidental. Este modo de pensar insiste más en la consideración del ser propio de la criatura, del hombre en este caso, que en la de la participación en el ser que Dios le otorga [6]. Así se explica la preocupación por determinar las perfecciones «debidas» a la naturaleza, lo que correspondería en todo caso al ser del hombre aun prescindiendo de su elevación al orden de la gracia.

Santo Tomás, en concreto, conoce la distinción entre aquellas perfecciones que son debidas a la naturaleza y aquellas que son completamente gratuitas, es decir, que no se deben ni a la naturaleza ni al mérito [7]; son los dones sobrenaturales, la «gracia», que excede el orden de la naturaleza. Es claro que también los dones naturales son gratuitos, ya que Dios ha creado libremente todo cuanto existe; no se trata, por tanto, de que se pueda tener respecto de ellos una exigencia

hijos por la gracia, somos siervos por ser criaturas, porque toda la creación sirve a Dios»: *In Ps.* 122,5 (PL 37,1637), cit. por H. de Lubac, *Le mystère...*, 43; cf. los otros textos citados en el mismo lugar.

[4] Cf., sobre la evolución del significado del término, H. de Lubac, *Remarques sur l'histoire du mot «surnaturel»:* NRTh 61 (1934) 225-249; 350-370.

[5] *Cur Deus homo* II 4: «Y si no se conoce que Dios haya hecho nada más precioso que la criatura racional para gozar de sí...».

[6] Cf. O. González de Cardedal, *Teología y antropología. El hombre «imagen de Dios» en el pensamiento de santo Tomás* (Madrid 1967), 77.

[7] Cf. *STh.* I-II q.111, a.1, esp. ad 2; *Comp. Theol.* I 214; cf. J. Alfaro, *Lo natural y lo sobrenatural. Estudio histórico de santo Tomás a Cayetano (1274-1534)* (Matriti 1952), 79s; 245ss. Un interesante precedente de esta doctrina de santo Tomás se encuentra en Pedro Lombardo, *Sent.* II 25,7, cuando, a propósito de los bienes que el hombre ha perdido por el pecado, distingue entre bienes naturales y gratuitos; los primeros pertenecen a la gracia en general; los segundos, a la gracia específicamente.

«jurídica», sino «ontológica» [8]. La carencia de ellos significaría una auténtica privación. Dado que Dios ha querido libremente crear, no puede menos de comunicar a las criaturas las perfecciones que a cada una corresponden. Por lo que se refiere al hombre, menciona santo Tomás ante todo la razón [9]. La gracia santificante y la *gratis data,* la visión de Dios, la inmortalidad, etc., se cuentan entre los dones sobrenaturales. La naturaleza humana de nada se vería despojada en el caso de que estos bienes no se dieran. Por ello son totalmente gratuitos; no pertenecen a la naturaleza humana en cuanto tal, y además tampoco pueden obtenerse por mérito alguno por parte del hombre.

Con todo, y este detalle es de suma importancia por la repercusión que tendrá en el replanteamiento moderno de la cuestión del sobrenatural, santo Tomás afirma que la perfecta felicidad del hombre puede consistir sólo en la visión de la esencia divina [10]. Existe en el hombre un deseo de ver a Dios, pero a la vez hay que señalar que, para la satisfacción de este deseo, el hombre necesita la ayuda de la gracia. Esto no significa imperfección, sino perfección mayor, porque siendo Dios el sumo Bien y el fin de la criatura, aquella que pueda alcanzarlo, aun con el auxilio exterior, será muy superior a la que no es capaz de alcanzarlo de ningún modo [11]. Estos principios se defenderán, con mayores o menores diferencias de detalle, por la mayoría de los teólogos de los siglos XIV y XV [12].

[8] Cf. ALFARO, o.c., 247. Es interesante lo que se dice en *STh* I-II q.111, a.1, sobre lo que se «debe» a la naturaleza: Dios no está obligado a la criatura, pero se habla del *debitum ex conditione naturae,* «en cuanto la criatura debe someterse a Dios para que en ella se cumpla la ordenación divina, que es que tal naturaleza tenga tales condiciones y propiedades, y que obrando determinadas cosas obtenga determinados fines *(et quod talia operans talia consequatur)*».

[9] Unico bien explícitamente mencionado en *STh* I II q.111, a.1. En *Comp. Theol.* 1, 214 se mencionan también las manos, los pies.

[10] Cf. sobre todo *STh.* I q.12, a.1; el intelecto creado ha de poder ver a Dios porque, de lo contrario, no alcanzaría nunca la felicidad, o ésta consistiría en algo que no es Dios, lo cual sería «alienum fidei»; también I q.73, a.2. Cf. ALFARO, o.c., 150; 164s; H. DE LUBAC, *Le mystère...,* 152s *(El misterio de lo sobrenatural,* 164s), con textos de Tomás y Buenaventura; Q. TURIEL, *El deseo natural de ver a Dios,* en *Atti del VIII Congresso Tomistico Internazionale* IV (Città del Vaticano 1981), 249-262; A. VANNESTE, *Saint Thomas et le problème du surnaturel:* EThL 64 (1988) 348-370; un breve resumen de la discusión reciente en S. PIÉ I NINOT, *Tratado de Teología Fundamental* (Salamanca 1989), 57-62.

[11] Cf. *STh.* I q.12, a.4-5; I-II q.5, a.5; q.109, a.5; q.115, a.2; cf. también *CG* III 25; 30; 50-52. Pero, a pesar de la afirmación del deseo de ver a Dios, se señala también que la vida eterna excede la proporción de la naturaleza creada y, por tanto, el deseo y el conocimiento del hombre (cf. 1 Cor 2,9): *STh.* I-II q.114, a.2-3. Dios se da por encima de todo deseo humano.

[12] ALFARO, o.c., 407: «La existencia del apetito innato de ver a Dios era opinión común durante los siglos XIV y XV en todas las escuelas teológicas».

Evidentemente, la teología de santo Tomás y de los pensadores que lo siguieron supone un progreso respecto de la teología anterior, en el sentido de que se toma renovada conciencia de la gratuidad del don de Dios en Cristo y de la visión beatífica, que es su consecuencia. La nueva vida otorgada en Cristo y su Espíritu no deriva de la creación, ya gratuita en sí misma, sino que significa un «nuevo» acto de libertad de Dios. La reflexión sobre esta doble gratuidad es un avance, en cuanto significa la explicitación de algo que había estado siempre presente en la conciencia cristiana. Pero al mismo tiempo debemos notar el cambio de perspectiva que se da respecto a la visión de los primeros tiempos cristianos. Mientras que antes se ha considerado la creación como la condición de posibilidad para que Dios comunicara al hombre sus beneficios y el ser humano es simplemente aquel que está llamado a recibirlos (siempre como don indebido), a partir de ahora se empieza a distinguir de modo cada vez más explícito entre lo que Dios ha hecho y lo que hubiera podido hacer, entre lo que es y no es debido al hombre «en cuanto tal». Con ello, como se observará, se empieza a trabajar a partir de una noción abstracta de hombre, en la que caben el hombre que existe y el que hubiera podido existir; la referencia a Dios y la llamada a la comunión con él, sus designios concretos sobre nosotros, desaparecen de la definición del «hombre». Así pierden centralidad algunos elementos que han sido de gran importancia en la teología de los Padres. Lo que antes se consideraba decisivo, pasa ahora, al menos como tendencia, a un segundo plano. Dicho con otras palabras, la creación ya no se considera intrínsecamente orientada a la salvación en Cristo, sino que se puede pensar al margen de él. Desde estos presupuestos se va elaborando cada vez con más claridad la hipótesis de la «naturaleza pura», es decir, se piensa en la posibilidad de que Dios hubiera creado al hombre con los bienes que le corresponden en virtud de su naturaleza, excluyendo la llamada a la visión beatífica y a la comunión con Dios. A la vez, y de modo consecuente con este punto de partida, se plantea el problema de cómo puede ser gratuita la visión de Dios si el hombre tiene un apetito innato de poseerla. Por ello se niega la existencia de este apetito innato. Así, Cayetano señala que este deseo natural no existe en el hombre *absolute,* aunque sí lo tiene el hombre que ha sido ordenado por la providencia al cielo [13]. Cayetano ha sido considerado el primero en extraer tales conclusiones. No es exacta tal apreciación [14], aunque con él esta teoría

[13] *In I-II* q.3, a.8: «Licet homini absolute non insit naturale huiusmodi desiderium, est tamen naturale homini ordinato a divina providentia in illam patriam». Se observará cómo el destino a la visión de Dios no entra en lo que es el hombre *absolute.* Cf. GONZÁLEZ FAUS, *Proyecto de hermano,* 146s.

[14] Ya antes las había defendido Thomas Anglicus; cf. ALFARO, o.c., 209-218; 408.

ha alcanzado notable cohesión y fuerza. Por lo demás, como ha mostrado Alfaro, la teología anterior a Cayetano caminaba ya hacia la conclusión de la posibilidad de la no elevación del hombre a la visión de Dios debido a la sobrenaturalidad de la misma [15]. Otra consideración viene a completar la que acabamos de hacer: a la naturaleza del hombre ha de corresponder una perfección dentro de su orden, tiene que haber una adecuación de medios a fines; pero esta adecuación no existiría si la naturaleza humana tuviera un deseo de Dios que no está en condiciones de satisfacer. El resultado es, por tanto, negar la existencia del deseo natural [16].

La doctrina de la posibilidad de la naturaleza pura y la negación del «apetito natural» de ver a Dios se hacen cada vez más comunes a partir de finales del siglo XVI, aunque hay notables excepciones [17]. A ello contribuye sin duda la polémica con Bayo, y la necesidad de garantizar la gratuidad de la elevación sobrenatural que el teólogo de Lovaina en la práctica negaba. Para él, en efecto, lo «natural» era el estado en que el hombre vino al mundo. Su concepto de «naturaleza» se inspira más en la historia que en lo que es la «esencia» del hombre. Por ello el estado de integridad de los primeros padres era natural, debido al hombre. El ser humano así creado en su «integridad» natural está llamado a la visión de Dios. Dios se convierte así, de hecho, en una exigencia del hombre [18]. Menos importante es para Bayo la novedad que Cristo representa y la divinización por el don de su gracia. Es muy interesante la respuesta de Bellarmino a esta posición de Bayo. Junto con la afirmación de la posibilidad de la naturaleza pura, sostiene todavía la existencia en el hombre del deseo de ver a Dios, aunque éste sólo puede ser satisfecho sobrenaturalmente, no con las fuerzas naturales. Repite también la posición de santo Tomás al afirmar que la naturaleza que, aun con la ayuda exterior, puede satisfacer estos deseos es más perfecta que la que de

Es también interesante la solución de Dionisio Cartujano al problema del deseo natural de la visión; según él, cada intelecto desea ver la inteligencia que le es superior; así, la finalidad natural del hombre sería la contemplación de la naturaleza angélica; cf. H. DE LUBAC, *Le mystère,* 183-185.

[15] Cf. o.c., 408ss.

[16] Así se expresa F. SUÁREZ, *De ultimo fine hominis,* disp.XVI, *De appetitu beatitudinis:* «Dicendum est in homine non esse appetitum innatum ad videndum Deum clare... Appetitus innatus fundatur in potentia naturali; sed in homine non est potentia naturalis ad supernaturalem beatitudinem: ergo neque appetitus innatus».

[17] Cf. H. DE LUBAC, *Augustinisme et théologie moderne* (Paris 1965), 135-181 *(El misterio de lo sobrenatural,* 431-471).

[18] Cf. las proposiciones condenadas de Bayo en DS 1901ss; en concreto DS 1921: «La elevación y exaltación de la naturaleza humana al consorcio con la naturaleza divina fue debida a la integridad de la primera creación, y por consiguiente se ha de decir que es natural, y no sobrenatural»; también 1923; 1924; 1926; 1955; se repiten las mismas ideas.

ningún modo es capaz de tenerlos ni de darles cumplimiento. Pero si el hombre no pudiera satisfacer esta aspiración, no por ello quedaría frustrado ni sería absurdo: el ojo del hombre está capacitado para ver la luz del sol, pero de noche estos mismos ojos le son útiles para ver los objetos [19].

La introducción del concepto de la naturaleza pura y el desarrollo del mismo ha determinado el modo de entender el problema del «sobrenatural» y con ello la síntesis teológica de los últimos siglos. Lo que en principio fue una hipótesis, se convierte poco a poco en un punto de partida. Por ello surge la necesidad de precisar mejor los contenidos de la «naturaleza». A partir de esta noción hay que entender la doctrina de la elevación y la gracia; no se puede hablar de éstas sin tener claro qué es lo que se «eleva». Así, la naturaleza del hombre viene definida como aquel conjunto de atributos que lo hacen animal racional [20]. Ante todo, el ser humano consta de ciertos elementos que le pertenecen *constitutivamente,* que le hacen ser lo que es. De ellos derivan ciertas consecuencias, ciertos logros que el hombre con sus fuerzas puede alcanzar; todo esto pertenece al hombre y a su naturaleza *consecutivamente.* Por último, esta naturaleza así constituida necesita de unos presupuestos para alcanzar los fines que le corresponden; estos presupuestos le pertenecen *exigitivamente.* Lo sobrenatural se define, de modo negativo, como aquello que no pertenece a la naturaleza por ninguno de estos tres conceptos. La naturaleza constituye un orden cerrado en sí mismo, con sus propios fines y medios adecuados para conseguirlos. Así se ha llegado a hablar del fin natural del hombre y de su fin sobrenatural, etc. En opinión de la mayoría de los autores de los últimos siglos, tal «naturaleza» se identifica con el ámbito en que el hombre se desenvuelve, lo que experimenta en sí mismo y en sus relaciones con los demás. Sólo por la fe, respuesta a la revelación divina, se conoce la existencia del otro «orden» en el que el hombre también se encuentra. Esta naturaleza ha de ser coherente en sí misma, perfecta en su orden, para que la «elevación» pueda ser completamente gratuita. Pero, con todo, se mantiene que esta naturaleza así constituida posee la «poten-

[19] Cf. H. DE LUBAC, *Augustinisme...,* 14-48 sobre Bayo; 183-194 sobre Bellarmino *(El misterio de lo sobrenatural,* 307-344; 477-485); H. RONDET, *Le problème de la nature pure et la théologie du XVI siècle:* RSR 35 (1948) 481-521; J. ALFARO, *Sobrenatural y pecado original en Bayo:* RET 12 (1952) 3-75; G. GALEOTA, *Bellarmino contro Baio a Lovanio. Studio e testo di un inedito bellarminiano* (Roma 1966); G. COLOMBO, *Baio e il soprannaturale:* SC 93 (1965) 299-330; más bibliografía se hallará en J. ALFARO, *Cristología y antropología. Temas teológicos actuales* (Madrid 1973), 227s, y en R. BERZOSA, *La teología del sobrenatural en los escritos de H. de Lubac* (Burgos 1991); volveremos sobre la cuestión en el cap.4.

[20] Cf. M. FLICK-Z. ALSZEGHY, *Antropología teológica* (Salamanca 1970), 602ss, también para lo que sigue.

cia obediencial», es decir, aquella aptitud, concebida en general como meramente pasiva, que permite a la naturaleza recibir la gracia. En realidad, el orden natural era considerado como un doble, disminuido, de la situación de «elevación» en que el hombre se encuentra.

Esta visión, a pesar de las limitaciones a que en seguida tenemos que aludir, ha presentado también indudables ventajas. Salva claramente la gratuidad de los dones sobrenaturales y de la gracia, no exigidos en ningún modo por la criatura. Esta trascendencia de la gracia se ha de mantener en todo momento; ninguna criatura —y, por tanto, tampoco el hombre— puede exigir que Dios le otorgue su amistad. Esta concepción, por otra parte, ha permitido a la teología católica mantener la sustancial integridad de la naturaleza humana después del pecado. A causa de éste se han perdido los bienes de la gracia y los beneficios de que el hombre gozaba en el paraíso, pero no ha corrompido radicalmente la realidad creatural. Se mantiene la radical bondad del hombre como criatura de Dios, aun con la pérdida del don de la gracia. La teología protestante, que ha visto al ser humano de modo más unitario, ha tendido a considerarlo como radicalmente corrompido después del pecado.

Esta síntesis neoescolástica ha tenido, por otra parte, sus puntos débiles, que provocaron, hace ya algunos decenios, el inicio de una profunda revisión. La dificultad mayor venía tal vez del propio punto de partida, la definición de un «orden natural» que en su estado puro nunca ha existido, porque todos los hombres que conocemos han sido «elevados» al orden de la gracia. Por otra parte, el contenido de lo sobrenatural se determinaba sólo negativamente, lo que no pertenece a la naturaleza, sin tomar en consideración en el primer instante el contenido concreto de los dones de la gracia, la referencia de la misma a Cristo, la llamada a la filiación divina, etc. En efecto, sabemos que Cristo da sentido a toda la creación, y que por consiguiente la comunicación al hombre de la vida divina no es un añadido exterior al hombre, sino su única realización. Si esto es así, la «naturaleza» no puede ser meramente indiferente al orden de la gracia, ya que fue creada con vistas a ésta. Todo ser humano se encuentra además inserto en una historia de salvación; el Espíritu de Dios le interpela, aunque no siempre podamos determinar cómo. Todo ello ha de tener indudables repercusiones en la conciencia y en la psicología del hombre así constituido y llamado a la existencia en estas condiciones precisas. En líneas generales, y aunque se pueda discutir el modo concreto como esto acaece, hay que admitir la presencia en nosotros de un «existencial sobrenatural» [21], de unos con-

[21] La expresión ha sido acuñada y popularizada por K. Rahner, aunque aquí la uso en un sentido general, sin entrar en la discusión de los pormenores concretos; cf.

tenidos de nuestra conciencia, no necesariamente reflejos, que no existirían en la hipotética naturaleza pura.

En resumen podemos decir que si la doctrina católica acerca del sobrenatural defendía y afirmaba claramente su carácter gratuito, es decir, su trascendencia respecto a la condición creatural del hombre, lo lograba a costa de un cierto extrinsecismo que no hacía justicia a la riqueza de los datos bíblicos y de la tradición. No menos importante que la total trascendencia de la comunicación de Dios al hombre y la gratuidad total de la misma es su inmanencia, su efecto determinante en el interior del ser creado que constituye la perfección de este último. Los dos extremos han de ser armonizados, sin afirmar el uno a costa del otro.

Como reacción ante este extrinsecismo de la doctrina católica sobre el sobrenatural se produjo, hace ya algunas décadas, una vuelta a las doctrinas antiguas y en particular a la tesis de santo Tomás acerca del deseo natural de ver a Dios. Es posible que no siempre se guardaran las justas medidas y, si antes se había pecado por el extrinsecismo, algunos pudieron dar la impresión de caer en un excesivo inmanentismo. Pío XII, en su encíclica *Humani generis,* lamenta que se llegue a afirmar que Dios no podía crear seres dotados de inteligencia sin ordenarlos y llamarlos a la visión beatífica; esto equivalía a la negación de la gratuidad de la elevación al orden sobrenatural (cf. DS 3891). Estas corrientes de pensamiento dieron lugar en su día a interminables polémicas [22]. A pesar de las desviaciones que pudieran producirse, en conjunto fue positivo para la teología católica este profundo replanteamiento de la cuestión. Después de la encíclica de Pío XII se produjeron interesantes aportaciones, a las que en seguida nos referiremos. El interés por el tema parece ahora haber descendido, aunque no desaparecido, si se ha de juzgar por las publicaciones sobre el mismo. Muchos de los manuales de antropología más recientes lo tienen en cuenta. La cuestión, a mi juicio, sigue siendo central para la comprensión cristiana del hombre. Antes de exponer mis reflexiones personales será útil presentar

K. Rahner, *Sobre la relación entre la naturaleza y la gracia,* en *Escritos de Teología* I (Madrid 1963), 325-347; Id., *Curso fundamental sobre la fe. Introducción al concepto de cristianismo* (Barcelona 1977), 159-167.

[22] Un autor que suscitó gran discusión fue H. de Lubac, por su obra *Surnaturel. Études historiques* (Paris 1946); son también de estos años sus arts. *Duplex hominis beatitudo:* RSR 35 (1948), 290-299; *Le mystère du surnaturel:* RSR 36 (1949), 80-121. Más información y bibliogr. en R. Berzosa, *La teología del sobrenatural...* (n.19). Nos ocupamos enseguida del pensamiento de De Lubac. Una detallada exposición histórica en G. Colombo, *Il problema del soprannaturale negli ultimi cinquanta anni,* en *Problemi e orientamenti di teologia dogmatica* II (Milano 1957), 545-607; Id., *Del Soprannaturale* (Milano 1996); A. Vanneste, *Nature et Grâce dans la théologie occidentale* (Leuven 1996).

en forma sintética el pensamiento de los autores que de modo más decisivo han orientado la reflexión y la discusión acerca de este particular en los últimos años [23].

LOS INTENTOS RECIENTES DE EXPLICACION EN LA TEOLOGIA CATOLICA

Karl Rahner

El punto de partida de nuestro autor no es la «naturaleza pura», sino la situación actual del hombre en la gracia; esta situación condiciona cualquier pregunta que el hombre haga sobre sí mismo, y por tanto hace imposible que podamos determinar lo que sería la «naturaleza» del hombre [24]. Esta es sólo un concepto residual *(Restbegriff),* lo que quedaría si pudiéramos sustraer de nosotros mismos y de nuestra experiencia todo lo que pertenece al orden de la gracia. Por otra parte, la ordenación al fin sobrenatural no puede ser constitutiva de la «naturaleza» del hombre, porque en este caso esta ordenación no sería gratuita. Pero esto no significa que no pertenezca, como un constitutivo ontológico, a la esencia concreta *(konkretes Wesen)* del hombre [25]. La ordenación a Dios no es, pues, algo accidental o extrínseco al ser humano realmente existente.

Por otra parte, la gracia ha de ser definida en sí misma, ya que es la autocomunicación de Dios; no se puede definir a partir de la naturaleza. Esta autocomunicación es indebida, y no hay en la naturaleza nada que pueda atraerla ni ningún deseo que pueda exigirla. Ahora bien —y aquí abordamos un punto importante del pensamiento del

[23] Además de las obras y autores mencionados en la bibliografía, cf. L. MALEVEZ, *L'esprit et le désir de voir Dieu:* NRTh 69 (1947) 3-31; ID., *La gratuité du surnaturel:* ib., 75 (1953) 561-586; 673-689; L. REWARD, *La «nature pure» à la lumière de l'encyclique «Humani Generis»:* ib., 74 (1972) 337-354; E. SCHILLEBEECKX, *L'instinct de la foi selon s. Thomas d'Aquin:* RSPhTh 48 (1964) 377-408; J. HEINRICHS, *Ideologie oder Freiheitslehre:* ThPh 49 (1974) 395-436; M. BENZO, *Hombre profano-Hombre sagrado. Tratado de antropología teológica* (Madrid 1978), 125-132; E. BENVENUTO, *Considerazioni (inattuali) sul mistero del soprannaturale:* Rasegna di Teologia 30 (1989) 331-352.

[24] Cf. el art. cit. en n.21, esp. p.328s. Sobre el pensamiento de R. hay abundante bibliogr.; cf. K. P. FISCHER, *Der Mensch als Geheimnis. Die Anthropologie Karl Rahners* (Freiburg 1974) esp. 325-327; también L. F. LADARIA, *Naturaleza y Gracia. Karl Rahner y Juan Alfaro:* EE 64 (1989) 53-70. Sobre el pensamiento de V. Balthasar y Rahner sobre el sobrenatural: Communio IntCathRev 18 (1991) 207-280; P. RULANDS, *Menchsein unter dem Anspruch der Gnade. Das übernatürliche Esistential und der Begriff der natura pura bei Karl Rahner* (Innsbruck 2000).

[25] Ib., 331-333; notemos cómo en parecidos términos se expresa Balthasar, *Karl Barth,* 294ss; cf. también *Der Begriff der Natur.*

autor—, esta naturaleza, que no puede «atraer» la gracia, es una positiva apertura a ella. La capacidad de recibir a Dios es el centro mismo del ser concreto del hombre, pero a su vez este amor de Dios ha de ser recibido como un don, como un bien indebido: «hay que caracterizar como indebido, como "sobrenatural", el mismo existencial central, permanente, de la ordenación al Dios trinitario de la gracia y de la vida eterna» [26]. Pero el hombre es algo más que este existencial para el amor que no le es debido; si así no fuera, este amor le sería debido. Este «resto», la realidad que quedaría al sustraer este existencial sobrenatural, sería la naturaleza humana desde el punto de vista teológico; naturaleza cuyos contenidos no pueden ser precisados con exactitud, porque el ser humano se encuentra siempre en el orden de la gracia [27].

La naturaleza espiritual ha de poseer una apertura al existencial sobrenatural, pero no lo puede exigir incondicionalmente. Tampoco se puede identificar con esta apertura el dinamismo ilimitado del espíritu tal como ahora lo experimentamos, porque éste podría ser ya fruto del existencial sobrenatural. Este dinamismo no es, en ningún caso, una exigencia de la gracia y tendría sentido aun cuando ésta no fuese de hecho concedida. La naturaleza sigue siendo tal, pero hay que verla como un «elemento interno de lo único querido por Dios, ya que él quiso al hombre amado por él mismo en su Hijo» [28]. Especialmente importante en este artículo de Rahner es, como vemos, el punto de partida en el hombre real, el que Dios ha creado, no el que hubiera podido existir; a la «esencia concreta» de este hombre (el autor en este contexto no habla de «naturaleza», sin duda para evitar confusiones) pertenece su ordenación a Dios. Esta es un constitutivo central del hombre que realmente existe. Pero aun sin esta ordenación quedaría un resto, la naturaleza del hombre; sus contenidos son indelimitables, aunque hay que afirmar que seguiría teniendo un sentido. De lo contrario no se salvaría la gratuidad de lo sobrenatural.

K. Rahner volvió algunos años más tarde sobre el mismo tema [29]. En esta ocasión insiste algo más que en el artículo anterior en los contenidos de la noción de «espíritu». Pero vuelve a señalar que la naturaleza como espíritu existe sólo en el orden sobrenatural y sólo en éste la experimentamos. Ni siquiera podemos saber cuál sería el fin que pudiera corresponder a esta «naturaleza pura». Con todo, repite una vez más nuestro autor, este concepto es legítimo y necesario. Por una parte, el hombre, en virtud de su naturaleza espi-

[26] *Sobre la relación...* 341.
[27] Cf. ib., 342ss.
[28] Ib., 347.
[29] Cf. *Naturaleza y gracia,* en *Escritos* IV (Madrid 1964), 215-243.

ritual, no puede ser definido, delimitado, como los seres infrahumanos, precisamente porque en virtud de su naturaleza espiritual está abierto al absoluto [30]. Pero la plenitud de la gracia no está exigida por la esencia del hombre, aunque el ser humano esté abierto a ella. En su esencia indelimitable, el hombre puede ser conocido como *potentia oboedientialis* para la vida eterna, entendiendo esta potencia no sólo como mera no repugnancia a la elevación, sino como positiva ordenación a ella [31]. Pero tampoco con el uso de esta noción de «espíritu» podemos tener la seguridad de dar con la «naturaleza» humana, porque pueden entrar en nuestro análisis elementos sacados de la naturaleza histórica (recordemos cómo en el artículo anterior se hablaba de la «esencia concreta»). Rahner no ha modificado sustancialmente su posición en este segundo artículo, aunque hay que reconocer que existen diferencias de acento: habla más de la naturaleza del hombre como espíritu, y menos de la esencia concreta del hombre en relación con el existencial sobrenatural y de la naturaleza como «resto».

Juan Alfaro

La preocupación de Alfaro al abordar esta cuestión es mostrar la trascendencia e inmanencia de la gracia partiendo de la naturaleza del hombre como «espíritu finito» [32]. Mérito indudable del teólogo español es el de haber colocado la discusión de este problema en el marco de la cristología [33]. El problema de la gratuidad de la gracia se ha de abordar desde la gratuidad y trascendencia de la encarnación, y a la vez, la inmanencia de la gracia se habrá de ver a la luz de la autocomunicación de Dios al hombre en el grado supremo que tiene lugar en la encarnación misma.

La plenitud de la gracia se nos dará en la visión de Dios; por ello tenemos que estudiar cómo esta última es a la vez trascendente e inmanente al hombre. Dado que esta visión significa la divinización del hombre y pertenece al orden de la encarnación, tenemos que afir-

[30] Cf. ib., 238.

[31] Cf. ib., 240-242.

[32] Cf. sobre todo *Trascendencia e inmanencia de lo sobrenatural:* Gr 38 (1957) 5-50. *El problema teológico de la trascendencia e inmanencia de la gracia,* en *Cristología y antropología;* otras publicaciones del autor relacionadas con el tema se encuentran citadas en la p.228 de esta última obra. Cf. también J. M. DE MIGUEL, *Revelación y fe. La teología de Juan Alfaro* (Salamanca 1983), 79-103; L. F. LADARIA, art. cit. en la n.24.

[33] Así sobre todo en el segundo de los artículos citados en la nota anterior; cf. *El problema teológico,* 229ss; 233: «la gratuidad de la visión de Dios deberá ser considerada en la perspectiva de la trascendencia absoluta de la encarnación».

mar su trascendencia respecto del orden creatural [34]. Pero, por otra parte, debemos considerar también la inmanencia de la visión. No es un bien accidental para el hombre, sino lo único que puede dar al ser humano su perfección definitiva. En efecto, la visión de Dios, una vez que sabemos por la revelación que es posible, ha de ser considerada la perfección suma del ser intelectual creado. De la posibilidad de esta visión debemos deducir la existencia en el hombre de un aspecto ontológico que lo haga «capaz» de llegar a ella [35]. Aunque a la vez hay que mantener que la gratuidad de la encarnación y de la visión nos obliga a descubrir una inteligibilidad en el hombre al margen de su llamada a la visión de Dios. La noción de «creatura intelectual» o su equivalente, «espíritu finito», nos descubre este núcleo inteligible del ser creatural del hombre [36].

El análisis de este concepto de «creatura intelectual» nos muestra cómo, en su trascendencia, la visión de Dios es la única plenitud de sentido del hombre. Hay en el «espíritu finito» una cierta paradoja, una tensión, entre la condición espiritual, que indica la apertura ilimitada al ser, y la limitación propia de la criatura. Esta no puede por sí misma superar la tensión entre el acto y la potencia, está siempre sometida a la ley del progreso, y por ello no podría nunca alcanzar más que un conocimiento mediato de Dios, a través de la analogía; este conocimiento sería siempre imperfecto, nunca sería plenamente satisfactorio: en efecto, siempre quedaría el interrogante de cómo es Dios en sí mismo. La esencia divina sólo puede ser conocida por intuición; con este conocimiento el entendimiento creado adquiere la inmovilidad perfecta y la plena satisfacción. Pero ello es posible sólo por la gracia, ya que para llegar a Dios mismo no bastan las fuerzas naturales [37]. Algo semejante podemos decir de la libertad humana: todos los bienes que el hombre puede conocer no determinan absolutamente su voluntad, tampoco Dios, en cuanto conocido sólo mediatamente. Sólo con la visión de Dios alcanza la libertad aquello más allá de lo cual no se puede desear otra cosa: Dios como el bien supremo [38].

En la orientación del espíritu finito al absoluto descubre Alfaro el punto de inserción de la visión de Dios en el ser creatural del

[34] Cf. *Trascendencia e inmanencia,* 9; *El problema teológico,* 234.

[35] Cf. *Trascendencia e inmanencia,* 15-19.

[36] *Trascendencia e inmanencia,* 12-15; *El problema teológico,* 241-248.

[37] Cf. *Trascendencia e inmanencia,* 19s; *El problema teológico,* 328-330; también 270-279. Se puede notar una evolución entre los dos artículos. En el primero se habla de la «inmovilidad» de la criatura intelectual cuando ha alcanzado su fin último. En el segundo se habla más bien de «duración divinizante»; «experiencia espiritual de Dios que ganará en profundidad», etc.

[38] Cf. *Trascendencia e inmanencia,* 20-23.

hombre, de manera que esta plenitud, sin dejar de ser trascendente, es inmanente al hombre; en su condición de espíritu lleva el hombre la apertura a su plenitud en la visión de Dios [39]. En el hombre hay, pues, realmente una ordenación y un deseo de la visión de Dios; pero ese apetito innato tiene características singulares, porque el hombre no puede satisfacerlo por sus fuerzas. Esto no es contradictorio con la noción de «apetito»; para que pueda hablarse de «apetito» con sentido basta que lo apetecido perfeccione a aquel que lo alcance; y éste es evidentemente el caso de la visión de Dios. El apetito de la visión no incluye la exigencia ontológica de la misma. Pero este apetito da a la creatura intelectual el presupuesto fundamental de su dinamismo. El deseo es, por tanto, condicionado en cuanto al término, pero es incondicionado en cuanto es normativo de la actividad del espíritu [40]. Por ello, si el hombre no estuviera llamado a la visión de Dios, este deseo seguiría moviéndole a alcanzar un conocimiento siempre mayor, a acercarse siempre más a Dios. Pero no alcanzaría nunca la satisfacción plena, no superaría la perfectibilidad ilimitada propia de su ser creatural y espiritual. De ahí que el hombre en la «naturaleza pura» es pensable. Pero en esta situación sería un ser aparentemente antinómico, ordenado a la visión de Dios pero sin poder alcanzarla [41]. Pero esto no haría absurda su existencia. Por una parte, sólo hay una finalidad del espíritu finito, la visión de Dios; no hay en el ser humano dos finalidades [42]. Pero por otra, aun sin alcanzar esta única finalidad última, el hombre sin la gracia tendría suficiente razón de ser. Viviría en un progreso indefinido frente a Dios, que, si no lo acercaría a la visión, sería un auténtico crecimiento respecto al punto de partida y las etapas precedentes [43]. Se daría así una cierta «felicidad natural», que es fundamento de la posibilidad de la «naturaleza pura» [44]. Al mostrarse así la inteligibilidad de esta última, aparece el carácter gratuito que para el hombre tiene la plena felicidad en la visión de Dios.

[39] Cf. *El problema teológico,* 314.

[40] *El problema teológico,* 323; *Trascendencia e inmanencia,* 35.

[41] Cf. *Trascendencia e inmanencia,* 39.

[42] Cf. *El problema teológico,* 316.324.338, etc.

[43] *El problema teológico,* 334; H. DE LUBAC, sin referirse directamente a Alfaro, se opone a esta manera de pensar; cf. *Le mystère du surnaturel,* 231ss; cf. lo que sigue y las notas correspondientes.

[44] *Trascendencia e inmanencia,* 30ss. GONZÁLEZ FAUS, *Proyecto de hermano,* 164s, prolonga la reflexión de Alfaro hacia la dimensión social del hombre: en Cristo se puede realizar la plena comunión que el hombre apetece pero que no puede alcanzar por sus propias fuerzas. En uno y otro caso se realiza un esfuerzo por averiguar, hasta cierto punto, lo que sería el deseo del hombre en el orden natural, y, por tanto, por determinar de algún modo los contenidos de la «naturaleza pura».

Henri de Lubac

El teólogo francés presentó por primera vez sus reflexiones sobre esta cuestión en el epílogo del extenso estudio histórico que constituye su libro *Surnaturel,* publicado en 1946. La obra dio lugar a muchas discusiones; el propio autor matizó posteriormente su pensamiento en otras publicaciones y amplió notablemente su exposición sistemática en un nuevo libro, *Le mystère du surnaturel,* aparecido en 1965 [45]. Dado que no es éste el lugar para un estudio exhaustivo sobre el pensamiento del autor, me limito a este último libro, donde se expone con más amplitud su posición.

De Lubac se opone al pensamiento dualista que considera la «naturaleza» como un orden cerrado en sí, y lo «sobrenatural» como un añadido exterior que no la afectaría intrínsecamente. Pero, señala el autor, no pocas veces, al tratar de distinguir estos dos órdenes, se llega al efecto contrario del pretendido, porque se crea confusión entre ellos: se piensa en el orden sobrenatural como una reproducción, en un plano superior, de lo que se cree ya alcanzado por la «naturaleza». Así, a veces el orden sobrenatural se encuentra rebajado a lo creatural o, al revés, se hace de la naturaleza pura un calco del concreto orden existente: se habla de felicidad natural, orden moral natural, etc., como si se supiera exactamente en qué consiste esto. En otras ocasiones, se piensa en una naturaleza tan perfecta que hace inútil el sobrenatural; o se la rebaja tanto que, más que distinguir entre los órdenes, se consuma entre ellos una separación y un divorcio [46].

Ante este panorama, De Lubac intentará prescindir del concepto de «naturaleza pura». El hombre que existe en realidad no tiene otro fin más que la visión de Dios. Si no lo alcanza, no se queda en un estadio de felicidad inferior, sino que es un «condenado». Si para salvar la gratuidad de este orden actual se acude a la noción de «naturaleza pura», se está hablando de una posibilidad, pero se trataría de otro orden de cosas, otra humanidad, otro sujeto. La gratuidad del sobrenatural no ha de resolverse en relación con otros mundos posi-

[45] *Le mystère du surnaturel* (Paris 1965). El mismo año apareció la reelaboración del estudio histórico del vol. de 1946, como: *Augustinisme et théologie moderne* (Paris 1965) (ambas obras aparecieron en castellano en un solo vol.: *El misterio de lo sobrenatural* [Barcelona 1970]). Otro libro posterior, *Petite Catechèse sur Nature et Grâce* (Paris 1980), no aporta grandes novedades al problema que ahora nos interesa. Cf. lo dicho en n.22 y también M. FIGURA, *Der Anruf der Gnade. Über die Beziehung des Menschen zu Gott nach H. de Lubac* (Einsiedeln 1979); N. CIOLA, *Paradosso e mistero in H. de Lubac* (Roma 1980) 20-62; B. SESBOÜÉ, *Le surnaturel chez H. de Lubac:* RSR 80 (1992) 373-408; F. INCIARTE, *Natur und Übernatur. Ihr Verhältnis nach Henri de Lubac:* ThPh 74 (1994) 70-83; G. CHANTRAINE, *La théologie du surnaturel selon H. de Lubac:* NRTh 119 (1997) 218-235.

[46] Cf. *Le mystère,* 61-78, esp. 67 *(El misterio de lo sobrenatural,* 79-96, 84).

bles, sino aquí y ahora. Por ello hay que afirmar que la visión de Dios no es objeto de una exigencia, incluso de parte de un ser que no tiene otra finalidad. El don de Dios, como tal don, es gratuito, y no puede dejar de serlo porque Dios se da constantemente en el amor [47].

Cuando pensamos en los beneficios de Dios, lo hacemos necesariamente en dos «tiempos»: en primer lugar decimos «Dios me ha dado el ser»; en segundo lugar, «Dios imprimió a este ser una finalidad sobrenatural». Lo segundo añade a lo primero una nueva perfección. Tal modo de proceder es inevitable, pues nuestro entendimiento está obligado a distinguir para entender. La primera fórmula expresa el abismo que separa la nada del ser; la segunda, la distancia entre la criatura y la llamada a la filiación divina. Desde nuestro punto de vista es necesario mantener un doble don divino, al que corresponde una doble libertad de parte de Dios. Pero tal modo de razonar no es suficiente. En el hombre no hay nada previo al don de Dios; esto rompe la semejanza con cualquier don humano. No hay nada previo a la creación por la cual Dios nos da el ser. No hay un «yo» previo que reciba el don del ser. Pero además, señala De Lubac —y en este punto su pensamiento es particularmente original—, tampoco hay un «yo» previo a la finalidad sobrenatural que Dios me imprime. También esta finalidad pertenece a mi «yo», determina mi ser, como lo determina la creación. Al ser Dios más íntimo que nuestra intimidad, su don tiene unas características de interioridad que no puede tener ningún don humano. Por ello estos dos momentos que nosotros no podemos dejar de imaginar, el de la creación y el de la llamada a la visión de Dios, no se dan en la realidad: al pensar en ellos inventamos un sujeto ficticio. No podemos en rigor decir «Dios me ha creado» y luego «Dios me ha infundido una finalidad sobrenatural». Estas dos dimensiones del obrar de Dios, también la segunda, determinan mi «yo». En el orden actual no podemos pensar más que en el designio unitario de Dios que nos constituye en lo que somos.

Con ello no se quiere decir que el orden sobrenatural sea una consecuencia necesaria de la creación. Por el contrario, es una gracia mayor, pero para afirmarla no es preciso recurrir a la naturaleza pura. De Lubac pone dos ejemplos: admitamos que la evolución no tiene otro sentido en la mente divina más que posibilitar la aparición del hombre; ¿debemos decir por ello que ésta es una simple consecuencia de la evolución? O si afirmamos que toda la historia de Israel no tiene otra finalidad más que la preparación de la venida de Jesús, ¿nos vemos obligados a concluir que ésta no es gratuita o que

[47] Cf. ib., 81ss (99ss).

se sigue necesariamente de lo anterior [48]? Algo parecido pasa con la elevación al orden sobrenatural: el deseo de ver a Dios está impreso en el alma, e igualmente esta finalidad única está en las mismas raíces de nuestro ser, pero no por ello la visión y la comunión con Dios dejan de ser gratuitas. No se trata de que la naturaleza exija el don sobrenatural, no hay nada en la naturaleza que lo «llame», sino de que Dios suscita la naturaleza para que pueda acogerlo. De Lubac cita una expresiva sentencia: «prius intenditur deiformis quam homo» [49], es decir, que lo primero en el designio de Dios es un ser «deiforme», imagen suya y partícipe de su vida; precisamente para que esta divinización pueda tener lugar, crea al hombre. Dios no piensa primero en la creación y luego en la elevación, sino al revés [50].

La paradoja de la «naturaleza espiritual», que como tal no puede ser «definida», es que no tiene su fin en ella misma, sino en Dios. Este fin sobrenatural no puede ser exigido por el hombre, pero es el único posible. De ahí la paradoja del ser humano: apetece y tiende naturalmente a un fin que, en virtud de su propia esencia, solamente puede ser conseguido por la gracia [51].

El movimiento del hombre a Dios está en la naturaleza, pero no tiene en sí mismo ninguna eficacia, como no es tampoco signo de ninguna exigencia [52]. En nosotros está el deseo, pero la satisfacción del mismo es pura gracia. Sólo en la fe se supera la paradoja [53]. Puesto que la naturaleza espiritual tiene el deseo de la visión de Dios, si no estuviera finalizada hacia ella no tendría realmente finalidad. El progreso indefinido hacia un bien que nunca se alcanzará (lo que según algunos autores, como hemos visto, sería la condición «natural» del hombre) es, para De Lubac, una solución insatisfactoria; porque no hay más que dos posibilidades: si hay real progreso hacia este fin, entonces hay ya un comienzo de posesión, pero ésta está por definición excluida; si no lo hay, no puede hablarse de un avance, ya que éste no se mide en relación con el punto de partida, sino con el de llegada; si no nos acercamos realmente a él, no hay progreso. Con ello el destino del hombre abandonado a su naturaleza sería comparable a la tela de Penélope o a la roca de Sísifo [54]. La única finalización posible del hombre es la sobrenatural, aunque sea

[48] Cf. *Le mystère,* 105-114 *(El misterio,* 121-129).
[49] Cf. ib., 128 (141); por desgracia, De Lubac no señala la procedencia de la frase.
[50] Cf. ib., 129ss (142ss); también 142ss (153ss).
[51] Cf. ib., 146ss (158ss).
[52] Ib. 175 (186).
[53] Ib. 209ss (223ss).
[54] Cf. ib., 249-251 (261-263); es expresivo el título del capítulo: «de una finalidad sin fin».

completamente gratuita, y ello de tal modo que parece que sin esta finalidad la criatura intelectual difícilmente tendría sentido. El intento de De Lubac es mostrar que no es necesario acudir a la naturaleza pura para salvar la gratuidad de la elevación del hombre. Hay que tener presente de todas maneras que el autor francés indica que un mundo y una «humanidad» sin esta elevación serían posibles, pero que serían tan distintos de los realmente existentes que con esta idea no se garantizaría la gratuidad del don de Dios realmente dado [55]. En su intento, De Lubac se basa en la tradición que, prácticamente hasta Cayetano, no ha tomado en consideración esta posibilidad. Hasta este momento la gratuidad del orden sobrenatural se había salvaguardado aun con la afirmación del deseo natural de ver a Dios; con ello no se caía en el «extrinsecismo» de los tiempos posteriores, al que dio lugar no tanto el desarrollo del concepto de la naturaleza pura como el del sistema fundado en él.

Las posiciones de H. de Lubac han suscitado discusión [56]. Creo que hay que apreciar ante todo su esfuerzo por mostrar la gratuidad del don amoroso de Dios en el orden presente. Es un elemento nuevo de gran valor, aunque tal vez haya que situarlo en una perspectiva más amplia. Su recuperación del pensamiento de los grandes escolásticos es otro punto a su favor. Ha creado más dificultad su afirmación del deseo natural de ver a Dios en modo que parece incondicionado, unida a su negación de tomar en consideración la idea de la naturaleza pura. Precisamente por lo que respecta a esta noción, se ha de indicar que De Lubac se separa, con razón, de los que arrancan de ella para justificar la gratuidad de lo sobrenatural, pero no parece enfrentarse con la posición de quienes la consideran una simple hipótesis límite cuyos contenidos se renuncia a establecer. En las reflexiones que a continuación tenemos que hacer volveremos sobre estas cuestiones.

INTENTO DE SINTESIS

El breve recorrido histórico y el análisis, algo más detenido, de lo que han dicho sobre esta cuestión algunos teólogos de los últimos tiempos que se han ocupado del tema, han hecho ver la complejidad y dificultad del problema. Creo que lo fundamental es la reflexión sobre el punto de partida desde el que la cuestión se plantea.

Llama la atención el hecho de que, con alguna excepción que hemos señalado, en los años álgidos de la discusión sobre el sobre-

[55] Cf. la n.47.

[56] Véase p.ej., J. ALFARO, *El problema teológico,* 258-269. También las obras citadas en las notas 22 y 45.

natural no se haya puesto apenas de relieve que el fundamento de la gratuidad de la elevación del hombre a la comunión con Dios es la gratuidad de la encarnación misma [57]. Debemos partir de que no hay más «gracia» que el propio Jesús, enviado del Padre, y el don de su Espíritu que nos hace hijos de Dios. La entrega del Hijo es el acto de amor «hacia afuera» más grande que podamos pensar en Dios, y es por ello la mayor «gracia». Desde el punto de vista antropológico, la «gracia» será sólo la consecuencia que para nosotros tiene este acto de amor de Dios.

Por otra parte, debemos tomar en consideración el dato neotestamentario de la creación del mundo en Cristo y hacia Cristo. La encarnación no es sólo el máximo acto de amor de Dios y, por tanto, lo gratuito por excelencia, sino también el fundamento de todo cuanto existe. Esto vale especialmente para el hombre. Cristo es el primogénito de toda la creación y el primogénito de entre los muertos, y nosotros existimos para poder ser imágenes del Hijo, perfectamente configurados según su semejanza, hijos en él y con él. Es decisiva en la constitución del hombre, desde el punto de vista teológico, la invitación de Dios a la comunión con él, a participar en la relación que en el seno mismo del amor intratrinitario une a Jesús con el Padre. La única «definición» teológica original y primaria del hombre es la que parte del designio de Dios sobre él. Cualquier otra definición será, desde el punto de vista teológico, secundaria, y no puede ser tomada como punto de partida para nuestra reflexión sobre el problema del sobrenatural. Esto vale especialmente para todos los intentos, cuya legitimidad por supuesto no discutimos, de «definir» o describir la naturaleza del hombre, es decir, lo que el hombre es «en sí mismo» o sería al margen de la economía de la encarnación. Tales nociones del hombre prescinden de un elemento decisivo del ser del hombre existente cual es su vocación a ser imagen de Dios; por otra parte, según su lógica interna, han de ser válidas para el hombre existente y otro que pudiera haber existido; por ello no pueden ser un punto de partida adecuado para la teología. El hombre es, ante todo, lo que Dios con su eficaz amor creador ha querido y quiere que sea. No hay una noción de «hombre» previa a la voluntad

[57] Una excepción la constituyó H. U. von Balthasar, *Der Begriff der Natur,* 455. Nos hemos referido ya a J. Alfaro, *El problema teológico,* 229s, pero notemos que este artículo es del año 1973. Henri de Lubac, en la introducción a su *Mystère,* 13s, señala que se ha querido mantener en el campo de la «ontología formal», y que por tanto no ha recurrido al vocabulario de la alianza, ni del misterio cristiano, ni ha querido considerar la función mediadora del Verbo encarnado. Se consideraba entonces que la vocación divina del hombre podría contemplarse sin referencia explícita a Jesús. No creo que hoy tenga sentido la consideración del problema del sobrenatural al margen de la cristología.

divina expresada en los hechos, o, al menos, no tenemos acceso a ella: «la voluntad de un Creador tan grande constituye la naturaleza de cualquier cosa creada» [58]. Este punto es, a mi juicio, decisivo. Los antiguos Padres de la Iglesia no definían al hombre filosóficamente, sino a partir de la historia de salvación, el punto de vista que lo determina más radicalmente, aunque a primera vista pueda parecer lo contrario. Desde el presupuesto de la creación del mundo en Cristo no podemos afirmar otra cosa. Cualquier definición a la que se llegue por otro camino que no sea el designio de Dios será siempre derivada y, teológicamente, incompleta. No hay, por lo tanto, una noción de hombre que podamos suponer «anterior» a lo que nos ha mostrado la voluntad amorosa de Dios.

Es verdad que nosotros nos pensamos en primer lugar como existentes y después como agraciados por Dios. Como pensamos el mundo como existente y después pensamos en la encarnación del Hijo. Pero sabemos que tenemos que esforzarnos por corregir tales representaciones, inevitables hasta cierto punto. La creación no tiene sentido más que para hacer posible la venida de Jesús y la comunicación de la vida divina a la criatura capaz de recibirla. El hombre está pues pensado, ante todo, para poder recibir la filiación divina. Esta es nuestra más profunda «naturaleza» tal como la ha querido el Creador [59]. A la esencia concreta del hombre que viene al mundo pertenece esta llamada a la comunión con Dios, no conocemos un ser humano que no esté internamente afectado y determinado por esta condición [60]. No existen otros hombres más que los llamados en Cristo a la filiación divina; no hay otra finalidad del hombre. Si ésta se frustra, se frustra el hombre entero, sin que quepa apelar a una finalidad «natural» supletoria. La comunión con Dios en Cristo ple-

[58] AGUSTÍN, *De civ. Dei* 21,8,2: «Voluntas tanti Creatoris, conditae rei cuiusque natura est»; cit. por H. DE LUBAC, *Le mystère,* 41.

[59] Recordemos la «esencia concreta» del hombre de que hablaba K. Rahner. Para H. U. VON BALTHASAR, *Der Begriff der Natur,* 455, la «naturaleza» del hombre es la condición en que el hombre se halla, la única querida por Dios; en lugar de la «naturaleza pura» habla, creo que acertadamente, de la «naturaleza abstracta»; cf. p.454s; 458s; dado que podría haber muchas naturalezas posibles (de ahí el calificativo de «abstracta»), cree que se debe renunciar a hablar de lo que sería el hombre sin la gracia. Ulteriores breves reflexiones del autor sobre este tema se hallarán en *Theodramatik* II 2, *Die Personen in Christus* (Einsiedeln 1978), 282s; cf. los artículos a que nos referimos en la n.23. De Lubac piensa también que partir de la naturaleza pura equivale a olvidar el concepto cristiano de hombre; *Le mystère,* 175; *Augustinisme,* 257 *(El misterio de lo sobrenatural,* 187; 541).

[60] Varía el modo de dar nombre a este hecho que en general se reconoce; K. Rahner habla, como hemos visto, de «existencial sobrenatural»; G. Gozzelino, *Il mistero dell'uomo,* 65ss, de «existencial crístico»; L. Malevez, *La gratuité du surnaturel,* 686-689, habla de «existencial sobreañadido» *(surajouté),* formulación menos feliz porque sugiere la idea de un añadido exterior.

nifica al hombre porque éste no ha sido pensado para otra cosa. Ahora bien —y aquí deseo recoger una intuición de H. de Lubac—, este don de Dios será siempre gratuito incluso para aquellos seres que no tenemos otra finalidad más que recibirlo; no tenemos derecho ni exigencia ninguna de él, aunque Dios nos haya creado para poder dárnoslo. El don del amor es siempre gratuito, no cabe invocar derechos frente a él; de lo contrario, ya no sería el don amoroso. La plenitud humana de la filiación divina en Jesús, aun estando el hombre destinado a ella, no puede recibirse más que como gracia, porque don y gracia radical es el propio Jesús. Ello es así todavía con mayor razón si pensamos que el hombre ha sido y es infiel a Dios en el pecado; aunque es claro, por otra parte, que la gratuidad radical del don de Dios se basa en que es otorgado a la criatura, no sólo al pecador [61], esta condición de la que todo hombre participa añade un nuevo título a esta concreta gratuidad.

Pero debemos dar todavía otro paso: no sólo el don concreto de la gracia, sino la misma llamada inicial a recibirla es gratuita, va más allá de la gratuidad creatural. El hombre que somos no puede definirse adecuadamente en su relación con Dios sólo a partir de su condición de criatura. Ciertamente, el hombre es criatura de Dios porque su ser no tiene otro fundamento más que la voluntad amorosa de Dios, y, en su radical diferencia, depende de Dios absolutamente [62]. Pero, sin dejar de ser criatura, es más que esto, porque la llamada divina a la comunión con el Creador no se deduce de la condición de criatura. Esta, en su total dependencia y diversidad respecto del Creador, no puede nunca llegar a Dios con sus fuerzas. Dado el destino del hombre que se nos abre en Cristo, debemos afirmar su condición «supracreatural»; es, inseparablemente, criatura de Dios y a la vez más que esto. Es una criatura que rebasa la condición de tal, porque lo es sólo en la medida en que hace falta un ser distinto de Dios para que éste pueda comunicarse y dar libremente su amor. Todo el ser del hombre, incluso su dimensión creatural, está internamente orientado hacia la recepción de la filiación divina en participación de la de Jesús; sólo si la consigue se realiza como hombre.

El hombre es criatura de Dios, pero esta condición no es suficiente para expresar todas las dimensiones de la relación que le une a Dios. Partiendo de aquí creo que es posible entender la «naturaleza» del hombre como equivalente a su condición creatural, a la rela-

[61] J. ALFARO, *El problema teológico,* 236: «la explicación teológica de la trascendencia de la gracia, basada *únicamente* en la situación del hombre como pecador, es insuficiente»; cf. también 237ss; 291ss. No se puede no estar de acuerdo con esta afirmación.

[62] Cf. K. RAHNER, *Curso fundamental sobre la fe,* 101; P. KNAUER, *Der Glaube kommt vom Hören. Ökumenische Fundamentaltheologie* (Graz 1978), 21ss.

ción con Dios que es propia de la criatura. Consiguientemente se puede pensar que el término «supracreatural» puede sustituir con ventaja al más tradicional «sobrenatural» en la caracterización teológica del ser del hombre en su relación con Dios. No se trata de propugnar una sustitución de nombres, que siempre es difícil cuando un término está arraigado en la tradición teológica. Es sólo un intento de aproximación a la noción de «naturaleza» privilegiando el aspecto de la relación con Dios sobre el de los contenidos concretos [63]. En definitiva, de lo que se trata es de precisar los diferentes aspectos de nuestra relación con Dios, único camino para iluminar el misterio de nuestro ser. Es esta relación la que determina lo que somos, mucho más que la situación en que nos encontramos respecto a lo que hipotéticamente sería nuestra «naturaleza». Con este modo de proceder se pueden obviar las dificultades a que nos referíamos al comienzo de este apartado en torno a la noción de «hombre» de que se parte [64]. Pero además, por el hecho de tratarse de un relativo, la noción de criatura es formal, expresa la relación con Dios, pero no nos remite a contenidos materiales concretos; con ello no estamos obligados a definir o describir lo que sería la «naturaleza», tarea imposible porque, al no existir el hombre «natural», nos faltan los puntos de referencia para hacerlo [65]. El hombre, criatura de Dios, no agota en esta condición la relación con Dios en que se encuentra. Es una criatura

[63] Ya H. U. VON BALTHASAR, *Karl Barth,* 295, identifica la naturaleza con el ser creatural: «La naturaleza... es el ser creado en cuanto tal»; cf. ib., 301. Se puede ver el propio K. BARTH, *Kirchliche Dogmatik* (Zürich 1948), 3/2, 247: «el hombre en su pura creaturalidad; podríamos decir: en su naturaleza humana». En cuanto a la propuesta terminológica, cf. ALFARO, *El problema teológico,* 253.

[64] Dificultades de las que de hecho no se libra siempre la teología; constantemente se habla de la capacidad del «hombre» para recibir la gracia, de la posibilidad de la existencia del «hombre» no destinado a la visión, de lo que adviene al «hombre» a partir de la historia de salvación, etc. Se trata de nociones de «hombre» derivadas, deducidas de lo que es la única realidad del ser humano, legítimas si se entienden bien. Pero queda con frecuencia la sospecha de que en la definición del hombre se prescinde de la relación a Dios, y de que se acude a una noción que inconscientemente se supone previa a la voluntad creadora y salvadora de Dios.

[65] En esta imposibilidad están de acuerdo todos los teólogos que no piensan en dos órdenes separados de naturaleza y gracia. Pero hay diferencias entre ellos. De Lubac afirma que el «hombre» no destinado a la visión sería completamente distinto de nosotros: *Le mystère,* 75ss *(El misterio de lo sobrenatural,* 91ss); von Balthasar, *Der Begriff der Natur,* 460, caracteriza como «agnosticismo» su postura sobre los contenidos de la naturaleza pura o abstracta; Rahner no trata de definir el contenido del «resto» que sería la naturaleza. Alfaro, en cambio, tiene la preocupación de poner de relieve las «determinaciones inteligibles» del hombre fuera del orden de la gracia *(El problema teológico,* 280s). Pero reconoce también que no es posible «distinguir claramente todo lo que pertenece a la estructura espiritual-finita del hombre. Quedará una frontera indeterminada...»: ib., 317. Por las razones que a continuación irán apareciendo, me inclino por la línea de pensamiento representada por los tres primeros autores (coincidentes sustancialmente en este punto a pesar de sus diferencias en otros).

y al mismo tiempo más que esto: es criatura llamada a la amistad y a la filiación, objeto de especial predilección divina. Es criatura llamada a participar en la vida de Dios mismo.

Hemos señalado ya que la condición supracreatural del hombre no elimina su ser creatural; al contrario, lo implica. No podemos entrar en comunión con Dios más que en cuanto somos distintos de él, es decir, en cuanto somos criaturas. Ahora bien, ni esta comunión ni la llamada a la misma pueden en ningún momento ser exigencia de la criatura. Este es el punto decisivo de la gratuidad de la condición supracreatural del hombre. Aunque el designio de Dios sobre nosotros sea unitario, desde nuestro punto de vista no tenemos más remedio que hablar de dos «gratuidades», irreductibles la una a la otra: en virtud de uno de estos dones gratuitos somos criaturas de Dios, existimos con unas características determinadas; en virtud del otro, nuestra condición rebasa la de criatura, ya que hemos sido creados en Cristo para reproducir la imagen del Hijo y entrar así en comunión con el Padre. Estos dos «dones», distintos aunque inseparables, son igualmente esenciales en la constitución de nuestro ser de hombres. Se nos dan en unidad indivisible. El segundo don es infinitamente mayor que el primero, ya que se fundamenta en la autodonación de Dios, en la entrega del Hijo y el don del Espíritu, no sólo en la producción por el Creador de algo distinto de él. No obstante, la primera gratuidad es condición de posibilidad de la segunda: Dios no puede darse *ad extra* más que a alguien distinto de él. Y por otra parte la criatura nunca puede exigir la donación del propio Dios, en concreto la encarnación del Hijo. Cabría, por tanto, la posibilidad de creación, incluso de seres dotados de razón, no acompañada de este segundo don.

Resumamos lo dicho hasta aquí: el único punto de partida válido en el estudio de la cuestión del sobrenatural es el hombre que existe, el único que en rigor merece tal nombre porque es el único que Dios ha querido llamar a la existencia; este hombre es tal por su creaturalidad y por su vocación a la comunión con Dios, único fin para el que ha sido creado. Vemos, por consiguiente, que definir nuestra relación con Dios, y por tanto nuestro ser, como «criatura» es insuficiente. Hemos sido creados a imagen de Dios, somos sus criaturas y a la vez más que eso: estamos llamados a ser sus hijos. Nuestro ser es fruto de un designio divino unitario (nunca insistiremos suficientemente en este punto) en el que, desde nuestra perspectiva, debemos distinguir dos «momentos» de gratuidad ordenados el uno al otro: la libertad de Dios al crear y la libertad todavía mayor de entregarnos a su Hijo y hacernos hijos en él; el segundo momento no depende del primero, porque, de lo contrario, haríamos a Dios dependiente de lo que no es Dios, de lo que él mismo ha creado; Cristo no sería el supremo don. Pero, a la vez, este segundo momento exige el primero de la creación libre que, en nuestro caso concreto, no tiene más finalidad que posibilitar la comunicación de Dios mismo. El hombre es una criatura llamada a la filiación divina; a la unidad del designio divino responde la unidad original de nuestro ser en la diversidad de sus aspectos.

Si la existencia de la criatura es condición de posibilidad para la autocomunicación de Dios, debemos añadir que esta criatura ha de tener ciertas características para poder ser destinataria de este don; no es pensable que pueda recibirlo una criatura irracional. El hombre está dotado de inteligencia precisamente porque está llamado a la comunión con Dios. Ahora bien, si la creaturalidad en cuanto tal no implica exigencia alguna de autodonación por parte de Dios, tampoco la racionalidad. Esta es sólo una adjetivación que califica a ciertas criaturas, pero que en ningún momento les hace superar la condición de tales. Dios, por consiguiente, pudo haber creado seres racionales sin destinarlos a la comunión con él y a la visión beatífica (cf. DS 3891). La racionalidad no implica la condición supracreatural de quien la posee, pero sí a la inversa. En la criatura racional no puede haber ninguna exigencia de la encarnación del Hijo, aunque los hombres no existimos más que para conformarnos con la imagen de Jesús muerto y resucitado.

En el hecho de que la «racionalidad», como la «creaturalidad», no implica la llamada a la comunión con Dios se basa la posibilidad de una «naturaleza pura». Esta afirmación es necesaria para que quede radicalmente a salvo la libertad total de la encarnación del Hijo, que no puede depender, lo repetimos, de la existencia de ninguna criatura. Cabría una relación con Dios de una criatura dotada de intelecto en el plano meramente creatural. En el hombre realmente existente, el «resto» que constituye su «naturaleza» en el sentido abstracto no carecería de sentido. Pero, una vez dicho esto, creo que hay que renunciar a descubrir lo que sería en concreto esta naturaleza. No necesitamos hacerlo desde nuestro punto de partida, según el cual el único hombre que tomamos en consideración es el que existe, el único que en rigor puede ser llamado «hombre». La condición de criaturas racionales que nosotros experimentamos existe en función de la llamada a la filiación divina. ¿Qué características revestiría un entendimiento no destinado a este fin? Las posibilidades son infinitas. La diferencia entre un ser llamado a la comunión con Dios y uno que no lo estuviera es tan abismal, que tratar de averiguar lo que sería un «hombre» (?) sin esta vocación a partir de lo que nosotros somos me parece una empresa abocada al fracaso [66]. Es imposible

[66] Se podría argüir que debemos saber algo de lo que sería un «hombre» no destinado a la comunión con Dios, porque sólo en esta comparación podemos apreciar

aislar en nuestro ser concreto nuestra condición creatural de los otros elementos que nos constituyen; en todo caso, es claro que el resultado no seríamos nosotros mismos. Como ya hemos dicho muchas veces, en la constitución de nuestro ser personal, en nuestro «yo», entra el destino a la comunión personal con Dios en Cristo. La naturaleza pura es, por consiguiente, un concepto límite cuyos contenidos tenemos que renunciar a describir.

Esta cuestión es importante porque, como hemos visto, la moderna teología de orientación tomista ha tratado de evitar el extrinsecismo del pensamiento tradicional acudiendo a la tesis del deseo natural de ver a Dios. Se trataría, para algunos autores, de un deseo condicionado, no absoluto, que no haría absurdo el ser racional no destinado a la visión. En esta radical apertura a Dios del «espíritu finito» se insertaría la llamada a la visión beatífica, de modo que podemos hablar con propiedad también de la inmanencia de la gracia, es decir, del perfeccionamiento interno de la criatura intelectual que aquélla supone. Tal vez en la misma caracterización del hombre como «espíritu finito» se prejuzga ya un tanto la solución del problema, porque el «espíritu» se define como apertura trascendental a Dios [67]. Pero siempre cabe la pregunta: ¿es esta apertura del espíritu la de la criatura intelectual como tal o es ya el movimiento de la gracia? Me parece difícil la respuesta, si las consideraciones hasta aquí hechas son correctas [68]. Creo que podemos salvar también la profunda «inmanencia» de la gracia acudiendo a consideraciones más generales: es claro que el conocimiento y el amor de Dios en sí mismo perfeccionan intrínsecamente el entendimiento y la voluntad creados, porque él es la Verdad y el Bien sumos, sin que quepa comparación con ningún otro objeto de conocimiento y de amor. Es claro que no podemos alcanzar este conocimiento y este amor en virtud de las fuerzas creaturales, pero somos nosotros mismos los que, en virtud del don del Espíritu, podemos conocer y amar inmediatamente la fuente de todo ser y de todo bien. ¿Tenemos que afirmar además un «apetito» de la visión de Dios por parte de la criatura racio-

la gratuidad de lo que poseemos; por ello, la diferencia respecto a estos posibles seres racionales no puede ser tan grande que no permita una suerte de comparación. En realidad creo que tal objeción desconocería que cuanto más grande sea el don recibido, más diferencia hay entre quien lo recibe y quien no, y por tanto más grande será el abismo que separa nuestra situación real de la «naturaleza pura». Pensar que es posible la comparación entre las dos situaciones es disminuir la diferencia entre ambas; más que salvar la gratuidad del don, lo que inconscientemente se haría sería reducirla.

[67] Cf. ALFARO, *El problema teológico,* 252; también K. RAHNER, *El problema de la hominización* (Madrid 1973), 80.

[68] Recordemos las reflexiones de K. Rahner en este sentido, a las que nos hemos referido en este mismo capítulo; también cuanto indicábamos en la n.65.

nal en cuanto tal? No creo, por las razones ya señaladas, que tengamos datos para responder en un sentido o en otro [69].

Pero no solamente por ser racionales, sino también por ser criaturas, somos perfeccionados intrínsecamente por la gracia. El ser creatural y sus perfecciones son participación en el ser y las perfecciones de Dios. En la participación máxima en el ser de Dios está la perfección intrínseca de la criatura que es capaz de recibirla. Todo crecimiento de ésta en la imagen y semejanza del que la creó, toda mayor perfección en ser reflejo del Logos que sustenta el universo, es la más grande plenitud, a la vez trascendente e inmanente, a que puede aspirar. En este sentido, la gracia no es sólo una perfección inmanente a la criatura *racional* (adjetivo), la única que está en condiciones de recibirla, sino también a la *criatura* (sustantivo) racional, ya que es una participación más plena en el ser de Dios que fundamenta toda realidad creatural.

[69] H. U. VON BALTHASAR, *Der Begriff der Natur,* 460, señala que no ve el sentido de tal pregunta, pero que, en el caso de que sea legítima, él se inclina por la negativa: «Todo lo demás me parece una retroproyección de la finalidad sobrenatural fáctica en la estructura de la naturaleza, bajo la presión de una milenaria tradición platonizante». Pienso que, si no hay razones para responder afirmativamente, tampoco las hay para hacerlo negativamente.

PARTE PRIMERA

EL HOMBRE, LLAMADO A LA AMISTAD CON DIOS Y PECADOR

CAPÍTULO II

LA OFERTA ORIGINAL DE LA GRACIA: EL «ESTADO ORIGINAL» Y EL PARAISO

BIBLIOGRAFIA

J. AUER, *El mundo, creación de Dios,* 523-541; G. COLZANI, *Antropologia teologica,* 265-287; M. FLICK-Z. ALSZEGHY, *Antropología teológica,* 225-248; ID., *El hombre bajo el signo del pecado. Teología del pecado original* (Salamanca 1972), 403-431; J. I. GONZÁLEZ FAUS, *Proyecto de hermano,* 112-120; G. GOZZELINO, *Il destino dell'uomo in Cristo,* 419-426; J. L. RUIZ DE LA PEÑA, *El don de Dios,* 159-172; W. SEIBEL, *El estado original:* MySal II 2, 915-939; cf. también la bibliografía del capítulo siguiente.

Hemos estudiado en el capítulo precedente la unión íntima que en cada uno de nosotros se da entre la condición de llamado por Dios a la comunión con él y la de criatura. A la definición del hombre, del único ser humano existente, pertenecen inseparablemente estas dos dimensiones. Por otra parte, ambas han de ser distinguidas si queremos salvar la gratuidad de la encarnación y del don del Espíritu, de los que depende la dimensión supracreatural o sobrenatural del ser del hombre. Desde este presupuesto abordamos ahora el estudio de la «historia» de la relación entre Dios y el hombre, fundada en la llamada gratuita a la comunión con él con que desde el primer momento el Creador ha querido marcar al ser humano. En efecto, esta vocación divina implica en todo momento la necesidad de una respuesta por parte del hombre. La libertad divina, que suscita la libertad humana, coloca a ésta ante la posibilidad del bien y del mal, de la aceptación o del rechazo del ofrecimiento de amistad que Dios le hace. Por la enseñanza de la Escritura y de la Iglesia sabemos que el don de la gracia y del amor divinos no ha encontrado en el hombre la respuesta adecuada. Por ello, desde el primer instante la gracia y el pecado han sido las coordenadas que han enmarcado el ser del hombre en su relación con Dios. Naturalmente, siempre bajo el primado de la gracia, que es la primera y la última palabra de Dios, y sin la cual no podemos en modo alguno entender lo que es el pecado mismo.

En los relatos bíblicos del paraíso y la caída hallamos una primera reflexión sobre estas determinaciones fundamentales del ser humano en su relación con Dios, que se remontan a los comienzos de la historia y que pesarán sobre todo el desarrollo consecutivo de la misma. Por ello se hace inevitable para nosotros la referencia al problema de los orígenes, aunque no tratamos primariamente de examinar lo que pasó al principio, sino de reflexionar sobre las coordenadas que siguen enmarcando nuestra existencia en la concreta articulación histórica que arranca del comienzo de la humanidad. Estudiamos primero la oferta de la gracia por parte de Dios, la teología del «estado original», para pasar a ocuparnos después, mucho más ampliamente, del pecado original. Aun con el riesgo de alguna repetición, prefiero dar a este tema una entidad propia y no estudiarlo juntamente con el pecado (opción que sería perfectamente legítima), para poner mejor de relieve cómo la gracia de Dios, que ocupará toda la segunda parte de esta obra, es la perspectiva que la determina ya desde el comienzo. Como señalábamos en la introducción, Adán es figura de Cristo, está desde el principio destinado a ser recapitulado en Jesús. El pecado es el rechazo de la gracia y, por consiguiente, sólo puede ser tal si es precedido por la gracia divina. Al primer ofrecimiento de su amistad que Dios ha hecho al hombre dedicamos este capítulo.

BREVE REFERENCIA A LAS NOCIONES TRADICIONALES

Me limito a unas breves indicaciones que recuerden el esquema con el que la teología ha pensado y entendido este problema. Se ha considerado normalmente que Dios creó al hombre dándole de hecho u ofreciéndole tres categorías de bienes o dones. En primer lugar los «naturales», los que corresponden a la naturaleza del hombre en cuanto tal en los términos que en el capítulo anterior hemos señalado. Se piensa que esta «naturaleza» ha salido de las manos de Dios como acabada dentro de su orden. En segundo lugar hay que situar los bienes «sobrenaturales» en sentido estricto: la amistad con Dios y la gracia, la llamada a la divinización y a la visión beatífica; son aquellos bienes a los que la naturaleza humana no tiene ningún derecho. Por último, entre unos y otros, se colocan los llamados «dones preternaturales», que, por una parte, no son exigidos por la naturaleza en cuanto tal, pero, por otra, la perfeccionan en su misma línea, sin que por sí mismos supongan la comunión íntima con el Creador (que es lo propio de los dones sobrenaturales). Entre estos bienes se cuentan sobre todo la inmortalidad y la integridad o ausencia de concupiscencia, pero a veces se añaden otros, como la ciencia infusa, etc. El pecado de los primeros padres habría hecho perder al hombre los bienes sobrenaturales y estos dones preternaturales. No así los naturales, que, aunque afectados por el pecado, han quedado sustancialmente íntegros; la bondad de la criatura de Dios permanece. La redención de Cristo ha traído la posibilidad de sanar la naturaleza caída y de recuperar los bienes sobrenaturales, pero no los preternaturales, definitivamente perdidos con la expulsión del paraíso. Debemos tener presente este esquema para entender las referencias que a continuación hagamos a la teología tradicional y a la terminología por ella utilizada.

EL «ESTADO ORIGINAL» EN EL ANTIGUO TESTAMENTO. LA HISTORIA DEL PARAISO

No tenemos que insistir sobre lo que sin duda ya se conoce acerca del valor histórico de los primeros capítulos del Génesis. El relato de la fuente J, que habla del paraíso inmediatamente después de la creación del hombre, tiende a desembocar, con toda probabilidad, en la narración del pecado y de la caída [1]. Con esta sucesión se trata de expresar que entre la voluntad creadora original de Dios y el estado actual del mundo y del hombre ha mediado la realidad negativa del pecado, no querida por el Creador. Lo que Dios pensó para el hombre no es la situación que conocemos, sino algo mejor: precisamente el paraíso. Este es el proyecto originario de Dios sobre el hombre.

El paraíso es tal vez una representación que el yahvista ha recogido de otras culturas orientales, en las que se encuentran descripciones de un jardín celeste, morada de Dios y no del hombre. Es posible que restos de tal concepción asomen en Gén 3,8, Dios que se pasea por el jardín. En Ez 28,13ss encontramos la descripción más completa de este «jardín de Dios» (cf. 2 Cor 12,2ss). El yahvista, de todas formas, ha sido original en su descripción, aunque haya podido inspirarse en estas fuentes [2]. Ha «desmitificado», aunque tal vez no del todo, estas ideas; el punto esencial en este sentido es que ha colocado el paraíso en la tierra, lo ha hecho morada del hombre, e incluso le ha señalado una más o menos exacta localización geográfica (cf. Gén 2,11ss) [3].

Podemos tomar como puntos de referencia para situar la escena del paraíso los momentos inicial y final de la misma: la creación del hombre del polvo de la tierra (cf. Gén 2,7), y su expulsión del jardín con la consecuencia de la muerte y la vuelta a la tierra de la que fue tomado (cf. Gén 3,19). Aunque en Gén 2,7 el aliento de Dios no

[1] Cf. N. LOHFINK, *Die Erzählung vom Sündenfall,* en *Das Siegeslied am Schilfmeer* (Frankfurt Main 1965), 81-101.

[2] Cf. C. WESTERMANN, *Genesis 1-11* (Neukirchen 1974), 246ss; LOHFINK, o.c, 81ss; J. BERNARD, *Genèse 1-3. Lecture et traditions de lecture:* MScR 43 (1976) 57-78; CH. DOHMEN, *Schöpfung und Tod. Die Entfaltungen theologischer und anthropologischer Konzeptionen in Gn 2/3* (Stuttgart 1988).

[3] Cf. C. WESTERMANN, ib.; H. RENCKENS, *Creación, paraíso y pecado original* (Madrid 1969), esp. 185ss.

constituya al hombre en divino, no hay duda de que la vida del hombre y de los otros vivientes en general se concibe en el Antiguo Testamento como asociada al poder divino, al «espíritu» [4]; el fin o la retirada de esta presencia de Dios es la vuelta al polvo del que los vivientes proceden (cf. Sal 104,29s; Job 34,14s; Sal 90,3, etc.). La situación actual muestra que el hombre tiene esta vida de Dios en precario, por un tiempo limitado y breve; el aliento vital se retirará un día y el hombre morirá. Entre la creación del hombre del polvo y el anuncio de su vuelta a él se sitúan los acontecimientos del paraíso; se nos describe la situación en que el Creador ha querido colocar al ser humano y de la que éste se ha visto excluido por su pecado.

Ante todo, Dios pone al hombre en el jardín que ha plantado para él, una imagen que recuerda la de un oasis en medio del desierto. No son pocos los autores que ven en esta escena de Gén 2,8 la expresión de una «elevación» del hombre a un estado superior al que le correspondería por su procedencia terrena; en particular se pone de relieve su especial cercanía a Dios, la iniciativa divina de acogerlo a la comunión con él [5]. En medio de la abundancia de árboles y plantas del paraíso destacan el árbol de la vida, que muestra que ésta en su sentido pleno es don de Dios, y el del conocimiento del bien y del mal, objeto de la prohibición divina, porque solamente a Dios corresponde este conocimiento (cf. Gén 3,5.22) [6]. A esta situación del paraíso corresponde la obligación del trabajo; el hombre ha de cultivar y guardar el jardín (Gén 2,15). Dios además impone al hombre un mandato, precisamente el de la prohibición de comer del fruto del árbol del bien y del mal (Gén 2,16s) a que nos referíamos hace un momento. El hecho de la imposición del mandato no es separable en este caso del contenido concreto del mismo: el hombre ha de vivir en relación de libre obediencia a Dios, y se destruye a sí mismo en el momento en que quiere rebelarse y ser como Dios; la prohibición de comer del árbol de la ciencia del bien y del mal no es pues un precepto arbitrario. La relación ordenada del hombre con Dios incluye la relación con el mundo, el dominio sobre los animales (cf. Gén 2,18ss) y también la estructura social del hombre, en su núcleo básico de la relación entre marido y mujer (cf. Gén 2,18.20ss) [7]. La recta relación varón-mujer y, más en general, de todos los seres humanos entre sí es también parte integrante de la referencia al Creador y de la obediencia a sus designios. No se trata de que el hombre en el

[4] Cf. WESTERMANN, o.c., 268ss.

[5] Cf. W. SEIBEL, *El estado original:* MySal II 2, 915-939, 916; RENCKENS, o.c., 265; J. L. RUIZ DE LA PEÑA, *El don de Dios. Antropología teológica especial* (Santander 1991), 59.

[6] Cf. WESTERMANN, o.c., 332ss.

[7] Cf. WESTERMANN, o.c., 300-305; 313ss.

paraíso sea perfecto (el pecado demostrará que no es así), o que su vida sea un simple goce de los bienes recibidos sin onerosidad de ningún tipo; el paraíso no es una «edad de oro». En la narración bíblica se quiere poner de relieve sobre todo la posibilidad que Dios ha ofrecido al hombre de conseguir la plenitud en la obediencia y el servicio. En el abandono de esta actitud está la raíz de la perdición.

Los castigos de Dios al hombre y a la mujer cuando, después del pecado, los expulsa del paraíso, nos pueden ofrecer indirectamente más detalles de cómo el autor yahvista ha imaginado la vida del paraíso: libertad de la fatiga, del dolor y de la muerte; relación armónica entre el varón y la mujer, etc. (cf. Gén 3,16). A partir de estas palabras puestas en boca de Dios se ha desarrollado la doctrina de los bienes preternaturales de la inmortalidad, ausencia de dolor o enfermedad, etc. El don de la integridad se ha querido ver en Gén 2,25 (cf. 3,7), aunque no parece que el sentido original del texto sea el que posteriormente se le ha atribuido (el descubrimiento de la desnudez puede significar sentimiento de falta de protección, de la que hasta este momento no se han hecho conscientes). No hace falta repetir que estos detalles pretenden expresar un estado de vida en la amistad con Dios y también en armonía con las criaturas.

No son muy numerosas las referencias directas del resto del Antiguo Testamento al estado original y a la situación del hombre en el paraíso [8]; en algunas ocasiones se alude a ellos sin el propósito de describir la situación originaria del hombre (cf. Ez 28,11ss; 31,8s). En algunos pasajes, sobre todo de los libros proféticos, se da un cambio de orientación muy significativo: el tema del paraíso, a veces con la mención de «Edén» (que en Gén 2,8 es un simple nombre geográfico), se convierte en un elemento de la descripción de los bienes futuros, sea de los que se poseerán en un momento inmediato (cf. Gén 13,10), sea sobre todo de los que se gozarán cuando Dios salve al pueblo de forma definitiva (cf. Is 51,3; Ez 36,35) [9]. También los libros sapienciales conocen el tema del paraíso, en pasajes que tratan asimismo de la creación del hombre a imagen de Dios; así Sab 2,23s, que habla de la incorruptibilidad perdida por el pecado. No parece que el texto se refiera sólo a la muerte física, sino a aquella que experimentan los que pertenecen al diablo (c.24) [10]. Eclo 17, 1-14 contempla la creación del hombre y su colocación en el paraíso en el esquema de la alianza (v.10-12). Se insiste en la necesidad de la obediencia a Dios (v.12). Entre los bienes de todo orden que se

[8] Son proporcionalmente más abundantes, al parecer, en los apócrifos; cf. H. HAAG, *El pecado original en la Escritura y en la doctrina de la Iglesia* (Madrid 1969), 94.

[9] Cf. SEIBEL, o.c., 917.

[10] Cf. J. VÍLCHEZ LÍNDEZ, *Sabiduría* (Estella 1990), 171-173, no se trata sólo de la muerte biológica; no es la muerte física, sino la escatológica.

enumeran (la fuerza, el dominio sobre los animales, el discernimiento, la inteligencia...) no parece se cuente el de la inmortalidad (v.2: «Dios señaló al hombre días contados»; pero véase también Eclo 25,24, donde la muerte y el pecado se relacionan claramente).

EL NUEVO TESTAMENTO

En el Nuevo Testamento el tema del paraíso y del estado original no se contempla por sí mismo: no encontramos ninguna referencia explícita al mismo comparable, p.ej., a Gén 2. En Rom 5,12 se afirma que la muerte es consecuencia del pecado. Parece que indirectamente se nos dice que la inmortalidad era un bien del que el primer hombre gozaba en la amistad con Dios. Pero es claro que, más que de la inmortalidad original, se quiere hablar del pecado que trae la muerte, al que se opone la salvación de Cristo. Se habla en otros lugares de la función reconciliadora de Cristo, lo que supone también un estado anterior de paz y de amistad (cf. 2 Cor 5,18ss; Rom 5,10). En boca del mismo Jesús tenemos una alusión al «principio», al designio original de Dios cambiado por la dureza del corazón humano (Mc 10,6ss par.). Más difícil es determinar con exactitud hasta qué punto Pablo piensa en Adán en Rom 7,7ss, es decir, si es una alusión a los orígenes la afirmación según la cual sin ley el pecado estaba muerto [11]. La división que el hombre siente en sí mismo, fruto del pecado, puede hacer pensar indirectamente en una situación de armonía (cf. Rom 7,14-25). Pero de nuevo la intención primordial de esta descripción de la situación presente es hacer ver que sin la gracia de Cristo no es posible la armonía anterior.

EL ESTADO ORIGINAL EN LA TRADICION Y EL MAGISTERIO

No podemos hacer un estudio exhaustivo, ni siquiera una síntesis completa de esta historia [12]. Ponemos de relieve únicamente algunos puntos.

Es muy interesante la teología del paraíso en san Ireneo; el obispo de Lyon piensa que el paraíso se encontraba situado en las esferas celestes, encima del tercer cielo; el paraíso en el que fue colocado

[11] H. SCHLIER, *Der Römerbrief* (Freiburg-Basel-Wien 1977), 220ss; 228ss, piensa que el punto de referencia es Adán; M. A. SEIFRID, *The Subject of Rom 7:14-25:* NovT 34 (1992) 313-333, da mucha importancia a la experiencia del propio Pablo.

[12] Cf. los breves resúmenes de W. SEIBEL, o.c., 919-926; J. AUER, *El mundo, creación de Dios* (Barcelona 1979), 523-541; J. L. RUIZ DE LA PEÑA, *El don de Dios,* 109-158, dentro del tratamiento de la historia de la doctrina del pecado original.

Adán después de ser creado es el mismo al que fueron elevados Enoc y Elías (cf. Gén 5,24, 2 Re 2,11) y al que después fue arrebatado Pablo (cf. 2 Cor 12,2-4). El paraíso de los comienzos se identifica con el paraíso escatológico, aquel al que irán los hombres que hayan fructificado como sesenta (cf. Mt 13,8). Hay aquí una correspondencia, aunque no sea total, entre el comienzo y el final de la historia. El paraíso excluye el pecado y es lugar de intimidad con Dios [13].

En los documentos oficiales de la Iglesia antigua encontramos algunas alusiones al tema del paraíso en relación con el pecado original y la gracia. Debemos citar en concreto el concilio de Cartago del año 418, que, en oposición a Pelagio, afirma la posibilidad de no morir que tuvo el hombre en el paraíso (cf. DS 222). El llamado *Indiculus Caelestini* (en torno al año 431) habla de la inocencia y «posibilidad» (de no morir) de Adán (cf. DS 239). El concilio II de Orange, del año 529, se refiere a la inmortalidad de que pudo gozar el primer hombre (cf. DS 371s); a la vez se afirma que con el pecado ha sido afectada la libertad del alma (cf. DS 371; 383); este estado en que el primer hombre se encontraba y en el que su naturaleza había sido creada es calificado como de «integridad» (DS 389). El concilio de Quercy, del año 853 (cf. DS 621s), habla de la santidad de la justicia del primer hombre y de su libertad.

La teología medieval discute sobre el «orden» en que el hombre recibió los distintos bienes que le adornan en el paraíso [14]. Hay quienes piensan que Adán antes de la caída poseía sólo los bienes naturales, y habría accedido a la gracia sólo si hubiera perseverado en el bien. Otros piensan que el hombre estuvo desde el primer instante en la gracia, pero no la que le hubiera permitido adquirir méritos sobrenaturales; para ella habría debido prepararse, porque todo adulto tiene necesidad de esta preparación; pero ya desde el primer instante tuvo la integridad y la posibilidad de no morir; con diferencias de matiz, ésta sería la opinión de Pedro Lombardo, Buenaventura, Alberto Magno. Una tercera posición se abrió paso a partir de santo Tomás, quien afirma que el hombre fue creado desde el primer instante con los bienes naturales y la gracia, porque la sujeción del cuerpo al alma y de las fuerzas inferiores a la razón de que Adán gozaba era ya fruto de la gracia, ya que, de lo contrario, esta armonía se habría mantenido después de la caída [15]. Sin duda, con esta posi-

[13] Cf. *Adv. Haer.* V 5,1; 36,2 (SCh 153, 458; 625); cf. A. Orbe, *Antropología de san Ireneo* (Madrid 1969), 199ss; Id., *Teología de san Ireneo* I (Madrid 1985), 228ss; III (Madrid 1988), 584ss.

[14] Sobre lo que sigue, aparte de los manuales ya citados, cf. J. Auer, *Die Entwicklung der Gnadenlehre in der Hochscholastik* I (Freiburg in Br. 1942), 72ss.

[15] Cf. *STh.* I q.91, a.5. El primer acto libre del hombre pudo ser la aceptación de la gracia (ib.).

ción se contempla mejor la unidad profunda de todas las dimensiones del ser humano; sólo la gracia y la amistad con Dios pueden garantizar la armonía interna del ser humano.

Volvemos a encontrar indicaciones interesantes del magisterio a propósito del tema que nos ocupa en el concilio de Trento, especialmente en el decreto sobre el pecado original. El estado en que el hombre se encuentra antes del pecado se define como de «santidad y justicia» (cf. DS 1511-1512), y también de «inocencia» (DS 1521, en el decreto sobre la justificación). La transgresión original trajo consigo la pérdida de esta santidad y justicia, pero también la muerte (cf. DS 1511s), con lo cual queda claro que el hombre gozaba antes de la posibilidad de no morir. Se insinúa también la situación de libertad en que el hombre se hallaba al señalarse que por el pecado no ha perdido el libre albedrío, pero éste ha quedado inclinado al mal y atenuado en sus fuerzas (cf. DS 1521): el hombre, en su estado presente, se halla marcado por la concupiscencia (cf. DS 1515). Es interesante notar que el canon 1 del decreto sobre el pecado original (cf. DS 1511) señala que Adán perdió la santidad y justicia en que había sido «constituido» *(constitutus)*. Este término sustituye a *creatus,* que se encontraba en el proyecto primitivo [16]. El término que acabó imponiéndose, por ser más neutro, no prejuzga la cuestión, discutida todavía en aquel momento, de si el hombre fue creado en la gracia desde el primer instante o si ésta se le ofreció más tarde.

En los documentos eclesiásticos contra las doctrinas de Bayo y Jansenio se defiende la gratuidad de la gracia original, es decir, la posibilidad de que Dios hubiera creado a los hombres sin la gracia, ya que ésta no es debida a la naturaleza (recordemos lo dicho al hablar del «sobrenatural»); cf. DS 1926; 1955, y en general las condenas de Bayo, DS 1901ss, P. Quesnel, DS 2400ss, esp. 2434-2437, y el sínodo de Pistoia, DS 2616-2618. En el concilio Vaticano II, GS 18, se reafirma la doctrina tradicional según la cual el hombre, si no hubiera pecado, no habría estado sometido a la muerte corporal.

El magisterio ha establecido relativamente pocos puntos concretos acerca del estado original del hombre. El aspecto fundamental del «estado original» es, sin duda, la santidad y justicia que el hombre tenía antes de caer en el pecado; éstas eran indebidas a su naturaleza. Esta gracia y santidad estaba acompañada, por una parte, de un determinado estado de libertad o ausencia de concupiscencia, de «integridad»; a la vez se dice que el hombre gozó, antes del pecado, de la inmortalidad. No se han recogido apenas otros aspectos apun-

[16] Cf. Z. Alszeghy-M. Flick, *Il decreto tridentino sul peccato originale:* Gr 52 (1971) 595-635, 596ss; J. M. Rovira Belloso, *Trento. Una interpretación teológica* (Barcelona 1979), 118s.

tados en la narración de Gén 2-3 y sobre los cuales sí ha reflexionado en ocasiones la teología: la ciencia infusa, la ausencia de dolor o enfermedad, el trabajo sin fatiga, etc. Son puntos que podemos dejar de lado en nuestro estudio.

REFLEXION SISTEMATICA

Sabemos que no tenemos que interpretar los primeros capítulos del Génesis, y por consiguiente la historia del paraíso, como si nos narraran acontecimientos tal como de hecho ocurrieron con todos sus pormenores. Pero esto no significa que estos capítulos y su interpretación posterior no contengan un mensaje que sigue siendo vinculante para nosotros. Para tratar de definirlo debemos estudiar los contenidos teológicos fundamentales de las fuentes bíblicas y de la tradición, a la luz de cuanto ya hemos ido viendo a lo largo de nuestro estudio.

a) **La gracia del estado original**

El estado de santidad y justicia en que el hombre se encontró antes del pecado es sin duda el núcleo fundamental de la teología del «estado original». El hombre ha sido llamado desde el comienzo de su existencia a la comunión con Dios. La primera palabra de Dios sobre el hombre es el ofrecimiento de su amor y de su gracia. Ya hemos visto cómo esto no es un añadido exterior al ser humano que conocemos, aunque por otra parte sea indebido a su condición creatural. Desde la perspectiva de la creación en Cristo, hoy comúnmente aceptada, parece que tiene poco sentido plantearse la cuestión, que hemos visto se agitaba todavía en el concilio de Trento, acerca de si el hombre recibió la oferta de la gracia en el primer instante o sólo en un segundo momento después de la creación, en la que habría recibido sólo los bienes naturales. No tenemos ninguna base para pensar que el hombre haya existido en algún momento sin estar llamado a la comunión con Dios. Una vez establecido esto, queda también claro que la amistad con Dios, el estado de «santidad y justicia» de que nos habla Trento, es lo que fundamentalmente define el «paraíso» en el que Dios ha colocado al hombre después de haberlo creado. Los demás bienes y dones con que lo enriquece no son más que expresión de este elemento básico. No es, en cambio, especialmente importante para nosotros averiguar si el hombre aceptó en obediencia esta oferta de gracia en un primer momento o no, es decir, si su primer acto libre fue o no el pecado. Lo fundamental es retener que la amistad con Dios, la justicia y la santidad le han sido ofrecidas antes de toda posible decisión personal y antes de cualquier mérito por su parte. En todo caso, este ofrecimiento por parte de Dios a la comunión con él pudo ser y fue de hecho rechazado, lo cual nos hace ver que el hombre en el «paraíso» no se encontraba en un estado de total plenitud. El paraíso fue un comienzo que el pecado no frustró definitivamente porque la misericordia de Dios es más fuerte que el pecado humano. Toda la historia es el camino hacia la amistad plena con Dios que arranca de la llamada primera y que llegará a su máxima expresión en la consumación escatológica. La prioridad de la gracia de Dios, manifestada ya en el primer instante, se mantiene a lo largo de toda la historia de la salvación (cf. 1 Jn 4,9.19). Esta gracia pide y suscita la libre respuesta humana.

Se ha discutido también si la gracia que recibió el primer hombre antes de la caída era o no gracia de Cristo. Creo que disponemos de elementos para dar una respuesta clara a esta cuestión: no sabemos de la existencia de ninguna «gracia» que no esté mediada por Cristo, que no derive de su encarnación, muerte y resurrección [17]. En Cristo se realiza el designio de Dios pensado desde antes de la creación del mundo. La creación tiene como finalidad la comunicación de la vida de Dios al hombre; desde el comienzo estamos llamados a ser imagen de Jesús. No podemos por tanto compartir la opinión, que hasta hace pocos decenios fue mayoritaria, según la cual la gracia del primer hombre fue simplemente «gracia de Dios», mientras que sólo después de la caída empezaba a actuar la gracia de Cristo redentor [18]. Sin duda, la razón de tal modo de entender las cosas fue la doctrina de santo Tomás sobre la encarnación como remedio del pecado. Cristo es evidentemente el Redentor de los hombres, pero es además el que todo lo recapitula, porque, según el Nuevo Testamento, todo fue creado en él y por medio de él (cf. Col 1,15ss; Jn 1,3.10; 1 Cor 8,6). El orden que como redentor Cristo viene a restablecer es el suyo propio, porque por medio de él todo fue hecho. El orden que el hombre alteró por el pecado era ya el orden de Cristo, porque él es el Adán definitivo del que el primero no es más que figura (cf. Rom 5,14; 1 Cor 15,45-49). De ahí también que en el designio de

[17] Cf. W. Seibel, o.c., 928-930; González Faus, *Proyecto de hermano,* 113; Ruiz de la Peña, *El don de Dios,* 163; todavía se expresan con cautela M. Flick-Z. Alszeghy, *Antropología teológica,* 270s; cf. también J. Auer, o.c., que habla de la «gracia redentora» de Cristo como no equiparable a la del estado original, 543.

[18] Cf. p.ej. B. Beraza, *De gratia Christi* (Bilbao 1929), 14s. Los partidarios de la opinión escotista sobre los motivos de la encarnación distinguían entre la *gratia Christi capitis* y la *gratia Christi redemptoris,* la primera anterior, la segunda posterior al pecado. Interesantes las consideraciones de M. J. Scheeben, *Die Mysterien des Christentums* (Freiburg 1951), 194ss.

Dios el primer hombre sea partícipe de una plenitud que sólo en Cristo se iba a manifestar definitivamente, ya que sólo en él habita y sólo él la puede dar.

La consideración cristológica nos puede guardar de ensalzar indebidamente la situación del hombre en los comienzos de la historia. Sólo en Cristo aparecen la plenitud del hombre y los designios de Dios sobre nosotros. No podemos saber lo que habría ocurrido si el hombre no hubiera sido infiel a Dios. Pero podemos afirmar, a partir del Nuevo Testamento, que Cristo, a la vez que redentor del pecado, es el fundamento de todo cuanto existe. El es el mediador de la creación y todo tiene en él su consistencia (cf. Col 1,15s; Jn 1,3.10, etc.). Su presencia en el mundo es el comienzo y la fuente de una vida nueva; como dice Ireneo, «trajo toda la novedad» [19]; la gracia «original» no puede ser más que una anticipación de su plenitud. Por lo demás, Jesús no significa una simple vuelta a los comienzos, que en realidad sólo hubiera sido abrir la posibilidad de una nueva historia de pecado; por el contrario, ahora sabemos que el pecado ha sido vencido y ha cambiado radicalmente el signo de la historia, aunque sigan todavía en ella los efectos del hombre viejo (cf. 1 Cor 15,56s; Rom 5,15-21; Jn 16,33, etc.). Si en Cristo, en virtud del designio anterior a la creación, todo ha de quedar recapitulado (cf. Ef 1,3.10), también Adán ha de estar sometido a su primado universal. También nuestros primeros padres estuvieron llamados a la filiación divina en Jesús. El pecado entra en la providencia de Dios, con todo el misterio que el mal comporta y que no pretendemos desentrañar, para mostrarnos su inmenso amor misericordioso; no habríamos podido conocer el alcance de este último, que llega hasta la muerte de Jesús por nosotros cuando todavía éramos pecadores (cf. Rom 5,6-8), si en todo momento hubiéramos sido fieles a Dios. Desde esta perspectiva tiene sentido la *felix culpa.* Lo que Cristo nos da es superior a lo que Adán nos puede transmitir, y todo lo que este último ha recibido depende, en última instancia, solamente de Jesús.

b) **Los llamados «dones preternaturales»**

La narración de Gén 2-3, en la que la doctrina de los bienes preternaturales tiene su origen, trata sobre todo de la dimensión de gracia y de amistad con Dios en que se encuentra el hombre desde el momento de la creación. Sólo desde este marco tiene sentido hablar del pecado. Y si decimos que esta gracia y esta invitación de Dios a la comunión con él, aun no atendida, es un elemento esencial del ser

[19] Cf. *Adv. Haer.* IV 24,1 (SCh 100,846).

humano, no es difícil de entender que toda la armonía de este último depende de su relación con Dios. Y que por tanto el pecado, al romperla, afecta de una u otra manera a todos los estratos de su ser. Los bienes de que el hombre gozaba en el paraíso según el Génesis son expresión de la plenitud y armonía que derivan de la amistad con Dios. No son dones independientes de la gracia, sino su manifestación. Si la pérdida de estos bienes, por otra parte, se nos presenta como fruto del pecado, llegamos a la misma conclusión por la vía negativa [20]: hay una relación intrínseca entre la gracia que Dios otorga al comienzo y la armonía de los hombres consigo mismos y con los demás. Por ello, en la oferta inicial que Dios hace de su gracia está lo decisivo de la doctrina del estado original. Sólo con esta base tiene sentido abordar el problema que queremos estudiar.

Limitaremos nuestro estudio a los dones que, como hemos visto, han sido objeto especial de atención sobre todo por parte del magisterio: la posibilidad de no morir y la «integridad» o ausencia de concupiscencia.

La inmortalidad. No hay duda de que, al menos en una primera aproximación, la muerte aparece como la máxima limitación del hombre, aquello que en primer lugar eliminaríamos del mundo si pudiéramos. Ante la muerte nos sentimos enfrentados con un poder superior a nosotros mismos, que echa por tierra todo nuestro esfuerzo y amenaza con destruir nuestro mismo ser. Es lógico, por consiguiente, que al imaginar un estado de felicidad perfecta se quiera eliminar del cuadro este elemento verdaderamente perturbador. De ahí que tanto la narración de Gén 2-3 como las referencias que a ella se encuentran en la Escritura y en la tradición excluyan la muerte del plan original de Dios sobre el hombre y atribuyan su existencia al pecado; la muerte no parece compatible con la bondad del Creador.

Ahora bien, no podemos quedarnos sólo con estos datos, sino que debemos intentar darles una explicación y desentrañar su sentido teológico. Tanto más cuanto hoy día se presentan dificultades reales para una comprensión literal de este don de la inmortalidad: ¿Hay que entenderlo en un sentido meramente biológico? ¿Intervendría Dios de algún modo extraordinario para que no muriésemos en el caso de que el pecado no se hubiera producido? Vemos que se dan también catástrofes naturales que parecen deberse a la constitución de nuestro planeta; ¿no se producirían si los hombres no hubieran

[20] El concilio Vaticano II, GS 13, aborda la cuestión del pecado original apelando a la experiencia de división que el hombre experimenta en sí mismo. Hay una conexión intrínseca entre el pecado y la falta de armonía del hombre consigo mismo y con los demás; esto último no es un «castigo» añadido; cf. también GS 15.17.37.39s.

pecado? Estas dificultades no pueden desconocerse. Es verdad que, según el Nuevo Testamento, el desequilibrio que el pecado ha producido en el hombre alcanza también de algún modo al cosmos (cf. Rom 8,19-22), pero parece claro, por otra parte, que no sería empresa fácil precisar un nexo de causa a efecto entre el pecado y estos fenómenos cósmicos que causan destrucción. Nos faltan ciertamente los elementos para ello.

Para entender la noción bíblica de la inmortalidad debemos tener en cuenta que la muerte tiene en la Escritura un sentido que rebasa el simplemente biológico. La muerte es el signo de la exclusión de la comunidad de la alianza, del apartamiento del pueblo elegido. La «vida», por otra parte, significa estar en relación con Dios y tener la posibilidad de alabarle, estar así en comunión con el pueblo elegido: cf. Is 38,18s; Sal 6,6; 88,6.11-13. Vida y muerte son, pues, dos nociones que rebasan lo biológico, aunque ciertamente incluyan este elemento; son expresión de la presencia o la ausencia de la amistad y relación con Dios. La vida es el bien prometido al hombre si obedece a Dios y es fiel a la alianza; la muerte es, por el contrario, el castigo de la desobediencia. Elegir entre la vida y la muerte es elegir a favor de la alianza o contra ella (cf. Dt 30,15-20; además Ex 20,2; Ez 3,18-21; 14,12ss) [21]. También la vida y la muerte, según Gén 2, han de entenderse en este contexto de la amistad con Dios o de ruptura con él. No queremos con ello afirmar que la muerte física esté al margen de la atención de los autores sagrados. Simplemente decimos que estos dos aspectos de la muerte, sobre todo cuando ésta acaece en circunstancias inesperadas o trágicas, parecen estar en su mente inseparablemente unidos [22]. En las páginas anteriores hemos hablado ya de Sab 2,23s y Eclo 17,1ss, pasajes en los que la relación entre pecado y muerte tiene ciertamente matices complejos.

Algo semejante podemos decir de la concepción paulina de la muerte; ésta es sin duda fruto del pecado. Pero la palabra «muerte» es, para el Apóstol, sobre todo el alejamiento de Dios que sigue al pecado (cf. Rom 1,32; 6,16; 7,5; 8,6; 1 Cor 15,54-57). Por el contrario, la muerte física puede ser el medio para acercarse más íntimamente a Cristo (cf. Flp 1,23). Pablo habla en bastantes ocasiones de la muerte del cristiano como de un «dormirse» [23], metáfora que ja-

[21] Cf. SEIBEL, o.c., 934.

[22] Cf. p.ej. Gén 38,10; Lev 10,2; Núm 3,4; 1 Sam 2,34, etc. Por el contrario, la muerte en la ancianidad no es contemplada de modo negativo; cf. F. BEISSER, *Tod und Sünde. Bedeutung des Zusammenhangs zwischen Sünde und Tod für eine Theologie des Todes:* KuD 24 (1978) 1-17; también L. LIGIER, *Péché d'Adam et péché du monde* I (Paris 1960), 203ss.

[23] Cf. 1 Cor 7,39; 11,30; 15,6.18.20.51; 1 Tes 4,13-15. Es interesante la interpretación que da del castigo de la muerte FILÓN DE ALEJANDRÍA, *Leg. All.* I 107 (Phil. Op. I

más se aplica al apartamiento de Dios o muerte eterna. Para los escritos joánicos la vida es Cristo y nosotros vivimos en cuanto nos unimos a él; por el contrario, la muerte es el alejamiento de Jesús (cf. Jn 1,4; 11,25s; 14,4; 1 Jn 3,14; 5,11ss.16ss, etc.). Ni en el Nuevo Testamento ni en ninguno de los primitivos estratos de la tradición las nociones de vida y muerte se reducen a lo biológico; la primera tiene un marcado sentido cristológico, la segunda se pone en relación con el apartamiento de Dios y de Cristo.

Es claro que, como ya hemos señalado, en los documentos magisteriales se habla de la muerte física, en una interpretación literal del Génesis como no podía menos de hacerse en muchos de los momentos en que estas declaraciones tuvieron lugar. Con todo, no siempre se han limitado a hablar de la muerte biológica, sino que el concepto de «muerte» parece a veces más complejo; cf. p.ej. DS 1511, con la alusión al diablo que tiene el poder sobre la muerte (cf. Heb 2,14). A partir de estas consideraciones sobre el sentido teológico de la vida y de la muerte, no son pocos los teólogos que piensan que puede interpretarse el don de la inmortalidad insistiendo no tanto en el aspecto físico de esta última cuanto del sentido diverso, integrado en la vida, que tendría la muerte, la propia y la de los demás, en una humanidad sin pecado [24]. Es claro que no podemos saber exactamente cómo la experimentaríamos. Pero podemos pensar que podría ser considerada como un paso hacia una más plena comunión con Dios, hacia una vida por tanto más plena, y no como una ruptura y con el sentido de frustración y destrucción con que ahora la vivimos. En este sentido, nuestra muerte corporal es fruto del pecado, si no necesariamente en sí misma en cuanto fenómeno biológico, sí en

89): «...es natural la muerte en que el alma se separa del cuerpo; mientras que la muerte como castigo consiste en que el alma muere a la vida de la virtud y vive la vida sola del vicio»; cf. también ORÍGENES, *In Joh. ev.* XIII 140 (SCh 222,106), la verdadera muerte es la separación de Dios, del Señor y del Espíritu Santo; son también interesantes los conceptos de muerte y vida en IGNACIO DE ANTIOQUÍA, *Ad Mag.* 5,1-2 (FP 1,131): «Puesto que las cosas tienen un fin y se nos ofrecen dos posibilidades a la vez: la muerte y la vida... Si por Este (Jesucristo) no estamos dispuestos a morir [para participar] en su pasión, su vida no está en nosotros».

[24] La mayoría de los teólogos se inclinan por la admisión de esta posibilidad; a modo de ejemplo, cf. FLICK-ALSZEGHY, *Antropología teológica* 261; ID., *El hombre bajo el signo del pecado. Teología del pecado original* (Salamanca 1972), 419-428; G. GOZZELINO, *Il mistero dell'uomo in Cristo,* 422-423; J. L. RUIZ DE LA PEÑA, *El don de Dios,* 166-167. Pero se inclina por la solución tradicional J. A. SAYÉS, *Teología del pecado original:* Burgense 28 (1988) 9-49, y también *Antropología del hombre caído. El pecado original* (Madrid 1991), 359ss; también es de este parecer A. LÉONARD, *Les raisons de croire* (Paris 1987), 177-231; aunque para este autor la caída original ha significado un cambio radical en la naturaleza, de modo que entre la condición original y la nuestra hay, analógicamente, una diferencia semejante a la que existe entre nuestra condición actual y el paraíso que esperamos.

cuanto es la muerte humana, de la que somos conscientes y que experimentamos como una agresión a nuestro ser más íntimo. No se trata, por tanto, de pensar en una concepción meramente «espiritual» de las consecuencias del pecado como muerte del alma, sino del modo concreto como la muerte corporal y física es vivida por el hombre dividido en sí mismo. El pecado tendría, por tanto, consecuencias también para la muerte corporal, en la manera como ésta se vive y se entiende. Creo personalmente que estas consideraciones merecen atención, aunque es claro que, no teniendo experiencia directa de lo que sería un mundo sin pecado, no podemos pasar en este terreno del orden de las hipótesis. En todo caso, pensando a partir de la resurrección de Cristo, que nos abre la esperanza de la nuestra, podemos vivir la muerte como una participación en la muerte de Jesús para compartir también su resurrección gloriosa. No es irreal pensar que la muerte puede vivirse con sentido, y por tanto hubiera podido experimentarse así, sin las dificultades con que ahora tropezamos para ello, en un mundo sin pecado. Francisco de Asís hablaba de la «hermana muerte» y alababa por ella a Dios.

En Cristo ha cambiado definitivamente el signo de la muerte; en él se nos ofrece una esperanza definitiva de inmortalidad y de vida futura a la que en ningún caso puede compararse la inmortalidad original, sujeta siempre a la amenaza de su pérdida por el pecado. La inmortalidad ofrecida al hombre en el paraíso recibe su luz definitiva de la resurrección de Cristo, no al revés. A partir de esta última sabemos cuál es la inmortalidad a la que Dios llama al hombre. El destino original de Dios no se ha frustrado, sino que en Cristo se realiza plenamente. Viviremos con Jesús, que, una vez resucitado, no muere más (cf. Rom 6,8ss). Si la separación de este mundo, en el estado de justicia original, hubiera podido ser menos dolorosa (aunque, por supuesto, renunciemos a especular sobre la manera concreta como se hubiera producido), no tiene por qué ser vivida ahora trágicamente si ya en el bautismo hemos participado de la muerte y resurrección de Jesús.

La «integridad» o ausencia de concupiscencia. La concupiscencia es, para Pablo, la manifestación de la fuerza del pecado que domina al hombre y ejerce su poder sobre él [25]. La carta a los Romanos, en sus cap.6-7, nos ofrece una interesante descripción de la situación del hombre bajo este poder que lo domina, la fuerza del pecado que le impulsa a pecar y que disminuye su libertad para obrar el bien (Rom 7,14ss); la ley es la que despierta el deseo desordenado, o mejor, de ella se sirve el pecado para estimularlo (Rom 7,7). El hombre se encuentra bajo este impulso que le inclina a apar-

[25] Cf. J.B. METZ, *Concupiscencia:* CFT I, 255-264.

tarse de Dios y a pecar; el cristiano ha de esforzarse por escapar de él y no seguir los deseos de la carne (cf. Rom 6,12; 13,14) [26]. Porque, en efecto, quien vive bajo el Espíritu de Dios no está sometido a la ley de la carne, sino que está liberado de ella (cf. Rom 8,1ss). La fuerza del Espíritu es tal que puede vencer la inclinación al pecado y a la muerte, pero ello no quiere decir que las tendencias de la «carne» estén definitivamente superadas. En este sentido, la concupiscencia es algo con lo que el hombre, incluso el bautizado, ha de contar durante toda su vida [27].

En esta misma línea se ha expresado el concilio de Trento (cf. DS 1515): la concupiscencia proviene del pecado e inclina a él, aunque no puede ser llamada en sí misma pecado. Dado que el bautismo produce la renovación interior del hombre, las tendencias al mal que experimentamos no pueden, en un sentido estricto, ser consideradas pecado. El concilio señala que Dios no odia nada en los renacidos, y que el bautismo arranca el pecado de raíz. Se nos presenta incluso una visión hasta cierto punto «positiva» de la concupiscencia: ésta se mantiene en el justificado *ad agonem,* es decir, para la lucha, como estímulo para la victoria frente al mal, y, por tanto, en nada daña a los que triunfan sobre ella. El carácter no estrictamente pecaminoso de la concupiscencia en sí misma se pone de relieve también en la condenación por Pío V de esta sentencia de Bayo: «Dios no hubiera podido crear desde el principio al hombre como ahora nace» (DS 1955).

La concupiscencia se ha identificado a veces con las tendencias «inferiores» del hombre, el cuerpo considerado como fuente del pecado en cuanto se rebela contra el alma o parte superior que ha de gobernar el todo. No creo necesario que debamos insistir en que éste no es el sentido teológico primario en el que debemos hablar de la concupiscencia. Más bien hay que identificar con ella las tendencias desordenadas a causa del pecado, del poder del mal, que afectan a todo el hombre y no sólo a lo carnal o material como parte inferior, aunque es evidente que el desorden que sufre el ser humano se manifiesta también en este aspecto o dimensión de su ser.

Se han hecho en los últimos tiempos algunos esfuerzos dignos de mención para aclarar el sentido teológico y antropológico de la concupiscencia. Merece la pena poner de relieve el de K. Rahner por el

[26] En el Nuevo Testamento se usa el término ἐπιθυμία para indicar la inclinación al mal, pero la palabra puede usarse también en sentido más neutral; cf. Rom 1,24; 7,7s; Gál 5,16ss; Ef 2,3; 4,2; Jn 8,44, etc.

[27] Sobre la concupiscencia en san Agustín, cf. J. VAN OOST, *La concupiscencia sexual y el pecado original según san Agustín:* Augustinus 36 (1991) 337-342; U. BIANCHI, *S. Agustín sobre la concupiscencia:* ib., 39-52.

influjo que ha tenido en la teología católica [28]. El punto de partida es que la concupiscencia no es sólo el deseo del mal, sino más bien todo acto apetitivo, indeliberado, que precede a la decisión libre del hombre; esta decisión es la posición, ya refleja, que el hombre adopta frente a la apetencia espontánea de un bien u otro. Esta inclinación espontánea es la base sobre la que la persona adopta su decisión libre: la libertad humana, en virtud de nuestra constitución psicofísica, no se ejerce desde el vacío. La decisión se toma sobre la base de lo que en nosotros es «naturaleza», como contrapuesto a lo que nos define como personas. Pero precisamente este aspecto de naturaleza de nuestro ser no es del todo transparente, ni siquiera para nosotros mismos; por ello nuestra decisión libre no lo puede penetrar de modo total. Por esta razón, el hombre, al optar en libertad, no se determina enteramente; quedan zonas o aspectos de nuestro ser que no están sometidos al control de la libertad. Así nuestra decisión por el bien no es completa. Pero esta condición, si impide que nuestra opción por el bien sea total, hace también menos grave una decisión por el mal, porque tampoco ésta abarca nuestro ser en todos sus estratos. La concupiscencia sería en sí misma, por tanto, algo neutral.

Podemos tratar de profundizar algo más, desde el punto de vista teológico, en esta cuestión. Porque la concupiscencia o división interna del hombre, aunque tenga su reflejo en el ámbito psicológico, es una noción teológica que sólo a partir de la fe podemos entender plenamente. En los textos del magisterio que hemos citado, el estado de integridad del hombre antes del pecado se caracteriza concretamente como «libertad»; ésta no ha desaparecido con el pecado, pero ha quedado debilitada en sus fuerzas; por ello el hombre se inclina hacia el mal. A partir de esta noción de la libertad original se nos abre un camino para la comprensión teológica de la concupiscencia. En efecto, parece claro que, en este contexto, el libre albedrío no puede entenderse simplemente como la capacidad de elegir entre las diversas posibilidades que se ofrecen al hombre. Se trata más bien de la capacidad de hacer uso de la libertad para el bien, de seguir la atracción del Espíritu de Dios. Notemos que éste es el sentido agustiniano de la libertad, al que parecen hacer referencia los concilios antipelagianos que acuñan esta noción. El pecado propio o ajeno reduce la capacidad de elección del bien, es decir, disminuye nuestra libertad como posibilidad de seguimiento de la llamada de Dios.

[28] *Sobre el concepto teológico de concupiscencia,* en *Escritos de Teología* I (Madrid 1963), 379-416; W. Seibel, o.c., 932s; J. M. Rovira Belloso, o.c., 123; Ruiz de la Peña, o.c., 169-170, con observaciones sobre el modo como la humanidad «inocente», no solicitada por el mal, podría vivir en modo integrado lo que es por naturaleza y deviene como persona.

Pero no solamente nuestra libertad ha quedado afectada. También nuestra capacidad de conocimiento, la capacidad de captar lo divino, de aspirar a la verdad, sufre como consecuencia del pecado. Son los aspectos «gnoseológicos» de la concupiscencia, que merecen también atención junto a los más conocidos que afectan a nuestra libertad [29]. Ni para conocer la verdad y el bien ni para realizarlos se encuentra el hombre sin trabas a la hora de seguir el impulso divino. Es verdad, como dice K. Rahner, que la opción pecaminosa realizada en condiciones en que no disponemos enteramente de nosotros mismos es menos grave y menos irreversible que si eligiéramos con total libertad interior. Pero no cabe duda de que, a la luz de la revelación cristiana, no podemos menos de hacer nuestra la experiencia de que Pablo nos habla y considerar la división interna como algo no querido directamente por Dios, puesto que nos hace difícil el seguimiento incondicional de Cristo. De ahí, por consiguiente, que se haya pensado en una condición de libertad plena, en la que el hombre, sin trabas de ningún género, pueda conocer y seguir enteramente las mociones del Espíritu. Todo ello se ha proyectado en los orígenes, en los que se ve la expresión del designio de Dios sobre el hombre; y se saca la conclusión de que, sin el pecado original, esta situación actual no existiría.

El pecado, aun perdonado y arrancado de raíz, disminuye nuestra capacidad de conocer y seguir la llamada de Dios porque tiene consecuencias negativas sobre nuestro ser creatural. Al no haberse dado, en nosotros y en quienes nos han precedido, la respuesta positiva a que en principio estamos orientados, el ser del hombre se vuelve más difícilmente penetrable del todo a la acción divina. El bautismo nos justifica plenamente, pero esto no significa que las secuelas del pecado desaparezcan sin más de nuestro ser de criaturas. El Espíritu de Dios ha de vencer una resistencia al bien que no existiría si los hombres hubiéramos sido siempre dóciles a sus inspiraciones. La concupiscencia nos obliga así, como señala Trento, a una lucha para hacer el bien, a una superación de las malas inclinaciones. No es estrictamente pecado, pero de él proviene y a él inclina. Y si la concupiscencia procede del pecado, podemos decir también que la integridad o libertad procede de la gracia, es el fruto de la presencia del Espíritu en nosotros. Por ello, la libertad original es para nosotros un don que hemos de recibir en la fidelidad a Dios; ésta nos puede hacer adquirir una cierta «connaturalidad» para el bien. En la medida en que el hombre se deja penetrar por la gracia, por el Espíritu de

[29] Cf. A. Görres, *Psychologische Bemerkungen über die Erbsünde und ihre Folgen*, en Ch. Schönborn-A. Görres-R. Spaemann, *Zur kirchlichen Erbsündenlehre. Stellungnahmen zu einer brennenden Frage* (Einsiedeln 1991), 11-35, esp. 24ss.

Cristo, puede recobrar la libertad perdida. En efecto, el don del Espíritu y de la verdad que nos hacen libres es una de las expresiones de la redención y salvación de Cristo (cf. 2 Cor 2,18; Rom 8,15; Jn 8,32). Debemos repetir aquí cuanto decíamos hace un momento al tratar de la gracia del «paraíso»: a pesar de la «libertad» y de la capacidad de bien de que el hombre gozó al comienzo, cayó en el pecado. En Cristo sabemos que el pecado ha sido vencido. La libertad y la integridad del comienzo apuntan también, como veíamos al tratar de la inmortalidad, hacia la integridad plena que sólo Jesús, el hombre perfecto, puede darnos. Todo ello es ya realidad en nuestra actual condición, pero sobre todo lo será cuando se realice nuestra esperanza en la consumación escatológica [30].

LA «HISTORICIDAD» DEL ESTADO ORIGINAL. SINTESIS CONCLUSIVA

Hemos aludido ya en diferentes ocasiones a las dificultades que desde muchos puntos de vista puede plantear una cierta concepción «tradicional» del estado original. No podemos pensar en un mundo terminado desde el primer instante, que se ofrezca al hombre sin necesidad de que éste ejerza su esfuerzo creativo. En el «dominad la tierra» de Gén 1,28 puede verse una invitación de Dios a aceptar este desafío. Hemos notado cómo ya en Gén 2,15 el trabajo es una dimensión fundamental de la existencia humana. No parece que tenga sentido pensar que el hombre en el «paraíso» hubiera tenido de antemano resueltos todos sus problemas. Debemos eliminar también aquellas representaciones que, con la exaltación de los comienzos, den la impresión de que Cristo no ha podido devolvernos todo lo que en Adán perdimos. Tampoco tiene sentido preguntarnos si este estado original fue de hecho, cómo, o por cuánto tiempo una realidad efectiva.

De lo que la Escritura nos quiere hablar al parecer es de una posibilidad de vida ofrecida al hombre que el pecado frustró. Efectivamente, si éste no se hubiera producido, el mundo tendría otro aspecto, y la existencia humana otro signo. El que esta posibilidad fue real lo demuestra el hecho de que se perdió por el pecado, es decir,

[30] Cf. también sobre esta cuestión GOZZELINO, *Il mistero dell'uomo in Cristo,* 421s; FLICK-ALSZEGHY, *Antropología teológica,* 227-234; G. COLZANI, *Antropologia teologica,* 284ss. Naturalmente, en la línea de pensamiento en que nos movemos, compartida en general por los autores citados aquí y en las notas anteriores, queda en entredicho el sentido de la denominación clásica de dones «preternaturales». Más bien hay que poner de relieve cómo la armonía en las relaciones con Dios, la gracia, significa también la armonía del hombre consigo mismo y con la naturaleza. En este sentido mantiene su valor la enseñanza tradicional.

por la acción libre del hombre. Hay que retener, por tanto, como perteneciente a la enseñanza de la Iglesia la posibilidad de que el hombre no hubiera pecado y, con ello, que el hombre y el mundo hubieran podido existir sin los efectos negativos que este pecado ha producido. Es claro que estas consecuencias no pueden ser exactamente calibradas, por una parte, porque nos falta el punto de comparación de una humanidad inocente, y, por otra, porque no tienen por qué ser siempre visibles e identificables como tales. Pero sin duda descubrimos en nosotros y en el mundo fenómenos provocados por el egoísmo y el pecado humano. Hoy somos más sensibles que en otras épocas a las «estructuras de pecado» [31], que provienen de las actitudes pecaminosas y que engendran espirales de nuevas injusticias y violencias de las que no hay modo humano de salir [32]. Mucho del mal que nos rodea es sin duda fruto del pecado y del egoísmo humano. Una humanidad y un mundo sin pecado serían ciertamente distintos, aunque no nos los podamos imaginar. De esta posibilidad real nos habla, con su lenguaje mítico y poético, la historia del paraíso.

Esto significa a la vez una apelación a nuestra conciencia y a la de los hombres de todos los tiempos. En nuestra mano está, hasta cierto punto, que el círculo del pecado siga desarrollándose o que consigamos crear un mundo que, si bien no refleje la idea primigenia de Dios sobre él, se acerque a ella algo más que el que conocemos. En este sentido, la historia del paraíso no nos da cuenta sólo de una posibilidad que se perdió para siempre. Es también un desafío al espíritu humano para conseguir un futuro mejor que el pasado y el presente que conocemos.

Pero con estas consideraciones no llegamos todavía a lo definitivo. Ya hemos tenido ocasión de ver cómo en el A.T. el tema del paraíso no nos habla sólo del pasado, sino también del porvenir. La correspondencia entre principio y fin ha sido también conocida por la antigua tradición cristiana [33]. El paraíso nos revela el plan primitivo de Dios sobre el hombre, pero éste se cumplirá sólo al final. Dios no quiere un mundo y una historia en que el hombre sea meramente pasivo. La salvación escatológica ha de ser vivida por el hombre ya en este mundo, en la vida según Dios. En el Antiguo Testamento todo don de Dios al hombre está marcado por el signo de la promesa de una cercanía todavía mayor [34]. En el Nuevo Testamento

[31] Cf. JUAN PABLO II, *Sollicitudo rei socialis,* 36.

[32] Cf. J. MOLTMANN, *El Dios crucificado* (Salamanca 1975), 455ss.

[33] Cf. la *Ep. de Bernabé* 6,13 (FP 3, 176): «Hago lo último como lo primero»; H. DE LUBAC, *Augustinisme et théologie moderne* (París 1965), 119 *(El misterio de lo sobrenatural* [Barcelona 1970], 141): «El fin de las cosas corresponde a su comienzo».

[34] Cf. G. VON RAD, *Teología del Antiguo Testamento* II (Salamanca 1969), 461ss;

se vive la ardiente espera de la próxima venida del Señor (cf. 1 Cor 16,22; Ap 22,20; Flp 4,5, etc.). En la parusía y la resurrección final, Cristo triunfará sobre la muerte, entregará al Padre el reino y Dios será todo en todas las cosas (cf. 1 Cor 15,20-28). Sólo entonces el hombre será la imagen perfecta del Hijo resucitado y cumplirá su vocación inicial de imagen divina (cf. 1 Cor 15,49). En aquel momento se alcanzará la inmortalidad y la perfección del hombre. El final es el cumplimiento del designio creador y salvador de Dios, realizado en Cristo, que es principio y fin (cf. Ap 1,8). La imagen del paraíso nos remite al fin de la historia. El pecado no ha destruido el plan de Dios, a pesar de que puede haber modificado el modo de llevarlo a cabo. En ningún caso podemos pensar en una plenitud dada al comienzo al margen de la resurrección de Jesús, de la que deriva la única fuerza capaz de salvar al hombre [35]. Por ello conoceremos sólo al final, al participar plenamente de la vida gloriosa de Cristo, lo que Dios pensó desde el principio para nosotros. La creación es el principio de la «nueva creación», ya que tiene a Cristo por cabeza y existe en función de esta última.

494: «El Antiguo Testamento nos muestra un pueblo que fue llamado por Dios a una relación especial de confianza, y fue puesto en movimiento por promesas "plerofóricas" siempre nuevas, hacia realizaciones de naturaleza cada vez más universal. También Israel tuvo ya... vivencias de realizaciones de promesas... Pero... con eso no se consideró que las promesas estuviesen definitivamente cumplidas».

[35] Cf. L. ARMENDÁRIZ, *La gracia original: ¿en el paraíso perdido o en el paraíso que vendrá con la fuerza de Cristo?:* Sal Terrae 63 (1975) 738-748.

CAPÍTULO III

EL «PECADO ORIGINAL». LA CONDICION PECADORA DE LA HUMANIDAD, CONSECUENCIA DEL RECHAZO DE LA GRACIA ORIGINAL

BIBLIOGRAFIA

J. AUER, *El mundo, creación de Dios,* 602-641; U. BAUMANN, *Erbsünde? Ihr traditionelles Verständnis in der Krise heutiger Theologie* (Freiburg 1970); CH. BAUMGARTNER, *Le péché originel* (Paris 1969); J. BUR, *Le péché originel. Ce que l'Église a vraiment dit* (Paris 1989); G. COLZANI, *Antropologia teologica,* 337-390; A. M. DUBARLE, *Le péché originel dans l'Écriture* (Paris 1966); ID., *Le péché originel. Perspectives théologiques* (Paris 1983); D. FERNÁNDEZ, *El pecado original, ¿mito o realidad?* (Valencia 1973); M. FLICK-Z. ALSZEGHY, *El hombre bajo el signo del pecado;* J. I. GONZÁLEZ FAUS, *Proyecto de hermano,* 299-386; G. GOZZELINO, *Il mistero dell'uomo in Cristo,* 344-431; P. GRELOT, *El problema del pecado original* (Barcelona 1970); ID., *Péché originel et rédemption examinés à partir de l'epître aux Romains* (Paris 1973); J. GROSS, *Entstehungsgeschichte des Erbsündendogmas* (Basel-München 1960); J. GUILLUY (ed.), *La culpabilité fondamentale. Péché originel et anthropologie moderne* (Gembloux-Lille 1975); H. KÖSTER, *Urstand, Fall und Erbsünde in der Scholastik* (Freiburg-Basel-Wien 1979); G. MARTELET, *Libre réponse à un scandale. La faute originelle, la souffrance et la mort* (Paris 1986); P. MEISENBERG, *Heil und Unheil des Menschen in konkreter Geschichte* (Frankfurt Main 1980); M. J. NICOLAS, *Évolution et Christianisme* (Paris 1973); O. H. PESCH, *Frei sein aus Gnade,* 102-189; H. RONDET, *Le péché originel dans la tradition patristique et théologique* (Paris 1967); J. L. RUIZ DE LA PEÑA, *El don de Dios,* 42-198; J. A. SAYÉS, *Antropología del hombre caído* (Madrid 1991); J. SCHARBERT, *Prolegomena eines Alttestamentlers zur Erbsündenlehre* (Freiburg 1968); L. SCHEFFCZYK, *Urstand, Fall und Erbsünde. Von der Schrift bis Augustinus* (Freiburg-Basel-Wien 1981); P. SCHOONENBERG, *El hombre en pecado:* MySal II 2, 941-1042; J. L. SEGUNDO, *Teología abierta II* (Madrid 1983); XIX SEMANA ESPAÑOLA DE TEOLOGÍA, *El pecado original* (Madrid 1970); A. VANNESTE, *Le dogme du péché originel* (Louvain-Paris 1971); A. DE VILLALMONTE, *El pecado original. Veinticinco años de controversia: 1950-1975* (Salamanca 1978); K. H. WEGER, *Theologie der Erbsünde* (Freiburg 1970).

Cuanto hemos dicho en el capítulo anterior se halla en una gran medida en función de lo que a partir de ahora nos toca exponer. Sabemos que el relato bíblico del paraíso desemboca en la narración del primer pecado, y también que lo que el magisterio de la Iglesia ha enseñado acerca de la condición original del hombre ha de entenderse, en la mayoría de los casos, como preámbulo necesario para la comprensión del estado actual del hombre caído en el pecado.

Nunca ha sido fácil, en la historia de la teología, la reflexión acerca de la universalidad de la condición pecadora de los hombres y su causa, es decir, la reflexión acerca del «pecado original». Tampoco lo es hoy. Con todo, en el momento presente se han resuelto ya algunas dificultades que en las últimas décadas habían pesado sobre la reflexión teológica acerca de este tema: los problemas del poligenismo o monogenismo, del carácter histórico de los primeros capítulos del Génesis, etc. Desde que la teología se ha dado cuenta de que muchas de estas cuestiones tienen un interés secundario para el dogma, de que la Biblia no se las plantea y que, por tanto, tampoco las quiere resolver, se ha ido abriendo el camino para un más adecuado planteamiento de estos problemas. No se trata primariamente de averiguar lo que pasó y cómo al comienzo de los tiempos, sino de entender lo que para nosotros significa, en nuestra relación con Dios y con los demás, la condición de pecadores que compartimos con los hombres de todos los tiempos y lugares.

Desde otro punto de vista más estrictamente teológico se nos ha abierto una nueva posibilidad para la mejor comprensión de lo que bajo la denominación de «pecado original» ha entendido la tradición de la Iglesia: se trata del abandono de la mentalidad individualista, que es sin duda un signo de nuestros tiempos. Este intento, constatable en muchos campos, lo es de modo especial en la vida de la fe y, por consiguiente, en la teología. Hoy somos conscientes de que el camino de salvación no es algo que afecta sólo a cada individuo o a la simple suma de ellos, por más que a cada persona corresponda una responsabilidad intransferible al respecto. Una prueba elocuente de este hecho es, en el campo teológico, el desarrollo alcanzado en los tiempos posteriores al concilio Vaticano II por la eclesiología. Si estas dimensiones sociales y comunitarias de la salvación se ponen tan justamente de relieve, también, a la inversa, nos ha de ser más fácil de entender cómo el pecado tiene también dimensiones y consecuencias sociales. Nos hemos referido ya en el capítulo anterior a las «estructuras de pecado». Decíamos también entonces que el «estado original», tal como el Génesis nos lo pinta, supone una existencia integrada del hombre en el mundo y en la sociedad. Esta situación es consecuencia de la amistad con Dios, de la gracia ofrecida y acogida. Cabe preguntarse si esta vida integrada en todas las dimensiones, y por tanto también en la social, la puede llevar el hombre aisladamente, sin que le importe el estado en que se encuentran los demás. Dado que es clara la respuesta negativa a esta cuestión, podemos entender cómo la falta de acogida y de apertura a la gracia de unos seres humanos influye en la situación de los demás; este hecho, a su vez, nos ayudará a entender el significado del dogma del «pecado original». Sin anticipar los desarrollos que a continuación tendremos que hacer, quedémonos de momento con la idea de que lo que pretendemos explicar no es más que un aspecto, aunque ciertamente cualificado, de la solidaridad de los hombres en el bien y en el mal que es inherente a su naturaleza social y comunitaria, el reverso de la medalla de lo que en términos positivos llamamos la comunión de los santos.

Queremos también precisar, antes de entrar en el desarrollo del tema, que no partimos de una noción perfectamente conocida de «pecado» que se divida en dos subespecies, el «personal» y el «original». El procedimiento que deberemos seguir es más bien inductivo. Conocemos desde nuestra condición de creyentes lo que significa el pecado en sus dimensiones social y personal, y somos conscientes de sus consecuencias. Pero tenemos que profundizar en la cuestión de la raíz de nuestra condición de pecadores, y de por qué no pecamos sólo personalmente, sino que formamos parte de una humanidad «pecadora». Se trata, en suma, de aclarar la situación en que vivimos, el mal que en nosotros y en los demás experimentamos (pecado original «originado»), buscando su causa y sus orígenes (pecado original «originante»). A la vez deberemos tratar de aclarar en qué sentido se ha de hablar de «pecado» para definir aquel aspecto negativo de la condición humana en su relación con Dios que no deriva sólo de nuestra libertad; hablando siempre en términos de analogía y no de univocidad respecto al pecado personal [1].

Podemos dar por supuestas las nociones generales sobre el pecado que suelen estudiarse en la teología moral fundamental. Pero debemos subrayar algunos aspectos de esta noción en la Biblia, especialmente en el Antiguo Testamento, que ponen de relieve la importancia de su dimensión comunitaria. Con ello podemos entender mejor el problema específico del «pecado original».

ALGUNOS ASPECTOS DE LA NOCION BIBLICA DE PECADO

No por tratarse de algo obvio debemos omitir que la noción de pecado se refiere esencialmente a la relación del hombre con Dios, a

[1] Sobre la evolución de la doctrina del pecado original en los últimos tiempos, además de las obras señaladas al comienzo del capítulo, cf. G. VANDERVELDE, *Original Sin. Two Major Trends in Contemporary Roman Catholic Reinterpretation* (Washington 1981); H. KÖSTER, *Urstand, Fall und Erbsünde in der katholischen Theologie unseres Jahrhunderts* (Regensburg 1983). Entre los clásicos de la teología protestante, K. BARTH, *Kirchliche Dogmatik* IV 1 (Zürich 1953), 395-573; P. TILLICH, *Teología sistemática* II (Salamanca 1981), 45ss; recientemente, W. PANNENBERG, *Systematische Theologie* II (Göttingen 1991), 266-314.

la situación que deriva de la ruptura de la amistad con él, de la infidelidad a la ley de la alianza [2]. Debemos notar, por otra parte, que no hay en el Antiguo Testamento un término preciso y único para designar el pecado, sino que cada uno de los diversos términos pone de relieve matices distintos; pero, en todo caso, es la relación con Dios la que se encuentra negativamente afectada en las diversas nociones de mal, injusticia (opuesta a la justicia divina), ruptura con Dios, no ser como Dios quiere (en esta categoría se pueden colocar los términos más típicos del A.T. para designar el pecado, los verbos *hata', 'awa, paša')*, impureza, etc. [3]. El pecado supone, en todo caso, una previa relación de amistad, fruto de la oferta libre de gracia y de amor que Dios hace al pueblo elegido y a los hombres en general. No es una mera transgresión de una ley externa. La referencia al paraíso es punto de partida esencial para entender esta categoría bíblica. El pecado viene a poner término a una situación de armonía en la que el pueblo de Israel (y la humanidad como tal) se encuentra cuando vive en la paz de Dios.

El cumplimiento de las costumbres establecidas, que encuentran en el Decálogo su expresión y sanción divina fundamental, asegura al pueblo la paz y la amistad con Dios, y a cada uno en particular la permanencia en la comunidad de elección con todas las bendiciones que esto trae consigo [4]. El derecho y la norma no tienen en Israel más sentido que el de asegurar la comunión con Dios, y con ella la salvación del pueblo. La actitud del hombre adecuada a la constante fidelidad de Dios a su promesa y a la alianza es la obediencia. El sujeto primario de esta actitud es todo el pueblo de Israel, que sólo con ella puede vivir en la bendición y la paz. La bendición significa que la fidelidad de Dios se concreta en la posesión por parte de la comunidad de todos los bienes necesarios para la vida en plenitud y abundancia. De ellos participa el individuo en cuanto miembro de la colectividad. A la bendición acompaña la paz, el equilibrio y el bienestar que reina entre todos los miembros del grupo que es bendecido por Yahveh.

Lo que se opone a esta situación positiva es el pecado, en la pluralidad de matices de la noción. El pecador es aquel que «no escucha la voz de Dios», el que actúa contra la alianza y contra la paz que es consecuencia de aquélla. El pecado es así, a la vez que ruptu-

[2] Cf. S. Lyonnet, *De peccato et redemptione I. De notione peccati* (Romae 1957), 29s. Por ello el pecado por antonomasia es no reconocer a Dios como tal, como el Dios único, en la idolatría; cf. 45s.

[3] Cf. P. Beauchamp, *Péché. Dans l'Ancien Testament:* DBS 407-471; O. H. Pesch, *Frei sein...*, 116ss.

[4] Cf. J. Scharbert, *Prolegomena eines Alttestamentlers zur Erbsündenlehre* (Freiburg 1968), 45ss, también para lo que sigue.

ra con Dios, ruptura con la comunidad y destrucción de la armonía que en ella reina. El concepto veterotestamentario de pecado implica inevitablemente una relación con la comunidad. De ahí que al hecho del pecado acompañen unas consecuencias [5] que no se limitan al pecador concreto. Al pecado sigue la «culpa», aquella situación en que el pecador se coloca y a la que inevitablemente arrastra a otros, de modo particular, aunque no único, a los descendientes (cf. Ex 20,5; 34,7; Núm 18,18). Las manifestaciones de esta idea se multiplican en el Antiguo Testamento, sobre todo en el Pentateuco y en los libros históricos (cf. p.ej. Gén 9,25-27; 1 Sam 2,31-36; 2 Sam 21,5; 1 Re 11,9ss.39, etc.). Pero no haremos justicia al Antiguo Testamento si no indicamos que no sólo hay solidaridad para el mal y sus consecuencias negativas, sino también para el bien. La bendición de Abraham es para todos los pueblos de la tierra (cf. Gén 12,3), la mediación de Moisés es en beneficio de todo el pueblo (cf. p.ej. Ex 32,10.14.30-32); el propio pueblo de Israel tiene una función de mediación para todas las gentes (cf. Is 42,4; 45,18-25; 49,1ss; 55,3-5) [6].

Para bien o para mal, el influjo de un hombre sobre todo el pueblo es tanto más grande cuanto más relevante es su posición; así los pecados del rey, del sacerdote, etc., arrastran consigo la culpa de todo el pueblo [7]. Otras veces es toda la colectividad la que peca (cf. Ex 32,1-5; Núm 14,12ss). En todo caso los diferentes vínculos de solidaridad entre los hombres están en la base de la responsabilidad colectiva por el pecado y la culpa de cada uno. No es extraño, desde estos presupuestos, que por el pecado de uno sufran todos castigo, ya que toda la comunidad tiene la responsabilidad de excluir de su seno al pecador y así restablecer la paz con Dios (cf. Núm 16,22ss; Jos 7,1ss). Cuando una persona determinada rompe la alianza con Dios, la ruptura no tiene consecuencias sólo para este individuo, sino que afecta, potencialmente al menos, a todo el pueblo [8].

No sólo en los libros históricos, sino también en los proféticos y sapienciales encontramos claros reflejos de esta idea de la responsabilidad y castigo colectivos por los pecados e injusticias (cf. Jer 32,18; Lam 5,7; Ez 22,1ss; Eclo 41,7; Sab 3,16; 4,3ss; 12,10s). Ello es tanto más de notar cuanto, como es sabido, los profetas Jeremías y Ezequiel insisten en la responsabilidad personal de cada uno por

[5] Tengamos presente, con todo, que esta distinción, casi inevitable para nosotros, no responde siempre a la mentalidad bíblica. El acto pecaminoso de un sujeto y las consecuencias objetivas del mismo se ven en su unidad; cf. PESCH, *Frei sein,* 119s.

[6] Cf. J. SCHARBERT, *Solidarität in Segen und Flucht im Alten Testament und in seiner Umwelt* (Bonn 1958).

[7] Cf. L. LIGIER, *Péché d'Adam et péché du monde I. L'Ancien Testament* (Paris 1960), 70ss; 85ss; 96ss.

[8] Cf. J. SCHARBERT, *Prolegomena,* 54.

sus actos; con ello se va cobrando conciencia cada vez más clara de que el hombre tiene una relación con Dios, a la vez que en cuanto miembro del pueblo, en cuanto ser personal (cf. Jer 31,12s; Ez 18,3ss). No hay duda de que este reconocimiento supone un avance notable en el desarrollo de la conciencia moral. Pero no hay que ver estas afirmaciones en contradicción con lo que hemos dicho hasta ahora: estos mismos profetas continúan la tradición de Israel en la cuestión de la solidaridad en el bien y en el mal; las categorías personales y las comunitarias se integran y armonizan entre sí, aunque esto no ocurra sin alguna tensión. Además, estos profetas nos dan en cierto modo la clave para comprender el porqué de esta interacción de los dos aspectos unidos inseparablemente: no se trata simplemente de que se castigue a unos por un pecado de otros que interiormente no les afecte, sino que la solidaridad se da en el mal mismo, no sólo en las consecuencias que de él derivan: la experiencia enseña que los hijos siguen el camino de perdición de los padres y son aún peores que ellos; hay un influjo interior en la libertad de los demás. Por esta razón, y no sólo porque unos paguen por otros, se descarga sobre ellos el castigo de la cólera divina [9]; cf. entre otros ejemplos: Jer 2,5-8; 3,25; 7,22ss; 11,10; 14,20; 23,27; 44,9ss; Ez 2,3ss; 16,44; Os 10,9; 12,4.13; Am 2,4; Sal 106,6, etc. No nos hallamos por tanto ante una simple extensión caprichosa del castigo a los demás por un pecado que no han cometido, sino del influjo real de la libertad de cada uno sobre la de los otros, la de los padres sobre los hijos, la de unos miembros de la comunidad sobre el resto de la misma. Por lo tanto, junto a la responsabilidad personal irreductible por el bien o el mal que cada uno hace, el Antiguo Testamento constata la existencia de vínculos reales de unión y de solidaridad entre las opciones morales de unos y otros, y por lo mismo, una responsabilidad en cierto modo solidaria por el bien o mal realizados.

Esta solidaridad en el bien o en el mal no afecta sólo a Israel, sino también a las demás naciones, y les afecta como a un todo [10]. La idea de la universalidad del pecado y de la solidaridad de todos los hombres en él no es exclusiva de Israel; en todo el mundo que lo circunda existe la convicción de que la fuerza del pecado es tal que no puede vencerse [11]. El pecado ha tenido para el pueblo de Israel amargas consecuencias. De ahí que la reflexión sobre él haya empezado pronto. Debemos ver ahora lo que de esta reflexión se ha sacado acerca del origen de este pecado que a todos afecta.

[9] J. SCHARBERT, *Prolegomena,* 55, interpreta ya así Ex 34,6s.
[10] Cf. LIGIER, o.c., 94.
[11] Cf. SCHARBERT, *Prolegomena,* 22.

EL ORIGEN Y LA UNIVERSALIDAD DEL PECADO EN EL ANTIGUO TESTAMENTO [12]

De propósito no hablamos todavía de «pecado original», para no acercarnos a la Escritura con esquemas y concepciones elaborados con posterioridad. Tratamos de ver qué interrogantes se han presentado sobre el origen del pecado en el Antiguo Testamento y cómo se ha tratado de darles solución.

Génesis 2-3

Es claro que ante todo debemos tener presente el relato de la caída de Gén 2-3. Fundamental en esta narración, como ya hemos advertido en el capítulo anterior, es el estado inicial de paz con Dios interpretada a la luz del concepto de la alianza. El capítulo 3 comienza con la tentación de la serpiente, símbolo del mal, que más adelante será identificada con Satán (por vez primera de manera explícita en Sab 2,24). Hay, por tanto, una fuerza contraria a Dios y al hombre que hace su aparición ya antes del pecado humano. La transgresión del mandato divino habría de proporcionar al hombre y a la mujer la igualdad con Dios, por el conocimiento del bien y del mal. La serpiente busca que el hombre pretenda ponerse en lugar de Dios y afirme frente a él su autonomía de modo absoluto [13]. Primero Eva y después Adán caen en la tentación (v.6). Rompen con ello la paz original a que nos referíamos hace un momento. En esta ruptura y en la autoafirmación frente a Dios está el núcleo del pecado; en este sentido, este primer pecado es paradigmático, nos muestra lo que todo pecado en el fondo es. Huelga decir que no se trata de determinar el contenido material que el primer pecado pudo tener. La tentación de la serpiente precede al pecado de la mujer y del hombre; éstos se dejan arrastrar a querer ser como Dios; pero hay que subrayar que la ruptura de la amistad original tiene lugar por la intervención de la libertad humana [14]; no se trata, por tanto, de un destino

[12] Cf. además de las obras que ya hemos ido citando, A. M. DUBARLE, *Le péché originel dans l'Écriture* (Paris 1996); H. HAAG, *El pecado original en la Escritura y en la doctrina de la Iglesia* (Madrid 1969); C. WESTERMANN, *Schöpfung* (Stuttgart 1971); N. WYATT, *Interpreting the Creation and Fall Story in Genesis 2-3:* ZAW 93 (1981) 10-20; N. LOHFINK, *Die Erzählung vom Sündenfall,* en *Das Siegeslied am Schilfmeer* (Frankfurt am Main 1965), 81-101; ID., *Das vorpersonale Böse,* en *Das Jüdische im Christentum. Die verlorene Dimension* (Freiburg-Basel-Wien 1987), 167-199; G. RAVASI, *All'ombra dell'albero della conoscenza del bene e del male. Note ermeneutiche su Genesi 2-3:* RCCom n.118 (1991) 25-35.

[13] Cf. C. WESTERMANN, *Genesis 1-11,* 304ss; 382ss; LIGIER, o.c., 195ss.

[14] Cf. J. SCHARBERT, *Prolegomena,* 69s.

fatal del hombre. Es de notar también que el primer pecado, la desobediencia al mandato divino, acontece ya «comunitariamente», es un hecho colectivo; la fuerza del pecado es ya contagiosa desde el primer momento. El pecado trae consigo el que se les abran los ojos al hombre y a la mujer y que reconozcan su desnudez, su falta de protección y de autoridad.

El hombre pecador se oculta ante Dios, y no reconoce su culpa; también ésta es una reacción que se repite con frecuencia (cf. 2 Sam 12,1ss). El hombre descarga en la mujer su responsabilidad, ella a su vez en la serpiente. Esta última es el objeto de la maldición de Dios. No así el hombre y la mujer, que, aunque sufren el castigo, no dejan de ser protegidos por Dios (cf. Gén 3,15.21). El castigo por el pecado es la expulsión del paraíso, es decir, la pérdida de aquella situación en que el hombre se encontraba en la amistad y armonía con Dios y con el mundo. Las consecuencias del pecado no son así arbitrarias ni exteriores al mismo; por el contrario, están intrínsecamente relacionadas con él. La pérdida de la amistad con Dios trae consigo la de los bienes que la acompañan. El pecado, con la consiguiente expulsión del paraíso, trae consigo una nueva situación objetiva, irreparable desde el punto de vista del hombre. No sólo el hombre y la mujer están en esta nueva situación, sino que en la misma vienen al mundo los hijos (cf. Gén 4,1ss). Todos estos elementos responden a las observaciones que el yahvista ha hecho sobre la acción de Dios con el pueblo de Israel y el pecado humano. Es, sin duda, una amplia experiencia la que se proyecta en el momento inicial de la historia. Pero parece que hay que conceder a este primer pecado una especial cualificación: es el comienzo de una historia que está marcada y en cierto modo determinada por él [15].

En efecto, después del primer pecado, con la consiguiente pérdida de los bienes del paraíso, continúa la historia de pecado y de muerte. En Gén 4,8 tenemos el pecado de Caín contra su hermano Abel al que da muerte. El pecado contra Dios lleva consigo el pecado contra el hombre; las dos dimensiones están unidas. En los descendientes de Caín hallamos de nuevo el pecado (cf. Gén 4,23), que

[15] En contra de una etiología meramente «mitológica», en la terminología de K. Rahner, típica según el mismo autor de la teología protestante, que se limita a una representación simbólica: la etiología ilustra sólo plásticamente el estado presente (cf. *Reflexiones fundamentales sobre antropología y protología en el marco de la teología:* MySal II 1, 454-468, esp. 466); cf. efectivamente en esta línea W. PANNENBERG, *Anthropologie in theologischer Perspektive* (Göttingen 1983), 134s, y recientemente, del mismo autor, *Systematische Theologie* II (Göttingen 1991), 301ss. La exégesis y la teología católica, sin olvidar esta dimensión simbólica, tenderían hacia la etiología «histórica», es decir, «la inferencia real... de una causa histórica a partir de un estado presente»; este último se ve, por tanto, como consecuencia de este momento anterior; cf. también las observaciones de RUIZ DE LA PEÑA, *El don de Dios,* 68-76.

va dominando en la historia de los hombres, hasta llegar a ser general en el mundo (cf. Gén 6,5s). Queda siempre de todos modos un pequeño resto, a partir del cual Dios puede volver a empezar después de la destrucción que los hombres han causado (cf. Gén 6,8s; 9,18ss, historia de Noé). Pero el pecado vuelve en seguida a dominar a los hombres, sin que ni siquiera la familia de Noé constituya una excepción (Gén 9,22ss). El orgullo de los hombres, que quieren llegar hasta el cielo, se manifiesta una vez más en la construcción de la torre de Babel (cf. Gén 11,1-9, donde resuena el eco de Gén 3).

Parece, por tanto, que la historia de pecado iniciada en el paraíso continúa hasta que el pecado se hace general en el mundo. De ahí que Gén 3 no pueda verse aislado de este conjunto. Es de algún modo la clave de la interpretación del mismo, en cuanto es precisamente el inicio de la historia de los orígenes que abraza Gén 1-11. A partir de Adán y Eva empieza el «encadenamiento de hechos pecaminosos y consecuencias del pecado» que provienen del «estado de alejamiento de Dios en que el primer pecador se colocó a sí mismo y a todos los "hijos de Adán"» [16]. En este sentido se puede hablar de culpa o de pecado que procede del «origen» y que de algún modo es «hereditario». Pero no podemos decir, a partir de Gén 3, que el pecado de Adán se transmita por generación a todos sus descendientes, como en tiempos posteriores se ha pensado. No es ésta la mentalidad del yahvista. Existe entre los hombres una solidaridad más amplia que la meramente biológica. El yahvista, en su concepción universal de la historia, ha contemplado al hombre y a toda la humanidad bajo el poder y el influjo del pecado. Este ha comenzado con Adán y Eva. Pero el autor sagrado no se ha preocupado de determinar la relación exacta que existe entre el primer pecado y los sucesivos, aunque parece claro que en toda esta historia hay algo más que una mera yuxtaposición de actos pecaminosos sin conexión entre sí. Debemos notar a la vez que esta generalización progresiva del pecado no excluye los beneficios de Dios y de su gracia, que aun después de la caída siguen acompañando al hombre. Esta historia de bendición aparecerá con más claridad a partir de Abraham.

El origen y la universalidad del pecado en el resto del Antiguo Testamento

El interés por la historia universal que muestra el yahvista se ha ido perdiendo en los momentos posteriores, a medida que surgía en Israel y en Judá, en la época posterior a Salomón, un sentimiento

[16] J. SCHARBERT, o.c., 76.; cf. A. M. DUBARLE, 57.

nacionalista que disminuyó el sentido de solidaridad con el resto de los pueblos [17]. Ello no impide, con todo, que se trate de averiguar el origen del pecado y de la maldad del hombre; pero, en lugar de situar este origen en el comienzo del mundo, se quiere ver la raíz de la situación actual en los primeros tiempos de la historia del pueblo de alianza. Así, para el elohísta (cf. Ex 32) y el deuteronomista (cf. Dt 9), la idolatría de Israel en el desierto sería el comienzo de los males que aquejan al pueblo, el primer rompimiento de la alianza con Dios. De ahí arranca la tendencia siempre renovada del pueblo a apartarse de su Dios y a caer en la idolatría. Otra caída en el pecado, de graves consecuencias para el pueblo elegido, es la petición de un rey que los equipare a las demás naciones (cf. 1 Sam 8); con ello menosprecian la especial providencia de Dios de que han sido objeto. En estos casos señalados y en otros parecidos se produce el desencadenamiento de la fuerza del mal a causa de un pecado concreto que, en cierto sentido muy lato, puede ser considerado «original». Por otra parte sabemos ya que los profetas han considerado a los hombres de cada generación herederos del pecado y del camino de perdición de sus padres. Más o menos claramente o con mayor o menor atención explícita a los comienzos, no es ajena a amplios estratos del Antiguo Testamento la preocupación de buscar la razón del mal que se sufre y de los pecados que se cometen en el pecado de los predecesores.

La universalidad del pecado se afirma también sin necesidad de buscar el origen del mal en uno o unos pecados históricos que siguen siendo, en parte al menos, determinantes de la situación presente. En general encontramos esta concepción en la literatura sapiencial. Las constataciones de que ningún hombre es justo ante Dios son muy frecuentes en ella: «¿Quién puede decir: purifiqué mi corazón, estoy limpio de mi pecado?» (Prov 20,9); «no hay ningún justo en la tierra que haga el bien sin pecar nunca» (Ecl 7,20), cf. también Job 4,17; 14,4; Sal 143,2. Ha sido tradicionalmente un lugar clásico en los estudios sobre el pecado original Sal 51,7: «en la culpa nací, pecador me concibió mi madre». Es la expresión del alejamiento de Dios en que el salmista sabe encontrarse (no se trata de buscar en este texto la doctrina del pecado original de los niños), aunque no se mencione específicamente lo que ha dado origen a tal estado. Pero en la confesión se hace presente algún elemento «pre-personal» [18], la conciencia de que el mal no empieza sólo en la decisión libre. Sólo Dios

[17] Cf. SCHARBERT, o.c., 18ss; LIGIER, o.c., 70ss.

[18] Cf. N. LOHFINK, *Das vorpersonale Böse* (cf. n.12), conecta este verso con 51,16, «líbrame de la sangre», es decir, de entrar en la violencia establecida.

puede salvar de esta situación de pecado en la que la historia de su pueblo ha colocado al salmista [19].

También el documento sacerdotal conoce la universalidad del pecado (cf. las partes correspondientes a P en Gén 6-9, esp. 6,11-12: «La tierra estaba corrompida en la presencia de Dios: la tierra se llenó de violencias. Dios miró a la tierra y estaba viciada, porque toda carne tenía una conducta viciosa sobre la tierra»). No puede tampoco excluirse que el sacerdotal haya pensado también en pecados «primordiales» que influyen en la suerte posterior de la humanidad y del pueblo de Israel [20]. Lo que se constata ya desde el origen se hace realidad en cada una de las generaciones sucesivas. Toda la humanidad, y en particular el pueblo de Israel, es responsable del pecado ante Dios (cf. Lev 26,27-43, las amenazas divinas en el caso de infidelidad).

En nuestro breve repaso por el Antiguo Testamento no hemos visto reaparecer explícitamente el tema de Adán en conexión con el de la condición pecadora de todos los hombres [21]. Pero tal idea no se ha perdido del todo en los libros canónicos. Ante todo, el redactor de nuestro actual Pentateuco (s.V a.C.), al combinar P y J en la historia de los orígenes, ha mantenido y ha dado indudable relevancia a la historia del paraíso y la caída. Es posible que le mueva la convicción de que efectivamente el pecado de Adán y Eva ha sido el origen de los males que aquejan a la humanidad. Lo mismo ocurre en unos pocos textos de la literatura sapiencial tardía que ya conocemos del capítulo anterior: Eclo 25,24 y Sab 2,23s, con alusiones a la muerte como consecuencia del primer pecado [22]. Pero esta relación entre muerte y pecado no se especifica, y mucho menos se nos aclara el vínculo entre el pecado de Adán y el nuestro. El primer pecado es considerado como el origen de una nueva situación objetiva (la muerte), que a todos nos afecta. Junto con la del pecado de origen hallamos en estos mismos libros la mención de la acción salvadora de Dios desde el primer instante (cf. p.ej. Sab 10,1ss: la Sabiduría protegió ya a Adán).

Como conclusión de este breve recorrido por las afirmaciones del Antiguo Testamento sobre el origen del pecado y del mal pode-

[19] Cf. Ligier, o.c., 139ss; Scharbert, o.c. 91.

[20] Cf. N. Lohfink, *Die Ursünden in den priesterlichen Geschichterzählung,* en G. Bornkamm-K. Rahner (Hrsg.), *Die Zeit Jesu* (Festschrift H. Schlier) (Freiburg-Basel-Wien 1970), 38-57; según él, los pecados originarios estarían descritos en Gén 6,11 y Núm 13-14 y 20. Cf. también Scharbert, o.c., 97-103; H. Haag, o.c., 89-94, que piensan que P no se ha preocupado del problema del origen del pecado.

[21] Aunque hay referencias en la liturgia judía; cf. Ligier, o.c., 234ss; cf. también H. Köster, o.c., 83ss; H. Haag, o.c., 94, sobre la literatura extracanónica.

[22] Cf. Dubarle, o.c., 75-103.

mos afirmar que es bastante general la convicción de que el pecado es universal, afecta a todos los hombres, y que esta situación no es fruto del destino ni es directamente querida por Dios, sino que tiene una razón histórica, el pecado y la infidelidad del hombre, que ha sido desobediente al mandato divino y ha rechazado la amistad que Dios le ha ofrecido. Ello es así tanto si se toma como punto de referencia la humanidad entera como si se considera exclusivamente la historia del pueblo de Israel. Todos los hombres se encuentran en una situación de «pecado», es decir, de alejamiento de Dios, en una situación que Dios no quiere, aunque no siempre sea fácil calibrar el grado de responsabilidad moral que a cada uno corresponde. Todos están así necesitados del perdón y de la misericordia divina.

En unos casos se piensa que esta situación de ruptura de la paz con Dios arranca de los primeros hombres; en otros da la impresión de que son los pecados de las sucesivas generaciones los que influyen negativamente en cada momento histórico; pero en unos y otros casos es el pecado de una colectividad, aunque sea sólo la que forma la primera pareja humana, el que pone en marcha el mecanismo del mal. Varía también el aspecto que se pone primordialmente de relieve para caracterizar esta condición pecaminosa: a veces se insiste en la situación objetiva de alejamiento de Dios que sigue al pecado y a la ruptura de la amistad con el Creador, en otras ocasiones aparece en primer plano la ratificación por cada generación del pecado de los antecesores. A veces prevalece el castigo que unos sufren por el pecado que han cometido los demás, otras veces destaca el influjo que una conducta pecaminosa tiene en los otros. Es claro que estas diversas perspectivas no tienen por qué excluirse mutuamente.

Por otra parte, es también evidente que no podemos afirmar que encontremos en el Antiguo Testamento todos los elementos que más tarde configurarán la doctrina del pecado original. No aparece con claridad hasta qué punto toda la humanidad ha sido marcada por el pecado de los primeros padres (en ningún caso se puede hablar de una imputación del pecado de Adán). Aunque en muchas ocasiones se habla del influjo de los padres en los hijos, no es la generación la única expresión de los vínculos de solidaridad en el bien y en el mal que unen a los hombres; no es ésta el único vehículo de la transmisión del «pecado» [23]. Hay otros muchos caminos por los que unos hombres ejercen influencia sobre otros. Ya que, como también hemos señalado, no se puede hablar de solidaridad en el mal sin aludir también a la solidaridad en el bien, podemos hacer referencia al ejemplo de Abraham, en quien se bendicen todas las naciones de la tierra, sin que ello implique evidentemente que todas tengan que

[23] Cf. HAAG, o.c., 122s; SCHARBERT, o.c., 115.

descender de él. Sin que se puedan sacar conclusiones precipitadas, sí podemos decir que en el Antiguo Testamento se encuentran elementos básicos de la doctrina sobre el pecado original que se elaborará en el cristianismo [24]. En concreto se nos abre al misterio de la solidaridad y de la comunión de todos los hombres, que tiene en el pecado su aspecto negativo de que no podemos prescindir; es imposible que el hombre considere su vida y su relación con Dios prescindiendo de los que le rodean y aun de la humanidad entera. Naturalmente, sólo a la luz de la salvación que en Cristo se ofrece a todos los hombres se podrán calibrar todas las características del pecado de que nos libra y toda la profundidad de la fraternidad humana a la que nos llama y de la que constituye el fundamento.

LA UNIVERSALIDAD DEL PECADO Y SU ORIGEN SEGUN EL NUEVO TESTAMENTO

Como acabamos de indicar, el mensaje de la salvación de Cristo incide indirectamente, aunque de manera decisiva, en el conocimiento del pecado. Si ya en nuestra exposición anterior notábamos que el Antiguo Testamento, aun en la insistencia en la condición pecadora de todos los hombres, nos presenta a un Dios que nunca abandona al hombre y que le invita siempre a la conversión, esta perspectiva se hace ahora más determinante todavía: la salvación y la reconciliación del mundo en Cristo han acontecido ya, aunque los efectos de la misma no alcancen aún enteramente a la humanidad. Es importante tener presente desde el principio esta perspectiva en la que nos movemos, ya que, por razones de brevedad, será imposible repetirla en todos los momentos de nuestra exposición.

Los sinópticos y Juan

Las líneas de explicación del origen del pecado y de su universalidad en los escritos neotestamentarios se mueven, en una gran medida, en la misma dirección que las que hace poco hemos examinado. Junto a la clara afirmación del principio de la responsabilidad individual, según el cual cada uno es juzgado según sus obras (cf. p.ej. Mt 16,27; Jn 5,29; Rom 2,6, etc.), se manifiesta también la convicción de que el pecado humano no afecta solamente a aquel que lo comete. Aparece en varias ocasiones el tema del pecado de los padres que hace pecar a los hijos o del que éstos con su actuación

[24] Cf. las conclusiones a que llega J. SCHARBERT, o.c., 111ss, acerca de lo que él considera el «kerygma vinculante» del A.T. acerca de esta cuestión.

se hacen solidarios [25]; la idea aparece ya en boca de Jesús: así los escribas y fariseos muestran que son hijos de los que mataron a los profetas, y no pueden decir que ellos en su lugar no habrían hecho lo mismo (cf. Mt 23,29-36). En la misma línea hay que situar la parábola de los viñadores homicidas: la generación que no acepta a Jesús repite lo que han hecho sus padres en el rechazo de los profetas (Mc 12,1-12 par.). En los Hechos de los Apóstoles se da una interpretación semejante: Esteban, en su discurso antes de ser lapidado, pone de relieve que la muerte de Jesús se coloca en continuación con la de los profetas, por mano de los padres de los que han matado a Jesús en el tiempo reciente (cf. Hech 7,9.35.39-43.51-53). El pecado del rechazo y muerte de Jesús se coloca claramente en la línea del pecado de los «padres». Por otra parte, Jesús, según los sinópticos, increpa a toda la «generación» que no lo acepta (cf. Mt 16,4; 12,28ss par.); maldice a las ciudades que no reciben su mensaje (cf. Lc 10,13-15; Mt 11,21-24; 23,33ss); sus contemporáneos parecen pensar en categorías semejantes (cf. Mt 27,25). La solidaridad del pueblo lleva consigo una solidaridad moral y una comunidad de espíritu que une a las diversas generaciones y a los contemporáneos entre sí.

Es importante en nuestro contexto la noción de «mundo» típica de los escritos joánicos. El término, en su acepción negativa, que no es la única en que Juan lo usa, viene a equivaler al ámbito del pecado, de la oposición a Cristo. Parece claro que no se puede explicar este concepto si lo consideramos referido sólo a personas o pecados concretos (cf. Jn 1,10; 7,7; 12,31; 14,19.22; 16,18ss; 17,9; 1 Jn 2,16; 5,16.19, etc.). Este «pecado del mundo» es el que Jesús viene a quitar (Jn 1,29; 1 Jn 1,8ss, cf. Jn 3,16ss). La universalidad del pecado, la necesidad de un nuevo nacimiento, se pone de relieve en Jn 3,1ss.

Las alusiones al primer pecado de Gén 3, si prescindimos del *corpus paulinum* y en particular del texto de Rom 5,12-21 que estudiaremos con detención, no son muy numerosas en el resto del Nuevo Testamento. No pasan en la mayoría de los casos de ser meras «sugerencias» [26]. Así en Mc 10,6-8; Mt 19,4-5: Jesús acude a Gén 2,24 para fundamentar la indisolubilidad del matrimonio según el designio original de Dios; entre este momento inicial y la renovada exigencia de Jesús hay un momento de «dureza del corazón», de pecado, que obligó a la condescendencia en la ley de Moisés. Jesús, por una parte, quiere restablecer el orden inicial; por otra, no aparece claro que se aluda directamente a Gén 3 como causante de la desviación del primer designio. Más clara es la referencia a este texto en Jn 8,44: el diablo es desde el principio homicida y el padre de la men-

[25] Cf. P. SCHOONENBERG, *El hombre en pecado:* MySal II, 990s.

[26] La expresión es de A. M. DUBARLE, o.c., 105; cf. también lo que sigue.

tira. Su influjo en los hombres no se agotó en el primer pecado, sino que sigue estando presente como al comienzo; ahora es el «padre» de los judíos en cuanto los aparta de Cristo. Lo fundamental del paralelismo entre la situación del principio y el momento presente es el influjo de Satanás. Pero tampoco aquí se nos habla de cómo ha entrado el pecado en el mundo ni de la relación directa entre el pecado de origen y el de la generación actual.

Constatemos, antes de pasar al estudio de los textos paulinos, que en el resto del N.T. se nos habla de una situación de pecado que parece general. Pecado que se manifiesta especialmente en el rechazo de Cristo; pero este rechazo tiene sus claros precedentes en la historia de Israel, en el rechazo de los profetas enviados por Dios; e incluso, aunque de manera mucho más vaga, en el pecado de Adán y Eva, en el sentido de que el diablo, padre de la mentira, sigue engañando ahora a los hombres y llevándolos a la muerte al apartarlos de Jesús.

La teología paulina

Las afirmaciones sobre la universalidad del pecado son en Pablo especialmente claras: cf. Rom 3,23; 11,32; Gál 3,22; Ef 2,3. Aunque no esté dicho explícitamente, parece que estos pasajes no tienen sólo en cuenta una mera suma de pecados individuales a los que directamente se alude, sino también una situación de tipo más general. Todos somos merecedores de la ira de Dios, ésta es nuestra condición de «naturaleza», según Ef 2,3 (por supuesto que no hay que dar al término el sentido técnico que ha adquirido más tarde en la teología). Por otra parte, el «mundo» tiene también, según Pablo, un modo de pensar, una «sabiduría» opuesta a la cruz de Cristo (cf. 1 Cor 1,19-28; 2,6.12). Precisamente es también la humanidad y el mundo todo el destinatario de la reconciliación que Dios lleva a cabo mediante Cristo (cf. 2 Cor 5,18; Rom 11,32). Nos hemos referido ya en el capítulo anterior a Rom 7 y a la posibilidad de que también allí se hable del primer pecado. En todo caso, la insistencia en este poder del mal y de la muerte que dominan la vida del hombre no unido a Cristo hace pensar en una situación general pecaminosa, previa a la decisión de cada uno, determinante de la distancia que experimentamos entre lo que deberíamos hacer y lo que hacemos, y que nos lleva a cometer nuevos pecados. Algunas alusiones al primer pecado, sin que se saquen consecuencias para explicar el momento presente, se encuentran también en 2 Cor 11,3; 1 Tim 2,14.

Otro elemento fundamental que debemos tener en cuenta para entender la enseñanza paulina es el paralelismo entre Adán y Cristo, que será la base del texto capital de Rom 5,12-21 y que se encuentra ya en 1 Cor 15,21-22.45-49. Sin entrar en los detalles concretos, retengamos que para los v.20-22 Adán y Cristo son dos comienzos de la humanidad, aunque de signo diverso: Adán para la muerte, Cristo para la resurrección de los muertos. La muerte de todos tiene en Adán su origen, como en Cristo lo tiene la resurrección de los muertos. La vida y la muerte de todos dependen por tanto de dos personas que son en realidad mucho más que meros individuos. Cada uno a su manera, y con subordinación de Adán a Cristo (como en seguida aparecerá claro), son «cabezas» en las que todos estamos de algún modo contenidos. La muerte de todos en Adán se halla sin duda en relación implícita con su pecado. El sentido de esta muerte, por otra parte, parece sobrepasar el meramente biológico; si no, no tendría sentido el paralelismo con la resurrección de Cristo, que en este mismo contexto es claramente más que un evento físico. La muerte en Adán es el término *a quo* de la salvación en Cristo. El influjo de uno y otro sobre la humanidad se expresa en términos paralelos, aunque la resurrección en Cristo se espera para el futuro y la muerte es ya una realidad presente (los conocidos problemas existentes en Corinto explican la insistencia en el futuro de la resurrección). También en los v.45-49 el acento está puesto en el futuro: la resurrección en la que llevaremos la imagen de Cristo es sin duda el elemento determinante; Adán es el primer hombre cuya imagen llevamos en este mundo; no parece que aquí el pecado y la muerte se tomen directamente en cuenta. Pero sí se insinúa que el Adán primero, hecho de la tierra, alma viviente, recibe su sentido definitivo del Adán último, el celeste, hecho espíritu vivificante [27].

Estas ideas sobre el pecado y su universalidad dispersas en el *corpus paulinum* encontrarán su sistematización en la carta a los Romanos. Y si ya en los textos citados la mención del pecado y de la muerte se contempla en la perspectiva de la salvación de Cristo, el largo tratamiento de Rom no va a ser excepción a esta regla. Fundamental para nuestro propósito es, como ya hemos dicho, Rom 5,21-22. Pero para la mejor comprensión del pasaje lo debemos situar en el conjunto de la carta [28].

El capítulo 5, en el que nuestro texto se inserta, viene inmediatamente después de lo que suele considerarse la primera parte o sec-

[27] Sobre el paralelo Adán-Cristo, cf. P. Lengsfeld, *Adam und Christus. Die Adam-Christus Typologie im N.T. und ihre dogmatische Verwendung bei M. J. Scheeben und K. Barth* (Essen 1965); E. Brandenburger, *Adam und Christus. Exegetisch-religionsgeschichtliche Untersuchung zu Röm 5,12-21 (1 Kor 15)* (Neukirchen 1962); W. Strolz (Hrsg.), *Vom alten zum neuen Adam* (Freiburg-Basel-Wien 1986).

[28] Cf. para la disposición de la carta, H. Schlier, *Der Römerbrief* (Freiburg-Basel-Wien 1977), 12-16; J. N. Aletti, *Romains 5,12-21. Logique, sens, fonction:* Biblica 78 (1997), 3-32.

ción de la epístola (1,18-4,25), dedicada al tema de la justificación por la fe; ésta es la tesis que Pablo enunciará al comienzo de su exposición (Rom 1,17; cita de Hab 2,4), después del preámbulo. Se tratan en esta primera parte dos temas fundamentales: la cólera de Dios y la justicia de Dios. El pecado de todos los hombres, tanto judíos como gentiles, provoca la justificada «cólera» de Dios. Porque, en efecto, el pecado es general. Los gentiles han pecado porque no han conocido a Dios, que se manifiesta en sus obras, o porque, después de haberle conocido, no le han dado gracias (cf. 1,19.21.28): por ello Dios los entregó a sus pasiones (cf. 1,24.26.28), es decir, al pecado que llama a otros pecados. Pero si los gentiles han pecado sin la ley (2,12ss), no es mejor la situación de los judíos, que, conociendo la ley que les indica la voluntad de Dios, no la han seguido (cf. 2,1.17ss); no tienen, por tanto, ventaja sobre los incircuncisos (3,1.9). La situación de pecado es, por consiguiente, general en el momento en que ha venido Cristo a manifestar la justicia de Dios y realizar su acción redentora; en virtud de ésta se obtiene la justificación, no por méritos propios, sino mediante la fe, es decir, gratuitamente (3,21-31). Abraham, justificado por la fe (4,1ss), es la mejor demostración de la tesis que Pablo acaba de establecer. La redención de Cristo es la respuesta amorosa de Dios a una humanidad pecadora. La justificación del hombre por la fe es gratuita porque se basa en lo que ha hecho Cristo, no en lo que hace el hombre. Hay una acción de Jesús «previa» a la nuestra que posibilita la salvación. Esto es lo que nos permite salir de la condición de pecado que afecta por igual a judíos y gentiles, es decir, a todos. Pablo parece contemplar a la humanidad pecadora como un conjunto; ni siquiera se considera la posibilidad de que alguno no haya pecado. De esta situación pecaminosa nos libera solamente Jesús.

A partir del comienzo del capítulo 5 se describe la salvación del hombre; el justificado está ya «en la gracia»; la paz y la justificación son los beneficios que el hombre ya ha recibido, y cuya garantía de definitividad es el Espíritu que nos ha sido dado; éste nos hace gozar en esperanza, a pesar de las dificultades del momento presente (Rom 5,1-5; cf. 2 Cor 1,22; Ef 1,14). La razón de todo ello nos la da Rom 5,6ss: no somos nosotros los que hemos «conquistado» esta nueva posición. Sólo la muerte de Cristo nos ha reconciliado con Dios y nos ha sacado de la antigua condición. Esta es la razón cristiana de nuestro «gloriarnos» (Rom 5,11; cf. 5,2.3; Gál 6,4), frente a la falsa gloria de las obras de la ley (Rom 2,17.23; 3,27). La segunda sección de este capítulo, la que tenemos que estudiar con detenimiento (12-21), trata precisamente de esta cuestión, de nuestra liberación por la obra de Cristo del poder del pecado. Es importante tener en cuenta este dato, porque sólo si somos conscientes de que el pasaje que nos ocupa es ante todo cristológico podremos entender las afirmaciones del Apóstol. Pablo acude al tema de Adán, que sus contemporáneos conocen, para justificar las afirmaciones sobre Cristo: la acción de uno tiene efectos sobre todos; este mismo principio es el que hallábamos en los pasajes de 1 Cor 15 en los que se recurre al paralelo Adán-Cristo.

El enlace de la perícopa que tenemos que estudiar con todo lo que precede no aparece del todo claro en el «por tanto» con que comienza este versículo. En realidad, la introducción del tema de Adán señala una cierta ruptura respecto a los versos anteriores. No se quiere sacar una conclusión directa de lo que precede, sino que la conexión es más indefinida. Por otra parte se ha notado desde antiguo el anacoluto de este verso: el pensamiento se corta a mitad de camino, ya que queda sin explicarse el segundo término de la comparación. Con todo, la incorrección gramatical no afecta de modo decisivo al sentido. Parece claro que la mención de Cristo debe completar el razonamiento. Los versos sucesivos subsanan la deficiencia. Pero ante todo debemos estudiar el alcance de las afirmaciones del v.12 tal como lo tenemos. No hay duda de que se alude a Adán con la expresión «un solo hombre» con el que ha entrado el pecado en el mundo y por el pecado la muerte. La muerte ha de entenderse, como ya sabemos, en el sentido «fuerte» de la palabra, que incluye pero no se reduce a la muerte física; ésta es la expresión del alejamiento de Dios.

El «pecado» que a través de uno solo entra en el mundo no es simplemente un acto pecaminoso, porque para designar la transgresión concreta se usan en este contexto otros términos: παράβασις, παράπτωμα. Es más bien la «fuerza de pecado», el pecado en cierto modo personificado, que arrastrará a los otros hombres a pecar. Pero por el contexto parece claro que es la transgresión concreta de Adán la que ha abierto la puerta a este poder del mal. Un solo hombre, al desencadenar la fuerza del pecado, da origen a una situación universal: en efecto, la muerte (en el sentido que ya conocemos) ha pasado a todos los hombres. Adán, que es sin duda para Pablo una persona individual, es a la vez el «hombre primordial», cuya actuación tiene consecuencias para todos [29]: la fuerza del pecado, que ha entrado en el mundo por Adán, se manifiesta en la muerte que a todos alcanza (cf. ya 1 Cor 15,21s).

Nos queda por analizar el problema más interesante que el verso plantea: la frase final del mismo, y en concreto el ἐφ'ᾧ con que es introducida. La traducción latina corriente a partir del Ambrosiáster y san Agustín, y que ha recogido también la Vulgata, ha sido *in quo;*

[29] Cf. H. Schlier, o.c., 150; Brandenburger, o.c., 149, entre otros lugares.

la expresión se ha entendido comúnmente en sentido relativo y referida a Adán. De ahí se concluye que en Adán todos hemos pecado, es decir, según la interpretación más frecuente, que el pecado de Adán ha sido un pecado de todos. Pero esta traducción no goza hoy día del favor de los exegetas, que prefieren entender el ἐφ'ᾧ en sentido de conjunción causal: «ya que, puesto que» [30], o incluso condicional: «realizada la condición de que...» [31].

Con esta interpretación resulta que la muerte que reina sobre todos los hombres no está puesta en relación únicamente con la transgresión del primer hombre, sino también con los pecados de todos, manifestación de la fuerza de pecado que aquella transgresión ha desencadenado. En efecto, parece que hay que entender el «todos pecaron» del final del v.12 en el sentido de los pecados personales de todos los hombres, sin que esto signifique contemplarlos con independencia del pecado de Adán [32]; el uso del verbo «pecar» en la carta a los Romanos parece abonar esta interpretación, ya que parece referirse a los pecados concretos que los hombres realizan (cf. Rom 2,12; 3,23). La fuerza del pecado, manifestada en la muerte, tiene como consecuencia las decisiones personales pecaminosas de todos los hombres; éstas no pueden verse aisladas de la historia que les precede, y en concreto del pecado del primer hombre. Nos podemos preguntar si los pecados personales de todos los hombres son consecuencia de la muerte que a todos llega, o si más bien esta última es consecuencia de los pecados de todos que, a su vez, dependen de la fuerza de pecado que el primer hombre ha desencadenado. Las dos soluciones son posibles y tal vez no se trate de dos alternativas que mutuamente se excluyan; la muerte y el poder del pecado vienen a identificarse en sus efectos: tanto el pecado de Adán como el de los

[30] Cf. H. Schlier, o.c, 161; O. Kuss, *Der Römerbrief* I (Regensburg 1957), 231; 241ss; O. Michel, *Der Brief an die Römer* (Göttingen 1963), 122; E. Käsemann, *An die Römer* (Göttingen ²1974), 138; P. Fitzmyer, *Romans* (New York 1993), 405, prefiere, «como resultado de lo cual...».

[31] Así S. Lyonnet, que ha dedicado al tema numerosos estudios: *Le sens de* ἐφ'ᾧ *en Rom 5,12 et l'exégèse des Pères grecs:* Bib 36 (1955) 436-457; *Le péché originel et l'exégèse de Rom 5,12-14:* RSR 44 (1956) 63-84; *Le péché originel en Rom 5,12. L'exégèse des Pères grecs et les décrets du Concile de Trente:* Bib 41 (1960) 325-355; *Péché:* DBS VII, 481-567, esp. 544ss. No falta quien apunta la posibilidad de referir el ἐφ'ᾧ ᾳ λᾳ μυερτε (ᾳλεφᾳμιεντο δε Διοσ), πορ λᾳ χυᾳλ τοδοσ πεχᾳν; χφ. εφεμπλοσ ᾳντιγυοσ ψ μοδερνοσ εν Λyonnet, *Péché,* 544; R. Jacob, *La véritable solidarité humaine selon Rom 5,12-21,* en P. Guilluy (éd.), *La culpabilité fondamentale,* 26ss; J. I González Faus, o.c., 330, menciona también esta posibilidad.

[32] Por esta solución se inclinan la mayoría de autores citados en las notas anteriores. Con todo, aun sin dar al ἐφ'ᾧ valor relativo, algunos se inclinan a ver en el último inciso de Rom 5,12 una referencia al pecado de todos en Adán, así M. Cerfaux, *Jesucristo en san Pablo* (Bilbao ³1963), 187; L. Ligier, o.c., II, 271ss.

otros son causa de muerte, y tanto el poder de ésta como el del pecado hacen pecar [33].

Hay que evitar en la interpretación de este verso dos soluciones extremas: una, la más extendida durante mucho tiempo, según la cual en Adán todos hemos pecado, sin referencia a los pecados personales. Otra, la que resultaría de tomar en consideración sólo estos pecados personales, y de ahí concluir que la «muerte» de que se nos habla es sólo la consecuencia de los pecados individuales de cada uno de los hombres sin ninguna relación de éstos con el pecado de Adán; con ello quedaría sin sentido el conjunto de la perícopa paulina, que se basa en el paralelismo Adán-Cristo para explicar el valor universal de la obediencia y la redención de este último. Hay que mantener los dos extremos: el pecado ha entrado en el mundo por el pecado de Adán, y su presencia se pone de manifiesto en la muerte y en el pecado que a todos alcanza y que todos personalmente ratifican.

Los v.13-14 interrumpen el pensamiento con una cuestión en cierto modo marginal, que viene a subrayar únicamente la universalidad del pecado tal como se ha afirmado al final del v.12. El pecado afecta a todos, incluso a aquellos que no han conocido la ley (cf. Rom 4,15, pero también 1,18ss; 2,12ss; 3,23). Antes de la ley, desde Adán hasta Moisés, había «pecado» (ἁμαρτία) en el mundo. Se trata de la fuerza de pecado que ya conocemos y que sigue manifestando su poder en los pecados de los hombres. Pero hay una diferencia entre el pecado que se comete sin la ley y el que se comete con ella: del primero no se puede llevar cuenta estricta, sí en cambio del que se realiza en la transgresión de un mandato explícito. Por tanto, cuando se afirma que «el pecado no se imputa no habiendo ley» (v.13), no se quiere decir que el pecado no sea considerado tal, sino que no puede ser imputado como una transgresión de la ley, ya que ésta no existe aún [34]. Pero la demostración palpable de que este pecado anterior a la ley es una realidad la tenemos en el v.14: la muerte, como manifestación de la fuerza de pecado que estaba en el mundo, reinó desde Adán hasta Moisés. Este reinado se extiende a quienes «no pecaron a semejanza de la transgresión de Adán». No parece que los que no han pecado a semejanza de la transgresión del primer padre sean los que no han pecado personalmente, p.ej., los niños. No hay ningún indicio de que Pablo esté aquí pensando en ellos; por

[33] Cf. S. LYONNET, *Le péché originel en Rom 5,12,* 349. Cf. también la n.31.

[34] Así la mayoría de los autores señalados en las notas anteriores; cf. también K. KERTELGE, *Die Sünde Adams in Lichte der Erlösungstat Christi nach Röm 5,12-21:* IKZC 20 (1991) 305-325; U. WILCKENS, *Der Brief an die Römer* (Zürich-Neukirchen 1978), 315ss. El sentido del «imputar» aquí sería «escribir en los libros», término sacado del lenguaje comercial; cf. SCHLIER, o.c., 165.

otra parte, el pecado de que se habla en el v.13 ha de tener sus manifestaciones en el pecado «actual», ya que de lo contrario no tiene sentido que se nos hable de su «no imputación». La muerte reina, por consiguiente, sobre los hombres porque éstos pecan personalmente, aunque este pecado personal no sea independiente del poder del pecado, la ἁμαρτία, que entró en el mundo «a causa de un solo hombre». Quienes no han pecado «a semejanza» de Adán son los hombres que han vivido antes de Moisés. Estos, al no haber ley, no pecaron como pecó Adán en el paraíso, es decir, transgrediendo un precepto divino concreto (cf. Gén 2,16s); dado que no existía la ley con sus prescripciones precisas, no se podía llevar cuenta estricta de este pecado. Una vez que la ley fue promulgada, los hombres volvieron a pecar «como Adán».

Otra hipótesis, sugerida en los últimos años, da un sentido algo distinto a estos versos [35]: el «no pecaron» no habría de relacionarse con las palabras que siguen, sino que tendría sentido absoluto; ahora bien, hay que entender lo que significa en este contexto el «no pecar»: después de la afirmación general del v.12, que aquí no se quiere contradecir, y la del v.13, según la cual el pecado no se imputa no habiendo ley, «no pecar» quiere decir no transgredir una ley positiva; éste es un sentido estricto de «pecado», documentado ampliamente en los LXX. La preposición ἐπί tendría entonces un sentido causal, y ὁμοίωμα, más que semejanza, vendría a significar «manifestación» o «expresión visible». Habría que entender así el v.14: la muerte reinó aun sobre aquellos que no han pecado (con la transgresión de una ley), a causa de la semejanza (expresión visible) de la transgresión de Adán. Con ello se cerraría el círculo abierto al principio del v.12: los pecados de los hombres y la muerte que sufren son manifestaciones, expresiones, de la transgresión de Adán por la que el pecado ha entrado en el mundo. En cualquier caso es decisivo para nosotros que estos versos 13-14 insisten en el influjo causal del pecado de Adán en las decisiones y opciones morales de los hombres que le han seguido y en el estado de apartamiento de Dios en que se encuentran; a la vez, los pecados personales también se toman en consideración. No se habla de un poder de pecado que no se manifieste en éstos.

El final de este v.14 nos introduce en el tema propio de esta perícopa paulina, el paralelo Adán-Cristo, o, más bien, la condición de este último, cabeza de la humanidad redimida: Adán, como pri-

[35] Cf. U. Vanni, 'Ομοίωμα *in Paolo (Rom 1,23;5,14; 6,5; 8,3; Fil 2,7). Un'interpretazione esegetico-teologica alla luce dell'uso dei LXX:* Gr 58 (1977) 321-345; 431-470, esp. 436-445; Id., *L'analisi letteraria del contesto di Rom V 12-24:* RBi 11 (1963) 115-144; *Rom V 12-14 alla luce del contesto:* ib., 338-366.

mer hombre, es figura del que había de venir. A partir del v.15 se desarrolla el paralelismo a que ya hemos aludido. Pero no se trata de un paralelismo estricto: la gracia de Dios es más fuerte que el pecado, y por obra de un solo hombre, Jesús, abundará sobre los hombres «mucho más» que la muerte que reina sobre todos por el delito de uno solo (v.15). El juicio viene de uno para la condenación, pero la gracia, partiendo de muchos delitos (de nuevo hallamos la tensión entre el pecado de Adán y el de todos los hombres), termina en justificación (v.16). El equilibrio entre los dos polos se vuelve a romper en el v.17 a favor de Cristo: si la muerte reinó a causa del delito de uno, «mucho más los que reciben la abundancia de la gracia y del don de la justicia reinarán en la vida por medio del solo Jesucristo». La justicia de Dios está ahora a disposición de quienes quieren recibirla en la fe [36]. La gracia que Jesús ofrece está a disposición de todos porque todos pueden acercarse a ella, pero no hay un «automatismo» de la salvación, como tampoco la fuerza de pecado ejerce su poder al margen de la ratificación personal de cada uno. Tanto en el caso del pecado como en el de la gracia, el hombre se inserta en un dinamismo anterior a él, que tiene su origen, respectivamente, en Adán o en Cristo.

Los v.18 y 19 comparan los efectos de la obra de Adán y de Cristo; la estructura de ambos está marcada por el paralelismo, «como... así también». De nuevo se habla del delito y de la justicia de uno solo que tienen repercusiones para todos. Especial importancia tiene para nosotros el v.19: «por la desobediencia de un solo hombre todos fueron constituidos pecadores». Hay opiniones variadas sobre el alcance de esta afirmación, pero la mayoría se inclinan a considerarla en continuidad con el v.12 y en el sentido de éste [37]: todos los hombres, sometidos al poder del pecado y de la muerte por la desobediencia de Adán, han sido por ello mismo hechos pecadores. Existe un elemento objetivo, previo a la decisión de cada uno, pero con los pecados personales se ratifica la situación. En estricto paralelismo se afirma que por la obediencia de uno solo, Jesús, todos serán constituidos justos [38]; si se quisiera entender la primera parte del verso en el sentido de un simple «automatismo» del pecado, igualmente habría que afirmarlo para la gracia. Más bien hay que considerar que hay también aquí una situación objetiva, que cada cual

[36] Cf. R. BULTMANN, *Theologie des Neuen Testaments* (Tübingen [6]1968), 253; P. LENGSFELD, o.c., 95; ambos apuntan la posibilidad de que «los que reciben» del v.17 signifique los que acepten la justificación mediante la fe.

[37] Cf. H. KÖSTER, o.c., 99ss.

[38] Entre las dos partes del verso hay una diferencia en los tiempos: pasado en la primera, futuro en la segunda.

puede «apropiarse» mediante la fe [39]. La acción de Jesús transforma realmente la situación en que el mundo se encuentra. La justificación es una realidad ya en esta vida, aunque su plena realización sea todavía futura: en el v.20 se habla ya en pasado de la sobreabundancia de la gracia frente a la abundancia del pecado; el equilibrio, como se observaba ya en los v.15.17, vuelve a romperse a favor de Jesús. El v.21 resume el contenido del pasaje: la fuerza del pecado que ha entrado en el mundo con Adán ha reinado en la muerte; pero la gracia reinará para la vida eterna, para la justicia, gracias a Jesucristo.

La intención fundamental de Pablo en este pasaje es la de explicar la obra de salvación llevada a cabo por Cristo; y más en concreto hacer ver cómo la obediencia y la justificación de uno puede ser fuente de vida para todos. Para ilustrar este hecho se acude al ejemplo de Adán, conocido por sus contemporáneos judíos. Cabe entonces la pregunta, que va más allá de la interpretación de cada una de las afirmaciones concretas, de si Pablo ha querido enseñar algo acerca del pecado o si sus observaciones sobre este punto tienen el valor de un simple ejemplo para ilustrar la tesis fundamental. Parece que la respuesta correcta ha de ser la primera. Resulta difícil pensar que Pablo utilice una simple comparación sin que se comprometa en absoluto con ella. Ante todo porque no es ésta la única vez en sus escritos en que aparece el paralelo entre Adán y Cristo. A la luz de la salvación de Jesús aparece cuál es la verdadera situación de la humanidad antes o fuera de Cristo, el destino común de solidaridad en la perdición y en el mal, que es el contrapunto de la definitiva solidaridad de salvación en Jesús. El influjo negativo de Adán sobre toda la humanidad no es sólo un simple ejemplo de una situación creada por otro y previa a nuestra opción personal, que, como tal ejemplo, pueda dejarse de lado una vez que se ha entendido lo que se quería explicar: en este caso, la justificación en Cristo. Con el recurso a Adán, Pablo nos explica de qué nos libra Cristo: no sólo de nuestros pecados personales, sino también de esta fuerza de pecado que se impone a nuestra decisión. Con ello, además, nos ayuda a entender algo de la estructura misma de la salvación de Cristo. No se nos «aísla» sólo del espacio de perdición, sino que se nos arranca de este mundo de pecado para que podamos ser introducidos en el nuevo ámbito de la salvación, en el ámbito de Cristo y de su Iglesia. Dado que el mensaje de la redención y de la reconciliación con el Padre que tiene lugar en Cristo presupone un dominio del pecado sobre toda la humanidad, la afirmación de la solidaridad en el mal desde el comienzo, desde Adán, es algo más que un simple ejemplo.

[39] Cf. H. SCHLIER, o.c., 174s; cf. también G. SEGALLA, *La struttura circolare di Rom 5,12-21 e il suo significato teologico:* Studia Patavina 28 (1981) 377-382.

No estará de más recordar que Pablo no se detiene en la descripción del pecado de Adán. Le basta con subrayar su influjo negativo universal, que explica la universalidad del pecado.

De la enseñanza bíblica en general y del Nuevo Testamento en particular se deduce con claridad la existencia en el mundo de una fuerza de pecado, que proviene del pecado de quienes nos han precedido y muy en particular del pecado cometido al principio de la historia, y que domina la existencia de quienes no se han incorporado a Jesús. Esta fuerza de pecado y de muerte hace que todos los hombres sean «pecadores», no sólo individualmente, sino también en cuanto miembros de una humanidad pecadora; existe entre todos una solidaridad, que se manifiesta en el bien y en el mal, especialmente visible según amplios estratos del Antiguo y también del Nuevo Testamento entre aquellos que están más vinculados entre sí por lazos de sangre, aunque hay que insistir en que ésta no es su única expresión. Esta situación objetiva de alejamiento de Dios, origen de los pecados personales, es llamada también en el lenguaje bíblico «pecado», porque afecta negativamente a nuestra relación con Dios. Existe, por consiguiente, un reino del pecado y de la muerte, del que los pecados personales son manifestación y ratificación personal; de él deriva también la inclinación al mal que sentimos en nosotros. El primer origen de esta situación viene del comienzo de la historia, del pecado de los primeros padres. No se nos habla, en cambio, directamente de los niños ni de su situación de pecado anterior a su opción personal; son los adultos, que con su libertad contribuyen a hacer operante el poder del mal, los que están en el centro de la atención de los autores bíblicos. En consecuencia, no se habla tampoco de cómo puede ser imputado a todos el pecado de los primeros padres, etc. La explicación última del porqué de la solidariedad (ya hemos visto que la generación no es la única expresión de la misma) no se aclara tampoco.

No podemos terminar estas consideraciones sin recordar que no hacemos justicia a los datos bíblicos sobre el pecado si no tomamos en consideración la salvación de Cristo. Esta no es sólo el horizonte general dentro del cual el Nuevo Testamento habla del pecado —como de todos los otros temas teológicos—, sino muy especialmente el punto de partida inmediato de la reflexión sobre Adán y las consecuencias de su desobediencia. A partir de Cristo se clarifica la función y el significado de Adán. No debemos perder de vista la perspectiva en último término cristológica de la teología del pecado original. La encontraremos también en las declaraciones magisteriales y en los momentos fundamentales de la elaboración de esta doctrina. No se puede hablar del pecado como si Cristo no existiese.

LA HISTORIA DE LA DOCTRINA DEL PECADO ORIGINAL

Por evidentes razones no hacemos un estudio exhaustivo de toda la historia del dogma del pecado original [40]; nos limitamos a algunos apuntes sobre los autores y momentos históricos de mayor interés. Señalamos también que, sobre todo por lo que se refiere al estudio de los primeros siglos de la Iglesia, no podemos dejarnos llevar del error de partir de la doctrina posterior ya elaborada para ver hasta qué punto ésta se halla o (como normalmente ocurrirá) no se halla en los autores más antiguos. Se trata más bien de ver cómo y por qué se va tomando conciencia de los diversos elementos que más tarde entrarán en las síntesis teológicas y dogmáticas. Todo ello nos ayudará a entender mejor el sentido de estas formulaciones.

Antes de san Agustín

Los Padres apostólicos no han desarrollado mucho el tema del pecado de Adán y Eva en relación con la actual situación de la humanidad; se encuentran algunas alusiones a la entrada de la muerte en el mundo a causa del pecado de Adán y Eva en la *1.ª Carta de Clemente* y en la *Epístola de Bernabé* [41]. Entre los escritos de los apologetas despierta especial interés un texto de san Justino: «...el género humano que había caído desde Adán en la muerte y el error de la serpiente haciendo el mal cada uno de ellos por su propia culpa» [42]. Con frecuencia se ha pensado que se habla aquí del mal del que cada cual es responsable; pero puede tratarse también del mal que realizan Adán y la serpiente, causantes de que todos los hombres estén bajo la muerte y el error [43]. En todo caso es claro que de Adán

[40] Cf. J. GROSS, *Die Entstehungsgeschichte des Erbsündendogmas. Von der Bibel bis Augustinus* (München 1960); ID., *Die Entwicklungsgeschichte des Erbsündendogmas* (München 1963); H. RONDET, *Le péché originel dans la tradition patristique et théologique* (Paris 1967); P. LIÉBAERT, *La tradition patristique jusqu'au Vᵉ siècle,* en P. GULLUY (ed.), o.c., 34-55; M. FLICK-Z. ALSZEGHY, *El hombre bajo el signo del pecado,* 85-204; G. M. LUKKEN, *Original Sin in the Roman Liturgy* (Leiden 1973); L. SCHEFFCZYK, *Urstand, Fall und Erbsünde. Von der Schrift bis Augustinus* (Freiburg-Basel-Wien 1981); V. GROSSI-B. SESBOÜÉ, *Pecado original y pecado de los orígenes,* en B. SESBOÜÉ (dir.), *Historia de los Dogmas* II (Salamanca 1996), 117-202.

[41] *1 Clem* 1,3ss (BAC 65,180): «la envidia... por la que también la muerte entró en el mundo»; *Ep. Bern.* XII 5 (FP 3,205), la transgresión de Eva se debió a la serpiente; por ella todos mueren; el motivo de la serpiente aparece en relación con la mordedura de las serpientes y la serpiente de bronce de Núm 21,6-9. Más referencias a las alusiones de esta primera época al pecado de Adán, en SCHEFFCZYK, o.c. 46s.

[42] *Dial. Tryph.* 88,4 (BAC 116,460s).

[43] Así J. J. AYÁN CALVO, *Antropología de san Justino. Exégesis del mártir a Gén I-III* (Santiago de Compostela-Córdoba 1988), 203s; 223ss.

arranca la historia del pecado y la nueva situación de la humanidad [44]. Para Teófilo de Antioquía, el hombre, señor de la creación, ha arrastrado a ésta a la transgresión y al mal [45]. El pecado de Adán y nuestra situación presente de pecado se ponen en relación más explícita en la homilía *sobre la Pascua* de Melitón de Sardes (hacia el 180). Se trata en ella de la salvación que Cristo causa por su muerte y resurrección, tomando como punto de referencia el éxodo, figura de los misterios pascuales. Jesús nos libra de la «herencia» de esclavitud espiritual que Adán ha dejado a sus hijos: «no pureza sino impureza, no incorrupción sino corrupción, no honor sino deshonor, no libertad sino servidumbre, no realeza sino tiranía, no vida sino muerte, no salvación sino perdición» [46]. En esta situación el «pecado» tiraniza a los hombres, con lo cual se entregan a toda suerte de pecados y desórdenes. La muerte es consecuencia de este pecado que a todos se extiende. Adán nos ha dejado por consiguiente una herencia, la fuerza del pecado que nos domina; como consecuencia de ella, todos cometemos pecados personales. Es clara la cercanía de Melitón al pensamiento bíblico, aunque hay que notar que no cita en apoyo de su tesis Rom 5,12-21.

Precisamente esta perícopa es determinante para la doctrina sobre el pecado en Ireneo de Lyon. En él aparece la idea del pecado de todos en Adán, siempre en relación con Rom 5,12ss. Su interpretación de este texto parece moverse en la línea que dos siglos más tarde será la de san Agustín, aunque nunca cita textualmente el final del v.12, «por cuanto todos pecaron». Como Pablo, Ireneo contempla la doctrina del pecado en función de la de la redención, y por tanto a Adán como contrapunto de Cristo: por la desobediencia de un hombre entró el pecado en el mundo y por éste la muerte, y por la obediencia de uno entró la justicia que trae la vida a los hombres que habían muerto. Si en el primer Adán hemos caído todos, en el segundo hemos sido reconciliados [47]. Esta reconciliación alcanza a Adán mismo, porque para Ireneo es de fundamental importancia la unidad del «plasma», toda la especie humana; si esta unidad vale

[44] Cf. también JUSTINO, *Dial.* 94,2; 102,2 (BAC 116, 470; 497); más datos en AYÁN, o.c., 197-241.

[45] *Ad Aut.* II 17 (BAC 116,807); además el hombre, por su desobediencia, atrajo sobre sí trabajo, dolor, tristeza, muerte...: ib., II 25-27 (817-819).

[46] *Sobre la Pascua,* 49 (SCh 123,86); J. IBÁÑEZ-F. MENDOZA, *Melitón de Sardes. Sobre la Pascua* (Pamplona 1975), 171; cf., además, F. MENDOZA RUIZ, *El pecado original en la homilía sobre la Pascua de Melitón de Sardes,* en *XXIX Semana Española de Teología* (Madrid 1970), 127-140; A. GRILLMEIER, *«Das Erbe der Söhne Adams» in der Paschahomilie Melitons,* en *Mit ihm und in ihm. Christologische Forschungen und Perspektiven* (Freiburg-Basel-Wien 1975), 175-197.

[47] Cf. *Adv. Haer.* III 21,10 (SCh 211,430ss); V 16,3 (SCh 153,218); cf. A. ORBE, *Antropología de san Ireneo* (Madrid 1969), 284s.

para la perdición por el pecado de Adán, ha de valer igualmente para la redención de Cristo, que incluye al primer padre; la parábola evangélica de la oveja perdida, que para Ireneo es hallada en Cristo, sirve de base a esta argumentación [48]. Nuestro es el pecado de Adán, como nuestra es la obediencia de Jesús, aunque con una diferencia: todos, pecando en Adán, hemos sido inhabilitados para obedecer a Dios. Sólo *uno,* el único inocente, nos reconcilia; sólo por esta reconciliación de uno podemos *todos* ser reconciliados [49]. El pecado de Adán afecta de tal manera a todos, que el «perdónanos nuestras ofensas» de la oración dominical se refiere al pecado del paraíso; las otras faltas «o no entran en esa petición, o valen como secuela de la primera, o mejor aún haciendo unidad con ella» [50]. Es capital para Ireneo, contra los gnósticos y los marcionitas, que el Dios a quien Jesús obedece, y con él nosotros, sea el mismo contra el que el primer hombre ha pecado; la unicidad de Dios, y consiguientemente de la historia, hace posible que Jesús nos reconcilie a todos, porque tomó nuestra carne, que es la misma que había pecado en Adán. La consecuencia de este primer pecado, además de que todos seamos constituidos pecadores, es la muerte que también a todos afecta, y se transmite por la generación [51]; Cristo, por el contrario, nos puede devolver la vida. La muerte, que es consecuencia del pecado, es primero la muerte física, después la muerte segunda, que es el alejamiento de Dios [52]. Todavía no hay claridad en este momento respecto de la relación entre el bautismo de los niños y el pecado original [53].

Ireneo se ha inspirado sin duda en Pablo para su doctrina del pecado original, pero no parece que sea este factor el único que explique su gran insistencia en el tema, que contrasta con el relativamente escaso interés que despierta en su época. Corren, en cambio, entre los heterodoxos y algunos eclesiásticos, v.gr. Orígenes, ideas platónicas según las cuales el simple contacto del alma con la materia ya impurifica a aquélla. Por esta razón los niños son bautizados para el perdón de los pecados, es decir, para que se les borre esta impureza, mancha, *sordes,* que en la teología del alejandrino se distingue en rigor del pecado [54]. Ireneo, que, por el contrario, basa su

[48] Cf. *Adv. Haer.* III 19,3; 23,2 (SCh 211); cf. ORBE, o.c., 286s.
[49] Cf. ORBE, o.c., 290-291.
[50] Cf. ORBE, o.c., 293.
[51] Cf. *Adv. Haer.* III 18,7; 22,4 (SCh 153, 364ss; 442).
[52] Cf. ORBE, o.c., 305; 456.
[53] Cf. SCHEFFCZYK, o.c., 65.
[54] ORÍGENES, *Hom. VIII in Lev 2-3* (GCS 29, Orig. Werke 6, 395s); *Hom. XIV in Luc.* (GCS 49, Orig. W. 9,85ss) ; cf. ORBE, o.c., 307; SCHEFFCZYK, o.c., 81; parece que es el cuerpo el causante del pecado, no la razón histórica del pecado de Adán.

antropología en el cuerpo humano, no podía discurrir así. Partiendo del hecho de la universalidad del pecado y de la redención, tiene que hacer ver cómo aquél es un hecho histórico, contingente [55]. La doctrina sobre el pecado de origen viene así a la vez a garantizar, frente a los gnósticos, la verdad de la encarnación de Jesús, que salva realmente al hombre carnal. Por otra parte, y frente a los ebionitas, Ireneo subrayará la doctrina de la concepción virginal de Jesús, que permite mostrar su total inocencia, y así abre la posibilidad de redención para todos los hombres. En resumen, para Ireneo existe una situación universal de pecado, de la que nadie se ve libre. Esta no pertenece a la constitución del hombre en cuanto tal, sino que proviene del hecho histórico del pecado de Adán. Nosotros tenemos la misma carne, el mismo «plasma» de Adán; existe, por tanto, una solidaridad de todos en él, base de la solidaridad en el pecado, pero a la vez condición que posibilita que Cristo nos salve, pues en él obedece a Dios el mismo plasma que pecó. De ahí el optimismo salvífico ireneano a pesar de su insistencia en el pecado de Adán, que, si bien subjetivamente excusable, es grave como ofensa a Dios. La doctrina del pecado original, una vez más, no se entiende sin la de la redención de Cristo.

En Tertuliano aparece ya el problema del pecado original ligado al bautismo de los niños, aunque con formulaciones que no permiten reconocer una doctrina definida sobre la cuestión. Por una parte, el hecho de que los párvulos no tengan necesidad de perdón podría hablar en contra de la necesidad de tal bautismo [56]; pero es ya significativo el hecho de que el problema se mencione. Tertuliano afirmará también que toda alma es impura mientras esté adherida a Adán y no se adhiera a Cristo [57]; el no bautizado lleva además la imagen del hombre terreno, Adán (cf. 1 Cor 15,45ss), «per collegium transgresionis, per consortium mortis» [58]. La muerte y la transgresión están más yuxtapuestas que relacionadas; si se habla del origen de la primera en el pecado, queda en el aire el alcance de la relación que existe entre el pecado de Adán y el de los demás hombres. Más claridad sobre el sentido del bautismo de los niños se halla en Ci-

[55] Cf. Orbe, o.c. 305-310.

[56] *De Baptismo* 18,4s (CCL 1,283): «Quid festinat innocens aetas ad remissionem peccatorum»; cf. Rondet, o.c, 63ss; 145. Pero en el mismo lugar se menciona la posible necesidad del bautismo de los niños, p.ej. en los casos de peligro de muerte.

[57] Cf. *De anima,* 40,1 (CCL 2,843); en el contexto de su teoría traducianista, todas las almas derivan de Adán. Responsable del pecado es por otra parte el alma, no el cuerpo, en ella está el vicio de origen: ib., 40,2ss.41 (843ss). El pecado es el origen de la muerte, «si non deliquisset non obisset»: ib., 52,2 (858).

[58] *De res. mort.* XLIX 6 (CCL 2,991). Gregorio de Elvira, *Trac. Or.* XVII 18 (CCL 69,127), cita todo el pasaje casi literalmente.

priano de Cartago; habla el obispo africano de los «pecados ajenos» que se perdonan a los niños, ya que por haber nacido carnalmente según Adán han contraído el contagio de la antigua muerte [59]. La gravedad de estos «pecados ajenos» contraídos con el nacimiento no se puede comparar con la de los que cometen los adultos, que, no obstante, son admitidos al bautismo; razón de más para que los niños entren en la Iglesia. Pero nada se dice directamente sobre la suerte de estos niños en el caso de que mueran sin el bautismo.

También en los Padres orientales hallamos la idea del pecado de Adán como causante de la «corrupción» (es la expresión que muchos escritores griegos prefieren) de la naturaleza, aunque los conceptos con que se expresan son distintos de los occidentales [60]. La relación entre el pecado de Adán y los pecados de los hombres no se desarrolla todavía en Atanasio. La herencia de males que vienen del pecado de Adán es conocida por Basilio Magno; Gregorio Nacianceno insiste en repetidas ocasiones en la unidad de todos en Adán: todos hemos muerto en él, en él hemos sido engañados; las consecuencias de su pecado se transmiten a los hombres sus descendientes: la concupiscencia, y de ella viene el odio, la guerra, etc. Pero no se coloca en la línea de la evolución siguiente en la cuestión del bautismo de los niños; en su opinión, los niños no serán ni glorificados ni castigados; no tienen culpa, no han merecido ningún castigo, pero ello no basta para merecer el premio [61].

Gregorio de Nisa ha suscitado más interés que sus predecesores por sus posiciones en esta cuestión; ha escrito un tratado «sobre los niños muertos prematuramente» [62], aunque se discute si se trata de los niños muertos o no sin bautismo; no se habla de «pecado» en ellos, a diferencia de los adultos; no parece que el bautismo de los niños sea para él una necesidad. Pero hay un pecado que afecta a toda la humanidad, que deriva de algún modo del de Adán, aunque no se precise la relación concreta que con él tiene. En el pecado de Adán ve Gregorio el de todos los hombres porque concibe la huma-

[59] *Ep.* 64,5 (CSEL 1,718s): «Si enim gravissimis delictoribus... remisssa delictorum datur et a baptismo et gratia nemo prohibetur, quanto magis prohiberi non debet infans, qui recens natus nihil peccavit nisi quod secundum Adam carnaliter natus contagium mortis antiquae primae nativitate contraxit, qui ad remissam peccatorum accipiendam hoc ipso facilius accedit quod illi remittuntur non propria sed aliena peccata». Se ha expresado la duda sobre el sentido del plural del final del texto, los «pecados ajenos», cf. GROSS, o.c., 122; parece claro, dado el contexto, que se refieren al pecado de Adán; el plural se impone por razones estilísticas; cf. SCHEFFCZYK, o.c., 101s; RUIZ DE LA PEÑA, o.c., 118-119.

[60] Cf., para lo que sigue, SCHEFFCZYK, o.c., 122-174; GROSS, o.c.,125-162.

[61] Cf. *Or.* 40,23 (PG 36,398).

[62] *De infantibus qui premature abripiuntur* (PG 46,161-192).

nidad como un todo, tal vez por influjos platónicos [63]. Cirilo de Alejandría habla de la corrupción de la naturaleza, de un cierto pecado del que todos participan. En su comentario a la carta a los Romanos señala que nosotros nos hemos hecho imitadores de Adán en su pecado, pero parece que el contexto excluye que haya que dar a estos términos el mismo sentido que les dio Pelagio: en Adán todos hemos sido hechos pecadores, no porque hayamos pecado en él, ya que todavía no existíamos, sino porque todos somos de su misma naturaleza [64]. Vemos aquí la interpretación del final de Rom 5,12 en el sentido causal a que ya nos hemos referido [65]; los pecados de todos se contemplan al lado del de Adán; pero a la vez se ponen de relieve los efectos negativos que éste ha tenido en la naturaleza.

En Occidente, en el momento inmediatamente anterior a san Agustín, ha seguido desarrollándose la doctrina del pecado original con diversidad de acentos. Hilario de Poitiers, en una línea muy semejante a la de Ireneo, contempla a Adán y Cristo unidos a toda la humanidad; el pecado y la salvación pueden tener así efectos para todos: «en el error (o mejor tal vez, dado el contexto, «andar errante») del solo Adán, erró (anduvo errante) todo el género humano», pero Cristo ha vuelto a traer a su cuerpo al hombre, la oveja perdida, que se había escapado [66]. Algunas alusiones a la transmisión del pecado por la generación y sobre el pecado de los comienzos no permiten una total claridad [67]. De interés también en la elaboración de la idea del pecado original es el Ambrosiáster; conoce ya la lectura de Rom 5,12 «in quo omnes peccaverunt», pero aparentemente no saca todavía de ella, al menos de modo unívoco, la consecuencia del pecado de todos en Adán. Efectivamente, si por una parte todos los hombres son pecadores porque nacen de Adán que los engendra corrompidos por el pecado, por otra no sufrimos la condenación eterna por el pecado de Adán, sino por los nuestros, que, con todo, cometemos *eius occasione,* es decir, dado que Adán pecó. No pasa lo mismo con la muerte física, que todos padecemos a consecuencia del primer pecado [68]. Ambrosiáster ve también la diferencia entre Adán

[63] Cf. J. Vives, *El pecado original en S. Gregorio de Nisa:* EE 45 (1970) 203-235; alguna indicación también en L. F. Mateo-Seco, *Estudios sobre la cristología de S. Gregorio de Nisa* (Pamplona 1978), 169-228.

[64] Cf. *In Rom.* 5,12 (PG 74,784); ib., 5,19 (789).

[65] Cf. S. Lyonnet, artículos citados en la n.31; K. H. Schelkle, *Paulus Lehrer der Väter. Die altkirchliche Auslegung von Römer 1-11* (Düsseldorf [2]1959), 162-196.

[66] Cf. *In Mt.* 18,6 (SCh 258,80); más sobre la cuestión en L. F. Ladaria, *Adán y Cristo. Un motivo soteriológico del «In Matthaeum» de Hilario de Poitiers:* Compostellanum 25 (1990) 443-460.

[67] Cf. *Trin.* X 26 (CCL 62A,481); *Tr. Ps.* 118, nun.20 (CSEL 22,486s).

[68] *Com. in Ep. ad Rom. 5,12* (CSEL 81 I 165): «Manifestum est itaque omnes in Adam pecasse quasi in massa. Ipse enim per peccatum corruptus quos genuit, omnes

y Cristo, el pecado y la gracia: el pecado reina por un tiempo, *ad tempus,* pero la gracia reinará para la eternidad, *in aeternum* [69].

Ambrosio parece interpretar también el final de Rom 5,12 como la afirmación del pecado de todos en Adán. Toda la humanidad puede ser considerada como un todo, y por ello en Adán estábamos todos y en él perecimos todos [70]; de Adán pasa el pecado a todos nosotros. Con referencia a la culpa de Adán y en contraste con nuestros pecados personales, habla Ambrosio de los «pecados heredados» [71]; hasta los niños llega la universalidad de la culpa: «nadie está sin culpa, ni siquiera el niño de un solo día» [72]; pero es el pecado de todos el que se subraya, no el de los niños, que son mencionados para dar más relieve a la afirmación del pecado de los adultos. De nuevo hallamos indicaciones dispersas sobre el pecado de Adán y sus repercusiones en los demás hombres, pero todavía no tenemos una sistematización completa.

No es fácil, después de un recorrido tan rápido como el que nos vemos obligados a hacer aquí, sacar conclusiones sobre la evolución de la doctrina del pecado en los primeros siglos de la Iglesia. Tampoco lo sería con un análisis más exhaustivo. Pero podemos ver que desde los primeros escritores eclesiásticos se han trazado varias líneas que van a confluir en la elaboración explícita de la doctrina del pecado original a partir de Agustín. Sin pretender una sistematización total de la materia, señalemos algunas direcciones: la unión de todos los hombres en Adán y en Cristo, con el peso puesto sobre todo en este último; la «herencia» de Adán, que se manifiesta en la cierta «corrupción» de la naturaleza que se pone en relación con el primer pecado: la muerte, la concupiscencia, el pecado de la «naturaleza», aun con la vaguedad que esta expresión puede tener; los pecados personales que se ven también, al menos en ciertas ocasiones, como consecuencia del pecado de Adán; el bautismo de los niños, praxis que sin duda obliga a la reflexión sobre el sentido de este bautismo y sobre la situación del niño antes y después de recibir-

nati sunt sub peccato. Ex eo igitur cuncti peccatores, quia ex ipso sumus omnes... Est et alia mors, quae secunda dicitur in gehenna, quae non pro peccato Adae patimur, sed eius occasione propriis peccatis adquiritur»; notemos que el término *massa* será usado por Agustín en el contexto de su doctrina sobre el pecado. Más adelante, *Ad Rom. 5,19,* se señala que muchos (no todos) «delictum Adae secuti sunt praevaricando». Cf. J. B. VALERO, *Pecar en Adán según Ambrosiaster:* EE 65 (1990) 147-191.

[69] *Ad Rom 5,21* (CSEL 81 I 188).

[70] Cf. *In Lc. ev.* VII 234 (CCL 14,295). En el contexto no se cita directamente Rom 5,12.

[71] Cf. *De mysteriis,* 31s (PL 16,398); se plantea el problema de si estos pecados son o no perdonados por el bautismo; cf. también *De fide res.* II 6 (CSEL 73,254).

[72] *Cain* I 10 (CSEL 32 I 345).

lo, etc. [73]. Estas corrientes y líneas de interpretación, hasta este momento dispersas, recibirán con san Agustín una sistematización coherente (lo cual no quiere decir igualmente válida en todos los puntos); y a la vez que una sistematización, esta doctrina recibirá un nombre: el de «pecado original».

Agustín y la controversia pelagiana

Ya en los años anteriores a la controversia pelagiana Agustín ha desarrollado en una cierta medida su doctrina del pecado original; pero ha sido en la confrontación con Pelagio y sus seguidores cuando el obispo de Hipona ha dado a esta doctrina sus perfiles definitivos. De ahí la necesidad de exponer brevemente las doctrinas frente a las que Agustín ha reaccionado. Pelagio trata ante todo de salvaguardar la bondad de la creación y de la naturaleza, la libertad humana, la capacidad de bien que el hombre tiene. La gracia y derivadamente el pecado, en cuanto son elementos que parecen «interferir» en esta libertad, se encuentran en el centro de su interés. Por ello es especialmente importante para nosotros el comentario que el monje irlandés hace de Rom 5,12ss. Con Adán ha entrado en el mundo el pecado y la muerte. Sin duda ninguna la muerte física, que no interesa demasiado a Pelagio. También la muerte moral, el pecado, ya que Adán ha sido el primer pecador. Pero no parece que haya relación directa entre el pecado de Adán y la muerte y el pecado que afecta a todos los hombres. Las formulaciones paulinas sobre la universalidad del pecado y la muerte no excluyen las excepciones de los justos; Pelagio toma en consideración, por tanto, los pecados personales, que afectan a la gran mayoría de los hombres; se trata de una universalidad moral, que ha permitido a Pablo sus formulaciones generales. Pero no se ve el nexo directo entre el pecado de Adán y los pecados y la muerte de los demás hombres [74].

Pelagio nos transmite los argumentos de los que están «contra traducem peccati» (es la expresión que él usa para referirse al pecado original), aunque no sabemos hasta qué punto se identifica con ellos: si el pecado de Adán daña a los que no pecan personalmente, también la gracia de Cristo ha de favorecer a los no creyentes; los que nacen de padres bautizados no deben tener el pecado original; además, si el alma es creada directamente por Dios, sólo la carne,

[73] Cf. la sistematización de diversos elementos de Flick y Alszeghy en su exposición de la doctrina del pecado original en los cuatro primeros siglos, *El hombre bajo el signo del pecado,* 94-115.

[74] Cf. *Exp. in Rom 5,12* (PLS 1,1136); cf. J. B. Valero, *Las bases antropológicas de Pelagio en su tratado de las Expositiones* (Madrid 1980), 318ss.

que viene de los padres, puede merecer la pena, no el alma; si esta última contrae el pecado, resulta que Dios, que perdona los pecados propios, imputa los ajenos [75]. En relación con Rom 5,19, y consecuente con esta línea de pensamiento, Pelagio habla del mal ejemplo de Adán, causa de que otros hayan pecado. El carácter meramente extrínseco del influjo de Adán no es más que el reverso del extrinsecismo del influjo de Cristo en la salvación, que se basa sobre todo en el buen ejemplo [76]. San Agustín ha recogido en varias ocasiones el pensamiento de Pelagio y de sus seguidores sobre la gracia y el pecado: así se nos dice que, según ellos, Dios ha dado a los hombres el poder, el querer y el ser, es decir, la posibilidad y la voluntad para poder hacer el bien sin que el pecado sea impedimento [77]; por Adán entra la muerte en el mundo, pero no el pecado, del que sólo cada uno es responsable [78]; niegan por tanto el pecado original, y con ello la necesidad que el justo tiene de perdón [79]; también, según Agustín, los pelagianos dicen que quienes afirman la existencia del pecado original sostienen que los hombres que nacen son creados por el demonio, condenan el matrimonio y no creen que el bautismo borre los pecados, porque los bautizados engendran pecadores [80]. Sobre todo, las doctrinas de Celestio son transmitidas en varias ocasiones; podemos resumir así lo que Agustín nos dice sobre sus tesis: los niños al nacer están como Adán antes del pecado; ni todos los hombres mueren por el pecado de Adán ni resucitan por Cristo; los niños, aunque no sean bautizados, pueden alcanzar la vida eterna [81].

Frente a Pelagio reaccionará san Agustín [82]. No es fácil sintetizar su pensamiento porque, como ya hemos indicado y es comúnmente

[75] Cf. *Exp. in Rom. 5,14* (1137).

[76] *Exp. in Rom. 5,19* (ib., 1138): «...Christus vero et gratis peccata remisit et iustitiae dedit exemplum... Sicut exemplo inoboedientiae Adae peccaverunt multi, ita et Christi oboedientia iustificantur multi». Según el comentario a Rom 5,17 (ib.), el don de la gracia de Cristo es el perdón de los pecados personales; cf. también *Ep. ad Demetriadem* 3 (PL 30,18), sobre la libertad del hombre para el bien o para el mal.

[77] Cf. *De gratia Christi et de pec. orig.* I 4,5ss (CSEL 42,128ss); interesante a este mismo respecto el texto, probablemente de Celestio, discípulo de Pelagio, transmitido por JERÓNIMO, *Ep.* 133,5 (CSEL 56,249): «en vano me ha dado Dios el libre arbitrio si para usarlo bien necesito su auxilio; se destruye la voluntad si ésta necesita del auxilio exterior; el libre albedrío dado por Dios no lo es en realidad si no hago lo que quiero».

[78] Cf. *Contra duas ep. pelag.* IV 4,7 (CSEL 60,527).

[79] Cf. ib., III 8,24 (CSEL 60,516).

[80] Cf. *Contra Julianum* II 1,2 (PL 44,67); nótense las coincidencias con las afirmaciones de Pelagio a que hace referencia la n.75.

[81] Cf. *De gestis Pelagii* II 23s; 33,57; 36,65 (CSEL 42,76ss; 111; 120s); *De gratia Christi et de pec. orig.* II 11,12; 19,21 (CSEL 42, 174; 181).

[82] Aunque no ha sido el primero en hacerlo; cf. SCHEFFCZYK, 201: antes que él el diácono Paulino se había opuesto ya a las doctrinas de Celestio. La bibliografía sobre el pecado original en san Agustín es enorme; cf. las bibliografías de FLICK-ALSZEGHY, *El hombre bajo el signo del pecado,* 116ss; SCHEFFCZYK, o.c., 197ss; cf. también

admitido hoy, se produjo en él una evolución, en la que sin duda la controversia pelagiana fue uno de los factores determinantes. Ciertamente si los pelagianos atacan la doctrina del «tradux peccati», o si Pelagio nos muestra los argumentos que a ella se oponen, esto significa que esta enseñanza tiene ya una cierta consistencia. ¿Hasta qué punto la tiene ya en la mente de Agustín? Hasta el año 396 no parece que haya todavía claridad; en *De libero arbitrio* defiende que los niños que no han pecado ocuparán en el juicio una posición intermedia entre buenos y malos [83]. Pero ya en *De diversis quaestionibus ad Simplicianum,* escrita hacia el 396 (él mismo después la considerará un momento fundamental en el desarrollo de su doctrina), aparece la idea de la *massa peccati* [84]. Parece, por tanto, que la repercusión del pecado de Adán sobre toda la humanidad está ya clara en este momento. Todos nacemos con las consecuencias de este pecado. Aunque todavía no hallamos formulaciones del todo precisas sobre si el pecado de Adán hace a todos formalmente pecadores, toda la línea de pensamiento, sobre todo en relación con la *massa* de que acabamos de hablar, apunta en esta dirección; naturalmente se habla también de la muerte [85], la concupiscencia, etc. El pecado de Adán ha recibido también ya en esta obra el nombre de «pecado original». Se diferencia así de los pecados que cada uno de nosotros comete personalmente [86]. De esta situación pecaminosa en que todos nos encontramos nos libra la gracia.

V. Grossi, *La liturgia battesimale in s. Agostino. Studio sulla catechesi del peccato originale negli anni 392-412* (Roma 1970); P. F. Beatrice, *Tradux Peccati. Alle fonti della dottrina agostiniana del peccato originale* (Milano 1978); sobre esta obra, A. Trapè, *Tradux Peccati. A proposito di un libro recente:* Aug 19 (1979) 531-538; G. Folliet, *»Trahere/contrahere peccatum». Observations sur la terminologie augustinienne du péché,* en *Homo Spiritalis (Festgabe Luc Verheijen,* Würzburg 1987), 118-135; V. Grossi, *L'auctoritas di Agostino nella dottrina del «peccatum originis» da Cartagine (418) a Trento (1546):* Aug 31 (1991) 329-360, con ulterior bibliografía; A. de Villalmonte, *«Miseria» humana y pecado original. Un gran tema agustiniano:* RevAg 33 (1992) 111-152.

[83] Cf. *De lib. arb.* III 23,66-68 (PL 32, 1303-4), donde también señala el valor del bautismo de los párvulos; según I 13 (1236s), el que quiere tiene la capacidad de hacer el bien; según III 17-19 (1294ss), la voluntad es la causa del pecado, no la naturaleza, aunque el pecado de Adán es también la causa del mal que hacemos y no podemos evitar; pecado no es sólo el pecado personal.

[84] Así en I 2,16, todos los hombres somos una masa de pecado, en comentario a 1 Cor 15,22; también ib., 17, y más explícitamente ib., 19: toda la humanidad «una est enim ex Adam massa peccatorum et impiorum»; ib., 20: «una massa omnium veniens de traduce peccati» (CCL 44, 42; 43; 48; 51); cf. también *De div. quaest.* 68,3 (CCL 44A,177).

[85] Cf. alguna referencia sobre esta cuestión en los escritos anteriores y las vacilaciones de Agustín al respecto, en Gross, o.c., 268.

[86] Por dos veces aparece la expresión «pecado original» en *De div. quaest. ad Sim.* I 1,10-11 (CCL 44,15s); parece indudable por el contexto que el pecado original es aquí el «originante», el de Adán, no sus consecuencias en nosotros; así lo piensan también

Ya hacia el año 412, a partir del *De peccatorum meritis et remissione,* primer escrito de Agustín contra los pelagianos, se perfilan con mayor nitidez los elementos que van a configurar pronto su doctrina. El pecado de Adán ha hecho a todos pecadores; en él todos somos uno, luego todos hemos pecado en él; no es un pecado cometido por voluntad propia, sino que todos hemos contraído la culpa de Adán; no es, por tanto, admisible la interpretación pelagiana de Romanos 5,12ss [87]. A partir de este momento, también el mal que en el hombre ha causado el pecado de Adán recibirá el nombre de «pecado original» [88]. En Rom 5,12ss, según Agustín, no se habla más que del primer pecado, no de los pecados personales, que, por supuesto, agravan la situación de cada uno en particular: todos los hombres, por un solo delito (cf. Rom 5,15), son llevados a la condenación si la gracia del Salvador no los libra [89]. Este pecado original «no separa sólo del reino de Dios, sino que también nos aleja de la salvación y de la vida eterna» [90]. Se transmite el pecado de Adán, no los demás pecados de quienes nos han precedido, y ello tiene lugar por generación, no por imitación como quería Pelagio [91], del mismo modo que tampoco con la imitación de Cristo nos podemos salvar y ser justificados si nos falta la gracia del Espíritu Santo [92].

Esta situación de «pecado» afecta incluso a los párvulos, de tal manera que su suerte es la condenación si mueren sin el bautismo [93].

FLICK-ALSZEGHY, o.c., 116, SCHEFFCZYK, o.c., 212. Cf. sobre la evolución de la doctrina agustiniana, A. SAGE, *Péché originel. Naissance d'un dogme:* REA 13 (1967) 211-248. Sobre el horizonte de la gracia y de la salvación de Cristo en que Agustín contempla el pecado de Adán y sus efectos, cf. *De catech. rud.* XXVI 52; también XVII 28; XXVII 55 (CCL 46, 175; 153; 178).

[87] Cf. *De pec. mer. et rem.* I 8,8 (CSEL 60,9s).

[88] Cf. *De pec. mer. et rem.* I 9,9ss (CSEL 60,10ss).

[89] Cf. *De pec. mer. et rem.* I 11,13 (ib. 14). Cf. también la interpretación del *in quo* de Rom 5,12, en *De nup. et conc.* I 1,1 (CSEL 42,211); *De civ. Dei* XIII 14 (CCL 48,395). No hay que considerar, con todo, que la interpretación de Rom 5,12 sea el único factor determinante en la doctrina agustiniana del pecado original; cf. S. LYONNET, *Rom 5,12 chez saint Augustin. Note sur l'élaboration de la doctrine augustinienne du péché originel,* en *L'homme devant Dieu. Mélanges offerts au Père Henri de Lubac* I (Paris 1963), 327-339. Sobre el repertorio bíblico de Agustín, V. GROSSI, *La liturgia battesimale,* 300ss. Hay que notar también que en algunos momentos Agustín ha considerado además en este contexto el peso de los otros pecados; cf. A. M. DUBARLE, *Le péché originel. Perspectives théologiques* (Paris 1983), 48-54.

[90] Cf. ib., 12,15 (16).

[91] Cf. ib., I 13,16.18 (16.18).

[92] Cf. ib., 18-19 (CSEL 60,18s).

[93] Cf. *De pec. mer.* I 28,55 (53); también *Ench.* VIII 26-27 (CCL 46,63s); aunque cf. también *De pec. mer.* I 16,21 (20), las penas de estos párvulos son suaves: «in damnatione omnium mitissime futuros»; lo mismo en *Ench.* XXIII 93 (99): «Mitissima sane omnium poena erit eorum qui praeter quod originale traxerunt, nullum insuper addiderunt». Notemos cómo Agustín, a pesar de su insistencia en la suavidad de las penas, ha cambiado de postura respecto a su período anterior.

Le preocupa a Agustín el hecho de que los padres bautizados transmitan también a sus hijos el pecado original; precisamente éste era, como hemos visto, uno de los puntos que los pelagianos sometían a crítica en la doctrina del «tradux peccati». La solución a la dificultad será que los padres transmiten la vida en tanto que «generados», pero no como «regenerados» [94]; por ello todos necesitan que en ellos se limpie mediante la regeneración bautismal lo que en la generación han contraído [95]. Se ha de tener además en cuenta que la generación se realiza con la concupiscencia, no es un acto de la *tranquilla voluntas* [96]. Desde el presupuesto de la transmisión hereditaria del pecado, que Agustín entiende en sentido tan literal, se plantea el problema de la creación inmediata del alma por Dios; en efecto, se puede dar lugar a pensar que Dios crea el alma en pecado. Por ello vaciló Agustín sobre la solución a dar a esta cuestión, y en algunos momentos parece no excluir la explicación «traducianista» [97].

San Agustín no ha llegado a la formulación de su doctrina sobre el pecado original para afirmar sin más la universalidad del pecado, sino ante todo para defender la universalidad de la redención de Cristo. Sólo a causa de ésta se ocupa del pecado. Como ya ocurría con los pelagianos sus adversarios, es la teología de la gracia lo que primariamente le interesa, pero el pecado original se encuentra inevitablemente relacionado con ella. Si los niños no tienen pecado, no necesitan de Cristo, y esto no puede admitirse; ahí estaba precisamente el error capital de los pelagianos. Sólo la unión con Cristo puede introducir en la vida eterna [98], y ya que sólo por el bautismo tiene lugar esta unión, este sacramento es necesario para todos; es el auténtico renacimiento del hombre. El bautismo de los niños es verdaderamente para remisión de los pecados, y a quienes no han pecado personalmente se les perdona el pecado original. Si los niños no tienen pecado, esto quiere decir que no necesitan redención y, por tanto, que Cristo no ha muerto por ellos [99]. La salvación de Cristo es para todos y, por tanto, todos necesitan de ella; por esta razón se ha

[94] Cf. *De pec. mer.* III 8,16 (CSEL 60,143); *De nup. et conc.* I 19,21 (CSEL 42,234); II 27,45 (ib. 248s); *De gratia Christi et de pec. orig.* II 40,45 (CSEL 42,202).

[95] *De gratia Christi et de pec. orig.* II 38,43s (CSEL 42,201): «generatio carnalis unde sola liberat regeneratio spiritualis»; *De nup. et conc.* I 1,1 (CSEL 42,11).

[96] *De nup. et conc.* II 7,17; 22,37 (CSEL 42, 270; 291); pero por otra parte, la concupiscencia permanece para la lucha, «ad agonem»: *De pec. mer.* II 4,4 (CSEL 60,73); *Contra Julianum* III 16, VI 13 (PL 44,717s; 844-846); *Opus imp. contra Jul.* I 71 (PL 45,1096).

[97] Cf. *De natura et orig. animae* (CSEL 60,303-419); *Ep.* 166; 190 (PL 33,720ss; 864).

[98] Cf. *De pec. mer. et rem.* I 12,15 (CSEL 60,16).

[99] *De nup. et conc.* II 33,56 (CSEL 42,313): «cur ergo pro illis Christus mortuus est si non sunt rei?»; cf. *De pec. mer. et rem.* I 34,63; III 1,1 (CSEL 60,64; 128).

de afirmar la existencia de este pecado universal en el que todos han sido hechos pecadores. Aunque el pecado original no es voluntario en cada uno de los hombres, no puede considerarse que sea ajeno a ellos, ya que en Adán están los orígenes de todos [100]. Toda la humanidad, en cuanto está fuera de Cristo, es una «masa» de condenación y de pecado [101], de la que sólo se sale por la gracia de Cristo.

Los diferentes elementos que antes de Agustín se encontraban dispersos han sido reunidos por él en un todo sistemático [102]: la unidad del género humano, que tiene a Adán por cabeza, y unidad por consiguiente en el pecado de aquel que es el padre de todos. De ahí procede el alejamiento de Dios y la situación de pecado de toda la humanidad mientras no se incorpore a Cristo. Esta situación que hemos recibido de Adán tiene en la concupiscencia su expresión visible. Es un mérito indudable de Agustín el haber puesto de relieve la vinculación entre la universalidad del pecado y la redención de Cristo. Ya que todos los hombres están necesitados de esta última, se impone la afirmación de la universalidad del pecado, que afecta incluso a los niños. Considerada su obra con el trasfondo de la controversia pelagiana, se ve cómo el obispo de Hipona ha sabido defender la necesidad de la gracia, que es lo mismo que la significación y la necesidad de Cristo para la salvación del hombre; es convicción de la Sagrada Escritura que sólo Dios puede salvar. Otros aspectos de la teología de Agustín crean más dificultad: ante todo si no ha considerado la solidaridad en Adán como «previa» y, por tanto, más universal que la unión de todos en Cristo; y, en este sentido, si el pecado no tiene de hecho un alcance mayor que la salvación. Con esta visión general se relacionan algunas cuestiones más concretas: la condenación de los niños muertos sin bautismo, las ideas sobre la concupiscencia, la transmisión del pecado, la predestinación, etc. No todos estos puntos de vista agustinianos pasarán sin modificaciones a la teología posterior; tampoco se puede afirmar que el magisterio haya recogido todos sus desarrollos teológicos. Pero, en conjunto, no se puede negar que el influjo de Agustín, en este punto como en tantos otros, ha sido determinante en la evolución del pensamiento teológico, especialmente en Occidente. La continuación de esta breve historia de la teología del pecado original nos lo confirmará.

[100] Cf. *De pec. mer. et rem.* III 8,15 (CSEL 60,141); *De corr. et gratia* 6,9 (PL 44,920s).

[101] Cf. entre otros lugares, *De nat. et gratia,* 8,9 (CSEL 60, 238); *De corr. et gratia* 7,16 (PL 44,925); *De civ. Dei* XXI 12 (CCL 48,778); *In Joh. ev.* 87,3 (CCL 36,545).

[102] Agustín afirma que no ha sido el inventor de la doctrina del pecado original, sino que ésta pertenece desde antiguo a la fe de la Iglesia, *De nup. et conc.* II 12,25 (CSEL 42,178).

Las primeras declaraciones magisteriales sobre el pecado original

Un primer sínodo de Cartago del año 411, en el que Agustín no participó, condenó a Celestio, seguidor de Pelagio. Otro sínodo celebrado en Dióspolis en el año 415 rehabilitó a Pelagio. Este hecho provoca la reacción de los obispos africanos en los dos sínodos de Cartago y Mileve en el 416. A los congregados en esta última ciudad se dirige el papa Inocencio I, que, a la vez que insiste en el primado de la sede romana, afirma la necesidad del bautismo de los niños para que puedan adquirir el premio de la vida eterna (DS 219). Más importancia que los anteriores reviste el nuevo sínodo celebrado en Cartago el año 418 (concilio Cartaginense XV o XVI), que volverá a ocuparse de la cuestión; conocemos ya el canon 1, que afirma la posibilidad de no morir que tuvo Adán antes del pecado, y por consiguiente el carácter de castigo del pecado que tiene la muerte física (cf. DS 222); aunque se hable sólo de Adán, es claro que las afirmaciones se refieren a todo el género humano. Más importancia teológica reviste el canon 2 (DS 223). Se anatematiza a quienes niegan que los niños hayan de ser bautizados; también a quienes dicen que son bautizados para la remisión de los pecados, pero que no han contraído nada del «pecado original» (es la primera vez que un documento oficial usa el término), que viene de Adán, que deba ser expiado por la regeneración, de modo que en realidad la fórmula del bautismo para remisión de los pecados resulta falsa. Se defiende, por tanto, la praxis del bautismo de los niños y se señala que éste es verdaderamente «in remissionem peccatorum», es decir, del pecado original, ya que no lo puede ser de los personales. El concilio de Trento, en su decreto del pecado original, recogerá este canon con algunos añadidos. El tercer canon señala que no hay lugar intermedio entre el cielo y el infierno, porque el que no merece ser coheredero de Cristo no puede no ser partícipe del diablo (cf. DS 224) [103].

Una parte al menos de los cánones del concilio de Cartago fueron aprobados por el papa Zósimo en su epístola *tractoria* del año 418; en ella se habla del pecado de todo ser humano que viene a este mundo mientras no sea liberado por el bautismo; no se usa el término «pecado original» (cf. DS 231).

También los dos primeros cánones del II concilio provincial de Orange, del año 529, se ocupan del pecado original (cf. DS 371ss). El concilio de Trento hará también abundante uso de este texto. El

[103] Este canon falta en la mayoría de los manuscritos; por ello se ha dudado de su autenticidad. Pero la crítica se inclina actualmente a favor de esta última: cf. GROSS, o.c., 287; SCHEFFCZYK, o.c., 236s; se apoyan ambos en É. AMMAN, *Milève (concile de):* DThC X, 1754s.

primer canon dice que el hombre entero, tanto en su cuerpo como en su alma, ha cambiado *in deterius,* «a peor», como consecuencia del pecado original; en concreto se afirma que no ha quedado ilesa la libertad del alma. La formulación es bastante genérica. El segundo canon señala que el pecado de Adán no sólo le ha perjudicado a él, sino también a su descendencia, en cuanto le ha transmitido no sólo la muerte corporal, sino el pecado, que es la muerte del alma. También indirectamente se ocupan de nuestro tema los cánones 8, 19, 22 (cf. DS 378; 389; 392).

La teología medieval

La teología del pecado original seguirá su desarrollo en la Edad Media. El esquema agustiniano será en muchos aspectos determinante, pero no sin que se produzcan notables cambios de perspectiva. Es decisivo el recurso a Rom 5,12ss como fundamento de esta doctrina, que por otra parte es reconocida universalmente como perteneciente a la fe; el pecado de Adán es el único que ha afectado a la naturaleza, y solamente este primer pecado entra en consideración cuando se trata del pecado original; Adán es el representante de la humanidad toda; la generación física es el medio de transmisión del pecado [104].

La tendencia agustiniana estricta encontrará en Pedro Lombardo uno de los representantes más ilustres e influyentes. El pecado original es para él una culpa, que se transmite por los padres a todos los que son engendrados *concupiscentialiter.* La concupiscencia, *fomes peccati,* parece de hecho identificada con el pecado mismo [105].

San Anselmo ha introducido otra manera más abstracta de razonar, que ha sido también rica en consecuencias. El pecado, como es sabido, es para él una ofensa contra el honor de Dios. Adán, al pecar, se hizo reo de este delito. Esto, como es evidente, le afecta en primer lugar a él personalmente, pero además, en cuanto es cabeza de la humanidad y dado que de él teníamos que nacer todos, este pecado es de todos. Todos pecamos cuando pecó él [106]. Esto significa en concreto que nosotros recibimos la naturaleza tal como él la ha tenido después del pecado, es decir, con la privación de la justicia original debida. Con ello Anselmo se separa de los que ven en la concu-

[104] Cf. esp. para este período, además de la bibliografía general ya citada, H. KÖSTER, *Urstand, Fall und Erbsünde von der Scholastik bis zur Reformation* (Freiburg-Basel-Wien 1979).

[105] Cf. *Sent.* II, dist.XXX, 7: «...peccatum originale culpam esse, et in omnibus concupiscentialiter genitis trahi a parentibus»; ib., 8: «Quod originalis peccatum dicitur fomes peccati, id est, concupiscentia»; se puede ver toda la dist.XXX.

[106] Cf. *De conc. virginali et de pec. orig.*, esp. c.2.7 (PL 158, 341-364, 434, 441s).

piscencia la esencia del pecado original. El hombre viene al mundo en un estado distinto al que hubiera debido venir, un estado peor, determinado por esta falta de la gracia original, por la «ausencia de la justicia debida», a causa del pecado de Adán [107]. No puede volver por sus fuerzas al estado en que debería hallarse; para ello es necesaria la redención de Cristo. Sin duda la doctrina de Anselmo señala un progreso en cuanto expresa claramente que el pecado original tiene que ver ante todo con la pérdida de la gracia y la justicia. Pero los términos son sobre todo negativos, y por ello quitan a la doctrina del pecado original valor «existencial», concreto.

Santo Tomás significará una síntesis entre las dos corrientes [108]. Para él, el pecado original consistirá formalmente en la privación *(defectus)* de la justicia original, pero materialmente en la concupiscencia [109]. Como consecuencia de esta privación de la justicia, el hombre tiene una radical incapacidad para la recepción de la gracia. El pecado original es así un «hábito», una disposición de la naturaleza que viene de la disolución de la armonía en que consistía el estado de justicia original [110]. Se trata de un «pecado de la naturaleza», que sólo es de cada persona en la medida en que recibe la naturaleza del primer padre; Adán perdió la justicia original para toda la naturaleza. El pecado que se transmite es sólo el de Adán en cuanto es de la naturaleza, no los personales de los padres; la razón es que éstos engendran el nuevo ser humano no en cuanto individuos, sino como miembros de la especie [111]. Todos los que nacen de Adán se pueden considerar un solo hombre, miembros de un mismo cuerpo, por ello el pecado original es voluntario «ex voluntate primi parentis»; como por virtud del semen se transmite la naturaleza, igualmente con la naturaleza se transmite la enfermedad de la naturaleza, «cum natura, naturae infectio» [112]. En cuanto a los efectos del pecado original, santo Tomás señala que los principios mismos de la naturaleza ni se quitan ni disminuyen a causa del pecado; pero la inclinación a la virtud disminuye; y, por último, la justicia original se ha perdido por el pecado de Adán [113]. Del pecado derivan además otros

[107] Cf. ib., 27 (461); otras formulaciones se encontrarán en KÖSTER, o.c., 129.

[108] Síntesis preparada a partir de Alejandro de Hales y la escuela franciscana; cf. KÖSTER, 130ss.

[109] Cf. *STh.* I II, 82,3, *De malo* q.4,a.2; como consecuencia del pecado, el hombre no se somete a Dios, como las fuerzas inferiores no se someten a la razón.

[110] Cf. *STh.* I II 82,1.

[111] Cf. *STh.* I II 81,1-2. Cf., para toda esta cuestión, O. H. PESCH, *Theologie der Rechtfertigung bei Martin Luther und Thomas von Aquin* (Mainz 1967), 484ss; D. SPADA, *Il rapporto persona-natura nei testi tomistici riguardanti il peccato originale:* Euntes Docete 31 (1978) 42-79.

[112] *STh.* I II, 81,1. Cf. también *De malo* q.4 a.1.

[113] Cf. *STh.* I II 85,1.

males del hombre, aunque la muerte y otras consecuencias del pecado sean «naturales». El pecado ha devuelto al hombre a la condición que por su naturaleza le corresponde, dejándolo privado del auxilio de la justicia original [114]. Quienes mueren con el pecado original no pueden gozar de la visión beatífica; Tomás conoce la distinción, ya normal en su tiempo (cf. DS 780), entre la pena de daño, la privación de la visión de Dios, pena del pecado original, y la pena de sentido, que es la propia de los pecados personales [115].

También Duns Escoto piensa que el pecado original es la carencia de la justicia original, pero esta privación no se considera pecado de «naturaleza»; si el hombre no recibe la justicia que debía poseer es porque Dios decretó que su concesión iba condicionada a la respuesta positiva a la gracia por parte de Adán [116]. Se va abriendo paso una tendencia extrinsecista, según la cual la unión de todos los hombres en Adán deriva de un mandato divino, se pierde en cambio, en general, el sentido de la solidaridad entre los hombres y del influjo que unos ejercen sobre otros [117]. Permanecen las diferencias de opinión sobre la esencia del pecado original. Hasta la crisis de la Reforma no habrá aportaciones especialmente nuevas a la teología del pecado.

La Reforma protestante

Si en el momento del pelagianismo san Agustín y el magisterio subsiguiente tuvieron que hacer frente a corrientes más bien «optimistas» sobre el hombre y sus capacidades, a doctrinas que tendían a reducir el peso y los efectos del pecado en nosotros, la situación será distinta en el momento de la Reforma. Lutero tenderá a ver al hombre bajo el peso del pecado como internamente corrompido, necesitado, desde lo más profundo de su ser, de la gracia y la salvación de Cristo [118]. No en vano será Agustín su principal fuente de inspi-

[114] *STh.* I II 87,7: «Principaliter quidem poena originalis peccati est quod natura humana sibi relinquatur, destituta auxilio originalis iustitiae, sed ad hoc consequntur omnes penalitates quae ex defectu naturae hominibus contingunt».

[115] Cf. *In II Sent.* d.33,2,1-2; *STh.* I II 87,5; III 1,4. En el Com. a las *Sentencias* señala santo Tomás que la privación de la visión de Dios no es experimentada en el caso de los niños como mal, porque saben no estar ordenados a ella por la naturaleza. Volveremos dentro de poco sobre la cuestión, al tratar de la suerte de los niños muertos sin bautismo.

[116] Cf. J. Finkenzeller, *Erbsünde und Konkupiszenz nach der Lehre des Johannes Duns Skotus,* en *Theologie in Geschichte und Gegenwart* (Festschrift M. Schmaus) (München 1957), 519-550.

[117] Cf. Flick-Alszeghy, o.c. 141ss.

[118] Cf., sobre el pecado original en Lutero, O. H. Pesch, o.c., 80-110; Id., *Frei sein aus Gnade,* 143-147; F. Frost, *Le concile de Trente et la doctrine protestante,* en P. Guilluy (ed.), *La culpabilité fondamentale,* 80-105; A. Turrado, *Lutero intérprete*

ración. En efecto, después de un inicio de su carrera teológica en continuidad con la teología precedente, la preocupación de Lutero será la de expresar en términos «existenciales» la doctrina del pecado original, reducida por la escolástica a la noción abstracta de «privación de la justicia original» [119]. El hombre pecador es el que existe en concreto, y el pecado es la fuerza que lo opone a Dios y le hace resistirse a él; es la condición «carnal» (en sentido bíblico) del hombre, que se reduce, en último término, a la falta de fe [120]. El conocimiento del pecado es posible sólo por la palabra de Dios en la ley; en contra de lo que el primer mandamiento ordena, el hombre quiere afirmarse a sí mismo y no entender su existencia como don de Dios. Ahí está la raíz del ser pecaminoso del hombre. El pecado original es así el pecado por antonomasia, que comporta la pérdida de todas las fuerzas y facultades del hombre [121]. Este «pecado» es originariamente una culpa personal de Adán, pero se convierte en pecado propio de cada uno en la concupiscencia que todos experimentamos y con la cual se identifica el pecado original [122]; es la inclinación al mal y la imposibilidad de hacer el bien, en concreto de amar a Dios. El pecado original tiene como consecuencia la corrupción total de la naturaleza [123].

Lutero no puede entender la doctrina escolástica sobre el pecado en virtud de la cual la naturaleza humana, aunque afectada, no ha quedado corrompida por el pecado; por el contrario, para él está corrompida, porque, como hace un momento señalábamos, busca en sí misma su fundamento y no en Dios. Para Lutero no tiene sentido contemplar al hombre «en sí mismo», sino que hay que hacerlo siempre en su referencia a Dios. Si su relación con él está rota, toda la persona humana se halla en situación negativa. Por otra parte, el hombre, corrompido por el pecado, no se ve libre de la concupiscencia ni por el bautismo ni por la fe; de ahí que sea «a la vez justo y pecador» [124]. El pecado no se le tiene en cuenta al hombre en virtud

de la doctrina de S. Agustín sobre el pecado original, en *XXIX Semana Española de Teología,* 232-258; H. Köster, *Urstand, Fall und Erbsünde. Von der Reformation bis zum Gegenwart* (Freiburg-Basel-Wien 1982), esp. 1-19.

[119] Cf. *In Rom. 5,14* (WA 56,312ss), cit. por Ruiz de la Peña, *El don de Dios,* 143: «¿Qué es el pecado original? Según las sutilezas de los teólogos, es la privación o carencia de la justicia original; según el Apóstol... la privación de toda rectitud y de todas las facultades, tanto del cuerpo como del alma... Es como un enfermo cuya enfermedad mortal no es la privación de la salud de un miembro, sino... el deterioro de todos los sentidos y facultades».

[120] Cf. O. H. Pesch, *Die Rechtfertigungslehre,* 80ss.

[121] Cf. ib., 89.

[122] Cf. ib., 94ss; cf. *Grund und Ursach aller Artikel D. M. Luthers...* (WA 7,335).

[123] Cf. *Disp. de Justificatione* IV (WA 39 I,85); cf. Pesch, *Die Rechtfertigungslehre,* 97ss; Köster, o.c., 6-7.

[124] Volveremos sobre esta cuestión al tratar de la justificación.

de los méritos de Cristo y la misericordia de Dios, pero él, aunque se haya convertido, sigue siendo pecador.

En una línea semejante a la de Lutero se moverán los demás reformadores. Melanchton contempla también el pecado como la ruptura de la relación con Dios; éste es el pecado original. Pero en él, junto a la tradición agustiniana de la identificación del pecado original con la concupiscencia, se encuentra también la anselmiana, la privación de la justicia original. Consecuencia del pecado es la inclinación al pecado, el apartamiento de Dios, el reinado de las pasiones. No supone para Melanchton ninguna dificultad la transmisión hereditaria de este pecado por Adán a sus descendientes. Asimismo el pecado permanece después del bautismo, aunque no es «imputado» al hombre [125]. También Calvino piensa en una corrupción de la naturaleza que no viene de la naturaleza misma, sino que ha empezado después de la creación; es una corrupción «natural» en el sentido de que se nace con ella [126].

En general, la doctrina de los reformadores, inspirados en san Agustín, insiste más en la experiencia actual de la concupiscencia que en las nociones abstractas de la escolástica [127]; igualmente dan más importancia a la corrupción de la naturaleza que al pecado de Adán, que da origen a la misma. Pero, aun con estas diferencias de acento, la afirmación del pecado original es un punto que los reformadores tienen en común con la doctrina católica. De ahí que no puedan entenderse todas las afirmaciones del concilio de Trento, ni siquiera algunas de las más centrales, como simple oposición a las doctrinas de Lutero y de los demás reformadores.

[125] Cf. Köster, o.c., 7-12; sobre la «no imputación» del pecado cf. Ph. Melanchton, *Apologia* en *Die Bekenntnisschriften der evangelisch-lutherischen Kirche* I (Göttingen 1930), 147-150.

[126] Cf. Köster, o.c., 15-19; también sobre Zwinglio, ib., 12-15; su doctrina es distinta de la de los otros reformadores; de Adán ha recibido el hombre el «amor de sí mismo», causa de los pecados personales; pero esta herencia de Adán no sería en sí misma «pecado».

[127] La *Confesión de Augsburgo* señala sobre este tema: «Después de la caída de Adán, todos los hombres engendrados según la naturaleza nacen con el pecado, es decir, sin temor de Dios, sin confianza en Dios, y con la concupiscencia; y este pecado o vicio de origen es verdaderamente un pecado que condena y lleva desde ahora a la muerte eterna a los que no renacen por el bautismo y el Espíritu Santo»; cf. *Die Bekenntnisschriften...* I, 53; cf. Z. Alszeghy, *Il peccato originale nelle professioni di fede luterane:* Gr 47 (1966) 86-100; A. M. Dubarle, *Le péché originel. Perspectives théologiques,* 60-66.

El concilio de Trento

El concilio de Trento se ocupó del tema del pecado original en su sesión V. El decreto correspondiente está fechado el 17 de junio de 1546 [128]. Consta de un proemio y seis cánones (cf. DS 1510-1516). El proemio expone brevemente las razones del decreto: los nuevos problemas que se han planteado en torno al pecado original, pero también los antiguos que se han vuelto a agitar; es claro que se alude primordialmente a Lutero y a sus seguidores, pero posiblemente también a algunos católicos, en concreto Erasmo, al que al parecer algunos acusaban de haber vuelto al antiguo error pelagiano de la transmisión del pecado por imitación [129]. Los cinco primeros cánones tratan directamente del tema del pecado original, el sexto hace una salvedad respecto de la Virgen María, a la que no quiere aplicarse nada de lo que en el decreto se dice sobre los demás hombres [130].

El primer canon cita, en su segunda parte, el canon 1 del concilio II de Orange. Es, en cambio, original la primera parte. Se habla al comienzo de Adán, primer hombre [131], y de las consecuencias que a él mismo le ha acarreado el pecado: pérdida de la «santidad y justicia» (notemos el uso de la terminología, que ya hemos encontrado en nuestro rápido recorrido por la teología medieval), como consecuencia de lo cual ha incurrido en la ira e indignación de Dios, y por ello en la muerte, que parece hay que entender en un sentido

[128] Es muy abundante la bibliografía sobre este decreto. Además de los capítulos correspondientes en los manuales y obras generales ya citados, cf. L. Penagos, *La doctrina del pecado original en el concilio de Trento:* MCom 4 (1946) 127-274; A. Vanneste, *La préhistoire du décret du Concile de Trente sur le péché originel:* NRTh 86 (1964) 355-368; Id., *Le décret du concile de Trente sur le péché originel:* NRTh 87 (1965) 688-726; 88 (1966) 581-602; D. Fernández, *Doctrina del Concilio de Trento sobre el pecado original,* en *XXIX Semana Española de Teología,* 257-293; Z. Alszeghy-M. Flick, *Il decreto tridentino sul peccato originale:* Gr 52 (1971) 595-635; J.M. Rovira Belloso, *Trento. Una interpretación teológica* (Barcelona 1979), 103-152; F. Frost, *Le concile de Trente et le péché originel: les canons et leur élaboration,* en P. Guilluy (ed.), *La culpabilité fondamentale,* 69-79; Id., *Le concile de Trente et la doctrine protestante* (cf. n.118); A. de Villalmonte, *Qué «enseña» Trento sobre el pecado original:* Naturaleza y Gracia 26 (1979) 167-278; L. Scheffczyk, *Die Erbsündenlehre des Tridentinums im Gegenwartsaspekt:* FKTh 6 (1990), 1-21.

[129] Cf. Rovira Belloso, *Trento,* 104ss; en concreto se acusaba a Erasmo de afirmar que en Rom 5,12 no se hablaba del pecado original; cf. Flick-Alszeghy, *El hombre bajo el signo del pecado,* 173.

[130] Cf. Rovira Belloso, o.c., 138; algunos Padres, en concreto el cardenal Pacheco, deseaban un pronunciamiento del concilio sobre la concepción inmaculada de María.

[131] Será útil una advertencia a propósito del «primer hombre»: Trento presupone en todos estos cánones que Adán es una persona individual y que de él descendemos todos; se mueve en las categorías «monogenistas» del momento, que nadie discutía. Por esta razón se considera generalmente que estas cuestiones no entran en la materia que el concilio quiso directamente definir.

también teológico, consecuencia de la ira de Dios, y en el poder del diablo. Se presupone que Dios ha creado al hombre para comunicarle su amor y su gracia, pero, como ya sabemos, no se quiere tomar partido acerca del problema del momento en que el primer hombre recibió estos dones de justicia y santidad. Y ya citando el concilio de Orange se señala que «Adán entero», es decir, en su cuerpo y en su alma, ha cambiado en peor («in deterius commutatum») [132]. La expresión es de una pretendida vaguedad. Es significativa la omisión de un inciso que figuró en los esquemas preparatorios, según el cual ninguna parte del alma de Adán habría quedado ilesa después del pecado [133]; también en el canon 1 de Orange se alude a la servidumbre bajo el pecado, tema que no reaparece aquí. Hay que buscar la razón de estos cambios en la distinta concepción de la libertad y la naturaleza que se tenía en los dos momentos y en los diferentes problemas a que se tenía que hacer frente. San Agustín, y a su manera también los protestantes, pensaba en un esquema más histórico; según él, es evidente que después del pecado todo el ser del hombre ha quedado afectado, todas las partes del alma; los Padres de Trento no quieren negar en absoluto lo anterior, pero quieren salvaguardar la relativa integridad de la «naturaleza» humana después del pecado; naturaleza que no es ahora la condición original, sino un concepto abstracto que ya nos es conocido, lo que correspondería al hombre por su condición de criatura racional. También en el decreto de la justificación se afirmará la libertad del hombre caído, aunque se encuentre debilitada en sus fuerzas (cf. DS 1521). Si bien este canon 1 se refiere directamente sólo a Adán, no hay duda de que se quiere afirmar que los efectos que en el primer padre ha producido el pecado se extienden también a todos los hombres.

El canon 2 tratará explícitamente de la cuestión. En él se reproduce casi literalmente, con algunos retoques, el canon segundo de Orange. Los efectos del pecado de Adán se transmiten a su descendencia; éstos son la pérdida de la santidad y justicia originales, las penas corporales y en concreto la muerte, y además el pecado, «que es la muerte del alma». El pensamiento del concilio sobre la transmisión del pecado se explicitará en el canon siguiente. La base bíblica de estas afirmaciones es para Trento Rom 5,12, citado según la Vulgata (como por lo demás ya hacía el concilio de Orange). No hay

[132] La expresión se encuentra en Agustín, *De nup. et conc.* II 34,57 (CSEL 42,315); *De gratia Christi et pec. orig.* II 35,40 (CSEL 42,199).

[133] Se decía «nulla parte animae illaesa durante»; texto inspirado en el canon 1 de Orange que condena a quienes afirman que ha quedado intacta la libertad después del pecado: «...sed animae libertate illaesa durante...»; cf. ROVIRA BELLOSO, *Trento...,* 120; KÖSTER, o.c., 56.

que considerar que esta lectura e interpretación de Rom 5,12 sea definitivamente sancionada por el concilio.

El tercer canon, original de Trento, es especialmente importante. Contiene en su primera parte una afirmación central: la absoluta necesidad de Cristo para la salvación, y en concreto para la remisión del pecado original, que, según el canon 2, se transmite a todos los hombres. Ni las fuerzas de la naturaleza humana ni ningún otro remedio bastan para ello. Cristo es el único mediador entre Dios y los hombres que nos reconcilia con Dios en su sangre. En la segunda parte se afirma que el mérito de Cristo se aplica a los hombres, adultos y párvulos, mediante el sacramento del bautismo [134]. En la primera parte del canon, en forma de oraciones subordinadas, se hacen tres afirmaciones importantes sobre el pecado original: éste es uno en su origen, se transmite por propagación y no por imitación, está en cada uno como propio; las tres afirmaciones se iluminan mutuamente. Ante todo, el pecado original es uno en su origen. La precisión final «en su origen» es necesaria, ya que se nos dirá después que el pecado original está en cada uno como propio. Es clara la alusión al pecado de Adán. Se quiere insistir especialmente en éste, aunque la tradición ha conocido en algún momento la idea de una cierta pluralidad de pecados hereditarios [135]. Es también posible que el concilio se quiera oponer a la idea de una pluralidad de pecados transmitidos por Adán, origen de los diversos pecados materiales y malas inclinaciones concretas [136]. Se excluye, en todo caso, que haya una pluralidad de pecados que, en cuanto tales, sean «originantes», y que se imputen al hombre como pecados diversos. El pecado original, el estado que en cada uno origina este primer pecado, se transmite por «propagación» y no por imitación. Son claras las resonancias agustinianas y antipelagianas del inciso. No parece que se trate de afirmar que la generación como tal es el instrumento de la transmisión del pecado, sino que éste se contrae por el hecho de venir al

[134] La redacción previa del decreto decía que el mérito de Cristo se aplica a nosotros «por la fe y el sacramento del bautismo»; ha desaparecido la mención de la fe; cf. ROVIRA BELLOSO, o.c., 131s. Pero no hay que pensar que Trento hable de una necesidad *absoluta* del bautismo para la salvación. El texto no la afirma, y además en el decreto sobre la justificación se habla del paso de pecador a justo que no puede hacerse «sine lavacro regenerationis aut eius voto» (cf. DS 1524).

[135] Cf. A. M. DUBARLE, nota 89; ya antes, del mismo, *La pluralité des péchés héréditaires dans la tradition augustinienne:* REA 3 (1957) 113-136.

[136] Cf. FLICK-ALSZEGHY, *El hombre bajo el signo del pecado,* 174s; en Pedro Lombardo, *Sent.* II d.33, c.1 hallamos la idea: «Unde putant non tantum illud unum peccatum originale, sed etiam plura, quae in peccato Adam reperiri possunt, et alia parentum peccata parvulis imputari»; cf. ib., c.3, donde se cita a Agustín, *Ench.* XIII 45 (CCL 46,74), sobre los diversos «pecados incluidos en el pecado de Adán»; también santo TOMÁS, *STh.* I II 81,2, y sobre todo, ib., 82,2: por un solo «hábito», perdida la justicia original, las diversas potencias del alma se inclinan a los males diversos.

mundo, por el nacimiento por medio del cual se entra en este mundo y en esta historia marcada por el pecado [137]. La situación de pecado es, en consecuencia, algo previo a la decisión de la voluntad del hombre, y no es, por otra parte, algo simplemente «aprendido» en el transcurso de la vida por la imitación de quienes pecan ante nosotros. Para no separar el pecado original de los pecados personales, algunos querían que se dijera que el pecado se transmite «no por sola imitación», pero la iniciativa no prosperó [138]. Se señala, por último, que este pecado está en cada uno como propio; el adversario inmediato parece ser Pigges, según el cual todos somos pecadores y morimos por la culpa de Adán, pero ésta nos es imputada extrínsecamente, sin que nuestro ser quede afectado. Se trataría sólo de sufrir las consecuencias de una culpa ajena que nada tiene que ver con nosotros [139]. De ahí el implícito reconocimiento del carácter analógico de la noción de pecado cuando se aplica al «pecado original». No se indica el «cómo» de la presencia en cada uno de este pecado como propio. El canon termina con una fundamentación bíblica de las afirmaciones precedentes: Hech 4,12; Jn 1,29; Gál 3,27.

El canon 4 trata principalmente del fundamento y de la justificación de la praxis eclesial del bautismo de los niños. Ya en el canon anterior se había hecho una referencia, de pasada, al problema. Se reproduce, con algunos añadidos, el canon 2 del concilio de Cartago. Se condena a quien niega que los niños hayan de ser bautizados, aunque sean hijos de padres bautizados; este último inciso es un añadido de Trento al texto precedente de Cartago, si bien no es nuevo el problema; hemos visto que esta cuestión preocupó ya a san Agustín. También se condena a quien dice que los niños son bautizados para la remisión de los pecados, «pero que no han contraído nada del pecado original de Adán que sea necesario expiar *para conseguir la vida eterna* (este último inciso ha sido también introducido por Trento), de donde se deduce que la fórmula del bautismo para la remisión de los pecados en ellos no es verdadera sino falsa». El fundamento escriturístico es, como ya en Cartago, Rom 5,12. En virtud de este principio, los niños, que no han podido pecar personalmente, son bautizados para la remisión de los pecados «para que en ellos se limpie por la regeneración lo que por la generación han contraído» [140]. Como ulterior fundamento de la necesidad de la regenera-

[137] En san Agustín los términos *generatio* y *propagatio* se usan en este contexto al parecer indistintamente. El concilio hablará de la «generación» en el c.4.

[138] Cf. ROVIRA BELLOSO, o.c., 130.

[139] Cf. ROVIRA BELLOSO, o.c., 129; FLICK-ALSZEGHY, o.c., 173; VANNESTE, *Le décret...* 600.

[140] Conocemos el origen agustiniano de la fórmula. Trento introduce una pequeña variación respecto a Cartago: en lugar de *traxerunt* dice *contraxerunt,* tal vez para usar

ción para todos se cita Jn 3,5: «el que no renazca del agua y del Espíritu Santo no puede entrar en el reino de Dios». Esta cita es una de las novedades introducidas por Trento al canon 2 de Cartago, que, como hemos indicado, sirve de base al actual. Las otras son el inciso sobre la necesidad del bautismo de los hijos de los bautizados, que parece responder a algunas ideas calvinistas sobre la salvación de los niños por la fe de los padres y a las tendencias anabaptistas del momento [141], y la alusión a la «tradición de los apóstoles» sobre el bautismo de los niños; puede quedar abierta la cuestión acerca de la exactitud histórica de este aserto. En este canon se afirma, por tanto, la realidad del pecado original en los niños, ya insinuada en el canon 3 y en su remisión por el bautismo (cf. también el c.5). Con la reproducción del canon de Cartago, con las actualizaciones a que nos hemos referido, Trento confirma la condición pecadora (en el sentido analógico ya señalado) de todos los hombres antes de cualquier decisión personal, y, por consiguiente, la necesidad que a todos alcanza, incluso a los niños, de Cristo salvador y redentor. Nada se dice directamente sobre la suerte de los niños muertos sin recibir el bautismo. La nueva alusión en este canon a la transmisión del pecado por generación no añade nada nuevo a la indicación al respecto que se halla en el canon precedente.

En su conjunto, estos cuatro primeros cánones no van directamente contra las doctrinas de los reformadores; tampoco manifestaron éstos ninguna oposición fundamental a ellos [142]. Responden sobre todo a problemas del tiempo de los pelagianos, que en los momentos de la Reforma protestante se habían replanteado sólo de forma un tanto marginal. Pero hay razones que pueden explicar su redacción e inclusión en el documento conciliar: es posible que se quisiera preparar de algún modo lo que se va a decir en el canon 5 (que en parte ya conocemos y al que en seguida nos referiremos de nuevo), indicando qué es aquello de que el justificado está libre [143]. Puede pensarse también que el concilio quisiera aprovechar la oca-

un término más neutro, que no pueda dar lugar a interpretaciones «traducianistas»; cf. VANNESTE, *Le décret du Concile de Trente...*, 600ss; RUIZ DE LA PEÑA, *El don de Dios,* 151; GONZÁLEZ FAUS, o.c., 353.

[141] Cf., sobre el problema de la «actualidad» de Trento en este punto, VANNESTE, *Le décret...* (1965) 726; (1966) 602; FLICK-ALSZEGHY, *El hombre bajo el signo del pecado,* 172; 182s; SCHEFFCZYK, o.c. (n.128).

[142] Cf. CALVINO, *Acta Synodi Tridentini cum Antidoto* (Op. Calvini, 7), 423ss; cit. por FLICK-ALSZEGHY, o.c., 182s; cf. también ROVIRA BELLOSO, o.c., 129, que cita un texto de Calvino según el cual «los cuatro primeros cánones, sacados de la antigua y probada doctrina de la Iglesia, no constituyen motivo alguno de controversia».

[143] FLICK-ALSZEGHY, *El hombre bajo el signo del pecado,* 183: «Los cuatro primeros cánones, y especialmente el primero, tenían la función de describir genéricamente aquello cuya no-permanencia en los justificados quería definir el concilio».

sión para dar una visión completa de la situación del hombre ante Dios sin poner de relieve sólo aquellos aspectos que suscitaban los mayores conflictos en aquel momento concreto.

Como ya hemos adelantado, el canon 5 es el que más directamente se opone a las doctrinas de los reformadores, de Lutero en concreto. Afirma en primer lugar que la gracia que se confiere en el bautismo perdona el «reato» del pecado original; esto quiere decir ante todo que elimina cuanto es propia y verdaderamente pecado, y que éste es arrancado, no sólo no imputado o eliminado sólo en lo exterior, quedando intacta la raíz [144]. Como consecuencia de ello se señala que Dios nada odia en los renacidos, de modo que a éstos, hechos hijos de Dios, nada les impide la entrada en el cielo. Como se ha hecho ya en otros cánones, una serie de textos bíblicos, en este caso paulinos, fundamentan las afirmaciones conciliares. La segunda parte del canon afirma la permanencia de la concupiscencia en los bautizados; se trata ante todo de una constatación elemental. Pero a la vez se señala que esta concupiscencia que permanece *ad agonem,* es decir, para el combate, no puede dañar a quienes no consienten y se oponen a ella mediante la gracia de Jesucristo. Aunque en alguna ocasión Pablo llame pecado a la concupiscencia (cf. Rom 6,12ss; 7,7.14-20), la Iglesia católica, afirma el concilio, nunca entendió que en los renacidos fuera propiamente pecado, sino que se la llama así porque proviene del pecado e inclina a él. Según la doctrina de Lutero, como ya sabemos, el pecado original se identificaba con la concupiscencia. No fue fácil llegar a un acuerdo sobre las formulaciones de este canon; en san Agustín, la concupiscencia aparece muy ligada al pecado original. El propio santo Tomás dice que el pecado original es materialmente la concupiscencia; pero hay también precedentes, y por esta solución se inclinó el concilio, que consideraban la concupiscencia como algo «natural» [145]. No parece que coincidan enteramente las nociones de concupiscencia en los católicos y en los protestantes. Para Lutero equivale a la rebelión contra Dios, a la resistencia contra su voluntad [146]; es claro que con esta definición la

[144] Estas formulaciones parecen inspiradas en Agustín, *Contra duas ep. pelag.* I 13,26s (CSEL 60,445s).

[145] Cf., para estas discusiones, ROVIRA BELLOSO, o.c., 134ss; también A. M. DUBARLE, *Le péché originel. Perspectives théologiques,* 67ss. Al señalar el concilio que en los renacidos nada odia Dios, afirma que la concupiscencia como tal no afecta negativamente a nuestra relación con Dios. El pecado sería, pues, aquello que Dios odia. Por lo demás, notemos que el canon dice que la concupiscencia no es propiamente pecado «en los renacidos»; la relación entre pecado original y concupiscencia en quien no está bautizado queda abierta.

[146] Cf. A. M. DUBARLE, o.c., 79; sobre las coincidencias y diferencias entre católicos y protestantes, ib., 76ss; véase también la cautela con que se expresan FLICK-ALSZEGHY, o.c., 169; cf. también GONZÁLEZ FAUS, o.c., 370ss.

concupiscencia ha de ser considerada «pecado», puesto que afecta negativamente a nuestra relación con Dios. Trento, por el contrario, habla de la inclinación al mal, del libre arbitrio debilitado en sus fuerzas y, por consiguiente, proclive al pecado. Lo que el concilio, en todo caso, quiere excluir es que la justificación sea meramente imputada y no real en el hombre. Una vez establecido este principio básico, y dado por otra parte el hecho evidente de la inclinación al mal, es claro que la concupiscencia que permanece en el bautizado, y que Trento parece identificar con esta proclividad al pecado, no puede considerarse «pecado» en sentido estricto. Con el auxilio de la gracia, el hombre puede luchar contra esta inclinación y vencerla en no pocas ocasiones.

La doctrina del concilio de Trento sobre el pecado original no es sustancialmente nueva en relación con los estadios anteriores de la tradición. Hemos visto que se hace amplio uso de textos de los concilios de Cartago y Orange. Tampoco eran necesarias muchas nuevas precisiones en el contexto histórico concreto. Sólo el canon 5 significa de algún modo una «novedad» en el sentido de precisión doctrinal, y la formulación es más bien negativa: en el justificado no permanece propia y estrictamente el pecado. Pero sí es «pecado» el estado del hombre previo a la justificación. Esta situación de pecado en la que el hombre nace es previa a su voluntad, deriva de un «pecado original originante», que el concilio identifica con el pecado de Adán, cabeza del género humano, del que todos descendemos. Ya nos hemos ocupado del valor dogmático que hay que atribuir a cada una de estas afirmaciones —o mejor, presuposiciones— concretas. En nuestra reflexión sistemática deberemos volver sobre ello. Por otra parte, no pocas cuestiones quedan abiertas. Las hemos ido señalando a lo largo de nuestro análisis. No se dice cómo el pecado de Adán es propio de cada uno; tampoco se precisa qué es lo que los niños que no han pecado personalmente «traen» o «contraen» del pecado de Adán; la misma concupiscencia que se dice experimentar no se define en términos positivos. El concilio no quiso definir la «esencia» del pecado original, para no interferirse en las discusiones entre las escuelas, sino los «efectos» del mismo; ésta es la razón por la que muchas preguntas quedan sin respuesta [147].

Las declaraciones conciliares sobre la situación de pecado en que se halla el hombre antes de la justificación no se han de ver sin referencia a la necesidad que todos tenemos de Cristo para la salvación y la redención. Trento no se aparta de la tradición, que arranca ya de Pablo, que considera la doctrina del pecado original como su-

[147] Cf. Rovira Belloso, *Trento,* 113s, sobre las preguntas que se formularon a los «teólogos menores».

bordinada —lo cual no quiere decir que se pueda prescindir de ella— a la de la redención de Cristo, que afecta a todos los hombres; de lo que se trata ante todo es de explicar debidamente esta última verdad. El canon 3 es elocuente al respecto [148].

Después del concilio de Trento

No hay después de Trento ninguna otra intervención del magisterio extraordinario de la Iglesia en la que de modo tan explícito y detallado se hable del pecado original. Frente a Bayo, que, como ya sabemos, consideraba que los bienes que el hombre recibió en el paraíso eran «naturales», se reafirma que la concupiscencia no es en sí misma pecado (cf. DS 1951s;1974-1976). Otro problema debatido fue el de la voluntariedad del pecado; para poder sostener que el pecado original existía en el niño como tal pecado, Bayo afirmaba que la voluntariedad no pertenece a la esencia del pecado; se olvidaba con ello claramente el carácter analógico de la noción de «pecado» aplicada al pecado original en relación con el personal. En la condenación de estos asertos Pío V afirma la voluntariedad del pecado, al menos en aquel en quien el pecado ha tenido origen (cf. DS 1946-1949; las dos últimas de estas proposiciones sobre el pecado condenadas por Pío V parecen pecar por el otro extremo). Otras proposiciones condenadas se refieren a la mayor o menor intensidad del pecado que se transmite según la condición del padre (cf. DS 1952s). También se condenó el error jansenista según el cual el hombre ha de hacer penitencia toda su vida por el pecado original (cf. DS 2319); como se ve, la Iglesia, a la vez que ha afirmado la existencia del pecado original, no ha aceptado ciertas interpretaciones maximalistas del mismo.

Las últimas intervenciones magisteriales, después de las dificultades que en la primera mitad de este siglo causó el problema de la armonización del dogma del pecado original con ciertas hipótesis científicas (cf. p.ej. DS 3897), reafirman la doctrina tradicional del pecado original, aunque sin insistir en ciertas representaciones o formulaciones de la misma que pueden parecer superadas en la actuali-

[148] FLICK-ALSZEGHY, o.c., 164s, distinguen en las afirmaciones de este decreto tridentino varios «niveles»: el primero es el *cristológico,* es decir, se afirma que no hay salvación para los hombres fuera de Cristo (esto vale incluso para los que no han pecado personalmente); vendría luego el *eclesiológico-sacramental,* es decir, que la salvación de Cristo llega a los hombres por medio de la Iglesia, a la que se incorporan por el sacramento del bautismo que ella administra; a continuación se colocaría el nivel *antropológico:* la humanidad no incorporada a Cristo se halla en el pecado que impide su salvación; por último, el nivel *etiológico* nos daría la explicación del origen de esta miseria humana.

dad [149]. El Vaticano II no se ocupa con detalle del tema, pero se refiere a él sobre todo en GS 13; el hombre, aunque había sido creado por Dios en un estado de justicia, desde el inicio de la historia, tentado por el diablo, abusó de su libertad, erigiéndose contra Dios y tratando de conseguir su fin fuera de él. La experiencia humana de división interna y externa concuerda con esta enseñanza de la revelación. Hay, por tanto, una división profunda del hombre, de modo que toda la historia y la humanidad nos muestran la lucha del bien y del mal. El concilio se expresa en modo más bien amplio, sin entrar en la discusión de problemas concretos [150]. Algunas intervenciones de Pablo VI reafirman las formulaciones tradicionales del dogma [151]. A las tendencias de los últimos años nos referiremos en el desarrollo sistemático que a continuación iniciamos [152].

REFLEXION SISTEMATICA: EL PECADO ORIGINAL, RUPTURA DE LA AMISTAD ORIGINAL CON DIOS Y PRIVACION CONSIGUIENTE DE GRACIA PARA LOS HOMBRES

El breve recorrido histórico por las afirmaciones de la Escritura y de la tradición de la Iglesia que acabamos de concluir, nos invita sin duda a profundizar en los aspectos esenciales del dogma y tratar de distinguirlos de lo que son representaciones o formulaciones con-

[149] Aunque la mentalidad no ha sido siempre la misma; cf. en A. M. Dubarle, o.c., 84-87, los textos sobre el pecado original en los esquemas preparatorios de los concilios Vaticano I y II; en el primero la discusión no se llevó a término debido a la interrupción del concilio; en el segundo, como se sabe, los proyectos preparatorios fueron rechazados.

[150] Algunas otras alusiones en GS 10, 18, 22; LG 2; SC 6...

[151] Así el discurso del 11 de julio de 1966 a los participantes en un simposio sobre el pecado original; cf. AAS 58 (1966) 649-654; se habla de la universalidad del pecado, que deriva de la transgresión de Adán, «primer hombre» (parece que se da más importancia al hecho del pecado desde el comienzo que al de la descendencia de todos de Adán); es transmitido por propagación y no por imitación; también el *Credo del pueblo de Dios* [cf. AAS 60 (1968)] 438, repite las formulaciones del concilio de Trento; cf. los matizados comentarios a estas intervenciones de Flick-Alszeghy, o.c., 33ss; G. Gozzelino, *Vocazione e destino dell'uomo in Cristo* (Torino 1985), 469s. Sobre el pecado original se pueden ver también los n.385-421 del *Catecismo de la Iglesia Católica.*

[152] Cf. además de las obras ya mencionadas, B. O. McDermott, *The Theology of Original Sin: Recent Developments:* ThS 38 (1977) 478-512; C. Elorriaga, *Problemas de la teología del pecado original. En torno a las controversias habidas en los últimos años:* Anales Valentinos 3 (1977) 263-268; J. L. Ruiz de la Peña, *El pecado original. La década de los ochenta:* Studium Ovetense 17 (1989) 6-29; G. Rémy, *Erbsündentheologie heute:* Trierer Theol. Zeitsch. 98 (1989) 171-195; S. Moschetti, *La teologia del peccato originale: passato, presente, prospettive:* CivCat 149 (1989 I) 248-258; S. Wiedenhofer, *Principales formas de la teología actual sobre el pecado original:* RCICom 13 (1991) 528-542; Id., *Zur gegenwärtiger Stand der Erbsündentheologie:* ThRev 83 (1987) 353-370.

tingentes del mismo. Se trata de integrar la teología del pecado original en el conjunto de la revelación cristiana, mostrar su coherencia con ella, en particular, hacer ver cómo esta doctrina no va contra la voluntad salvífica universal de Dios y la universalidad de la redención de Cristo. Por otra parte debemos tratar de explicar cómo el pecado de «Adán» está en cada uno de nosotros como propio. Afortunadamente, la teología en estos últimos años ha hecho un gran esfuerzo de penetración y reformulación de estas doctrinas tradicionales.

Uno de los puntos que han podido dificultar la comprensión del problema del «pecado original» o, con una formulación más genérica, de la solidaridad negativa de los hombres en el mal y el pecado, ha sido el considerarlo casi exclusivamente en conexión con el bautismo de los niños. Se ha visto en ellos el ejemplo puro del hombre que nace con el pecado original, contraído por la generación, precisamente porque aquí no cabe ninguna confusión con la culpa personal y voluntaria. Con ello quedan separados el pecado original y el resto de los pecados; el primero se considera como la imputación, difícil de explicar, del pecado de Adán a todos los hombres; los segundos, resultado de la opción libre de cada uno, sin que se vea su conexión con la «fuerza del pecado» que actúa en el mundo. Pero hemos visto cómo en la Sagrada Escritura no se habla directamente del pecado de los niños. Con el paso del tiempo se ha producido un cambio de acentos y de perspectivas. Con ello no queremos decir que la «ampliación» del problema del pecado a los niños no sea legítima y aun necesaria; todo lo contrario: ha ayudado, y no poco, a la formulación cada vez más precisa de la condición pecadora de la humanidad en su conjunto, a la que ninguno escapa. Simplemente se trata de hacer ver que, siendo ésta una cuestión aparecida históricamente más tarde, no parece el punto de partida apropiado para entender el problema de que se trata en toda su complejidad. Es mejor tomar como punto de partida la solidaridad de los hombres en el bien, y consiguientemente en el mal, y las repercusiones comunitarias del pecado; sólo desde la situación de quien peca personalmente, de quien con su pecado ratifica el «pecado de Adán», se puede abordar el problema del pecado original en los niños, es decir, en qué medida han de ser considerados también ellos como «pecadores».

Nuestro estudio positivo anterior nos ha hecho ver también que muchas de las «representaciones» tradicionales del pecado original son debidas a contingencias históricas más que a exigencias intrínsecas de la verdad que se quiere expresar. Pero este hecho nos estimula a buscar las raíces de nuestra reflexión teológica en estratos más amplios de la Escritura y de la tradición, y, en concreto, a examinar la relación que el dogma del pecado original tiene con el misterio de

Cristo y con la llamada a la unidad de los hombres en él según el designio primigenio de Dios; nos debemos detener brevemente en este punto.

a) La unidad de todos los hombres en Cristo

Uno de los problemas que planteaba la teología del pecado original hasta hace relativamente poco es que esta doctrina se supone «anterior» a la cristología y a la soteriología. En efecto, al aceptarse comúnmente que el motivo fundamental de la encarnación es la redención del pecado, resulta lógico que el pecado se convierta en el centro, o mejor, en la razón de ser de la economía de la salvación; se ha hablado a veces en este sentido de «hamartiocentrismo». El resultado de tales planteamientos es que se tiene una noción clara del pecado con independencia de Jesús y del amor de Dios que en él se manifiesta. La significación universal de Jesús empezaría así en su obra redentora, pero la gracia que el primer hombre había rechazado nada tiene que ver con él. Jesús no es entonces la medida del hombre; fácilmente aparece como un «reparador» del pecado de Adán, aunque su redención nos llevara a bienes más altos que los del principio. Según este modo de pensar, el fundamento último de la solidaridad de todos los hombres está en Adán, primer padre del que todos descendemos. Cristo sería relevante para todos sólo porque todos están afectados por el pecado de origen. En esta lógica, la solidaridad en Adán es anterior a la que se da en Cristo.

Frente a esta posición, hasta hace relativamente poco mayoritaria, la teología actual insiste más en la doctrina neotestamentaria de la creación en Cristo. Esto afecta de modo especial al hombre. La solidaridad en Cristo cabeza es anterior a todo vínculo interhumano. Sólo de Jesús recibe Adán su sentido. Si todo ha sido creado en Cristo y hacia Cristo, es difícil pensar en alguna dimensión del amor de Dios y de su gracia que no esté mediada por él, aun antes de la encarnación. La gracia concedida al primer hombre es, desde el primer instante, gracia de Cristo. Sólo a partir de esta constatación entendemos hasta el fondo lo que es el pecado: éste no es sólo la transgresión de una ley del Creador, sino que es, además y ante todo, la respuesta negativa al amor de Dios que nos quiere entregar a su Hijo y nos llama a la filiación en él y con él. Ya desde el primer momento, como ya hemos tenido ocasión de ver, Dios ha hecho algo más que crear al hombre: lo ha colocado en el paraíso y le ha dado toda suerte de bienes; es evidente, por tanto, que el pecado es un rechazo del amor de Dios, y por ello su alcance sólo puede ser conocido a partir de la idea de Dios y de su amor que Jesús nos transmite. En la revelación de Jesús aparece claro cuál es el amor que los hombres han rechazado. Quien conoce a Cristo y acepta la salvación que de él procede, se hace consciente de la perdición que significa la vida al margen de Cristo. Pablo habla de la muerte de todos en Adán, de la situación de condenación en que los hombres se hallan, a la luz de Cristo, en quien la gracia sobreabunda y en quien la muerte ha sido vencida; la división del hombre sometido a la ley (cf. Rom 7,7ss) queda iluminada cuando se sabe bajo la ley del Espíritu (cf. Rom 8,1ss). En el evangelio y la primera carta de Juan se pone de manifiesto el «pecado del mundo» en el rechazo de Jesús por medio del cual todo fue hecho (cf. Jn 1,10; 1 Jn 3,1).

Naturalmente, con ello no queremos decir que el hombre no pueda tener y no tenga de hecho una verdadera conciencia de su pecado aunque no conozca a Jesús; se afirma simplemente que esta conciencia será tanto más viva cuanto más conozcamos la grandeza del amor al que nos cerramos [153]. El pecado original tiene que ver con la solidaridad de los hombres en Cristo, y, por tanto, sólo puede ser plenamente conocido y comprendido a la luz de la revelación cristiana. Es la centralidad de Cristo y la necesidad que de él tenemos todos lo que ha llevado a san Agustín a su doctrina sobre el pecado original, y lo mismo podemos decir del concilio de Trento. Ahora bien, esta significación universal de Jesús, en cuanto centro del designio creador y salvador del Padre, no se reduce a su función de redentor del pecado. Todos los hombres, desde el primer momento, están llamados a reproducir su imagen y a formar parte de la Iglesia que es su cuerpo. La unión de todos en Cristo, cabeza del cuerpo que es la Iglesia, aparece en relación íntima con la creación del mundo según el Nuevo Testamento (cf. Col 1,15-20; Ef 1,3-10).

Por otra parte, en virtud de su vocación a ser imagen de Cristo y a participar así en la vida divina (cf. Vaticano II, GS 22, no hay más que una vocación del hombre, la divina), el hombre es más que una simple criatura de Dios; no es suficiente decir que tenemos necesidad de Cristo para llegar a Dios y salvarnos, sino que sin Jesús el hombre que conocemos no sería tal. Sabemos que esta vocación divina no es algo marginal o añadido al ser del hombre, sino que es un elemento determinante, el más decisivo, de su naturaleza concreta. Cuando tratamos el tema del «sobrenatural» veíamos cómo la gratuidad del don de Dios no se refiere en primer lugar a la indignidad del hombre como pecador, sino, más radicalmente, a su condición de

[153] W. Pannenberg, *Systematische Theologie* II, 271: «...la fe en Cristo no crea la realidad del pecado, sino que la presupone, aunque su profundidad sólo puede venir a la conciencia a la luz del conocimiento de Dios mediado por Cristo».

criatura. Esta no puede llegar a Dios sin una «nueva» iniciativa divina que haga trascender su misma condición creatural. Sabemos que este nuevo comienzo se da en Jesús, y por ello podemos definir al hombre como aquel ser llamado a la filiación divina en Jesús. Pensar al hombre prescindiendo de Cristo cabeza es siempre insuficiente. Y esta condición de «cabeza» no la posee Jesús sólo en relación con cada hombre en particular, sino en relación con la Iglesia, a la que está llamada a incorporarse la humanidad toda. De ahí la solidaridad radical de todos los hombres en Cristo, fuente y principio de toda unión entre nosotros [154].

Pero este Jesús cabeza del cuerpo es inseparablemente, según el Nuevo Testamento, el que reconcilia la humanidad con el Padre. Si los hombres no podemos realizar sin él nuestra vocación divina, porque en él se funda el designio inicial del Padre sobre nosotros, tampoco sin él podemos superar la condición de pecado en que la humanidad se ha colocado. En la figura de Jesús no pueden separarse estos dos aspectos de cabeza y de redentor; los dos se nos dan inseparablemente unidos. Si no queremos introducir en Dios nuestra representación de la sucesión temporal, tenemos que pensar que estos dos aspectos están desde siempre unidos en el designio del Padre. Aunque, desde nuestro punto de vista, resulte inevitable señalar que ha sido el pecado humano, el rechazo de Dios, el que ha motivado la iniciativa divina de la reconciliación. Nuestra solidaridad en Cristo cabeza es, por tanto, solidaridad en Cristo redentor. Los dos aspectos son inseparables, aunque puedan en cierto modo distinguirse. Pero siempre habrá que tener en cuenta su vinculación recíproca: Cristo puede ser redentor de todos porque es cabeza de todos, y a la vez no podemos pensar en su función de recapitulación si no la vemos realizada en la victoria sobre el pecado del hombre.

Sólo a partir de Cristo conocemos hasta el fin la realidad del pecado, sólo a partir de la solidaridad y unión en Jesús podemos entender que el pecado es todo aquello que la rompe y la disgrega. Y si en el Nuevo Testamento aparece con claridad la idea de universalidad en el pecado, es sólo en el contexto de la reconciliación que a todos alcanza (cf. Rom 5,12-21; 2 Cor 5,18-21; Ef 2,3; Gál 3,22, etc.). Es decir, que la idea misma de la solidaridad en el mal puede entenderse hasta el fondo sólo si caemos en la cuenta de la relevancia de la vocación a la unión en Cristo. Nos tocará en seguida precisar los términos en que esta pecaminosidad universal ha de entender-

[154] Insiste justamente en esta prioridad de la solidaridad en Cristo sobre la solidaridad en Adán G. Colombo, *Tesi sul peccato originale:* Teo 15 (1990) 264-276; cf. también I. Biffi, *La solidarietà predestinata di tutti gli uomini in Cristo e la loro solidarietà in Adamo:* ib., 277-282; C. Elorriaga, *El contexto cristocéntrico de la teología del pecado original:* Anales Valentinos 6 (1980) 37-68; 281-316.

se y cómo participan de ella todos los hombres. Pero, en todo caso, ha de quedar claro que solamente la podremos comprender como el reverso de la medalla de la vocación de todos los hombres a la unión con Cristo en su cuerpo, que es la Iglesia; esta vocación pide, para su realización plena, la cooperación de cada uno de nosotros, según el designio irrepetible de Dios, que nos constituye en lo que somos en lo más profundo de nosotros mismos.

b) La mediación única de Cristo y la cooperación de los hombres a la salvación

Es convicción de la Biblia que las relaciones de Dios con los hombres no se establecen sólo con cada una de las personas, sino también con el pueblo de Israel, con la humanidad entera llamada a formar la Iglesia, cuerpo de Cristo. Nuestra vocación a la unión con Jesús significa, lo hemos puesto de relieve, la solidaridad entre los hombres. Ahora bien, ésta pide la cooperación de todos. El cuerpo de Cristo se construye en la diversidad de dones que cada uno recibe para el bien común. La solidaridad entre los hombres en el bien y el mal no resulta de un simple automatismo sin relación con el ser del hombre, sino que tiene sus raíces en nuestra condición de seres sociales. La contribución de cada cual en el cumplimiento de su misión es necesaria para el bien del conjunto, y, de la misma manera, el incumplimiento de esta función para bien de todos determina consecuencias negativas para los demás y para el conjunto. Hablando todavía en términos generales, es claro que el bien que cada uno realiza tiene efectos positivos para todos, y que el pecado no daña sólo al que lo comete, sino que tiene consecuencias negativas para los demás; el bien y el mal que cada uno realizamos tiene inevitablemente repercusiones sociales. La mediación de gracia y de pecado es conocida ya desde el Antiguo Testamento. El Nuevo Testamento nos presenta a Jesús hombre como el único mediador entre Dios y los hombres (cf. 1 Tim 2,5). Pero esta mediación de Jesús, única desde todos los puntos de vista, es tal que no elimina, sino que suscita, cooperaciones humanas de distinto género, subordinadas a su mediación única y de la que son en cierto modo participación. El concilio Vaticano II, en la constitución dogmática *Lumen gentium* 62, se expresa en estos términos: «Ninguna criatura se puede comparar con el Verbo encarnado y redentor; pero así como el sacerdocio de Cristo es participado en varias maneras... y así como la bondad de Dios se difunde realmente de formas distintas en las criaturas, así también la única mediación del Redentor no excluye, sino que suscita, en las criaturas una diversa cooperación que participa de la única fuente» [155].

Por esta razón, los hombres, al ser imagen de Jesús, han de cooperar de diversa manera para el bien de los demás. De algún modo, cada uno de nosotros está llamado a «mediar» para los demás la gracia que viene de la única fuente y del único mediador Jesucristo; está llamado a cooperar en su obra salvadora en el cumplimiento del papel irrepetible que tiene asignado para bien de todos, en el ejemplo y el testimonio de la vida, etc. Si ello es así, el pecado no es sólo un alejamiento personal de Cristo, sino también una ruptura de la solidaridad entre los hombres, una ruptura de la «mediación» de bien y de gracia para los demás. Los aspectos positivos y negativos de esta vinculación de los hombres entre sí se hallan indisociablemente unidos. Decíamos al hablar del «estado original» que éste significaba una posibilidad concreta que Dios dio al hombre de realizar su vida en armonía con el designio divino en Cristo, y de ser mediador para otros de esta posibilidad. El pecado significa que esta cooperación a la obra de Dios no ha sido aceptada, y que, en consecuencia, no existe esta situación de presencia de Dios y de gracia que nos impulsaría hacia el bien. Estas consideraciones generales han preparado nuestra reflexión más estricta sobre el punto que nos ocupa. Sólo a la luz de estos presupuestos podemos entender, tratando de penetrar siempre más el *nexus mysteriorum,* lo que significa la doctrina cristiana del pecado original y responder a las objeciones que espontáneamente se nos presentan, la primera y más grave de las cuales es, ciertamente, cómo se puede hablar de «pecado» que está en mí como propio en relación con un acto o una situación de la cual no soy personalmente responsable [156].

[155] Como es sabido, el concilio habla en este contexto de la mediación de María y de su papel singular en la salvación; pero precisamente este papel singular y único se explica en el ámbito de esta cooperación diversa que la mediación de Cristo suscita en las criaturas. La única mediación de Cristo no es «exclusiva», sino «inclusiva», por usar la conocida terminología de H. U. von Balthasar. Cf., para esta noción de la mediación, FLICK-ALSZEGHY, o.c., 286-307.

[156] Cf. las objeciones a la doctrina tradicional del pecado original elencadas por H. M. KÖSTER, *Urstand, Fall und Erbsünde in der kath. Theologie unseres Jahrhunderts,* 55, que se remite a su vez a E. YARNOLD, *The Theology of Original Sin* (Notre Dame 1972): las «objeciones morales» (que acabamos de señalar): cómo puede ser pecado algo que no depende de nuestra responsabilidad; las «objeciones físicas»: cómo es posible que el pecado del primer hombre haya afectado negativamente de manera tan profunda a la naturaleza de todos los hombres y cómo esta situación se puede transmitir por el nacimiento; las «objeciones biológicas»: cómo toda la humanidad puede descender de una sola pareja; las «objeciones epistemológicas»: cómo podemos conocer lo que pasó al comienzo de la humanidad. En nuestra exposición precedente y en la que seguirá aparecerá claro que la teología actual del pecado original ha abandonado muchos de los presupuestos que ocasionan las objeciones señaladas en los tres

c) El pecado original «originado»

1. *El punto de partida: la experiencia de la división interna y externa en el hombre*

Hemos citado hace poco un texto del Vaticano II que nos habla de la experiencia humana, de la división interna y externa en que los hombres nos encontramos. La experiencia de ruptura interna y con el mundo y la creación es tal que el hombre se siente como encadenado, incapaz de superar los asaltos del mal. Cada uno sufre las consecuencias de esta ruptura interna y externa, pero ésta afecta también, según el concilio, a toda la vida humana, individual y colectiva. No es, por tanto, sólo la situación personal de todos los individuos la que nos interesa explicar, sino la de la humanidad. Esta situación en la que nos hallamos inmersos formando un todo con los demás hombres es la que de un modo o de otro nos describe la Escritura y con ella toda la tradición de la Iglesia. Pero la revelación no se limita a narrarnos esta experiencia, sino que a la vez nos la interpreta. En cuanto no querida por Dios, esta situación es llamada en la tradición de la Iglesia «pecado», aunque, lo hemos advertido ya, no en el mismo sentido del pecado personal. La razón de ser de esta situación es la que intenta explicarse acudiendo al «pecado de los orígenes», en sus diferentes interpretaciones y versiones. Partiendo de esta experiencia humana, a la luz de la fe en Cristo, la tradición de la Iglesia ha tratado de explicar cuál es el sentido teológico de esta situación. Por ello dedicamos primeramente nuestra atención a este punto, para pasar después al origen del pecado.

2. *El «pecado original» como la privación de la comunicación de gracia*

Los presupuestos que hemos establecido en nuestro apartado b) nos ayudan a entender por qué el pecado de uno influye negativamente en los demás. La Escritura nos ha mostrado ejemplos de las consecuencias objetivas que se siguen del pecado, de la ruptura de la paz con Dios. Reflexionando teológicamente sobre este hecho, podemos decir que la «mediación» de la gracia de Cristo, que el hombre hubiera podido recibir por el hecho de venir al mundo, ha fallado. Y esta mediación positiva, al no existir, se convierte en mediación negativa, en un obstáculo para el verdadero desenvolvimiento del ser

últimos lugares. Nuestra reflexión se ha de centrar en explicar cómo podemos llamar «pecado» a algo que no ha dependido de nuestra libertad.

humano en su relación con Dios [157]; se convierte en la fuente de nuevos pecados personales. Por esta razón, la condición del hombre que viene al mundo está marcada por la historia de pecado anterior a él, por la carencia de la comunicación de gracia, que constituye una verdadera privación de algo que responde al designio original y a la voluntad de Dios. El pecado de las personas que están en una situación más relevante produce, según la Escritura, efectos más visibles y graves, que se extienden al ámbito en que su influjo se hace presente. Por esta razón se concede al pecado de «Adán» (prescindamos por ahora de cómo hay que entenderlo en concreto) una importancia especial; y también por ello esta deficiencia en la comunicación de la gracia ha sido tradicionalmente colocada en el primer eslabón del género humano. A partir de él arranca la historia de pecado, y, como sabemos, no sólo ni primariamente a causa de la imputación a todos de este primer pecado, sino sobre todo por la presencia en el mundo de la fuerza del mal que a todos avasalla; el pecado personal puede considerarse como la inserción, libremente ratificada, en esta corriente de pecado que «Adán» ha iniciado [158].

Esta da lugar a las «estructuras de pecado», que en su origen no pueden ciertamente ser separadas de las culpas personales; pero después, en su crecimiento y desarrollo, producen situaciones de difícil superación y control aun por parte de quienes las han iniciado, y se convierten a su vez en fuente de nuevos pecados [159]; con ello se aumenta la presencia del mal en el mundo, se crea una situación de pecado previa a la decisión de cada hombre que éste, si no le mueve una fuerza de signo contrario, va a ratificar. El mensaje neotestamentario de la salvación y, en particular, la doctrina paulina de la justificación por la fe presuponen la existencia de un principio positivo previo a nuestra acción libre: la obediencia de Jesús (en la que interviene también su voluntad humana) que nos ha salvado y, en la fuerza de su Espíritu, nos da la posibilidad de creer y abandonar la voluntad de autoafirmación. Igualmente hay presupuestos de nuestras acciones pecaminosas, hay relación entre unos y otros pecados, como la hay entre las acciones que cooperan para el bien y que arrancan todas de Cristo. Existe entre todos los hombres y sus respectivas libertades una interrelación; para bien y para mal, nada de lo que los hombres hacemos es indiferente para los demás [160].

[157] Cf. FLICK-ALSZEGHY, o.c., 285ss; P. SCHOONENBERG, *El hombre en pecado,* 995-997.

[158] M. VIDAL, *Moral de actitudes* I (Madrid ^{3}1975), 450ss, considera que la «solidaridad en el mal moral» es el *analogatum princeps* de la noción de pecado.

[159] Cf. la n.30 del capítulo precedente. Cf. AA.VV., *Strutture di peccato: una sfida teologica e pastorale* (Casale Monferrato 1989).

[160] Cf. las consideraciones de K. RAHNER, *Curso fundamental sobre la fe* (Barce-

Se puede por tanto entender el pecado original «originado» a partir de esta privación de la gracia querida por Dios como consecuencia de la ruptura de la comunicación de amor y de bien que de hecho se ha producido en la historia. Todos los hombres nos hallamos en esta situación, fruto de las decisiones libres de los demás; en nuestra condición presente, la comunicación del Espíritu de Jesús, que debería realizarse en el designio «originario» de Dios por el hecho de nuestra venida al mundo, no tiene lugar [161]. Y la privación de la presencia de Dios y de la gracia que quiso darnos, en la concreta situación supracreatural que es la nuestra, es «pecado» [162]. No en el sentido de culpa personal, porque ya sabemos que la noción de «pecado» aplicada al pecado original y a los pecados personales es análoga y no unívoca. Pero analogía, como ya hemos advertido, no significa impropiedad. El estado de privación de la amistad con Dios y de la comunión con él, sea fruto de la propia acción pecaminosa, sea de la falta de la mediación de gracia, recibe en la Escritura y en la tradición de la Iglesia el nombre de «pecado». Es la situación contraria a la amistad con Dios y a la paz de su presencia.

Este estado de enemistad con Dios incapacita al hombre para su realización personal en el amor (a Dios y al prójimo); es fuente de nuevos pecados, en los que la «fuerza del pecado» se manifiesta. Si tomamos en serio cuanto hemos dicho sobre la llamada a la solidaridad de los hombres en Cristo y su valor determinante en el ser concreto del hombre que conocemos (cf. nuestro capítulo dedicado

lona 1978), 137ss, sobre la codeterminación de la libertad humana por las libertades de los demás, y en concreto por su culpa. Las conocidas teorías de P. Schoonenberg y algunos de sus seguidores, en especial K. H. Weger (cf. la bibliografía), tratan de encuadrar la doctrina del pecado original en la categoría del «pecado del mundo». Hablaremos con más detalle en seguida de estas teorías, cuando estudiemos específicamente el origen del pecado. Dada la situación de pecado que en cierto modo llega a tomar cuerpo en las estructuras del mundo y de la sociedad, quien en ella vive o se inserta puede verse incapacitado para reconocer como tales ciertos valores, aunque sean fundamentales. Esto es para S. un «existencial» porque precede a nuestro existir, que queda en cierto modo dominado por esta situación. No se reduce con todo a esto el «pecado original»; el propio S. habla de carencia en la mediación de gracia (cf. las páginas señaladas en la nota 157).

[161] Cf. K. RAHNER, *Die Sünde Adams,* en *Schriften zur Theologie* IX (Einsiedeln 1970), 259-275, esp. 269; cf. ID., *Pecado original:* SM V 332,335; así como el epílogo al libro de Weger ya citado que lleva por título *Erbsünde und Monogenismus,* 176-223, esp. 189s.

[162] Podría tal vez dar la impresión de que definir el pecado original en los términos de «privación de gracia» en que venimos haciéndolo no es suficiente, o no describe en términos suficientemente explícitos la realidad del pecado. Frente a esta posible objeción hay que recordar que la gracia equivale a la amistad con Dios, y que por tanto la privación de la gracia equivale a la privación de su amistad, a la enemistad con Dios. Quien no está en la gracia de Dios (notemos el sentido relacional de la expresión), está en su «desgracia».

a la cuestión del sobrenatural), no podemos considerar que esta condición de privación de gracia en que se halla el hombre que viene al mundo y que en él vive le afecte sólo externamente; el misterio de la comunión con los otros en el bien y, negativamente, en el mal es el misterio mismo de su ser de hombre [163]. Podemos, por tanto, afirmar que el hombre que llega a este mundo se encuentra con una privación en la comunicación y la «mediación» de gracia que lo hace «pecador», en solidaridad (negativa) con los demás hombres; lo incapacita para el bien y lo aboca a la ratificación personal de esta situación heredada o recibida en los pecados personales. En esta línea de pensamiento, con diferencias a veces incluso importantes entre los autores en las que por obvias razones no podemos entrar aquí, se ha movido en los últimos decenios la teología católica [164].

Desde esta concepción se relativiza, como también la Escritura a su manera hace, el problema de la transmisión del pecado original por la generación física. Esta es simplemente el medio por el cual los hombres venimos al mundo; en este sentido se transmite el pecado original por generación, como por la generación recibimos todo lo que somos y las condiciones en que nuestra existencia se va a desenvolver. Pero pienso que no debemos afirmar que la generación sea formalmente la causa de la transmisión del pecado. Trento no ha querido insistir en esto, y en ningún caso mantiene una posición pe-

[163] Por ello me es difícil aceptar la opinión de A. DE VILLALMONTE, *El pecado original...*, 552, según el cual «esta fuerza-de-pecado está fuera del recién nacido, lo afecta exteriormente, lo enmarca desde fuera». ¿No corremos el riesgo, si somos consecuentes, de que la gracia enmarque también sólo desde fuera, y que, en último término, la salvación sea una conquista y no un don? En una de sus publicaciones posteriores V. habla no de pecado, pero sí de pecaminosidad, que afectaría al hombre que llega a este mundo: *¿Pecado original o santidad originaria?:* Estudios Franciscanos 82 (1981) 269-381.

[164] Cf. las notas de consenso que señala H. KÖSTER, *Urstand, Fall und Erbsünde von der Aufklärung...* (Freiburg 1982), 230: el pecado original es un estado de perdición; anterior a la decisión personal; que afecta al hombre desde el primer instante y sólo se supera con la unión con Cristo; que viene de la culpa ajena; que ante Dios tiene el carácter de verdadera culpa; cf. también las páginas siguientes sobre las excepciones a este consenso; también ib., 236ss; lo mismo repite el autor en *Urstand, Fall und Erbsünde in der kath. Theologie...* (cf. n.1), 151. Cf. también más adelante la n.176. La caracterización de este estado como «privación de gracia» (también con matices) es común; además de los autores citados en las notas anteriores, cf. FLICK-ALSZEGHY, o.c., 434s; también 301s; M. J. NICOLAS, *Évolution et Christianisme* (Paris 1973), 170ss; BUR, o.c., 18; BAUMGARTNER, o.c., 42; P. GRELOT, *Péché originel et rédemption examinés à partir de l'épître aux Romains. Essai théologique* (Paris 1973), 130s; GOZZELINO, *Il mistero dell'uomo,* 295-301; GONZÁLEZ FAUS, o.c., 377ss; RUIZ DE LA PEÑA, o.c., 183ss; etc. H.U. VON BALTHASAR, *Theodramatik III. Die Handlung* (Einsiedeln 1980), 286, señala que Adán propiamente no da nada, sino que no transmite lo que hubiera debido; sólo en este sentido tiene su acción efectos universales. CEC 405: «Peccatum originale [...] originalium sanctitatis et iustitia est privatio»; cf. ibid. n.402-404.

simista respecto de la procreación. En las declaraciones magisteriales se ha querido evitar sobre todo que la transmisión del pecado se considere cuestión de simple «imitación», es decir, que el pecado anterior a cada uno sea algo exterior a él. Por ello hay que afirmar que desde que un hombre entra en el mundo se encuentra realmente inserto en la masa de pecado de la humanidad, en una situación de pecado, de ruptura de la relación con Dios. Es claro que no se realiza desde el primer instante la ratificación personal, por parte de cada uno, de esta historia de pecado, pero esto no significa que esta inserción sea menos real. A continuación, al tratar de manera más específica del pecado original de los niños, volveremos sobre esta cuestión. En todo caso, la transmisión del pecado original por generación significa que éste es un elemento más de la condición humana que cada uno recibe por el hecho de su nacimiento, y que los efectos de este pecado están presentes desde el primer instante.

Se ha advertido también, por otra parte, que hay que entender la «generación humana» en un sentido integral que tiene en cuenta una pluralidad de factores [165]; no sólo su aspecto físico, sino también el de la entrada en un medio humano y cultural, en una sociedad entera, en el «mundo» en general; todos estos ámbitos se ven afectados por la privación de la mediación de gracia. El mundo en el que nos insertamos no está determinado sólo por nuestros padres, por decisivo que sea su influjo. Desde este punto de vista, no se requiere tampoco el monogenismo para la explicación del pecado original [166]. Sobre todo se ha de considerar la unidad radical del género humano fundada en la común vocación a la vida en Cristo con la inserción en su cuerpo. Esta situación en que el hombre se ha colocado por el pecado, la mediación de gracia que estuvo y está en el designio de Dios y que no se ha realizado, implica una solidaridad que tiene en Cristo su fundamento esencial; Adán es figura del que había de venir (Rom 5,14); esta solidaridad no se basa, por tanto, principalmente en el hecho de que todos nosotros tengamos un antepasado común. Jesús nos une en el don de su gracia; sólo tiene sentido hablar de pe-

[165] Cf. NICOLAS, o.c., 170ss; RUIZ DE LA PEÑA, o.c., 187. También A. M. DUBARLE, o.c., 122-124, hace referencia a la inserción en las instituciones, en las costumbres; sin que ello sea objeto de una decisión libre, no se puede decir que todo ello haya ocurrido por la coacción; hay en cada uno de nosotros una adhesión al mundo en que nos encontramos que no deja de ser voluntaria.

[166] El consenso es casi total entre los autores católicos.La definición tradicional del pecado original como «pecado de la naturaleza» ha sido, sin duda, una de las razones que han dado lugar a la insistencia en ciertos puntos que han originado las objeciones a que nos referíamos en la n.156. En la reflexión reciente se ha tendido a poner de relieve las dimensiones personalistas y, por tanto, relacionales del pecado original; cf. FLICK-ALSZEGHY, o.c., 320ss; se trata ante todo de una realidad que afecta negativamente a nuestra relación con Dios.

cado como el rechazo y la privación de ésta. Toda solidaridad en Adán, tanto la positiva como la negativa, depende de Cristo, y solamente de éste recibe su sentido.

El pecado de la humanidad que nos ha precedido pesa sobre el ser humano que viene al mundo y pesa sobre toda la humanidad. Pesa en cuanto impide la unión con Dios, mediada por Cristo, y la unión entre los hombres, en cuanto supone un *minus* de la presencia de Dios y de su Espíritu. La negación de la verdadera solidaridad humana, que se pone de relieve en la participación en el pecado de Adán, encontrará su expresión máxima en los pecados personales. Pero éstos no pueden contemplarse sin relación con los otros pecados, sin relación con la fuerza de pecado que ha entrado en el mundo y afecta negativamente a toda la humanidad y a cada uno de sus miembros.

Por esta razón, no parece suficiente la consideración del pecado original como la expresión de la necesidad que todos los hombres tienen de Cristo redentor para la salvación, dado que, de hecho, todos los hombres son personalmente pecadores; y dado también que quien todavía no lo es, como el niño, está orientado necesariamente a serlo si la acción de la gracia no lo impide [167]. Ciertamente, estas afirmaciones son correctas, pero no parece que den razón de todo cuanto la Escritura y la tradición de la Iglesia nos dicen sobre este particular. No se trata en ellas sólo de la universalidad del pecado, sino de la condición pecadora de la humanidad en su conjunto, de la solidaridad negativa en el mal, del influjo del pecado de los otros sobre el nuestro propio. En último término, aunque afirmemos que el punto más importante de nuestra preocupación, como el de la Biblia, es el pecado original «originado», es decir, nuestra situación actual, ésta, todavía hoy como ya en la Escritura, reclama inevitablemente la reflexión sobre los orígenes, sobre la causa de la realidad presente. El pecado original «originado» nos remite, necesariamente, al pecado original «originante». A él dedicaremos en seguida nuestra reflexión, después de considerar brevemente la cuestión del pecado original en los niños.

3. *El pecado original en los niños*

Hemos señalado ya que, según las líneas mayoritarias de la reflexión teológica en este momento, el caso de los niños no debe cons-

[167] En esta línea parece moverse A. VANNESTE, *Le dogme du péché originel,* 59ss. También tiene afinidades con esta línea la teoría de P. Tillich sobre la «transición de la esencia a la existencia»; cf. *Teología Sistemática* II, 47ss (cf. n.1).

tituir el eje del estudio del pecado original. Es en el pecado personal del adulto donde se manifiesta en el mayor grado la falta de mediación positiva de gracia, la solidaridad negativa en Adán; es la fuerza del pecado manifestada en los pecados personales la perspectiva que domina en la Escritura y la que hay que tratar siempre de recuperar. Pero tampoco hay duda de que la consideración de la situación del niño ante Dios, precisamente porque es claro que no se ha podido producir todavía el pecado personal, ha ayudado no poco a la clarificación del problema del pecado original; de hecho, en nuestra exposición anterior hemos tenido que hacer alusiones frecuentes a este asunto. Se trata de un legítimo y aun necesario desarrollo doctrinal y dogmático que, como ocurre en no pocas ocasiones, ha ayudado a profundizar en los mismos puntos de partida que han dado lugar a él. Si todos los hombres son pecadores, si a todos afecta la fuerza del pecado, *también* los niños lo son, también son ellos víctimas de este poder del mal. A la vez, la conciencia de que también los niños participan de esta condición de pecadores ha dado lugar a la clarificación progresiva de lo que significa esta solidaridad negativa en el mal, de lo que significa el «pecado original».

Si todo hombre se halla en la incapacidad para el bien, en la privación de gracia y de amistad con Dios que se va a manifestar en sus opciones por el mal y sus pecados personales, esto es también una realidad ya para el niño desde el momento en que viene al mundo. Su situación es también de «pecado», ya que ésta no responde al designio de Dios. Está, por tanto, abocado al mal y a la perdición como toda la humanidad. Necesita también él del «nuevo comienzo» que es Cristo, de la mediación de su gracia redentora. En cuanto miembro de la humanidad pecadora, es pecador y necesitado de redención, aunque no haya pecado personalmente. Por ello el bautismo de los párvulos es también, en un sentido verdadero aunque analógico, «para remisión de los pecados». Han contraído «algo» del pecado de Adán (pasando al positivo la formulación de Cartago y Trento), que ha de ser lavado con el bautismo. En nuestra reflexión sistemática tratamos de entender este «algo» como la privación de la gracia, que lleva consigo la privación de la amistad con Dios. Con la inserción en Cristo y en su cuerpo, que es la Iglesia, también los niños se «apropian» de los beneficios de la redención y viven la gracia de los hijos de Dios. El bautismo remite y perdona este «pecado» o condición pecadora adquirida por el hecho de venir al mundo. Con la inserción sacramental en el ámbito de Cristo y de la Iglesia el niño recibe la mediación de gracia y de presencia de Dios que el ámbito del «mundo» le había negado. Así se borra por la regeneración lo que por la generación se ha contraído. El bautismo de los niños tiene, por consiguiente, también un sentido en relación con el misterio del pecado.

Por razones elementales de distribución sistemática de las materias, no tratamos aquí de toda la cuestión del bautismo de los niños y sus múltiples implicaciones teológicas y pastorales. Nos contentamos con afirmar que, dada la participación del niño en la condición de pecador propia de todo hombre, en los términos que ya conocemos, necesita de Cristo redentor para ser salvado, y por consiguiente del bautismo que lo incorpora a la comunidad de salvación que es la Iglesia, separándole del ámbito de «pecado». También en relación con el niño debemos tener presente la dimensión comunitaria de la gracia y, negativamente, del pecado. La Iglesia, en cuanto ámbito de Cristo en el que se da en grado máximo la mediación de gracia, se opone al ámbito del pecado y de la muerte generadores de nuevos pecados.

Pero, una vez afirmado esto, debemos plantearnos la cuestión de la suerte de los niños muertos sin bautismo. Nada se nos dice directamente en la Escritura, y tampoco hallamos una postura definida en los primeros siglos de la Iglesia. Con san Agustín el problema se plantea explícitamente y recibe la respuesta que ya conocemos: los niños muertos sin bautismo van al infierno, aunque las penas que allí sufren son muy suaves. El concilio de Cartago camina en la misma línea al negar un estado intermedio entre salvación y condenación. En la Edad Media se va de algún modo atenuando este rigor: la pena que corresponde al pecado original es la pena de daño (carencia de la visión de Dios), pero no la de sentido (los tormentos del fuego, etc.), que es la propia de los pecados personales; en el magisterio encontramos esta distinción (cf. DS 780; en otros lugares se dice sólo que las penas son diversas: cf. DS 858; 1306). Aun con estas precisiones, se sigue hablando del «infierno» también para los que mueren sólo con el pecado original.

Pero la reflexión teológica no se detiene aquí: el «lugar» del infierno al que van los niños es el «limbus inferi», es decir, el borde, la parte más exterior de él; de ahí el «limbo» de los niños de que después se hablará. Pero todavía es más importante que, según santo Tomás, la privación de la visión de Dios, que es de suyo una pena, no es experimentada como tal por el niño, porque sabe que la salvación (visión de Dios) le es indebida y que nunca ha sido orientado a ella: no se le debe por naturaleza, ni ha podido realizar los actos que a ella le pudieran llevar; si no tiene los tormentos contrapuestos a la felicidad completa de aquellos párvulos que han muerto después del bautismo, es porque el don de Cristo excede al pecado de Adán (notemos la profundidad teológica de esta razón; lástima que santo Tomás no pudiera explotarla hasta el fondo); además, el alma del niño en esta condición, aunque no esté unida a Dios por la gloria, lo está por los bienes naturales [168]. Vemos ya aquí de algún modo las bases de la doctrina del «limbo» que lentamente se desarrollará, y que no se refiere sólo a la «localización» del mismo, sino sobre todo al estado en que se hallan los párvulos muertos sin bautizar: los niños gozarían en el limbo de una felicidad natural, es decir, proporcionada a lo que sería la «naturaleza pura» del hombre (conocemos ya esta noción); en la práctica, el carácter de pena de la privación de la visión de Dios desaparece, y se establece un lugar intermedio entre el cielo y el infierno. No parece que esta doctrina haya sido nunca directamente adoptada por el magisterio (cf. DS 2626, el limbo no es una fábula de los pelagianos).

A pesar de las dificultades que hoy suscita esta concepción, y de las que en seguida nos ocuparemos, hay que notar el sentido positivo que tuvo en su momento: quien no se ha pronunciado personalmente contra Dios en el mal uso de su libertad, no puede ser en sentido estricto un «condenado»; en cambio, sin la personal aceptación de la fe (el niño bautizado), es posible la salvación en sentido pleno: Cristo es más fuerte que el pecado, notaba ya santo Tomás siguiendo a san Pablo. Naturalmente, la reflexión teológica no puede quedarse aquí; y, como decíamos, no son pocas las dificultades que hoy plantea semejante razonamiento. Ante todo porque no podemos pensar en un ámbito de realidad que quede al margen de Cristo; el destino del hombre existente se juega siempre y sólo en el plano «sobrenatural», no en el de una hipotética naturaleza pura. Quien no alcanza la comunión con Dios en Cristo, queda radicalmente frustrado, sin que pueda venir en su ayuda una «felicidad natural» supletoria. Por tanto, si no se quiere hablar de la posibilidad de la salvación de los niños muertos sin bautismo, hay que hablar, parece, simple y llanamente de su condenación. Difícilmente podemos hallar una solución intermedia.

Pero hoy estamos en condiciones de profundizar más la razón que ya santo Tomás apuntaba. La voluntad salvífica universal de Dios (cf. 1 Tim 2,4s) y la eficacia universal de la redención de Cristo están sin duda más presentes en la conciencia de la Iglesia. El concilio Vaticano II, entre otros muchos textos magisteriales que se podrían citar, señala: «Cristo ha muerto por todos (cf. Rom 8,32) y la última vocación del hombre en verdad es sólo una, a saber, la divina; por ello hemos de mantener que el Espíritu Santo a todos da la posibilidad de que, de un modo sólo a Dios conocido, se asocien a este misterio pascual» (GS 22; cf. también ib., 19, LG 1, 13; 15; 16; AG 3, etc.; Juan Pablo II, RM 10,28-29). No creo que se pueda excluir a los niños de estas afirmaciones hechas con carácter general. Es claro

[168] Cf. TOMÁS DE AQUINO, *In II Sent.* d. 33,2,2; también *In IV Sent.* d. 45, q.1 a.2ss.

que uno puede apartarse voluntariamente de la salvación que Dios le ofrece. Pero no parece que esto pueda ocurrir sin la intervención de la voluntad libre. Debemos pensar, por consiguiente, que si al niño le afecta, y de modo muy real, la privación de la mediación de gracia querida por Dios, le afecta también la mediación de la gracia redentora de Cristo, más fuerte que el pecado. El mundo al que el niño llega, marcado ciertamente por el pecado, no sólo ha sido creado en Cristo, sino también reconciliado por él. Con la esperanza en la misericordia de Dios, debemos pensar en una posibilidad de salvación de los niños muertos sin el bautismo, aunque sea por caminos que sólo él conoce [169]. La tragedia del pecado —sin ser minimizada— ha de ser colocada en la perspectiva correcta de la gracia que sobreabunda. La última palabra de Dios sobre el mundo no es la condena de los pecadores, sino la gracia y la redención.

d) El origen del pecado y su universalidad. El pecado original «originante»

Decíamos, antes de nuestro apartado sobre el problema de los niños, que el pecado original originado reclama el originante. Si pensamos que la privación de la mediación de gracia que a todos alcanza es el fruto de los pecados de los demás, nos tenemos que preguntar dónde está el origen de esta situación.

1. *El pecado original, explicado en clave de evolución*

No han faltado los intentos de explicar el «origen» del pecado humano y de la culpa en el hecho mismo de la evolución. O, dicho con otras palabras, de encontrar el fundamento del pecado no sólo en la libertad humana, sino en el mismo cosmos y en el mundo prehumano. Algunas ideas en este sentido se hallan dispersas en las obras de P. Teilhard de Chardin [170] (al que, por otra parte, hay que recono-

[169] Acerca del *cómo* de esta salvación pueden formularse, y se han formulado de hecho, diversas hipótesis: la fe de la Iglesia (en analogía con el bautismo de los niños que no pueden todavía aceptar la fe personalmente); la eucaristía ofrecida por todos los hombres, etc. En una instrucción acerca del bautismo de los niños del 20 de octubre de 1980, *Pastoralis actio de baptismo parvulorum,* la Congregación para la Doctrina de la Fe, después de insistir en la necesidad de este bautismo, afirma que, por cuanto respecta a los niños que mueren sin él, la Iglesia no puede hacer otra cosa sino encomendarlos a la misericordia de Dios; cf. AAS 72 (1980) 1140. Las formulaciones son prudentes, pero en ningún modo restrictivas. La misericordia de Dios es, de hecho, la única esperanza para la salvación de todos los hombres.

[170] Cf. sobre todo en el vol.10 de sus obras, titulado *Comment je crois* (Paris 1969),

cer el gran mérito de haber ayudado a despertar la conciencia del cristocentrismo de la creación); el pecado original sería, en el plano del hombre, el resultado de los desórdenes que aparecen por ley estadística en todo sistema en vía de organización, como un subproducto necesario de la unificación a partir de lo múltiple. El mal, el dolor físico, la falta moral, se introducen en el mundo en virtud del ser participado. Por ello, el pecado original sería una realidad de orden transhistórico, más que un elemento de la serie de los acontecimientos históricos; expresaría la ley perenne de la falta de la humanidad en cuanto se encuentra *in fieri.* Cristo, por el contrario, sería el que sobrepasa en sí y en todos nosotros las resistencias a la unificación y a la ascensión espiritual que hallamos en la materia.

Las reflexiones de Teilhard fueron seguidas y sistematizadas por K. Schmidt-Moormann [171], y en la misma línea se ha movido también J.L. Segundo [172]; para este autor existen ya antes de la aparición del hombre las fuerzas antievolutivas; se pueden identificar con la ley de la entropía, que se opone a la marcha ascendente de la evolución. Esta triunfa contra la tendencia a las síntesis simples, cuantitativamente mayoritaria, sólo a costa de muchos intentos fallidos. Hay analogía entre la culpa y el pecado con las degradaciones que encontramos en los planos inferiores. El pecado, de modo semejante a la entropía, es antievolucionista, se opone a Cristo, que ha de luchar contra él. Es la lucha de la fuerza de la evolución que camina hacia Cristo contra la entropía que, «a medida que la libertad surge poco a poco en el horizonte, se manifiesta como pecado, como un pecado que viene de atrás, que es bien nuestro y al mismo tiempo de la comunidad en que nacemos» [173]. El pecado de que Cristo nos libera es, entonces, más «original» que si hubiera sido cometido un día por el primer padre; es la base de la unidad de la especie humana y de nuestra solidaridad con el universo. El pecado tiene, por tanto, raíces y formas primarias en todos los niveles del universo, aunque aparezca como tal sólo cuando existe la libertad. Pero tiene en común con todas estas fuerzas, que de algún modo lo explican, el hecho de ser antievolutivo, de oponerse a la recapitulación de todo en Cristo. En una «perspectiva estructural de evolución» no se niega el pecado

los artículos siguientes: *Note sur quelques représentations possibles du péché originel* (p.59-70); *Christologie et évolution* (95-113); *Le Christ évoluteur* (161-176); *Réflexions sur le péché originel* (217-230).

[171] Cf. K. SCHMIDT-MOORMANN, *Die Erbsünde. Überholte Vorstellung, bleibender Glaube* (Olten 1969); cf., sobre esta obra, P. SCHOONENBERG, *Pecado y redención,* 113-129; FLICK-ALSZEGHY, o.c., 212-223; H. KÖSTER, *Urstand, Fall und Erbsünde in der kath. Theol...,* 201-208.

[172] *Teología abierta* II (Madrid 1983), 345-486, parte titulada *Evolución y culpa.*

[173] Ib., 434-435.

original, sino que se da, a juicio del autor, la posibilidad de comprender este pecado que precede y prepara el pecado personal por el hecho de que uno pertenezca a la especie humana [174]. Como en Teilhard, todo se orienta aquí hacia la recapitulación en Cristo. La exposición de Segundo, matizada y compleja, no olvida las diferencias entre los niveles cósmicos y humanos, entre la entropía y el pecado. Pero surge la duda de si por estos caminos se hace justicia a la peculiaridad de este último, que deriva en último término de la originalidad radical de la libertad humana [175].

No parece que estas corrientes hayan sido muy seguidas en la teología de los últimos años. Prescindiendo del juicio sobre intentos concretos, en cuyo detalle por supuesto aquí no podemos entrar, la tendencia mayoritaria de la teología católica ha sido la de distinguir claramente entre el pecado y la limitación humana, la opción negativa frente a Dios y las carencias creaturales o los estadios primitivos de la evolución que han de ser superados. La situación de pecado en que se hallan los hombres que vienen a este mundo no es un defecto imputable a la obra creadora de Dios, por más que la finitud y la contingencia propias de la criatura estén en la raíz de su posibilidad de pecar. Perfectibilidad de la criatura y mal moral son dos nociones que han de ser cuidadosamente distinguidas. El «pecado original originado», recordábamos hace poco, reclama el pecado originante. No sólo un *origen,* sino específicamente un *pecado* de origen [176].

2. *El «pecado del mundo»*

En las concepciones tradicionales del pecado original se ha dado una importancia casi exclusiva al pecado de Adán para explicar el estado de «pecado» en que el niño viene al mundo. Son suficientemente claros al respecto los datos del magisterio que hemos aducido y que no necesitamos repetir. Pero en la teología moderna, a partir de un estudio más amplio de los datos bíblicos, se ha planteado la cuestión acerca de si la «herencia» de pecado y privación de gracia

[174] Cf. ib., 482; 439.

[175] Cf. González Faus, o.c., 290.

[176] De hecho, la teología católica se reconoce mayoritariamente al menos en el «mínimo» que señalaba K. Rahner, *Consideraciones teológicas sobre el monogenismo,* en *Escritos de Teología* I (Madrid 1963), 253-324, 307: «Una situación universal de condenación que abarca a todos los hombres con anterioridad a su propia decisión personal libre, y que, sin embargo, es historia y no constitutivo esencial de la naturaleza, que ha llegado a ser por la acción del hombre y no fue dada con la creatureidad»; es importante para nosotros en este momento sobre todo el último inciso, que no estaba claramente expresado en las líneas de consenso que reproducíamos en la n.164; cf. también las referencias de la nota citada.

que marca la existencia de todo ser humano que viene a este mundo está determinada sólo por un pecado inicial o si la ha producido también el cúmulo de pecados cometidos por todos los hombres. La respuesta de la teología católica de los últimos decenios se inclina, en general, por la aceptación de esta segunda posibilidad.

Ha sido notable el influjo que en este sentido ha ejercido P. Schoonenberg, cuyo intento de colocar la doctrina del «pecado original» en el ámbito más vasto del «pecado del mundo» ha sido seguido por muchos. Schoonenberg se pregunta en concreto por qué hay que dar al pecado de Adán una relevancia especial, y si no puede pensarse que todos los pecados, incluido el primero, ponen al hombre en la situación de privación de gracia en que ahora se encuentra [177]. Si se acepta esta posibilidad, se plantea el problema de la universalidad del pecado. En efecto, partiendo de esta base no parece lógico que la situación del dominio del pecado se hubiera producido desde el comienzo de la historia. La universalidad del pecado podría haber cristalizado sólo en un momento posterior; hasta entonces no se podría hablar realmente de una humanidad pecadora. En un período más o menos largo el mundo de pecado, por decirlo de algún modo, no habría «cuajado» todavía, de manera que, durante este tiempo, no tendría por qué implicar a toda persona que viniera a este mundo. El pecado no habría sido, en este sentido, universal. Schoonenberg trató de resolver en un primer momento esta dificultad diciendo que el magisterio de la Iglesia ha puesto siempre en relación la universalidad del pecado original con la necesidad que todos tienen del bautismo; por lo tanto, sólo estamos obligados a afirmar esta universalidad a partir del momento en que el bautismo ha existido. Por ello podemos pensar que ha sido con el rechazo concreto de Cristo, con su muerte en la cruz, cuando se ha producido la «acumulación» decisiva del pecado del mundo, una «segunda caída» definitiva, que ha consumado la historia de pecado [178].

Este último punto ha sido el que más dificultades ha creado a la teoría de Schoonenberg. El mismo señaló que la había propuesto a título de simple hipótesis, sobre la que no quería insistir [179]. En efecto, esta solución difícilmente puede convencer. La necesidad del bautismo significa sobre todo, lo hemos visto en nuestro recorrido histórico, necesidad de Cristo redentor. ¿Se da ésta sólo después de la encarnación y muerte de Cristo? Podría darse la paradoja de que Jesús, que viene a quitar el pecado del mundo, no haga más que

[177] Cf. Schoonenberg, *El hombre en pecado,* 1033s.

[178] Cf. ib., 996; 1038.

[179] Ruiz de la Peña, o.c., 180, señala que, en una conferencia pronunciada en Roma el 28 de enero de 1968, Schoonenberg afirmó que había abandonado completamente esta hipótesis.

acrecentarlo. Es verdad que el rechazo de Cristo y su muerte en concreto son la máxima manifestación del pecado. Pero no parece que este rechazo inaugure la situación pecaminosa, sino que más bien es de algún modo consecuencia del pecado ya existente. En el mismo Nuevo Testamento, la muerte de Jesús parece verse en continuidad con la historia precedente de pecado y de rechazo de Dios (cf. Mt 21,33ss par., parábola de los viñadores homicidas).

Pero, prescindiendo de este último punto, Schoonenberg no ha sido el único en la tendencia a considerar la suma de los pecados de la humanidad como pecado originante, sin conceder relevancia específica al primer pecado. Así Martelet considera que el «pecado de Adán» es el «pecado inaugural» de la serie que después seguirá, pero sin que pueda hablarse de causalidad de este primer pecado respecto de los otros; este primer pecado sería una falta «arquetípica» en la que aparece la naturaleza de todo pecado [180].

3. *«Pecado de Adán» y «pecado del mundo»*

La incidencia de toda la historia de pecado en la situación del hombre que viene al mundo es algo comúnmente aceptado en la teología católica actual, sin que esto tenga que implicar el desconocimiento de la importancia del primer pecado. En realidad, si son válidos los presupuestos que hemos establecido en las páginas precedentes, si consideramos que el misterio de la comunicación y de la mediación de la gracia, en sus aspectos positivos y por tanto también en los negativos, está indisolublemente unido al ser del hombre y a su vocación en Cristo, hemos de pensar que todo pecado, en una mayor o menor medida, corta la mediación de gracia, priva a los demás del don de Dios que es para todos, de la contribución irrepetible de cada uno a la plenitud del cuerpo. La Escritura y también algunos elementos de la antigua tradición de la Iglesia parecen abonar esta recuperación del «pecado del mundo» en este contexto del

[180] Cf. G. Martelet, *Libre réponse à un scandale. La faute originelle, la souffrance et la mort* (Paris 1986), 68-69; 52-53. Ya antes que él H. Rondet, *Le péché originel dans la tradition patristique et théologique* (Paris 1967), esp. 316ss, señala que si Cristo es una persona, el otro polo del paralelo paulino, Adán, es legión, toda la humanidad pecadora. Por ello, la multitud de todos los pecados constituye el pecado del mundo, el pecado de Adán; A. M. Dubarle, *Le péché originel. Perspectives théologiques,* considera también que la herencia de pecado se remonta a una masa indefinida de pecados relacionados entre sí, pero no concede relevancia al primero, cf. p.111. No falta quien considera que el pecado original originante es la suma de todos los pecados pasados, presentes y futuros: G. Blandino, *Considerazioni sul peccato originale:* Miscellanea Francescana 85 (1985) 771-783; ya Teilhard de Chardin había expuesto ideas semejantes; cf. los artículos citados en la n.170.

pecado original, como causante, en parte al menos, de la situación de alejamiento de Dios de la humanidad [181].

Ahora bien, como acabamos de señalar, esto no significa, para la mayoría de los teólogos, abandonar el valor especial del primer pecado, del «pecado de Adán» en el sentido lato. Es larga la serie de autores que, aceptando que todos los pecados son causantes de la actual situación de la humanidad, creen que se ha de conceder a este primer pecado una relevancia peculiar, aunque pueda haber, y haya de hecho, discrepancias notables en el modo de concebirla [182]. Tanto la Escritura como la tradición y el magisterio de la Iglesia coinciden en dar a este momento inicial una peculiar relevancia. Si los pecados de los hombres se condicionan unos a otros, en algún momento ha tenido que empezar esta cadena; el pecado o los pecados cometidos al principio han de tener algún valor desencadenante; si éste no se reconoce, no se ve cómo se puede pensar que toda la suma de pecados de la historia grave sobre la situación actual. No dejan de tener peso las consideraciones de K. Rahner: la humanidad primera u originaria *(Urmenschheit)* no tenía por qué verse afectada por los con-

[181] Hemos hecho alusión a esta cuestión en diferentes momentos de nuestra exposición histórica. No parece que este modo de ver vaya en contra del «origine unum» del concilio de Trento: por una parte, porque esto no implica negar el valor decisivo del primer pecado; por otra, en Trento la afirmación trata, al parecer, de oponerse sea a la idea de la transmisión del pecado por la imitación, sea a la idea de la pluralidad de pecados materiales causantes de la diversidad de pecados concretos de los hombres. Ninguna de estas dos opiniones es defendida por la mayoría de los teólogos católicos que ponen de relieve el valor, a su manera, «originante» de toda la masa de pecado. El reciente *Catecismo de la Iglesia Católica* recoge también estas ideas: cf. sobre todo el n.408.

[182] Cf. p.ej. las posiciones de WEGER, o.c, 65ss; M.J. NICOLAS, *Évolution et Christianisme,* 159ss, esp. 161.180; CH. BAUMGARTNER, *Le péché originel* (Paris 1969), 42ss; 153ss; P. GRELOT, o.c., 153; G. GOZZELINO, *Il mistero dell'uomo in Cristo,* 393-401; GONZÁLEZ FAUS, o.c., 376; J. BUR, o.c., 60ss; J. L. RUIZ DE LA PEÑA, o.c, 181; G. COLZANI, *Antropologia teologica. L'uomo paradosso e mistero* (Bologna 1988), 383-386; J. LIÉBAERT, *La tradition patristique jusqu'au Vᵉ siècle,* en P. GUILLUY, *La culpabilité fondamentale,* 34-55; FLICK-ALSZEGHY, si bien consideran casi exclusivamente el primer pecado en su exposición, afirman también, o.c., 371 (436): «No creemos que haya que restringir la responsabilidad de la miseria actual de la humanidad a un *solo acto,* ya que cada pecado influye en la condición humana y agrava su miseria. Sin embargo creemos que, en este océano de culpas, la *primera* tiene una importancia especial...»; cf. también ib., 258-262 (303-307), sobre el «pecado del mundo»; también Z. ALSZEGHY, *La discussione sul peccato originale:* Gr 67 (1986) 133-139. También K. Rahner ha insistido mucho en el primer pecado; cf. las obras que a continuación citaremos; pero en el *Curso fundamental sobre la fe,* 137ss (cf. n.160), al hablar de la libertad ajena como un momento de la propia libertad, no parece limitarse al primer pecado, al que concede sin duda una importancia especial; las «objetivaciones de la culpa» de que habla incluyen sin duda los otros pecados; cf. esp. p.140s. Casi inútil señalar que ni el monogenismo en sentido estricto ni la descendencia física de todos del primer Adán se consideran, en la mayoría de los casos, imprescindibles para conceder al primer pecado esta importancia peculiar.

dicionantes negativos de la libertad que tenemos nosotros; su rechazo de Dios ha determinado el curso de la historia porque, desde entonces, todos los hombres han sido, en el uso de su libertad, condicionados negativamente por el pecado, ya que la libertad de los demás es un momento intrínseco de la nuestra [183]. No hay contradicción entre el «pecado de Adán» y el «pecado del mundo»; no se trata de una alternativa [184]. Más bien ambos se exigen de algún modo mutuamente: el segundo, sin el primero, deja de tener explicación. Y éste, a su vez, manifiesta el real peso del primero. Sin dar al primer pecado o pecados (prescindiendo del modo concreto como puedan haberse producido) una relevancia especial, no se ve cómo se puede salvar la universalidad de la condición pecadora de la humanidad. El dominio del pecado y el apartamiento de Dios han entrado, por tanto, en el mundo desde el comienzo, aunque no sólo este momento inicial es responsable de todo el mal que ahora vivimos.

Naturalmente, esta universalidad no se afirma por sí misma. Se trata de la significación universal de Cristo como redentor de una humanidad alienada por el pecado, inseparablemente unida a su condición de cabeza de la humanidad toda. No tenemos por qué repetir las consideraciones hechas al inicio de nuestra reflexión. Baste señalar ahora que no parece que tenga base en el Nuevo Testamento considerar a Cristo como el salvador de todos, y el redentor de los que personalmente han pecado. Las funciones de «cabeza» de la humanidad y de «redentor» de la misma pueden sin duda distinguirse, pero no separarse. Las dos van unidas en Cristo muerto y resucitado. El pecado ha tenido que empezar, por ello, al principio de la humanidad, dado que Jesús es el redentor de toda ella considerada como un todo moral [185]. Con ello no tratamos de decir que este primer pecado sea de naturaleza o gravedad distintas de los otros. Pero es, simplemente, el primero, y, como tal, de algún modo el desencadenante de una historia de pecado, a la que todos los hombres hemos contribuido después y seguimos contribuyendo. En este sentido, todos somos Adán; la doctrina del pecado original adquiere sin duda así un peso existencial mucho mayor: no somos sólo víctimas del pecado de los demás, sino que también los demás son víctimas de

[183] Cf. *Erbsünde und Monogenismus,* excurso en K. H. WEGER, o.c., 176-223; ID., *Pecado original y evolución:* Concilium 3,2 (1967) 400-414; cf. también la nota anterior.

[184] No faltan tampoco los teólogos que parecen tomar en consideración sólo el primer pecado en la reflexión sobre el pecado original; así SAYÉS, *Antropología del hombre caído,* 328ss; *Teología del pecado original:* Burgense 29 (1988) 9-49; A. LÉONARD, *Les raisons de croire* (Paris 1987), 177-231.

[185] Cf. K. RAHNER, *Pecado original y evolución,* 47ss; también, *Die Sünde Adams* (cf. n.161); ya TOMÁS DE AQUINO, *STh.* I II q.81, a.3.

nuestro pecado. El primer o primeros pecadores no son, por tanto, los responsables de todos los males; pero la situación de pecado se arrastra desde el comienzo de la historia, no como una mera suma de pecados personales, sino también como un destino solidario (mejor sería decir «antisolidario») de toda la humanidad; en este sentido, el pecado de «Adán» nos ha constituido a todos en pecadores.

e) Las consecuencias del pecado original después del bautismo

En el bautismo, el hombre es plenamente renovado y desaparece de él todo lo que tenga razón de pecado. Es la afirmación clara del concilio de Trento, a la que ya nos hemos referido. Este constituye evidentemente un punto indiscutido de partida para nuestra reflexión. Por otra parte, tenemos la experiencia cotidiana del pecado de los bautizados. ¿No tienen nada que ver estos pecados personales del bautizado con el pecado original? ¿No tienen ninguna relación con la privación de comunicación de gracia que nos rodea?

Que la Iglesia en su doctrina, en su liturgia, cuenta con este pecado del bautizado es un hecho evidente: basta la existencia del sacramento de la penitencia para probarlo. Por otra parte, el mismo concilio de Trento nos hablaba de la concupiscencia, fruto del pecado y que lleva a él. Esta relación indirecta de muchos de estos pecados personales con el pecado original parece que ha de mantenerse. Decimos relación indirecta porque el eslabón entre el pecado original y estos pecados, la concupiscencia, no es pecado en sentido estricto.

Podemos incluso llevar algo más adelante nuestra reflexión. En el contexto de la doctrina del pecado original, Trento no alude a la disposición con que se recibe el bautismo, a la aceptación de la gracia, etc. En el decreto sobre la justificación, esta disposición y cooperación, que se presupone diversa en cada caso, es expresamente tenida en cuenta (cf. DS 1529). Por esto nos podemos preguntar si en todo caso la aceptación de la gracia y la cooperación a la misma ha de ser total y completa, en modo de eliminar en el justificado todo resquicio de «pecado». En la medida en que no sea así, queda en el bautizado un resto de pecado (sabemos que esta noción puede admitir una gradualidad), por el que puede influir en él la privación de gracia y de presencia de Dios, que de suyo habría de quedar superada por el bautismo; puede no desaparecer, por tanto, plenamente en el bautizado el *minus* de comunicación de bien y de presencia de Dios. Ello no ocurre porque el bautismo no tenga de suyo fuerzas para insertar plenamente en Cristo; tampoco porque no se dé una radical transformación interna del justificado. Simplemente afirmamos que la respuesta y la cooperación a la gracia, necesaria en el adulto y que también en el caso del bautismo del niño deberá realizarse una vez que éste llegue a la edad del discernimiento, difícilmente será tal que la inserción en Cristo y la eliminación del mal se logren perfectamente. No nos separamos del todo del mundo de pecado. Los pecados personales del bautizado tienen que ver, por tanto, también con el pecado original y con el «pecado del mundo»; no serán, en general, *exclusivamente* personales ni en su raíz ni en sus consecuencias. La mediación negativa del mal sigue actuando en nosotros mientras estemos en este mundo. La plena justificación del pecador es un bien escatológico [186].

f) **La mediación para el bien**

Iniciábamos esta reflexión situando la doctrina del pecado dentro del ámbito de la significación universal de Jesús. La cerramos también con otra breve consideración cristológica que nos ayude a colocar de nuevo en su lugar apropiado cuanto hemos dicho en las páginas anteriores. Empecemos diciendo que la carencia de mediación de gracia, la situación de «desgracia» en la que el hombre se encuentra, no es nunca la única determinante de su relación con Dios. Está también la mediación de la gracia de Cristo; el amor de Dios nunca abandona al hombre en esta vida. La mediación superadora de la gracia se realiza y se hace visible de modo especial en la Iglesia y en los sacramentos, y sobre todo en el del bautismo. Pero esto no quiere decir —lo hemos señalado ya hace poco a propósito de la suerte de los niños— que el don del Espíritu y el poder de la gracia de Dios no actúen fuera de las fronteras de la Iglesia visible. La Iglesia misma nos enseña expresamente lo contrario. La mediación de la gracia, por caminos sólo a Dios conocidos, puede, por tanto, estar presente aún antes de la incorporación visible del hombre a la Iglesia en el bautismo. Don del Espíritu de Jesús y pecado original son las coordenadas contrapuestas en que se mueve la vida del hombre. Normalmente, en sus opciones libres, se dará en él la ratificación de la desobediencia de Adán; pero también, por el impulso de la gracia, la de la obediencia de Cristo. Estas dos posibilidades se abren de modo real ante las opciones del hombre que decidirán su suerte definitiva. Pero, dejando abierta la cuestión de la opción y suerte definitiva de cada uno, debemos afirmar que la mediación de gracia será, en definitiva, más fuerte que la del pecado.

[186] Cf. también en este sentido GOZZELINO, o.c., 396.

El paralelismo paulino Adán-Cristo en rigor no es tal, sino un triunfo del segundo sobre el primero, un «mucho más». Se habla a veces del pecado original en términos que parecen presuponerlo más fuerte que el don del Espíritu de Cristo, puesto que el primero está en todos por el hecho de nacer, y la gracia se da solamente a los que se incorporan a Cristo por el bautismo. Sin minimizar en absoluto la importancia del bautismo y la incorporación a la Iglesia, podemos completar estas consideraciones con otras que tienen también fuerte arraigo en la tradición. El mundo en el que el pecado abunda es el mismo al que ha venido Jesús, que con su encarnación se ha unido a todo hombre (GS 22) [187]. Este hecho no puede no tener consecuencias para todos, como para todos las ha tenido el pecado. No sería cristiana una visión desesperanzada sobre el destino definitivo de la humanidad. Jesús ha vencido ya a la muerte y al pecado.

Es real, lo hemos afirmado repetidas veces, la privación de la gracia que el pecado de Adán y el de todos los que le han seguido causa en todos los hombres. No podemos minimizar el pecado que interrumpe de suyo nuestra relación con Dios y nos lleva a la perdición [188]. Pero junto a esta cara negativa está siempre el comienzo nuevo del amor de Dios, en la «formalidad» del perdón que nos revela hasta el fondo las entrañas misericordiosas del Padre.

Este «nuevo» amor de Dios, siempre dispuesto a empezar su historia con el hombre, hace que no se interrumpa la presencia de su gracia. El «nuevo» comienzo de la cruz y la resurrección indica la incapacidad radical del hombre de restaurar la relación con Dios, pero a la vez la fidelidad y la justicia divinas mantenidas a pesar del pecado. No se trata, por tanto, de minimizar este último, sino de «magnificar» el amor perdonador de Dios. El estudio de la gracia,

[187] Sobre la raíz patrística de esta afirmación conciliar cf. más adelante la n.28 del c.4; esta visión es de suma importancia para la teología de la gracia.

[188] P. HUBY, *Épître aux Romains* (Paris 1957), 197: «...chez tous, dès leur naissance, habite une force de péché héritée d'Adam, qui, si elle n'est pas surmontée par une puissance plus forte, s'affirmera en actes et les conduira à leur perte éternelle». Es claro que el poder más fuerte que el pecado es el de Cristo. Llevado sin duda por esta misma preocupación hablaba BAUMGARTNER, o.c., 164s, de la doctrina del pecado original como de un punto de vista «abstracto» sobre el hombre concreto; no creo que sea «abstracto» hablar del pecado, ya que se trata de una realidad muy concreta que afecta al hombre concreto. Pero sí se puede decir que es un punto de vista «parcial», es decir, que no nos da *toda* la realidad concreta del hombre ante Dios, ya que ésta nunca está marcada sólo por la «ira» divina, sino que el amor está siempre presente. Interesante también la posición de J. MOUROUX, *Sens chrétien de l'homme* (Paris 1945), 125ss: si sobre todos grava el peso del primer Adán, también sobre todos actúa la atracción del segundo. CEC 404: «omnes homines implicantur peccato Adami, sicut omnes iustitia Christi implicantur».

que a continuación abordamos, nos dará ocasión de profundizar en estos temas [189].

[189] Entre las recientes publicaciones sobre el pecado original destacamos: L. PANIER, *Le péché orginel. Naissance de l'homme sauvé* (Paris 1996); B. RUHE, *Dialektik der Erbsünde* (Freiburg Schweiz 1997); S. WIEDENHOFER (ed.), *Erbsünde- was ist das?* (Regensburg 1999); R. SCHWAGER, *Erbsünde und Heilsdrama* (Münster 1997); G. H. BAUDRY, *Le péché dit originel* (Paris 2000).

PARTE SEGUNDA

EL HOMBRE EN LA GRACIA DE DIOS

PRELIMINARES

La segunda y última parte de nuestro tratado, que ahora iniciamos, es en cierto modo la más decisiva. Es la que con mayor profundidad nos dice lo que somos ante Dios, porque es la que nos habla de su última palabra sobre nosotros; ésta no es, decíamos hace un momento, la condenación del pecador, sino la gracia y la misericordia. Dios no quiere la muerte del pecador, sino que se convierta y viva (cf. Ez 18,23). El designio original de Dios sobre el hombre es la plena conformación con Jesús. Esta última palabra estaba ya prefigurada en la primera, en la gracia y la amistad que Dios ofreció a los hombres en el paraíso. La infidelidad humana no ha sido causa de que Dios abandonara su proyecto. En Jesús se nos ha revelado el misterio escondido desde los siglos para nuestra salvación (cf. Ef 3,9). La realización plena de este designio divino tendrá lugar en la consumación escatológica, pero es ya una realidad en esta vida. El hombre reconciliado con Dios es ya hijo, se halla unido a Jesús en la fuerza del Espíritu, participa ya de manera auténtica, aunque todavía imperfecta, en la vida del Dios uno y trino. El hecho de poder estar en la amistad con Dios, en la «gracia» que nos es otorgada en Jesucristo, es la dimensión decisiva de nuestra existencia; consiguientemente la vida en la gracia constituye la realización última de nuestro ser. Esta se halla en nuestra condición filial, participación en la filiación única de Cristo, cuyas características debemos desentrañar en esta parte de nuestro estudio.

La humanidad ha sido desde siempre amada en Cristo, aunque la manifestación de este hecho ha tenido lugar sólo en la muerte y resurrección del Señor. Por otra parte, este amor, para ser digno de Dios y del hombre, ha de ser libremente acogido. No basta, por tanto, con la afirmación general de que la humanidad es amada por Dios en Jesús. Cada hombre ha de entrar personalmente en este amor en el seguimiento de Jesús que lo ha revelado y nos ha mostrado el modo de corresponder a él. La experiencia humana, iluminada por la fe, nos muestra la ratificación en una u otra medida, por parte de todos nosotros, de la historia de pecado que nos precede y que con nuestras decisiones pecaminosas contribuimos a agravar. Pero por la acción del Espíritu podemos también acoger a Jesús y seguir el camino de su vida. Ello acontece ante todo en la escucha y la aceptación de su mensaje y de su persona en la fe y en el sacramento del bautismo. Pero sabemos ya que el Espíritu Santo da a todos los hombres la posibilidad de asociarse al misterio pascual de Jesús. En una forma que no conocemos, pueden también, quienes no han recibido la gracia del Evangelio, unirse a Jesús, entrar en comunión con Dios y entrar así en su gracia y en su favor. Por evidentes razones, como hace la Escritura y la enseñanza de la Iglesia, nuestra exposición se referirá primariamente a quienes se incorporan a Cristo y a la Iglesia en el bautismo y se adhieren personalmente en la fe a la persona de Jesús. En ellos se manifiesta de la manera más plena y visible la «gracia». Pero con este modo de proceder no se trata de señalar fronteras visibles a la realidad invisible que es la vida en la gracia de Dios. Por otra parte, podemos pensar que en las diferentes maneras, para nosotros desconocidas, en que se puede producir el encuentro con el Señor, de algún modo se tendrá que dar lo que de forma clara y explícita acaece en quien acepta en la fe la salvación de Jesús y, gracias al don del Espíritu, vive en la fraternidad de la Iglesia la vida de los hijos de Dios.

Ya en nuestra exposición anterior hemos tenido siempre presente a Jesús; él es el modelo y la medida de lo humano. Incluso al tratar del pecado hacíamos ver cómo éste es la cerrazón humana al amor que Dios desde siempre nos ha tenido en Cristo. Deberemos seguir ahora esta misma pauta, todavía, si cabe, de modo más intenso. En efecto, Jesús es la gracia de Dios en persona, la manifestación del amor de Dios a todos los hombres. Solamente a partir de Jesús, en quien la vida divina ha sido comunicada a la humanidad, tiene sentido una doctrina teológica sobre el hombre en la gracia, es decir, en el favor de Dios. No hay más «agraciamiento» de la humanidad que el que se da en Cristo, en quien el Padre se ha complacido (cf. Mc 1,11 par.; Mt 17,5). La venida de Jesús al mundo no tiene otro presupuesto si no es el amor de Dios; por ello Jesús es la «gracia», es decir, la manifestación del amor gratuito y desinteresado del Padre. A la luz de este amor se nos dice definitivamente quién es el ser humano para Dios; a la vez se nos muestra que la actitud cristiana fundamental es la apertura al don que viene de lo alto y al reconocimiento agradecido de este don en el amor a Dios y a los hermanos.

Nuestro estudio de la gracia se inserta en el ámbito de la «antropología teológica», es decir, del estudio teológico del hombre. Por ello no tratamos solamente de la «gracia» en sí misma, sino también y sobre todo del hombre en la gracia, en el favor de Dios, del hombre en cuanto agraciado por Dios en su Hijo. La noción misma de «gracia», del don gratuito, tiene inevitablemente una dimensión relacional. Se nos remite, por tanto, a la relación personal que Dios quiere establecer con nosotros y, en último término, a Dios mismo, que quiere darse a su criatura. Todo ello no excluye de ninguna manera, sino que incluye, la realidad nueva que viene a crearse en el hombre que está en la amistad con Dios. Esta amistad constituye el fundamento de esta transformación interior. El designio de Dios sobre el hombre se lleva a cabo efectivamente en el ser humano. Pero, por otra parte, este designio, en su ser más profundo, realiza algo en el hombre sólo en cuanto lo une a Dios, que es su único fin. Valgan estas indicaciones elementales para justificar las líneas primordiales que seguiremos en nuestro tratamiento de la cuestión.

Se ha constatado en los últimos tiempos un cierto olvido de la teología de la gracia, al menos en comparación con otras materias teológicas [1]; dentro del campo de la antropología teológica, p.ej., el tema del pecado original ha suscitado y sigue suscitando mayor interés. Pero nunca podrá desaparecer de la vivencia de la fe, y por tanto de la reflexión teológica, la grandeza del don de Dios en Jesús, que no viene del mérito, sino de la gracia [2], y las consecuencias del mismo para la consumación y perfección de la vocación humana [3].

La segunda parte de nuestro tratado se abrirá con una introducción bíblica e histórica, que se centra especialmente en el concepto de «gracia» y en los diferentes significados que el término ha ido adquiriendo a lo largo de su larga historia. Articularemos después la exposición sistemática en tres capítulos principales (capítulos 5, 6 y 7): en el primero de ellos nos ocuparemos de la gracia en su aspecto de justificación del pecador; tendremos también ocasión de tratar sobre la iniciativa divina y la cooperación humana en la salvación. El segundo capítulo sistemático tratará sobre la filiación divina, el eje de nuestro ser de justificados. Por último estudiaremos la nueva realidad del justificado y la vida del mismo en la gracia y el favor de Dios. Una consideración final sobre la voluntad salvífica universal de Dios cerrará esta parte y el volumen entero.

[1] Cf. A. MEIS, *La gracia, ¿verdad teológica en crisis?:* Teología y vida 31 (1990) 227-256; J. L. RUIZ DE LA PEÑA, *El don de Dios,* 11.

[2] AGUSTÍN, *Sermo* 185 (PL 38, 999): «Nam quae maior gratia Dei nobis potuit illucescere, quam ut, habens unigenitum Filium, faceret eum hominis Filium, atque ita vicissim hominis filium faceret Dei Filium. Quaere meritum, quaere causam, quaere iustitiam; et vide utrum invenias nisi gratiam».

[3] Además de las obras generales y de los tratados sobre la gracia que mencionamos en la bibliografía del comienzo, son de especial interés las obras de E. SCHILLEBEECKX, *Christus und die Christen. Die Geschichte einer neuen Lebenspraxis* (Freiburg 1977) *(Cristo y los cristianos. Gracia y liberación,* Madrid 1982); J. MARTÍN-PALMA, *Gnadenlehre. Von der Reformation bis zur Gegenwart* (Freiburg-Basel-Wien 1980); O. H. PESCH-A. PETERS, *Einführung in die Lehre von Gnade und Rechtfertigung* (Darmstadt 1981); L. WEIMER, *Die Lust an Gott und seiner Sache oder: Lassen sich Gnade und Freiheit, Glaube und Vernunft, Erlösung und Befreiung vereinbaren?* (Freiburg-Basel-Wien 1981).

Capítulo IV

LA NOCION DE GRACIA EN LA BIBLIA Y EN LA TRADICION

BIBLIOGRAFIA

Ch. Baumgartner, *La grâce du Christ,* 9-145; G. Colzani, *Antropologia teologica,* 25-214; P. Fransen, *Desarrollo histórico de la doctrina de la gracia:* MySal IV 2, 609-729; A. Ganoczy, *Aus seiner Fülle haben wir alle empfangen,* 11-239; H. Gross, *La gracia en el Antiguo Testamento:* MySal IV 2, 579-589; V. Grossi-B. Sesboüé, *Gracia y Justificación,* en B. Sesboüé (dir.), *Historia de los Dogmas* II (Salamanca 1996), 203-308; G.L. Müller, *Texte zur Theologie. Gnadenlehre* (Graz 1996); J. Martín-Palma, *Gnadenlehre. Von der Reformation bis zur Gegenwart* (Freiburg-Basel-Wien 1980); F. Mussner, *La gracia en el Nuevo Testamento:* MySal IV 2, 590-608; O. H. Pesch-A. Peters, *Einführung in die Lehre von Gnade und Rechtfertigung;* H. Rondet, *Gratia Christi (La gracia de Cristo);* J. L. Ruiz de la Peña, *El don de Dios,* 207-311; E. Schillebeeckx, *Christus und die Christen,* 75-446.

Es claro que no pretendemos buscar en la Escritura un desarrollo sistemático y organizado de lo que en tiempos posteriores se ha entendido por la «gracia», ni mucho menos un esbozo de lo que después ha sido y es el «tratado» escolástico sobre la misma. Ahora bien, es igualmente claro que la idea que se ha expresado con este vocablo, para nosotros familiar, no sólo está presente en la Biblia, sino que la penetra toda entera. Toda ella nos habla de la «gracia» en cuanto pone de manifiesto el amor de Dios al hombre, es decir, su fidelidad y misericordia, el perdón que le otorga, el favor de que goza a sus ojos. El estudio de la doctrina de la gracia en la Escritura podría abarcar toda la teología bíblica, ya que todo es gracia, todo lo que significa salvación para el hombre es puro don gratuito. Por ello, y dado que en los temas sucesivos tendremos que estudiar la doctrina bíblica acerca de las diferentes cuestiones concretas, nos limitaremos ahora a unas breves indicaciones sobre los términos que se relacionan especialmente con la idea de «gracia»; a partir de ellos descubriremos algunas de las líneas fundamentales que caracterizan el obrar de Dios en favor del hombre y muestran su actitud benevolente para con nosotros. Ya en el Antiguo Testamento encontraremos las raíces de la revelación plena del amor de Dios en Jesús. Dios ha elegido a su pueblo, mira con buenos ojos al pobre y al desamparado. El estudio de los términos veterotestamentarios que se refieren al obrar «gracioso» de Dios nos servirá para ver después desde qué categorías ha interpretado el Nuevo Testamento la única «gracia» definitiva que es Cristo. Esta es en efecto la perspectiva neotestamentaria dominante: no se puede hablar de la «gracia» si no es en relación con la salvación de Dios en Cristo, que no depende de ningún mérito previo del hombre, ni en su realización que ha tenido lugar de una vez para siempre, ni en el don personal de la participación en ella que en todo tiempo se ofrece a cada ser humano.

LA TERMINOLOGIA DE LA GRACIA EN EL ANTIGUO TESTAMENTO

Nos encontramos en primer lugar con el verbo *ḥānan* y su derivado el sustantivo *ḥēn* [1]. El significado original de la raíz es apiadarse, obrar bien con alguien. No tiene un significado exclusivamente religioso, sino que se se utiliza también para designar el modo de comportarse de unos hombres con otros. Precisamente de este significado «profano» surge el uso religioso de la palabra. El verbo se utiliza sobre todo en este sentido en todo el Antiguo Testamento hebreo, especialmente en los Salmos. Se expresa con él la correlación entre la necesidad y la carencia que aquejan al hombre, por una parte, y el poder de Dios que viene en su auxilio, por otra. Se pide a Dios que sea favorable al que le invoca, que lo auxilie y proteja (cf. Sal 4,2; 6,3; 25,16; 26,11; 51,3-4). El favor de Dios, su «gracia», se experimenta como respuesta a la oración [2]. En otras ocasiones el verbo significa la concesión de los beneficios divinos, la bendición del pueblo, con el trasfondo de la alianza hecha con Israel. La actitud favorable a los hombres está unida al nombre de Yahveh, es una propiedad que le pertenece casi en forma exclusiva (cf. Ex 33,19; Núm 6,25ss; Is 30,18ss).

El adjetivo «favorable», «gracioso», se usa casi únicamente con referencia a Dios; es un predicado divino, que con frecuencia se une a su condición de misericordioso en una fórmula estereotipada: «Yahveh, Dios misericordioso y clemente, tardo a la cólera y rico en amor....» (Ex 34,6; cf. Sal 86,15; 103,8, etc.). En cambio, el sustantivo *ḥēn* tiene preferentemente un uso profano; aparece sobre todo en el giro tan frecuente «hallar gracia a los ojos de...», que significa la acogida favorable de un inferior ante quien está en una situación superior (cf. 1 Sam 16,22; 27,5; 2 Sam 14,22; 16,9...); también a los

[1] Cf. para todo lo que sigue, H. CONZELMANN, W. ZIMMERLI, χάρις: ThWNT IX, 363-393; H. GROSS, *La gracia en el Antiguo Testamento:* MySal IV 2, 579-588; J. H. STOEBE, *ḥēn:* ThHAT I, 587-597; D. N. FREEDMAN-J. LUNDBOM, *ḥānan*: ThWAT III, 23-40; J. HASPECKER, *Gnade im Alten Testament:* LThK IV, 977-980.

[2] Cf. E. SCHILLEBEECKX, o.c., 80.

ojos de Dios se encuentra «gracia»: así, Moisés ha hallado gracia a los ojos de Dios (Ex 33,12-17); precisamente por ello, Dios caminará con el pueblo de Israel que ha elegido (cf. también Gén 6,8, Noé halla gracia a los ojos de Dios; cf. Lc 1,30). Dios acoge y recibe con favor al hombre, a su pueblo de Israel en especial (cf. Jer 31,2ss). Pero el vocablo puede indicar, más que el favor o la bondad, también el reconocimiento de algo bueno, de algo que suscita la benevolencia. Solamente Dios puede dar la «gracia» a los pobres o a los humildes, o hacer que encuentren el favor de otros; así en Gén 39,21, José gana el favor del alcaide; Ex 3,21, el pueblo halla gracia a los ojos de los egipcios, siempre por el don de Dios. El término *ḥēn* significa también la cualidad, la belleza que tiene el que halla el favor divino (Sal 45,3; Prov 13,15; cf. también Prov 1,9; 3,22, etc.).

El sustantivo *ḥesed* es todavía más frecuente para designar el comportamiento de Dios en su fidelidad a la alianza y amor a los hombres [3]. El término significa bondad, amistad, amor, etc. Es una actitud fundamental de una persona, que se manifiesta en sus concretas actuaciones (cf., con referencia a Dios, Gén 19,19; 24,12-14). Esta actitud se expresa, en el significado profano del término, en las relaciones interhumanas; de ahí que el *ḥesed* tenga que ver con la comunidad, con el comportamiento de unos hombres con otros. Este comportamiento no se reduce al ámbito de los derechos y los deberes establecidos, sino que va mucho más allá. Por lo demás, es siempre el amor de Dios a su pueblo el que posibilita el amor y la entrega de los hombres. Aplicado el término al ámbito estrictamente teológico, es siempre el modo de comportarse de Dios, sus actitudes y sus actos, lo que prevalece; también aquí, como ya veíamos en relación con los términos anteriores, es importante Ex 34,6. El *ḥesed* es, por consiguiente, la actitud de amor y de favor de Dios para con los hombres que está en la base de su actuación concreta. La palabra resume de alguna manera lo que es Dios para los hombres (Sal 144,2: «él es mi *ḥesed*, y mi baluarte, mi ciudadela y mi liberador») [4], expresa la confianza radical del pueblo y del creyente en el amor salvador de Dios. Designa la actitud fundamental de Dios que está en la base de la alianza que ha estipulado con el pueblo y que determina su fidelidad a la misma [5]. Pero el *ḥesed* divino desborda el estricto cumplimiento de lo pactado, va siempre más allá de lo que cabía esperar (cf. Gén 32,10ss; 39,21; Jos 2,12). La relación del

[3] Cf. ZIMMERLI, o.c., 372ss; SCHILLEBEECKX, o.c., 85ss; N. GLUECK, *Das Wort Hesed im alttestamentliche Sprachgebrauch* (Berlin [2]1961); H. J. STOEBE, *Hesed:* ThHAT I, 600-621; H. J. ZOBEL, *Hesed:* ThWAT III, 47-71; A. GANOCZY, *Aus seiner Fülle...*, 15-20.

[4] Cf. ZOBEL, o.c., 69ss.

[5] Cf. GROSS, o.c., 585.

ḥesed con la alianza que Dios ha hecho con su pueblo se pone de manifiesto especialmente en el Deuteronomio (cf. Dt 5,10); esta alianza se basa en la libre elección amorosa que tiene como objeto a Israel (cf. Dt 7,7ss, esp. 12). Con el término que estudiamos no se designa sólo una actitud de Dios para con el pueblo, sino también un atributo suyo cuyos efectos se despliegan en todo el cosmos: en los Salmos, el *ḥesed* llena la tierra (cf. Sal 33,5; 119,64); dura por siempre, es eterno (Sal 89,3; 103,17; 138,8). En algunos pasajes, el *ḥesed* aparece cuasi personificado (cf. Sal 40,12; 57,4; 61,8). Todos los acontecimientos salvadores que Israel ha experimentado en el éxodo, en la vuelta del destierro, etc., se deben al *ḥesed* divino, que hace maravillas en favor de los hombres (cf. Sal 107,1.8.15.21.31); el salmo 136 es un himno a este amor divino eterno, que se manifiesta en los constantes beneficios de la creación y de la salvación y en el cuidado ininterrumpido que Dios tiene por cada uno de nosotros. En los profetas, en especial en Jeremías y Oseas, el *ḥesed* define la actitud amorosa de Dios para con el pueblo con la imagen del amor matrimonial, expresión privilegiada de esta actitud divina (Jer 2,2; Os 2,21; sin alusión a esta metáfora cf. también Jer 9,23; 16,5; 31,3; 32,18, etc.). El comportamiento de Dios pide una actitud correspondiente por parte del hombre; cf. Os 4,1; 10,12, aunque Dios va más allá de esta respuesta.

Especialmente en los Salmos, pero no solamente en ellos, al *ḥesed* divino se asocia el *'emet,* que tiene el sentido de la fidelidad; se trata de una fórmula fija, que ha llegado a entrar en la liturgia del pueblo de Israel (cf., entre otros ejemplos, Gén 24,27; 32,11; Ex 34,6; Sal 25,10; 40,11s; 57,4.11; 85,11; 89,15; 138,2) [6]. Estos términos se combinan muchas veces con otros afines que indican el «derecho», la «justicia», etc. Particularmente importante es esta última noción como expresión de la voluntad salvadora de Dios en el Deuteroisaías [7].

En los LXX el término *ḥesed* ha sido traducido normalmente por ἔλεος (misericordia) y *ḥēn* por χάρις (gracia), mientras que el verbo *ḥānan* lo ha sido por ἐλεῖν, lo cual muestra la afinidad de las nociones. En realidad, el término *ḥesed* está más cercano al concepto neotestamentario de la gracia. Lo fundamental en este último, la gratuidad, no siempre aparece de manifiesto en la noción griega de χάρις, que, con frecuencia, significa una benevolencia a la que acompaña una contraprestación de algún género. En el libro de la Sabiduría se

[6] Cf. F. Asensio, *Misericordia et veritas. El Hesed y 'Emet divinos y su influjo religioso-social en la historia de Israel* (Roma 1949).

[7] Cf. F. V. Reiterer, *Gerechtigkeit als Heil. Sedac bei Deuterojesaia* (Graz 1976); cf., para otros conceptos afines, los resúmenes de Ganoczy, o.c., 20-34. Ruiz de la Peña, o.c., 207-232.

asocian las ideas de «gracia» y «misericordia», con lo que se prepara en cierta manera lo que será luego el concepto de gracia en el Nuevo Testamento (cf. Sab 3,9; 4,15): se trata de los dones de la salvación que el Señor da a sus elegidos; es verdad que en ambos textos se trata de la recompensa del justo frente al castigo del impío, pero se trata de un premio frente al que no se invoca ningún derecho. En general, en la literatura sapiencial también la «sabiduría» es un don de Dios que viene a relacionarse con el favor con que éste mira al hombre y que se concede a quienes el Señor ama (cf. Sab 1,4.6; 4,17; 6,12ss, etc.).

Diferentes son los términos con los que se expresa en el Antiguo Testamento la experiencia de la «gracia» que ha tenido el pueblo elegido en la relación con Dios; pero en todos ellos se muestra que lo primario es el modo de comportarse de Dios; su actitud de favor y amistad respecto de los hombres es lo que causa la salvación de éstos; ya en el Antiguo Testamento las nociones que preparan la experiencia y el vocabulario de la gracia en la Nueva Alianza no se refieren primariamente a algo que los hombres posean [8]. No siempre se excluye la exigencia de una respuesta por parte del beneficiario del amor de Dios, pero se trata siempre precisamente de una respuesta. Siempre va por delante la libre iniciativa divina, que desborda todas las expectativas humanas. En realidad, estos términos concretos que hemos estudiado se entienden sólo a la luz de la historia de Dios con su pueblo. Ya los textos de bendición referidos al tiempo de los patriarcas ponen de relieve la ausencia total de presupuestos por parte del hombre en la libre elección de Yahveh. El ejemplo por excelencia será la vocación y bendición de Abraham según Gén 12,1-3: «Vete de tu tierra... a la tierra que yo te mostraré. De ti haré una nación grande y te bendeciré...». Dios elige libremente al pueblo de Israel, no porque sea el más numeroso, sino por el amor que le tiene (cf. Dt 7,7s); como antes había elegido a David y le había asegurado lealtad eterna (cf. 1 Sam 16,11ss; 2 Sam 7, 8-16; Sal 89, 4-5.20ss). Junto a la idea de la elección hallamos la del pacto, la de la alianza de Dios con Israel al que hace su pueblo (cf. Ex 19,4ss), con el que se compromete y se vincula en el desbordamiento de su *ḥesed.* Dios mantiene sus promesas y es fiel a la alianza a pesar de que los hombres una y otra vez incumplan sus deberes. El conjunto de los términos e ideas mencionados nos muestra que en torno al concepto genérico de «gracia» se articula el conjunto de la relación Dios-hombre.

[8] Cf. A. DEISSLER, *La revelación personal de Dios en el Antiguo Testamento:* MySal II 1, 262-311, 300ss.

LA «GRACIA» EN EL NUEVO TESTAMENTO

El término χάρις que hallamos en el Nuevo Testamento es el antecedente inmediato de nuestro vocablo actual «gracia». Si en la evolución teológica este término ha adquirido una importancia tan grande que incluso ha llegado a dar nombre a uno de los tratados dogmáticos fundamentales, no estará de más preocuparnos por averiguar su sentido original; éste deberá ser siempre un punto de referencia en el desarrollo de esta parte tan esencial de nuestro tratado. En este capítulo introductorio, y más todavía en los diferentes momentos de nuestra exposición sistemática posterior, haremos alusión a otros términos afines, necesarios para la comprensión plena del mensaje bíblico.

El término «gracia» designa en general, todavía en el uso actual, lo contrario a lo que es debido, es decir, la benevolencia, el favor que se dan gratuitamente. A partir de este uso común, con el precedente inmediato de los términos veterotestamentarios que acabamos de estudiar, ha acuñado el Nuevo Testamento, y en particular Pablo, la noción característica que ha pasado a formar parte irrenunciable del vocabulario cristiano. El término falta por completo en Mateo y en Marcos, se usa sólo tres veces en el evangelio de Juan, y es relativamente frecuente en Lucas y Hechos, aunque con significados varios. En Pablo, en cambio, es un término central para designar la estructura del acontecimiento salvador de Jesucristo [9].

Empezamos por un breve recorrido de los significados del término la obra lucana. Es curioso observar que en Lc 6,32ss el término parece usarse en el sentido de obra meritoria, por la cual se recibe alguna recompensa que parece debida; con la significación veterotestamentaria del «favor» de Dios lo hallamos en Lc 1,28.30; 2,40.52; Hech 7,46. Los predicadores del Evangelio son encomendados a la gracia de Dios (Hech 14,26; 15,40). En los Hechos se habla además del testimonio del «evangelio de la gracia de Dios», es decir, de su amor y su benevolencia (cf. 20,24; cf. también 14,3, la predicación de la gracia; 20,32, la palabra de la gracia; cf. también Lc 4,22). A la gracia se une el poder, la realización de signos y prodigios (Hech 6,8); es también el resultado de la predicación, la recepción de la fe (Hech 11,23); estar en la «gracia de Dios» quiere decir tanto como permanecer en la fe del Evangelio (cf. Hech 13,43). La palabra del Evangelio parece ser, para Lucas, la expresión del amor de Dios, de su «gracia».

[9] Cf. H. CONZELMANN, o.c., 384ss; F. MUSSNER, *La gracia en el Nuevo Testamento:* MySal IV 2, 590-607; GANOCZY, o.c., 54-91; O. H. PESCH, o.c., 81-85.

Como ya hemos indicado, ha sido sobre todo Pablo el autor neotestamentario que ha dado al término χάρις su relevancia especial y lo ha introducido definitivamente en el vocabulario cristiano. Ante todo debemos notar que, antes que contenidos concretos, el término expresa la estructura formal de la salvación de Cristo: ésta es algo que se da gratuitamente, por el favor de Dios. Es lo que el hombre no puede nunca merecer, el regalo más grande que pueda recibir. Es el don gratuito, el «favor» divino, lo contrario de lo que se da porque se debe (cf. Rom 4,4). En Rom 5,15.17 se nos habla del don de la gracia, más fuerte que el pecado, que viene de un solo hombre, Jesucristo. Es el don del amor de Dios manifestado en la salvación de Cristo, que inaugura para el hombre la posibilidad de la vida nueva. La gracia de Dios es el don de la justificación que viene por Cristo. La gracia de Dios manifestada en la redención de Cristo y la gratuidad de la misma se relacionan también en Rom 3,24: «justificados gratuitamente (δωρεὰν) por su gracia (de Dios) en virtud de la redención realizada en Cristo Jesús». La definición más clara de la gracia como gratuidad se encuentra tal vez en Rom 11,6: la elección divina es gratuita, es por gracia, no por las obras, porque, de lo contrario, «la gracia no sería gracia». La salvación de Cristo es gratuita, gratuita es también la participación del hombre en ella. Este es un punto esencial en la noción paulina, que se recogerá ampliamente en la tradición. Solamente la voluntad divina es el fundamento de la plenitud humana. La palabra «gracia», todavía en esta dimensión formal, se une con frecuencia a los términos que expresan los contenidos materiales de la salvación de Cristo: justificación, vida, libertad, elección, redención. Así se pone de relieve que todos estos contenidos concretos son don gratuito, gracia; la dimensión formal de la salvación es un elemento que no puede separarse nunca de sus contenidos materiales; pero, a la vez, todos éstos no pueden ser comprendidos si se prescinde de esta dimensión de don gratuito que los caracteriza.Por ello al concepto de gracia se une el de fe, y ambos se oponen a las obras, que, en cuanto implican la autoafirmación del hombre, no son medio adecuado para alcanzar la salvación; ésta no puede conseguirse más que aceptándola como regalo, favor gratuito de Dios.

En relación con esta dimensión formal de la gratuidad, la gracia como don o favor de Dios indica también para Pablo el conjunto de los diversos aspectos concretos de la salvación, viene a ser un sinónimo de esta última: así en 2 Cor 6,1: «os exhortamos a que no recibáis en vano la gracia de Dios»; por el contexto se trata, al parecer, de la reconciliación con Dios por medio de Cristo. En esta misma línea, la «gracia» es también el nuevo ámbito en el que se halla el hombre incorporado a Jesús: estar «en la gracia» (cf. Rom 5,2) equivale a estar «en Cristo» (cf. p.ej. 1 Cor 1,2; 2 Cor 1,19s; Gál 2,17), es decir, a hallarse en la situación en que se hace efectiva en nosotros la obra salvadora de Jesús. Una manifestación concreta de esta nueva situación se halla en el hecho de que ya no estamos bajo la ley, sino bajo la gracia (cf. Rom 6,14; Gál 1,6; 5,4). En este ámbito se hace posible la verdadera libertad del amor frente a las prescripciones que esclavizan (cf. Gál 3,23ss; 4,21ss; 5,1ss; 13ss); es el ámbito de la vida en el Espíritu (cf. Gál 5,18; 2 Cor 3,17).

La «gracia» no es sólo la salvación que nos trae Jesús o el nuevo ámbito en que nos encontramos; es también Jesús mismo. «La gracia de Jesucristo», fórmula habitual sobre todo en las despedidas de las cartas paulinas (cf. Rom 16,20; 1 Cor 16,23; 2 Cor 13,13; Gál 6,18, etc.), puede significar simplemente «la gracia que es Jesucristo». El favor y el amor de Dios a los hombres adquieren en Jesús un rostro concreto. Solamente en relación con Jesús tiene sentido hablar de nuestro «agraciamiento» o de los otros dones que Dios nos otorga (cf. Rom 8,32; Ef 1,6).

El término «gracia» significa también el poder de Dios que, comunicado al hombre, hace que éste sea fuerte a pesar de su debilidad; así la gracia de Dios, su fuerza, «basta» (cf. 2 Cor 12,9). También es «gracia» para Pablo la misión recibida de Dios, en su caso concreto el apostolado, la predicación de la palabra. Es el don que le hace partícipe de manera activa en la obra de Jesús; y es «gracia» porque él no se ha hecho digno de recibirla (cf. Rom 1,5; 2,3; 15,15s; Gál 1,15). Este sentido de la palabra se aproxima al de χάρισμα, los dones diferentes recibidos por cada uno de los bautizados para la utilidad común, para la construcción del cuerpo de Cristo (cf. Rom 12,6; 1 Cor 12,4.9.28-31). Pero, en la mayoría de los casos, la palabra «gracia» significa el don de Cristo en cuanto es básicamente uno y el mismo para todos. De ahí que, a diferencia de «carisma», que se usa también en plural, el término «gracia», en contra de lo que después ha ocurrido, no aparece nunca en plural en los escritos paulinos. El hecho es significativo: la «gracia» no es un don concreto o un favor singular que uno pueda haber recibido, sino el favor de Dios, que abarca todos los dones concretos, manifestado en la muerte y resurrección de Jesucristo. Es, ante todo, el acontecimiento salvador escatológico que se ha realizado en Jesús y del cual procede la transformación interior del hombre [10].

También las cartas deuteropaulinas y las pastorales conocen el concepto paulino de «gracia», con algunas variaciones de matiz. En la carta a los Efesios, la noción que estudiamos se pone en relación con la salvación de Cristo que se realiza por el favor de Dios, «para

[10] Cf. MUSSNER, o.c., 597s.

la gloria de su gracia, en la que nos agració en el Amado» (Ef 1,6); la redención y el perdón de los pecados muestra la riqueza de la gracia de Dios (1,7), que nos hace pasar a la vida nueva desde una situación de pecado. La riqueza de la gracia de Dios tiene una dimensión universal, muy acorde con la perspectiva cósmica con que la carta a los Efesios contempla la obra de Cristo (cf. Ef 1,3ss). El contenido de este don gratuito de Dios es la incorporación a Cristo resucitado, la vida que de él viene y que se opone a la muerte del pecado en que los hombres se encontraban (cf. Ef 2,5). La resurrección con Jesús, como antes la redención por su muerte, es manifestación de la riqueza desbordante de la gracia divina (Ef 2,7; cf. Rom 5,15.20); la salvación viene de la gracia mediante la fe, no de las obras (cf. Ef 2,8s). También la gracia del apostolado es mencionada expresamente en Efesios; especialmente es don gratuito de Dios el anuncio del misterio escondido en Dios y ahora manifestado (Ef 3,8; cf. 2,7). Resuenan en la carta a los Efesios los temas paulinos, insertados en la visión peculiar de la salvación acaecida en Cristo que esta carta nos ofrece: Jesús que ha sido constituido cabeza de la Iglesia y de toda la humanidad. Conocer la gracia, según Col 1,6, parece equivaler al conocimiento y la aceptación del Evangelio.

Según las cartas pastorales, Cristo es la personificación de la gracia de Dios que se revela a los hombres; es la manifestación visible, la «epifanía» del amor de Dios, de su misericordia y su bondad (Tit 2,11ss: «se ha manifestado la gracia salvadora de Dios para todos los hombres...»; cf. 3,4-7, la manifestación de la bondad y del amor de Dios lleva consigo la justificación «por su gracia»; cf. 2 Tim 2,11). También la carta a los Hebreos contiene una teología de la «gracia» de marcado cariz cristológico; parece que se identifica con el propio Jesús en cuanto intercede en el cielo por los hombres, ejerciendo su oficio sacerdotal de mediación, y a la vez es también la misericordia que Jesús nos obtiene (Heb 4,16: «Acerquémonos... al trono de la gracia, a fin de recibir misericordia y hallar gracia...»). El «espíritu de la gracia» parece ser el Espíritu Santo, en virtud del cual Jesús se ha entregado a la muerte (cf. Heb 10,29; 9,14). La amistad con Dios es también la «gracia», de la que nadie se ha de ver privado y que tenemos que mantener (Heb 13,9.25). La fuerza que Dios nos otorga se identifica a su vez con la gracia (cf. Heb 13,9; cf. también el saludo final en 13,25). En la primera carta de Pedro la gracia se identifica con la salvación que trae Cristo y que los profetas ya anunciaron (1 Pe 1,10s); la «gracia de la vida» parece referirse al don de la vida eterna (cf. 1 Pe 3,17); el «Dios de toda gracia» nos ha llamado a la salvación en Cristo (1 Pe 5,10.12; cf. 4,10, la gracia es multiforme; la idea parece relacionarse con el «carisma»). Los motivos paulinos aparecen con diversos matices en todos estos escritos.

La gratuidad de la salvación se pone siempre de relieve; junto a ella, con mucha frecuencia la «gracia» es Jesús mismo en cuanto es el salvador del hombre.

El término se usa también en los escritos joánicos, aunque no tiene en ellos la centralidad con que aparece en el *corpus paulinum* y escritos con él relacionados. De ahí que, en este caso, sea especialmente claro que el examen de la palabra no nos lleva a conocer todo lo que para Juan es la salvación del hombre, es decir, la «gracia» tomada en sentido lato [11]. En el cuarto evangelio se habla de la gracia en tres versículos del prólogo: Jn 1,14.16.17. En el primero y en el último de estos versos aparece unida a la «verdad». El Logos hecho carne, «lleno de gracia y de verdad», lleva en sí la plenitud de los dones de salvación. «Gracia y verdad» es probablemente una traducción del *ḥesed* y *'emet,* que tantas veces aparecen juntos, como hemos observado, en el Antiguo Testamento. Pero aplicado a Jesús, como aquí se hace, el binomio ahonda su sentido: la gracia es la bondad del Logos, cuyos frutos reciben en abundancia los que creen en Jesús. Su relación con la «verdad» puede hacer pensar en el don de la revelación, aunque otros dan a este último término el sentido de la realidad divina presente en Jesús [12]. En todo caso, la riqueza de vida divina que está en el Logos encarnado se comunica a los hombres: todos hemos recibido de su plenitud «gracia sobre gracia» (v.16), es decir, la corriente sobreabundante de vida divina que viene de Jesús y que no se acabará nunca; el creyente la recibe precisamente como don de Jesús. Así como por Moisés vino la ley, «la gracia y la verdad» vienen por Cristo. La economía de la ley se supera en el acontecimiento escatológico de Jesucristo, con la plenitud definitiva de dones que trae [13]. La «gracia» aparece también en el saludo y despedida del Apocalipsis (cf. 1,4; 22,21), como asimismo en el saludo de 2 Jn, unida a la misericordia y la paz (v.3). Aun en el uso escaso del término, también para Juan la gracia va esencialmente unida a Cristo. Lo mismo ocurrirá con otros conceptos más centrales de su teología, la vida, la verdad, etc., que expresan la realidad de la salvación que Cristo nos trae.

Nuestro breve recorrido anterior no agota la teología de la gracia del Nuevo Testamento. A éste volveremos al desarrollar los temas

[11] En nuestros temas sistemáticos volveremos sobre algunas de las cuestiones concretas; se encontrará gran abundancia de material en V. M. CAPDEVILA I MONTANER, *Liberación y divinización del hombre. La teología de la gracia* I. *La teología de la Gracia en el Evangelio y en las cartas de san Juan* (Salamanca 1984).

[12] I. DE LA POTTERIE, *La verdad de Jesús* (Madrid 1969), 243-268, se inclina por la primera interpretación; propone, en cambio, la segunda R. SCHNACKENBURG, *El evangelio según san Juan* I (Barcelona 1980), 288.

[13] Cf. SCHNACKENBURG, o.c., 290-292.

propios de nuestro tratado, que ahora no hemos hecho más que esbozar. Pero ya el examen de los diversos sentidos del término «gracia» en las fuentes neotestamentarias nos autoriza a sacar algunas conclusiones. Con la palabra «gracia» se designa en general el acontecimiento salvador de Jesús, subrayándose según los casos aspectos distintos del mismo: la fuerza del Evangelio, la manifestación de la bondad de Dios, la remisión de los pecados, la perenne intercesión de Jesús ante el Padre... En los escritos paulinos sobre todo se pone de relieve en muchas ocasiones la dimensión formal de la gratuidad, característica de la salvación que el amor de Dios nos ha concedido. De ahí que Cristo y su obra sean la «gracia» por excelencia, el máximo don o regalo que Dios pueda hacer al hombre, es decir, el don de su Hijo; el don más grande y el más gratuito a la vez. Dado que la gracia viene de Dios y se ha manifestado en Cristo, tiene una dimensión objetiva que abarca tendencialmente toda la creación, ya que toda ella ha sido creada en Cristo. Por ello, el que cree en Jesús se halla «en la gracia», es decir, en el ámbito de Dios. Desde un punto de vista más subjetivo, pero inseparablemente unido al anterior, la gracia es el favor de Dios para cada uno de nosotros en cuanto nos hace partícipes de la vida de Cristo resucitado. En todo caso, es claro que para el Nuevo Testamento la gracia no es primariamente algo que el hombre posee, sino la actitud benevolente de Dios, realizada y manifestada en Cristo, fuente de salvación para los hombres.

La referencia directa a Cristo que en todo momento tiene la noción de «gracia» no es casual; en él se revela y a la vez se cumple el designio de Dios escondido desde los siglos; por ello, con Jesús se hace presente el eón definitivo, en él irrumpe lo escatológico. Por ello, la incorporación del hombre a Cristo, la vida personal en la gracia, es algo que no le afecta sólo individualmente, sino que tiene un carácter eclesial y universal. La aparición de la gracia de Cristo, superadora del pecado y recreadora del hombre, significa que la historia toma un nuevo rumbo global. Es la entrada del hombre y también (a su modo) del cosmos en el ámbito divino. El acontecimiento salvador de Cristo es lo primordial cuando queremos hablar de la gracia en el Nuevo Testamento. El vocabulario bíblico que hasta aquí hemos analizado no da mucho pie a la distinción que después se ha hecho entre la «redención», en la que predominan los aspectos objetivos, y la «gracia», en la que predominan los subjetivos. Aunque estas dos dimensiones están presentes en la noción de «gracia», ésta tiene ante todo un carácter universal, un sentido teológico y cristológico antes que antropológico. Podemos, por ello, resumir el significado de la palabra «gracia» en el Nuevo Testamento diciendo que es el acontecimiento gratuito de la salvación escatológica en Jesucristo, que es la autocomunicación radical del Dios trino, y la inclusión del hombre (y, en su medida, del mundo), otorgada también gratuitamente por Dios, en este acontecimiento mediante la participación en la vida del mismo Jesús [14].

No podemos olvidar el sentido de esta terminología neotestamentaria en el desarrollo de los contenidos concretos de esta última parte de la antropología. El recorrido histórico que a continuación tenemos que hacer nos mostrará cómo estas categorías han estado presentes y han sido operantes en la tradición. Pero a la vez observaremos cómo en lugar del acontecimiento global de la salvación, la gracia de Dios ha ido significando un aspecto concreto del mismo, y cómo, en consecuencia, han sido los aspectos individuales de la vida del hombre en Cristo los que se han unido predominantemente a la noción de «gracia» [15].

LA TEOLOGIA DE LA GRACIA EN LA HISTORIA

Los Padres griegos. La divinización

No encontraremos en la tradición antigua una doctrina de la «gracia» como después se ha desarrollado y sistematizado en Occidente debido sobre todo al gran influjo de san Agustín. De ahí que no podamos fijarnos sólo en el uso del término χάρις y de sus derivados. Con todo, esta palabra es conocida y utilizada en sentido cercano —aunque no siempre idéntico— al paulino y al del resto del Nuevo Testamento. Para Ignacio de Antioquía, la «gracia presente» se opone a la ira futura para quien no se arrepiente; esta gracia nos hace ser hallados en Jesús para la vida [16]; la gracia de Cristo, que ya inspiró a los profetas, se opone al judaísmo [17]. La misma relación de la gracia con Jesús hallamos también en Melitón de Sardes, para quien Cristo es la gracia porque salva [18]. Para Justino la gracia se relaciona sobre todo con la revelación y la enseñanza de Jesús [19].

La gracia se pone en relación con la encarnación sobre todo en los autores que se ven obligados a oponerse al gnosticismo. Toda la «economía» gira en torno a este misterio, que proyecta su luz sobre toda la historia. Así, según Ireneo, con la venida de Jesús en la carne

[14] Me inspiro en el resumen que ofrece F. MUSSNER, o.c., 607, pero cambio el orden de los elementos para colocar en primer lugar el acontecimiento salvador de Cristo, y después nuestra inclusión en él; he introducido también explícitamente el motivo de la gratuidad.

[15] Cf. O.H. PESCH, *Frei sein aus Gnade,* 84s.

[16] Cf. *Ad Ef.* XI 1 (FP 1, 114).

[17] *Ad Mag.* VII 1-2 (ib., 132).

[18] *In s. pascha.* 9 (SCh 123,64); cf. A. GANOCZY, o.c., 97.

[19] Cf. *Dial. Tryph.* 32,5; 92,1; 100,2 (BAC 116,354; 466; 477); cf. GANOCZY, 98ss.

ha venido la mayor abundancia de la gracia paterna, aunque, desde siempre, el Logos divino es la fuente de vida para los hombres [20]. La finalidad de la encarnación es que los hombres pudiéramos hacernos hijos de Dios: el Hijo de Dios, por su bondad inmensa, se hizo lo que nosotros somos para que nosotros pudiéramos hacernos perfectos con su perfección [21]. Nuestra unión al Hijo en la participación de su filiación divina es, pues, la perfección máxima a que el hombre puede aspirar; pero se subraya siempre que en la base de esta adopción filial está el movimiento descendente del Hijo, que comparte nuestra condición. Este pensamiento de Ireneo sobre el «intercambio» ha sido seguido por muchísimos autores en toda la edad patrística [22].

El hombre es así el ser llamado a la comunión con Dios, a la participación en su vida en Cristo Jesús. Por ello no han vacilado los Padres en hablar de la «divinización» del hombre. La relación íntima con el motivo de la filiación en Jesús es evidente. Se considera comúnmente que éste es el gran tema de la teología de la gracia en la patrística griega [23]. La base bíblica de esta doctrina se ha hallado con frecuencia en Sal 82,6 (Jn 10,36): «yo he dicho, dioses sois y todos hijos del Altísimo» [24]. En el mismo texto bíblico aparece la relación entre la adopción filial y la «divinización», que se considera siempre

[20] *Adv. Haer.* IV 36,4 (SCh 100,894). La gracia se une asimismo aquí a la revelación. También sobre la gracia paterna dada por Cristo, *Adv. Haer.* IV 20,7 (ib. 646). Otros usos de la palabra «gracia», en *Adv. Haer.* II 25,3; 28,7; 34,3 (SCh 294, 254; 288; 358), entre otros lugares.

[21] *Adv. Haer.* V, praef. (SCh 153,14): «...ut nos perficeret esse quod est ipse»; cf. el comentario a este texto de A. Orbe, *Teología de san Ireneo* I (Madrid 1985), 48ss; III 19,1 (SCh 211,374): «...El Hijo de Dios se hizo hombre para que el hombre, unido al Verbo de Dios y recibiendo la adopción, se hiciera hijo de Dios... Porque ¿de qué manera podríamos unirnos a la incorrupción y a la inmortalidad si antes la incorrupción y la inmortalidad no se hubiera hecho lo que somos nosotros?»; IV 33, 4 (SCh 100, 810): «¿Cómo puede el hombre llegar a ser Dios si Dios no se hace hombre»?; cf. también 20,4 (ib., 634); III 18,7 (SCh 211, 366).

[22] El elenco de pasajes sería interminable; a modo de ejemplo: Clemente Alejandrino, *Protr.* I 8,4 (GCS 12,9); Tertuliano, *Adv. Marc.* 2,27 (CCL 1,507); Novaciano, *Trin.* 23 (CCL 4,58); Atanasio, *Or. de Inc. Verbi,* 8s. 54 (SCh 199, 294; 458); *Or. contra Ar.* III 34 (PG 26, 397); Hilario de Poitiers, *Trin.* I 11 (CCL 67, 11); Gregorio Nacianceno, *Or.* 45,9 (PG 36,635); Ambrosio, *De inc. Dom. sacr.* IV 23 (CSEL 79,235); Agustín, *En. in Ps.* 52,6 (CCL 39, 642); *In I Joh.* 2,10 (PL 35,1994); *Ep.* 140,4 (PL 33,541s); *Ser.* 146,2 (PL 38,909); 192,1 (ib., 1012); 194,3 (ib., 1016), *Ser. de Asc. Dom.* 2 (PLS 2,25); *Trin.* IV 2,4 (CCL 50,164); León Magno, *Trac.* 26, Ser. 6 (CCL 138,126).

[23] Cf. la obra ya clásica de J. Gross, *La divinisation du chrétien d'après les Pères grecs* (Paris 1938).

[24] Así ya en Ireneo, *Adv. Haer.* IV 38,4 (SCh 100,958): fuimos hechos primero hombres, después dioses, por la bondad de Dios que no tiene envidia del hombre. También la gracia de la adopción filial en relación con el mismo texto bíblico, en *Adv. Haer.* III 6,1; 19,1 (SCh 211,68; 372).

en relación con la regeneración bautismal, con la nueva situación de filiación en que se vive por la fe en Jesús. Aunque Ireneo ha hablado de nuestro ser «dioses», la palabra «divinización» ha sido usada por primera vez por Clemente Alejandrino, que la relaciona explícitamente con la gracia y la filiación divina: «El (Jesús) nos ha hecho la gracia de la herencia paterna, grande, divina y que no se pierde, divinizando al hombre por una enseñanza celeste» [25]. «Gracia» es también para el mismo autor la autodonación del Logos: «Quiero haceros partícipes de esta gracia... Yo os concedo graciosamente (χαρίζομαι) el Logos, me entrego por completo a mí mismo. Es lo que yo soy, es lo que quiere Dios, es la sinfonía, la armonía del Padre, el Hijo, el Cristo, el Logos de Dios, el brazo del Señor, la fuerza del universo, la voluntad del Padre» [26]. Toda la acción de Dios en el mundo por la mediación del Verbo es gracia, porque Jesús es la fuente de todo bien. Aunque en la línea alejandrina la insistencia en la encarnación sea menos fuerte que en Ireneo, no falta tampoco esta referencia cristológica en relación con la mediación universal de Jesús. Con su venida vienen al mundo todos los bienes [27].

Ya por el hecho de haber sido creado por medio de Cristo, participa el hombre del Logos; por ello, su plenitud definitiva se alcanza cuando acepta y reconoce a Jesús en la fe, le obedece y le sigue. La filiación adoptiva y la plena imagen y semejanza de Cristo vienen a coincidir. En relación con esta acción divinizadora del hombre ha de situarse la antigua doctrina de la asunción (en cierto modo) por parte del Hijo de toda la humanidad al encarnarse [28]. La unión de Jesús con todos nosotros por el hecho de haber asumido nuestra naturaleza, que permite después la comunicación a todos de su vida de resu-

[25] *Protr.* XI 114,4 (GCS 12,81); cf., también sobre la divinización, *Ped.* I 98-100 (GCS 12,148-150). Sobre la filiación divina en Clemente, cf. asimismo *Protr.* XII 123,1 (GCS 12,85), también basado en Sal 82,6; *Ped.* I 26,1 (ib., 105); *Strom.* II 125,5 (GCS 15,181); IV 149, 8 (ib., 314), cf. L. F. Ladaria, *El Espíritu en Clemente Alejandrino. Estudio teológico-antropológico* (Madrid 1980), 203-221.

[26] *Protr.* XII 120,3-4 (GCS 12,85). Cf. también *Ped.* III 25,2 (ib., 251); *Str.* I 38,5 (GCS 15,25); II 14,3 (ib., 120); V 18,7 (ib., 338); VII 82,7 (GCS 17,59).

[27] Cf. *Protr.* X 110,3 (GCS 12,78).

[28] Cf., a modo de ejemplo, Clemente Alejandrino, *Ped.* II 20,1 (GCS 12,168); Hilario de Poitiers, *In Mt.* 4,12.24 (SCh 254, 130.144); 19,5 (SCh 258,94); *Trin.* II 24 (CCL 62,60); *Tr. Ps.* 51,16-17 (CSEL 22,108s); León Magno, *Trac.* 64,3; 72, 2 (CCL 138A, 392; 442s). Uno de los textos bíblicos —aunque no el único— que ha dado origen a esta visión ha sido la parábola evangélica de la oveja perdida; así, para Gregorio de Nisa, *In Cant.* h. II (PG 44,802), la oveja es todo el género humano que Jesús ha colocado sobre sus hombros en la encarnación; cf., también del mismo, *Contra Eunomium* V (PG 45,700). Más material en E. Mersch, *Le corps mystique du Christ,* 2 vols. (Bruxelles 1951); cf. también F. Malmberg, *Ein Leib. Ein Geist* (Freiburg 1960). Como ya hemos tenido ocasión de ver, una idea semejante se encuentra en GS 22; cf. también Juan Pablo II, *Redemptor hominis* 8,2; 13,1-3; 28,1; la idea se repite con frecuencia en su magisterio.

citado, es la base de nuestra participación en su relación con el Padre. Nuestra filiación adoptiva, nuestra condición de «hijos en el Hijo», es sólo posible si Jesús es realmente el Hijo de Dios y si, por otro lado, comparte nuestra humanidad. Las herejías trinitarias y cristológicas, tanto las de tipo gnóstico y doceta, a las que se oponen los Padres prenicenos, que no toman en consideración la verdadera humanidad de Jesús, como el arrianismo que van a combatir los autores eclesiásticos posteriores, venían a destruir también esta doctrina soteriológica y antropológica. Es la misma salvación del hombre la que se encuentra comprometida si no se acepta la verdadera divinidad y humanidad de Jesús [29]. Somos hechos partícipes «por gracia» de la filiación que él posee «por naturaleza» [30].

Pero no sólo el Hijo, sino también el Espíritu Santo, tiene un papel fundamental en nuestra vida de hijos de Dios. El Espíritu es el don de Jesús resucitado, que se recibe en el bautismo. Gracias a él podemos tener parte en la salvación de Cristo [31]. Sólo en virtud del don del Espíritu podemos ser santificados y divinizados, en él tenemos la garantía de la inmortalidad y de la vida eterna. Todavía en medida mayor, si cabe, que en la controversia sobre la divinidad del Hijo, en la discusión sobre la divinidad del Espíritu ha jugado un papel decisivo la función divinizadora que en nosotros ejerce el Espíritu de Jesús. Atanasio, Basilio, como después Cirilo de Alejandría, van a utilizar el mismo argumento: si el Espíritu no es Dios, no puede ponernos en comunión con el Padre; de su posesión depende, por tanto, nuestra vida filial [32]. El Espíritu Santo llega hasta hacernos dioses, según la audaz expresión de Basilio de Cesarea: «El (el E. S.), iluminando a aquellos que se han purificado de toda mancha, los hace espirituales por medio de la comunión con él. Y como los cuerpos límpidos y transparentes, cuando un rayo los hiere, se con-

[29] Cf. Atanasio, *Or. contra Arianos* I 70 (PG 26,296); *Or. de Inc. Verbi* 54 (SCh 199,458); cf. H. Rondet, *Gratia Christi,* 86ss (71ss).

[30] Cf. *De Inc. Verbi et contra Ar.* 8 (PG 26,996B). Cf. n.1 del capítulo dedicado al problema del sobrenatural.

[31] Ireneo, *Adv. Haer.* III 9,3 (SCh 211,110ss): «El Espíritu de Dios descendió sobre él (Jesús), el que había prometido por medio de los profetas que sería ungido, para que nosotros fuéramos salvados al recibir de la abundancia de su unción», cf. A. Orbe, *La unción del Verbo* (Romae 1961), 501ss. Ireneo pone explícitamente en relación la gracia y el Espíritu Santo, en *Adv. Haer.* III 24,1 (ib., 474), V 8,1 (SCh 153, 94s).

[32] Cf., entre otros muchos ejemplos, Atanasio, *Contra Ar.* I 37 (PG 26, 89); *Ad Serap.* I 19s.24s (ib., 573ss; 585ss); Basilio de Cesarea, *De Sp. sancto* 16,38; 24,55 (SCh 17,377ss; 449ss); Gregorio Nacianceno, *Or.* 31,29 (SCh 250,332ss); Cirilo de Alejandría, *In Joh.* II 1; XI 11 (PG 73, 244s; 74,553-561); cf. el resumen de M. Simonetti, *La crisi ariana nel IV secolo* (Roma 1975), 487ss.; B. Sesboüé, *Jesucristo, el único mediador. Ensayo sobre la redención y la salvación* (Salamanca 1990), 219-237.

vierten ellos mismos en brillantes y reflejan otro rayo, así las almas que llevan el Espíritu son iluminadas por el Espíritu; se hacen plenamente espirituales y transmiten a los demás la gracia. De ahí el conocimiento de las cosas futuras, la comprensión de los misterios... la semejanza con Dios; el cumplimiento de los deseos: convertirse en Dios» [33]. El problema teológico del hombre se contempla a la luz de la doctrina trinitaria. Esta no puede considerarse aislada, sino que es el único fundamento de toda la enseñanza sobre la salvación de los hombres. Existe en nuestra divinización un «dinamismo trinitario» [34]. Empieza éste con el movimiento de «descenso» del Padre, que envía al Hijo y con éste al Espíritu Santo, y sigue en el movimiento de «ascenso» del hombre que, en virtud del Espíritu dado por Jesús, se une a éste para dirigirse al Padre.

Sabemos ya que en estos primeros tiempos de la teología no se ha elaborado todavía con claridad la distinción entre la naturaleza y la gracia propia de épocas posteriores; predomina una visión unitaria de la economía de salvación, desde la creación del hombre a imagen de Dios hasta su perfecta semejanza. Ello no es obstáculo para que aparezca con claridad que la donación de Dios al hombre es completamente gratuita. Nuestra filiación es por gracia, sólo el amor de Dios nos hace «dioses» después de habernos hecho hombres. Pero esta gratuidad radical no significa que se añada al ser del hombre algo ajeno o exterior a él. «Divinizar» al hombre no es para los Padres lo contrario de «humanizarlo», sino hacer que llegue a su vocación definitiva. Hemos visto cómo la divinización significa filiación divina en Jesús, que ha asumido nuestra humanidad, más aún, que es, para no pocos, el modelo de la misma. Esta perspectiva no desaparecerá nunca del todo, aunque en ciertos momentos se hable de una divinización o de un intercambio de las «naturalezas», sin que la dimensión filial se tenga explícitamente en cuenta. A partir de la encarnación se puede hablar realmente de una vocación divina del hombre. Por ello, la antropología se coloca en íntima relación con la doctrina trinitaria y cristológica. No se entiende la antropología de los Padres sin esta referencia intrínseca a la «teología» en el sentido estricto, al contrario de lo que después ha ocurrido, al menos en apariencia. En la antigua teología oriental no ha habido controversias

[33] *De Sp. sancto,* 9,23 (SCh 17,328); también GREGORIO NACIANCENO, *Or.* 14,23 (PG 35, 887): «Reconoce de dónde tienes lo que eres... hijo de Dios, coheredero de Cristo, y para hablar con más audacia, incluso has sido hecho Dios».

[34] Cf. J. M. RIUS CAMPS, *El dinamismo trinitario en la divinización de los seres racionales según Orígenes* (Roma 1970). ATANASIO, *Ad Serap.* I 30 (PG 26,599): «La gracia y el don que se da en la Trinidad es dado por el Padre, por medio del Hijo, en el Espíritu Santo. Pues así como la gracia es dada a partir del Padre mediante el Hijo, no puede hacerse la comunicación del don en nosotros si no es en el Espíritu Santo».

teológicas que hayan tenido al hombre como centro o protagonista principal, a diferencia de cuanto ha ocurrido en Occidente con la crisis pelagiana, la cuestión de la justificación durante la Reforma, o las discusiones católicas posteriores («de auxiliis», bayanismo, jansenismo). Se ha señalado que la mentalidad occidental ha tenido dificultades en la comprensión del misterio de la gracia porque ha creído encontrarse ante la alternativa «Dios o el hombre» [35]. Se trata, claro está, de un falso dilema. Dios quiere que el hombre alcance su plenitud, y ésta es sólo don de Dios mismo. La libertad humana no sólo no se opone a la gracia, sino que es gracia ella misma, y sólo bajo la acción del Espíritu se puede ejercitar según Dios.

Pelagio y san Agustín

El problema pelagiano nos es ya conocido porque, al tratar del pecado original, hemos tenido que hacer alusión, desde otro punto de vista, a esta controversia. Cuanto allí se dijo iluminará lo que ahora tenemos que exponer, como a su vez, con las presentes consideraciones, podrá entenderse mejor lo que ya entonces señalábamos. La intención de Pelagio parece ser ante todo la de luchar contra el maniqueísmo; su interés se centra, por tanto, en afirmar la bondad de la creación, el «bien de la naturaleza» [36]. El hombre ha sido creado a imagen y semejanza de Dios. Dios no puede ser de ningún modo autor del mal; por tanto, éste ha de caer bajo la exclusiva responsabilidad del hombre. A éste ha dado Dios la libertad, con la cual puede cumplir aquello que Dios le manda. Primero mediante la ley (Pelagio habla de la «gracia de la ley»), luego con el ejemplo y las palabras de Jesús, Dios «educa» al hombre para que aprenda a realizar su voluntad. Todo ello es don de Dios y, por consiguiente, es «gracia». Pelagio ve ante todo la gracia de Dios en esta mediación exterior, histórica, que puede orientar al hombre hacia el bien. También en la razón, la gracia de la inteligencia, y en la libertad humana

[35] Cf. P. Fransen, o.c., 620.

[36] Cf. *Ep. ad Dem.* 1ss (PL 30,15ss). Cf. sobre Pelagio la obra clásica de G. de Plinval, *Pélage. Ses écrits, sa vie et sa réforme* (Lausanne 1943); R.F. Evans, *Pelagius. Inquiries et reappraisals* (New York 1968); G. Greshake, *Gnade als konkrete Freiheit. Eine Untersuchung zur Gnadenlehre des Pelagius* (Mainz 1972), intenta una rehabilitación de Pelagio; sus tesis no han encontrado general aceptación; cf. G. de Plinval, *L'heure est-elle venue de redécouvrir Pélage?:* REA 19 (1973) 158-162; A. Zumkeller, *Neuinterpretation oder Verzeichnung der Gnadenlehre des Pelagius und seines Gegners Augustinus?:* Augustinian Studies 5 (1974) 209-226; en especial J. B. Valero, *Las bases antropológicas de Pelagio en su tratado de las Expositiones* (Madrid 1980); también P. Fransen, *Augustin, Pelagius and the Controverse on the Doctrine of Grace:* LSt 12 (1987) 172-181.

—gracias a las cuales se puede seguir el ejemplo de Cristo— contempla Pelagio una dimensión de la gracia, el «auxilio» concreto para que el hombre haga el bien; por otra parte, ni hacemos el bien ni lo dejamos de hacer «sine voluntate», sin nuestra voluntad [37].

Puestas estas condiciones, el bien o el mal que cada uno hace es fruto de nuestra libertad; Dios ha creado todas las condiciones para que este bien pueda realizarse, es decir, nos ha dado la posibilidad fundamental de llevarlo a cabo. Ahí se ve primordialmente la gracia. No tanto en el querer y realizar después concretamente este bien, que es el fruto de la libertad humana [38]. Pero no olvida Pelagio el don de Cristo, que con su muerte nos ha reconciliado con el Padre, y la peculiar situación en que se hallan los cristianos respecto de los demás hombres; su argumentación no deja de ser curiosa: si los paganos, por el hecho de tener la naturaleza que Dios les ha dado, pueden hacer el bien, «mira lo que pueden hacer los cristianos, cuya vida y naturaleza ha sido levantada a mejor mediante Cristo y que son ayudados por el auxilio de la gracia divina» [39]. Los cristianos, con el auxilio de la gracia, pueden llegar más lejos que los paganos, que, no obstante, con su naturaleza pueden progresar tanto en la virtud. Con la gracia se puede hacer el bien «con más facilidad» [40]. Los seguidores de Pelagio irán todavía más lejos que él en la defensa del libre albedrío; éste no es tal si necesita la ayuda exterior, afirmará Celestio [41].

No se trata de que Pelagio sea un adversario total de la gracia o que quiera afirmar la autonomía del hombre frente a Dios. Precisamente en la posibilidad de la acción libre ve el monje irlandés la «gracia», el don que Dios hace al hombre. No se puede desconocer tampoco su defensa de la bondad de la creación. El problema que, con todo, se plantea es si resulta suficiente la insistencia en el estímulo y la ayuda exterior para esclarecer el influjo de Dios en el hombre, y por tanto hasta qué punto la referencia a Cristo de todos estos dones de Dios queda salvada [42]. ¿Se hace verdadera justicia

[37] Cf. *Ep. ad Dem.* 10 (26).

[38] Así en *De lib. arb.*, citado por AGUSTÍN, *De gratia Christi et de pecc. orig.* I 4,5 (CSEL 42,127s); el *posse* es de Dios; el *velle* está en el libre albedrío; el *esse* en el efecto; los dos últimos vienen del hombre. Pero proviene sólo de Dios el que el hombre pueda querer el bien y llevarlo a cabo.

[39] *Ep. ad Dem.* 3 (18).

[40] *De lib. arb.;* cf. AGUSTÍN, *De gratia Christi et de pecc. orig.* I 29,30 (CSEL 42,149).

[41] Frag. en JERÓNIMO, *Ep.* 133,5, al que ya nos hemos referido en la n.77 del capítulo dedicado al pecado original. El fragmento se halla reproducido en M. J. ROUËT DE JOURNEL, *Enchiridion Patristicum,* 1414; se pueden ver también los números siguientes.

[42] Cf. AGUSTÍN, *De gratia Christi et de pecc. orig.* I 31,33ss (CSEL 42,150ss).

solamente con estas consideraciones a la intrínseca dimensión divina del hombre histórico, a su participación en la vida de Cristo como fuente única de todo bien? La lectura de las obras de Pelagio suscita la impresión de que existe una tendencia a debilitar lo que se dice en los escritos paulinos acerca de la presencia y la acción de Dios en nosotros [43]. Comienza aquí el proceso al que hace poco nos hemos referido: de manera inconsciente se plantea el dilema «Dios o el hombre», comienza la tentación de disminuir al primero para afirmar al segundo (se ha dado también la tendencia contraria, y nuestro resumen histórico nos lo hará ver). Ello tiene a la vez consecuencias a la hora de determinar en qué consiste la salvación y plenitud del hombre: ¿hay que colocar el acento en la propia perfección ética, o en la mayor intensidad de la comunión de vida con Dios? En el fondo subyace ya en Pelagio la tendencia a no contemplar al hombre a la luz de Cristo, ni en su definición original ni en su realización histórica. No parece, en resumen, que pueda afirmarse que la imagen pelagiana del hombre y de la gracia de Dios en él recoja toda la riqueza del pensamiento bíblico, paulino especialmente, ni la de muchos de los escritores eclesiásticos anteriores. En todo caso, con él, y con la reacción de Agustín a sus ideas, quedan planteados muchos de los problemas que durante siglos ocuparán la atención teológica en Occidente.

Con este punto de referencia podemos abordar el estudio de la teología agustiniana. El influjo de Agustín en la formación de la doctrina occidental de la gracia es inmenso. Con él empieza a girar en torno a este concepto un cuerpo importante de doctrina acerca del hombre y su relación con Dios que dará lugar, aunque con no pocos cambios, a los tratados *de gratia* de la teología posterior. Es ya indicativo a este respecto el hecho de que la palabra «gracia» aparezca en el título de numerosas obras del obispo de Hipona. A veces se ha visto una oposición entre la doctrina de la divinización de los Padres griegos y el concepto de «gracia» como ayuda para el bien o liberación del pecado propio de Agustín. No es del todo exacta esta apreciación. Si bien es cierto que el cambio de acento es innegable, no puede tampoco olvidarse que en los escritos de san Agustín resuenan muchos temas de la teología anterior. El favor gratuito de Dios que se manifiesta en la encarnación del Verbo es «gracia» [44]. Es espe-

[43] J. B. VALERO, o.c., 384: «La antropología pelagiana... nunca entra en la perspectiva paulina del "vivit vero in me Christus". Pelagio no conoce el desplazamiento del yo del hombre al yo de Cristo y del Espíritu en el hombre».

[44] Cf. la n.2 de la nota introductoria al tratado sobre el hombre en la gracia. Sobre la gracia en san Agustín se puede ver, además de las obras generales, J. P. BURNS, *The Development of Augustin's Doctrine of Operative Grace* (Paris 1980); D. MARAFIOTI, *L'uomo tra legge e grazia. Analisi teologica del «de spiritu et littera» di s. Agostino*

cialmente importante en el doctor de Hipona la enseñanza acerca de la unión de todos los hombres en Cristo; su teología del *Christus totus* está en la base de su eclesiología y también de la antropología. En Cristo se realiza la unión de todos los hombres, y sólo en la unión con el cuerpo se puede dar la salvación. El destino de cada hombre individual se ve en relación a la unión con Cristo y con la Iglesia, con el Cristo total, que no comprende sólo la cabeza: «No está Cristo (sólo) en la cabeza y no en el cuerpo, sino que Cristo entero está en la cabeza y en el cuerpo» [45]. El destino de cada hombre individual es, por consiguiente, la entrada en ese cuerpo de Cristo, la comunión con la cabeza que nos hace miembros del «Cristo total». Agustín conoce también el misterio de la presencia de Dios en el hombre como lo más íntimo de nuestro ser [46], y ha dedicado muchas páginas a hablar de la inhabitación de la Trinidad y especialmente del Espíritu Santo en nosotros [47]; por ello somos templo de Dios, somos sus hijos adoptivos, etc. [48]. El obispo de Hipona hace uso también de la doctrina de la «divinización», que es la consecuencia del amor a Dios, porque cada uno es lo que es su amor [49]. También la idea del «intercambio» (cf. n.22) está presente en sus escritos.

San Agustín, por lo tanto, se hace eco de la tradición anterior sobre la «gracia» y no se puede decir que este aspecto sea marginal en su pensamiento. Pero no cabe duda de que la controversia pelagiana, por una parte, y su propia experiencia espiritual, por otra, le obligan a insistir en el problema de la gracia y la libertad y en la necesidad de la ayuda de Dios para que el hombre pueda obrar el bien. Contra las ideas pelagianas que ya conocemos, san Agustín parte de la esclavitud en que se halla el hombre bajo el pecado, inmerso en la masa de condenación de que sólo Cristo le puede librar sin ningún mérito por su parte. El bautismo lo arranca de esta situa-

(Brescia 1983); W. SIMONIS, *Anliegen und Grundgedanke der Gnadenlehre Augustins:* Münchener theol. Zeitsch. 34 (1983) 1-21; G. BONNER, *Augustin's Conception of Deification:* JThSt 37 (1986) 369-386; A. TRAPÈ, *S. Agostino: Introduzione alla dottrina della grazia,* I. *Natura e Grazia* (Roma 1987); II. *Grazia e libertà* (Roma 1990); A. TURRADO, *Gracia y libre albedrío en san Agustín y en Lutero:* Estudio Agustiniano 23 (1988) 483-514.

[45] *In Joh. ev.* 28,1 (CCL 36,277); cf. *De pec. mer. et rem.* I 31,60 (CSEL 60,60); el Cristo total es la cabeza y el cuerpo, *En. in Ps.* 30, II 1 (CCL 38,202); se puede ver sobre este tema A. TRAPÈ, o.c., I 192ss; sigue siendo de interés la obra de E. MERSCH, *Le corps mystique du Christ,* II (cf. n.29).

[46] *Conf.* III 6,11 (CCL 27,3): «intimior intimo meo et superior summo meo».

[47] Cf., p.ej., *De sp. et lit.* 32,56 (CSEL 60,213ss), en general la *Ep.* 187, «ad Dardanum» (CSEL 57, 81-119).

[48] Cf., p.ej., *In Joh. ev.* 2,13s; 110,1 (CCL 36, 17s; 662).

[49] *In ep. Ioh.* 2,14 (PL 35,1997): «Cada uno es lo que es su amor... ¿Amas a Dios? No me atrevo a decirlo por mi autoridad, escuchemos la Escritura: 'Yo he dicho, dioses sois e hijos todos del Altísimo' (Sal 86,2; Jn 10,36)».

ción, lo hace miembro de Cristo al incorporarlo a la Iglesia [50]. La gracia de Dios es, por tanto, liberadora, sólo Cristo da al hombre la libertad para el bien [51], ya que por sí mismo el ser humano no tiene más que mentira y pecado, y tiene de Dios todo el resto [52].

Agustín insiste mucho en la imposibilidad de obrar el bien del gentil, aquel que no ha sido incorporado a Cristo; en este contexto cita con frecuencia Rom 14,13, «todo lo que no procede de la fe es pecado» (usa también Rom 10,3 y Heb 11,6) [53], para hacer ver no que cuanto hacen los gentiles sea malo en el sentido de que sus obras sean pecaminosas, sino que, al no estar movidas por el amor de Dios, estarán inevitablemente manchadas por la soberbia. De ahí la necesidad absoluta de la gracia para la salvación, porque, de lo contrario, Cristo habría muerto en vano. Los textos paulinos de Gál 2,21 —si la justicia viene de la ley, Cristo ha muerto en vano— y de 1 Cor 1,17 —para que la cruz de Cristo no sea desvirtuada— son utilizados por Agustín precisamente para explicar la diferencia entre la enseñanza pelagiana y la doctrina católica: la necesidad de la gracia es la expresión de la necesidad de Cristo [54]. Por ello, el hombre sin la gracia no puede evitar el pecado, no puede vivir rectamente, no puede hacer obras auténticas de virtud.

De ahí viene una nueva dimensión de la noción de la gracia, el *adiutorium,* la ayuda necesaria para que el ser humano pueda obrar el bien [55]. Tenemos aquí un aspecto de la gracia que en cierto sentido es nuevo respecto a los ya subrayados por la tradición. Es la presencia de Dios en el hombre en cuanto le posibilita para obrar el bien, le da la fuerza para hacer lo que la «naturaleza» [56] humana no puede hacer por sus propias fuerzas. Esta ayuda divina es necesaria en todo momento; también el justo tiene necesidad del constante sostén de la gracia divina para hacer el bien. La presencia de Dios, su favor y ayuda, significan por tanto la perfección del hombre. Esta

[50] Cf. *De pec. mer. et rem.* III 4,7 (CSEL 60,133); cf. ib., II 28,45s (ib., 116s). Cf. G. Folliet, *«Massa damnata», «massa sanctorum» chez st. Augustin:* RevAg 33 (1992) 95-109.

[51] Cf. *De perf. iust. hom.* II 1 (CSEL 42,4): *Contra duas ep. pel.* I 3,7 (CSEL 60,429).

[52] Cf. *In Joh. ev.* 5,1 (CCL 36,40); *Sermo* 21,4 (CCL 41, 278): «Excepto peccato, ab illo habes quidquid aliud habes».

[53] Cf., p.ej., *Contra duas ep. pel.* III 2,5-3,6 (CSEL 60, 425ss); *Contra Julianum* IV 3 (PL 44,743ss).

[54] Cf. *De spir. et lit.* 29,50s (CSEL 60,160s); *De nat. et gratia* 2,2, 9,10 (CSEL 60, 234s.239) entre otros lugares; cf. Trapè, o.c., II 43ss; 277ss, también para lo que sigue.

[55] Cf., p.ej., *De nat. et grat.* 53,62; 58,68; 60,70 (CSEL 60,279; 284; 285ss); *Contra duas ep. pel.* I 3,7; IV 12,33 (CSEL 60 428s; 596); *De corr. et gratia,* 11,32 (PL 44,935s); *Contra Jul.* II 4,9 (PL 44,679); *De spir. et lit.* 29,51 (CSEL 60,161); la expresión se repite constantemente en los escritos antipelagianos.

[56] Sobre este concepto y su distinción de la gracia, cf. Trapè, o.c., I 305ss.

ayuda se da al hombre gratuitamente, y por ello recibe el nombre de «gracia» [57]; la inspiración es directamente paulina. Pero nos podemos preguntar qué significa esta gracia. En ciertas ocasiones no puede precisarse en qué piensa exactamente Agustín al hablar de ella; se trata de un término genérico para indicar el favor de Dios, su amor salvador, como algo contrapuesto al mérito del hombre por el que nadie puede salvarse; el mérito no puede invocarse ante Dios porque de él lo recibimos todo [58]. Pero a partir de otros pasajes se deja entender que la gracia es el don del Espíritu Santo presente en el hombre, puesto que a una y a otro se atribuyen los mismos efectos [59]. Es la misma presencia de Dios la que hace que el hombre sea bueno y obre el bien. En este punto Agustín sigue también la doctrina tradicional; no hay indicios de que considere la «gracia» como una cualidad o algo propio del hombre; por lo menos, esta doctrina no aparece desarrollada en sus escritos.

El influjo de la gracia para obrar el bien no elimina el libre albedrío del hombre. Ocurre precisamente lo contrario. Lo propio de la libertad cristiana es ser liberación del mal y del pecado [60]; la libertad más plena es la de no poder pecar [61]. Algunos textos del N.T. son especialmente importantes para su doctrina: Jn 8,32, «la verdad os hará libres»; Jn 8,36, «si el Hijo os libra, seréis libres realmente»; Mt 6,13, «líbranos del mal» [62]. La gracia posibilita, por tanto, la libertad humana. Dios actúa en nosotros, ciertamente, pero no por un impulso físico, sino por la atracción del amor que pide nuestra respuesta [63]. Esta atracción amorosa es tal que hace no sólo que el bien sea conocido, sino amado, y que por tanto el seguirlo sea gozoso, de tal modo que la gracia no nos muestre sólo la verdad, sino también la caridad [64]. Así, la *delecta-*

[57] Además de los textos ya citados al respecto, cf. *De grat. Christi* I 23,24; 31,34 (CSEL 42,144; 161s); *De nat. et grat.* 4,4 (CSEL 60,235); *De praed. sanct.* 21,43 (PL 44,992); *Ep.* 194,5,19 (CSEL 57,190s); *De grat. et lib. arb.* 8,20 (PL 44,983), etc. La idea se repite con frecuencia en todos los escritos antipelagianos.

[58] *Contra duas ep. pel.* I 6,12ss (CSEL 60,533ss); *De grat. et lib. arb.* 6,15; 22,44 (PL 44, 890s; 909ss); *De praed. sanct.* 4,8 (PL 44,966).

[59] Cf., entre otros lugares, *De spir. et lit.* 29,51 (CSEL 60,207); *De nat. et grat.* 60,70; 64,77; 70,84 (CSEL 60,285s; 291; 299); *Contra Julianum* V 8,32 (PL 44,804); *De grat. et lib. arb.* 4,8; 11,23 (PL 44,886s; 895); el Espíritu Santo es el don por excelencia, éste es en cierto sentido su nombre personal; cf. el desarrollo de esta doctrina en *De Trin.* V 11,12s (CCL 50, 219).

[60] Cf. *De grat. el lib. arb.* 4,6s (PG 44,885s), y passim; *De pec. meritis et rem.* II 18,28 (CSEL 60,100).

[61] Cf. *De civ. Dei* 22,30,2 (CCL 48,863); si la esencia de la libertad fuera poder o no poder pecar, Dios no sería libre, ni tampoco los bienaventurados.

[62] Cf. TRAPÈ, o.c., I 80, con la lista de textos y las citas correspondientes.

[63] *In Joh. ev.* 26,4 (CCL 36,261): «No creas que eres atraído a pesar de tu voluntad; el alma es atraída por el amor»; merece la pena la lectura del c.26,2-9 (ib., 260ss), que por razones de espacio no podemos reproducir aquí.

[64] Cf. *De grat. Christi et de pecc. orig.* I 13,14 (CSEL 42,136s).

tio, el deleite o el gusto en el bien, vence sobre la ignorancia y la debilidad humanas. La gracia no anula la libertad, sino que internamente la potencia al hacer el bien apetecible. De ahí la formulación clásica de san Agustín: «¿Destruimos el libre albedrío mediante la gracia? Al contrario, más bien lo establecemos» [65]. Dado, por tanto, que todo es don y es gracia, incluso nuestra libertad, se excluye la posibilidad de gloriarnos frente a Dios, ya que hemos recibido de él todo cuanto somos y tenemos. Aunque ello no quiere decir que cuanto hacemos no sea a su manera nuestro y que Dios no nos recompense por ello; pero obramos el bien por el que somos coronados a causa de su misericordia [66]. Pero todo aquello que hace el hombre de bueno lo hace Dios en él y por él [67].

No podemos terminar esta breve síntesis sobre el pensamiento de Agustín sin decir algunas palabras acerca de su doctrina sobre la predestinación. En efecto, algunos de sus escritos dan la impresión de que se limita la voluntad universal de salvación de Dios; sólo unos elegidos se libran de la masa de condenación en que está sumida la humanidad a causa del pecado [68]. Liberando a los que de suyo no lo merecen muestra Dios su misericordia. Agustín se siente obligado a rebatir la tesis pelagiana según la cual la gracia se concede según nuestros méritos. Por ello acude a la idea de la predestinación, como medio para salvar la gratuidad de la gracia. Todos los hombres son deudores de Dios; no hay en él parcialidad si a unos les es condonada la deuda y a otros no [69]. En efecto, en la armonización de la misericordia y la justicia se juega todo el problema de la predestinación. Parece que a Agustín no le es fácil compaginar la gracia y la misericordia con la justicia; la gracia no se da según los méritos porque Dios es misericordioso, no es dada a todos porque Dios es juez. Por ello, la gracia es dada a unos gratuitamente; a la vez, el juicio justo sobre los otros muestra el bien que la gracia hace a aquellos a quienes ha sido dada [70]. La interpretación agustiniana de 1 Tim 2,4 ha sufrido variaciones en el curso de su vida. En sus últimas obras parece orientarse en un sentido un tanto restrictivo: no se salva ninguno sino aquellos que él quiere que se salven, y éstos se

[65] *De spir. et lit.* 30,52 (CSEL 60,208).

[66] *De grat. et lib. arb.* 8,21 (PL 44,894): «eius miseratione bona operamur, quibus corona redditur».

[67] Cf. *Contra duas ep. pelag.* II 9,21 (CSEL 60,482s).

[68] Recordemos lo que decíamos al tratar del pecado original en san Agustín.

[69] Cf. *Contra duas ep. pelagianorum* II 7,13 (CSEL 60,473).

[70] Cf. *De dono persev.* 8,16 (PL 45,1002). Cf. la amplia exposición sobre el tema en A. Trapè, o.c., II, 203-300; también González Faus, o.c., 457ss; V. Grossi, *La cuestión de la voluntad salvífica en los últimos escritos de Agustín (420-427):* Augustinus 36 (1991) 127-140; J. Oroz Reta, *Predestinación, vocación y convivencia según S. Agustín:* ib., 191-204.

salvan infaliblemente; todos los hombres pueden ser incluidos entre los predestinados, porque entre éstos hay hombres de todos los géneros [71]. Naturalmente, el problema es complejo y no podemos dilucidarlo en estas pocas líneas. En todo caso, hay que decir que, a pesar del gran influjo de Agustín en la teología y en el mismo magisterio, estas opiniones sobre la predestinación no han sido nunca oficialmente aceptadas por la Iglesia.

Bastan los breves apuntes precedentes para hacer ver la complejidad de la doctrina de la gracia en san Agustín. Los diferentes aspectos del problema abordado no le permiten siempre una solución clara. El problema pelagiano le ha obligado a una profunda reflexión sobre la cuestión de la gracia y la libertad y la necesidad del impulso interno del Espíritu para que el hombre pueda hacer el bien. La criatura no puede nunca llegar a Dios si no es llamada y sostenida por Dios mismo. Esta necesidad del impulso interior de Dios que sostiene la libertad humana ha sido claramente vista por Agustín; es uno de los aspectos antropológicos de la gracia. Este avance tiene también una contrapartida: en parte, aunque ya hemos visto que no es justo contraponer a Agustín con los Padres griegos, se ha perdido, a raíz de la controversia pelagiana, la visión de la «gracia» como la globalidad de la salvación cristiana, el don de sí que Dios nos hace en Jesús y el Espíritu Santo. Así, la gracia ha pasado a considerarse como un medio para llegar a la salvación, siendo así que en la terminología bíblica equivale a la salvación misma. Se ha producido un cierto estrechamiento de la noción al centrarse en el *adiutorium,* en la ayuda divina para aquello que el hombre no es capaz de hacer con sus fuerzas. Pero hay que reconocer como el gran mérito de Agustín el haber salvado la radical apertura del hombre a Dios y el haber hecho ver que ambos no son «concurrentes» ni incompatibles; por el contrario, la presencia de Dios constituye lo más íntimo del ser humano y la gracia significa la plenitud de la libertad y no un obstáculo para la misma.

El XVI concilio de Cartago. El influjo de la teología de Agustín en las decisiones magisteriales no se hizo esperar. El XVI concilio de Cartago, que ya conocemos por sus afirmaciones sobre el pecado original, se reunió en el año 418 con el fin de combatir las enseñanzas pelagianas. Los cánones más importantes sobre la gracia son los cánones 3-5 (cf. DS 225-227). No se describe ni se define la «esencia» de la gracia, sino más bien sus efectos; el primero de ellos es la remisión de los pecados; pero también hay que contar entre estos efectos la «ayuda» para no volver a caer en pecado. No sólo nos da

[71] *Enchiridion* 27,103 (CCL 46,104); *De correp. et gratia* 14,44 (PL 44,913); *De praed. sanct.* 6,11; 8,14 (PL 44,968s; 971), entre otros lugares.

el conocimiento del bien, como afirmaban los pelagianos, sino el amor al bien y la fuerza para llevarlo a cabo; todo ello es don de Dios. Se afirma, por último, la radical necesidad de la gracia; no se nos da para que realicemos con más facilidad lo que podríamos también hacer con el libre albedrío; sin la gracia no podemos cumplir los mandatos divinos [72]. El concilio de Cartago fue aprobado por el papa Zósimo en su epístola *tractoria* (cf. DS 213).

El «semipelagianismo»

Resuelto, en el plano doctrinal al menos, el problema del pelagianismo, surge el del llamado «semipelagianismo». Hay que notar desde el principio que los semipelagianos no tienen ninguna relación directa con el pelagianismo, aunque una cierta afinidad doctrinal haya dado lugar al nombre con que ahora conocemos este movimiento, surgido en el siglo V (finales del primer tercio y comienzos del segundo) en algunos monasterios del sur de Francia [73]. Juan Casiano figura entre los nombres principales de la corriente. Los semipelagianos no quieren negar en absoluto la necesidad de la gracia, pero creen que el primado que a ésta da Agustín, también en relación con su doctrina acerca de la predestinación, es excesivo. Piensan que no se deja espacio suficiente al libre albedrío. De ahí la solución propuesta: el hombre, por una parte, no puede salvarse sin la gracia que Dios le ofrece; pero, por otro lado, para que Dios efectivamente nos la conceda es preciso que de nuestra parte venga una iniciativa; así se pueden combinar la necesidad de la gracia y la función de la libertad humana en la salvación. Aducen para fundamentar su tesis ejemplos bíblicos, como el caso de Zaqueo, que tuvo que subir al árbol para que el Señor lo viera, o de la vida cotidiana, como el del enfermo que ha de llamar primero al médico para que éste lo pueda curar. Por ello, dicen, en nuestra mano está el *initium fidei,* el primer movimiento hacia Dios y hacia la Iglesia. La gracia de Dios llevará luego al hombre hacia la salvación. Así se evita, según ellos, el escollo de la doctrina agustiniana acerca de la predestinación. Dios quiere salvar a todos, pero hace falta este primer impulso de nuestra parte para que nos conceda el don de su gracia. De acuerdo con esta concepción semipelagiana, todo hombre tiene las mismas «oportuni-

[72] Cf. sobre el concilio de Cartago, V. M. CAPDEVILA, *«Peccata» i «implere mandata» en els cànons tercer, quart i cinquè del concili de Cartago del 418:* RCatT 14 (1989) 499-510.

[73] El nombre se les dio sólo a finales del siglo XVI o principios del XVII. Sobre las circunstancias históricas de la aparición de la doctrina, cf. H. RONDET, *Gratia Christi,* 144-161 *(La gracia de Cristo,* 121-135); P. FRANSEN, o.c., 632-638.

dades» ante Dios: en la mano de cada uno está iniciar este primer movimiento, para que Dios obre luego en nosotros la salvación por la obra de su gracia. De nuevo nos encontramos con el malentendido que ve la necesidad de afirmar al hombre y su libre albedrío frente o al margen de la gracia divina, como si entre los dos hubiera incompatibilidad; estamos en el falso dilema «o Dios o el hombre». Así queda también en el fondo seriamente comprometida la referencia del hombre a Dios. En efecto, eliminar la iniciativa divina significa pensar que el hombre puede iniciar el camino ascendente hacia Dios sin que preceda el momento descendente de Dios hacia nosotros, que en nuestras propias fuerzas creaturales está la capacidad de movernos hacia él. Por evitar una dependencia demasiado absoluta del hombre respecto de Dios se hace a Dios dependiente del hombre. La única solución correcta al problema del *initium fidei* es mantener el primado absoluto del amor de Dios, ya que sólo él puede atraer hacia sí al hombre (cf. Jn 6,44). La reacción de la Iglesia a estas enseñanzas «semipelagianas» se halla en el *Indiculus Caelestini* y en los cánones del segundo concilio de Orange.

El *Indiculus* es una compilación de escritos de papas y de concilios, realizada tal vez hacia los años 435-442 por Próspero de Aquitania en Roma (cf. DS 238-249). Se quiere poner de relieve que todo lo que en el hombre hay de bueno procede de la gracia de Dios. No se utiliza mucho el vocablo «gracia», pero del texto se desprende que las cuestiones que se tienen a la vista son las mismas o parecidas a las que ocuparon al concilio de Cartago. Se señala en el capítulo 5 (DS 243) que sólo agrada a Dios lo que él mismo nos ha dado. Todo santo pensamiento, todo deseo piadoso, todo movimiento de buena voluntad viene de Dios, sin el que nada podemos hacer (c.6, DS 244). La práctica de la oración nos muestra que todo tenemos que esperarlo de Dios (c.8, DS 246) [74]. El párrafo más interesante en el contexto doctrinal concreto es la segunda parte del c.9 (DS 248): de Dios viene la iniciativa de la salvación, todo buen afecto y obra buena, todo deseo de la virtud, y esto *ab initio fidei,* desde el comienzo mismo de la fe. De Dios viene no sólo el obrar el bien, sino el quererlo; su gracia es previa a todos los méritos del hombre. Esta ayuda y don de Dios no elimina nuestro libre albedrío, sino que lo ilumina y libera: hace que se convierta de tenebroso en luminoso, de tortuoso en recto, de lánguido en vigoroso, de imprudente en sabio y prudente. La bondad de Dios es tan grande que quiere que sus dones sean

[74] En este capítulo del *Indiculus,* precisamente para afirmar la necesidad de la gracia usando como argumento la necesidad de la oración (que sería superflua si pudiéramos alcanzar la salvación por nuestros medios), se formula por primera vez un principio que después será rico en consecuencias: «...cum legem credendi lex statuat supplicandi»; transformado más adelante en «lex orandi, lex credendi».

nuestros méritos, y por aquello que nos ha concedido nos dará la vida eterna [75].

El segundo concilio de Orange se celebró en el año 529, y fue presidido por Cesáreo de Arlés. Es también fundamental en este sínodo el pensamiento agustiniano; las obras de Agustín aparecen ampliamente citadas en los cánones, como también las de Próspero de Aquitania. Se habla, en relación con este concilio, del triunfo o de la recepción del «agustinismo moderado» [76], porque, admitiéndose las intuiciones fundamentales de Agustín, no se acepta la doctrina de la predestinación al mal y la condenación. Se afirma que todos los bautizados, con la cooperación de la gracia, pueden cumplir todo lo necesario para la salvación del alma; se rechaza la idea de la predestinación al mal; la gracia no menoscaba la libertad (cf. el resumen de todos estos puntos en DS 397, profesión de fe de Cesáreo de Arlés). Una cuestión fundamental que se repite una y otra vez en los cánones es la necesidad absoluta de la gracia desde el primer instante; sólo en virtud de la gracia se puede invocar la gracia misma (DS 373), y sólo por el Espíritu Santo se puede desear ser purificado (DS 374). La necesidad de la gracia es total en todo momento; es la misma gracia la que nos hace ser humildes y obedientes (cf. DS 376), ningún bien de la naturaleza nos puede obtener la salvación (cf. DS 377; 391); no hay quienes se salven por su libre albedrío mientras otros lo harían sólo por la misericordia de Dios (DS 378). El auxilio de Dios es necesario para todas las obras buenas realizadas una vez obtenida la justificación, para la perseverancia final, etc. Dios hace que obremos el bien (cf. DS 379). La gracia hace al hombre mejor, después de que el pecado de Adán lo transformó negativamente (cf. DS 385); repara el libre albedrío (DS 383), justifica (DS 391). La aprobación del papa Bonifacio II insiste en los puntos fundamentales: creemos en Cristo por la gracia preveniente, no hay ningún bien que se pueda querer, empezar, obrar o llevar a cabo sin la gracia de Dios (DS 399).

Una vez más, en estos cánones se usa una noción de gracia identificada con el auxilio, la fuerza de Dios para hacer el bien. Gracia y libertad no son conceptos contradictorios: al contrario, sólo en virtud de la primera es posible la segunda. Se subraya mucho la necesidad de la gracia dado el hecho del pecado; se insiste, por tanto, en los efectos «sanantes» de la gracia (cf. DS 383; 385; 391s). Esta es también el favor, la misericordia de Dios (cf. DS 385). A la vez se sub-

[75] Es clara la inspiración agustiniana del pasaje; cf. el texto citado en la n.66; también *Ep.* 194,5,19 (CSEL 57,190s), cit. en n.31 del c.7.

[76] Cf. P. Fransen, o.c., 635; O. H. Pesch, *Frei sein...*, 91. Sobre las vicisitudes del concilio cf. también O. H. Pesch, en Pesch-Peters, o.c., 37ss; H. Rondet, o.c., 131ss.

raya que el único principio de la renovación del hombre es el Espíritu Santo presente en cada hombre justificado. La gratuidad de la «gracia» se pone también de relieve (cf. DS 388; 391). La justificación se obtiene sólo en virtud de la muerte de Cristo (DS 391), pero no se relacionan explícitamente con Jesús los bienes concretos que la «gracia» nos proporciona; pero por otra parte se alude a la parábola de la vid y los sarmientos para subrayar la necesidad que tenemos de Cristo (cf. DS 394). El cambio de acento respecto a la noción neotestamentaria de la gracia es notable.

El influjo de san Agustín ha sido determinante en la evolución de la doctrina sobre la gracia. Los antiguos concilios han hecho uso abundante de su doctrina. Como consecuencia de la controversia pelagiana, ha pasado a primer plano en el interés teológico el problema de la relación entre gracia y libertad, la posibilidad que el hombre tiene de hacer el bien, etc. El poder de la gracia se considera muy especialmente en relación con la situación del hombre caído. Pero la salvación que Dios nos otorga no acontece al margen del hombre. Es la presencia del Espíritu la que posibilita la libertad, la respuesta de amor al Dios que nos ama.

La escolástica

Las categorías hasta hace poco imperantes en la teología, y que siguen influyendo todavía hoy notablemente, deben en gran parte su estructuración a la gran escolástica de la Edad Media [77]. Se dan en ellas diferencias notables respecto de san Agustín, pero el pensamiento del doctor de Hipona es sin duda uno de los puntos de partida de la reflexión; junto a él hay que situar la filosofía aristotélica, introducida en la Europa occidental por los pensadores árabes. Precisamente las escuelas teológicas franciscana y tomista suelen caracterizarse (en líneas muy generales) por el mayor influjo que en ellas ejerce la primera o la segunda de estas corrientes [78]. La novedad mayor de los pensadores medievales respecto a quienes les han precedido es la preocupación por determinar lo que significa para el hombre la presencia de la gracia. Esto dará lugar a la formación de la doctrina de lo que después se llamará la «gracia creada». Ya que no podemos hacer un recorrido ni siquiera somero por la historia de

[77] Para la doctrina medieval acerca de la gracia, cf. J. Auer, *Die Entwicklung der Gnadenlehre in der Hochscholastik,* 2 vols. (Freiburg im Breisgau 1942-1951); cf. Carlos, *Justification in Earlier Medieval Theology* (The Hague 1975).

[78] C. P. Gilbert, *Introduzione alla teologia medioevale* (Casale Monferrato 1992), 126.

la teología medieval, nos centraremos en la noción de la gracia según santo Tomás.

El punto de partida es que el hombre es una criatura llamada a la comunión con Dios y que, por consiguiente, no tiene otra posibilidad de llegar a su plenitud si no es en esta comunión misma (recordemos lo dicho al tratar del problema del «sobrenatural»). Pero este fin es superior a lo que el hombre puede alcanzar en virtud de sus fuerzas naturales. Necesita por ello un auxilio proporcionado al fin a que tiende, que le «eleve» por encima de su condición de simple criatura y le dé la posibilidad de realizar el bien moral proporcionado a esta elevación; tal auxilio es la «gracia» [79]. A la insuficiencia para alcanzar el fin del hombre que deriva de su condición de criatura se añade que su naturaleza experimenta las consecuencias del pecado, no se halla en estado de integridad. Por esta razón la gracia ha de tener un efecto «sanante», ha de conceder al hombre aquellas fuerzas de que su naturaleza se ha visto privada por el pecado. Sin esta gracia, el hombre no podrá permanecer mucho tiempo sin pecar, aunque podrá hacer algunas buenas obras concretas [80].

La fuente de esta gracia no es otra sino el amor de Dios y su benevolencia. Pero así como nosotros amamos en los otros aquellos valores y cualidades que preexisten a nuestro amor, Dios crea en el hombre aquello que ama. Por ello el amor de Dios tiene un efecto «creado» en nosotros, causa una modificación de nuestro ser, ya que la benevolencia divina tiene efectos en su destinatario. El alma es así elevada y transformada, recibe una participación en la naturaleza divina, un cierto ser sobrenatural [81], de modo que este hombre transformado por la gracia, y como consecuencia de ella, puede tener y ejercitar las virtudes teologales de la fe, la esperanza y la caridad. El sujeto de estas virtudes es realmente el hombre justificado, que recibe una nueva forma o modo de ser, un «hábito» o «cualidad» permanente del alma [82]. Pero esta cualidad no es sustancial, porque viene

[79] Es significativo el lugar que ocupa la doctrina de la gracia en la sistemática de la *Summa:* en el contexto de los actos humanos se trata de los principios externos de estos actos: la ley y la gracia; ésta se estudia en la I-II q.109-114. Cf. sobre la ayuda de la gracia, *De ver.* q.27, a.3; *STh.* I-II, q.109, a.2.

[80] Cf. *STh.* I-II q.109, a.2; 5; cf. H. Rondet, o.c., 217 (183).

[81] Cf. *De ver.* q.27, a.3; *STh.* I-II q.110, a.2; cf. O. H. Pesch, *Die Theologie der Rechtfertigung bei Martin Luther und Thomas von Aquin* (Mainz 1967), 640; también M. Sánchez Sorondo, *La participación de la naturaleza divina según santo Tomás* (Salamanca 1979); F. Ocáriz, *La elevación sobrenatural como re-creación en Cristo,* en *Atti dell'VII Congresso Tomistico Internazionale* IV (Città del Vaticano 1981), 281-292; R. Spiazzi, *Natura e grazia. Fondamenti dell'antropologia cristiana secondo san Tommaso d'Aquino* (Bologna 1991).

[82] Cf. *STh.* I-II, q.110, a.3-4, sobre las virtudes; q.109, a.2.9, sobre el «hábito»; este término crea dificultades para el propio santo Tomás; cf. O. H. Pesch, *Die Theologie der Rechtfertigung,* 639ss.

a un sujeto ya constituido; se ha de tratar, por lo tanto, de una forma accidental que da al sujeto una nueva perfección, pero la persona continúa siendo la misma. Dios actúa mediante una forma creada porque el hombre ha de continuar siendo tal [83]. El amor no sólo existe en Dios, sino también en nosotros; la gracia es la presencia del amor creador de Dios en el mismo ser del hombre, que lo renueva desde lo más hondo de su ser.

Esta insistencia de Tomás de Aquino y de los demás grandes autores de su tiempo en la transformación intrínseca del hombre ha de entenderse como reacción a la tesis de Pedro Lombardo según la cual nuestro amor de Dios, la caridad, se identifica con el Espíritu Santo derramado en nuestros corazones (cf. Rom 5,5) [84]. De ser esto cierto, resultaría, según Tomás, que el Espíritu Santo tendría respecto de la caridad la misma función que el «hábito» respecto de las demás virtudes [85]. Es para salvar el carácter de sujeto del hombre por lo que se hace necesario hablar de la gracia como don habitual o cualidad del alma. Ahora bien, esto no quiere decir que esta gracia pueda llegar a ser algo «nuestro» en el sentido de que, una vez adquirida, pueda considerarse independiente de su fuente, el amor de Dios. Todo lo contrario: este amor es el principio permanente de la transformación del hombre. En virtud de este amor creador de Dios y de su efecto, el hombre participa en el ser de Dios mismo [86]. No se trata, por consiguiente, de que se cree la gracia como una cosa, sino que se opera una transformación total en el hombre que la recibe [87].

Esta recreación del hombre no se produce sin la presencia en nosotros de las tres divinas personas. La doctrina de la inhabitación, en santo Tomás, no está sistemáticamente organizada, aunque las alusiones a ella son abundantes. Es importante para nosotros la constatación de que el Espíritu Santo se nos da «en el mismo don de la gracia», y por tanto, al parecer, no se puede hablar en santo Tomás de una gracia creada separada o previa a la «increada» [88]. Santo To-

[83] Cf. *De ver.* q.27, a.1; q.29, a.3; la gracia es accidente en el hombre precisamente porque está por encima de su naturaleza; si fuera sustancia o forma sustancial, el hombre dejaría de ser tal; el que la gracia sea un «accidente» no significa que sea «accidental» en el sentido vulgar de la palabra. Cf. O. González de Cardedal, *El hombre «imagen de Dios» en el pensamiento de santo Tomás* (Madrid 1967), 77; también O. H. Pesch, en O. H. Pesch-A. Peters, *Einführung,* 83.

[84] Pedro Lombardo, *Sent.* I, d.XVII, esp. c.1 y 6.

[85] Cf. *STh.* II-II, q.23, a.2.

[86] Cf. I-II, q.112, a.1, solamente Dios deifica.

[87] *STh.* I-II, q.110, a.2: «...gratia dicitur creari, ex eo quod homines secundum ipsam creantur, idest in novo esse constituuntur, ex nihilo, idest non ex meritis...».

[88] *STh.* I q.43, a.3; todo el artículo es importante para esta cuestión. También III q.7, a.13, el principio de la gracia habitual es el Espíritu Santo; la gracia es causada por la presencia de la divinidad; *In I Sent.* d.14, q.2, a.1, recibimos el Espíritu Santo antes que sus dones. Cf. Pesch, *Die Theologie der Rechtfertigung,* 650ss; J. Prades, *«Deus*

más conoce también la enseñanza de la filiación adoptiva de los hombres, aunque considera que el sujeto de esta adopción es en rigor la Trinidad, aunque se «apropie» al Padre [89]. La fuerte acentuación de la unidad de Dios en sus operaciones *ad extra* ha llevado a un cierto olvido de la relevancia de la Trinidad en la vida cristiana. Pero, por otra parte, está claro en santo Tomás que todo don de gracia viene de Cristo, en el que se encuentra la plenitud del Espíritu del que participamos; la humanidad de Jesús es el instrumento de que Dios se sirve para la comunicación de toda gracia [90]. También necesita el hombre la «gracia», el impulso divino, para acercarse a Dios y recibir la «gracia santificante»; aunque hay que notar que en algún momento de su vida Tomás no ha llamado «gracia» al primer movimiento que Dios obra en el hombre para que se convierta a él, una mayor reflexión le ha hecho ver que, aunque el hombre no tenga todavía la gracia santificante, es también gracia este inicial acercamiento a Dios [91]. Tomás conoce también diversas divisiones de la gracia; la más importante de ellas es la que establece entre la gracia *gratum faciens,* la gracia santificante, por la que el hombre se une a Dios, y la gracia *gratis data,* por la que el hombre coopera a que otro sea llevado a Dios [92].

También san Buenaventura ha conocido la noción del «hábito» y de la «gracia creada», corrigiendo la tesis del Maestro de las Sentencias; según él, con la idea del hábito resalta más claramente la primacía de Dios y, por consiguiente, con ella se establece mejor la distancia frente al error pelagiano [93]. Buenaventura piensa en la gracia cristológicamente, aunque en la cuestión de la filiación divina del hombre se mueve también en el marco de la unidad de las operaciones divinas *ad extra* y, por tanto, en el de las «apropiaciones» [94]. Juntamente con la gracia creada se da el don increado del Espíritu Santo, que el Padre nos da mediante el Verbo encarnado. La gracia no es sólo «tener» a Dios, sino sobre todo «ser tenido» por él [95].

specialiter est in sanctis per gratiam» (Roma 1993), esp. p.121, 213, 385, 435. Además de esta prioridad del don de Dios mismo sobre el don creado, este autor pone de relieve que santo Tomás tiende a considerar de modo unitario la presencia de las tres personas divinas en el hombre, y como una mera «apropiación» las menciones específicas del Espíritu Santo. Cf. la continuación del texto.

89 Cf. *STh.* III q.23, a.2; cf. también q.32, a.1; q.45, a.4, la adopción filial es según alguna imagen de la filiación natural del Hijo. Sobre la «apropiación», cf. P. FRANSEN, o.c., 655s.

90 Cf. *STh.* III q.19, a.4; q.48, a.2; *In Joh. ev.* I 16, lec.10,1.

91 Cf. P. FRANSEN, o.c., 642-645; O. H. PESCH, *Einführung,* 59-63; RONDET, *La gracia de Cristo,* 185ss.

92 Cf. *STh.* I-II, q.111, a.1; cf. también los otros artículos.

93 Cf. *In II Sent.* d.26, q.1-2.

94 Cf. *In III Sent.* d.10, q.2-3.

95 *Brev.* V I 5: «nadie tiene a Dios sin ser tenido especialmente por él»; cf. ib., I

A partir de Duns Escoto queda cada vez más en el centro de la teología la libertad de Dios; nada puede obligarle a «aceptar» a la criatura, y por ello se subraya su total iniciativa en la justificación y en la gracia; nada hay en el hombre que obligue a Dios a entrar en comunión con él. La distinción entre la «potentia Dei absoluta» y la «potentia Dei ordinata» sirve para salvaguardar, por una parte, la libertad y la trascendencia de Dios, y por otra, la coherencia de su obrar con la criatura, ya que Dios salva a todo aquel que tiene su amor y su gracia [96]. Pero con este modo de razonar se puede abrir la puerta a una concepción más extrinsecista de la gracia y de los efectos del amor de Dios en el hombre.

En la evolución de la escolástica, paulatinamente la posesión de la gracia habitual tiende a separarse de la presencia del amor creador en el hombre, y de algún modo a convertirse en el presupuesto de la aceptación de la criatura por parte de Dios.La gracia creada llega a considerarse el presupuesto de la «increada», o presencia de Dios mismo en el hombre [97]. De ahí los malentendidos a que aquella noción pudo dar lugar entre los reformadores [98].

La Reforma protestante, el concilio de Trento y la teología postridentina

Trataremos con más extensión del problema de la gracia en Lutero y el concilio de Trento cuando hablemos del problema específico de la justificación; éste fue el aspecto de la teología de la gracia más directamente controvertido en aquellos momentos. Con todo, no estará de más decir ya ahora algunas palabras sobre la noción de la «gracia» que se utiliza. Hemos insinuado ya que Lutero reacciona contra la idea de la gracia creada y del «hábito» de la escolástica de su tiempo, en el sentido en que él entiende estos conceptos: algo que, una vez poseído, fuerza a Dios a darnos la vida eterna, un presupuesto para la acción meritoria del justo que le otorga un cierto derecho a la salvación, etc. Por esta razón, la gracia puede llegar a

2.4, sobre el don increado del Espíritu, dado con la misma gracia y en ella; cf. también *In II Sent.* d.26, a.1, q.2.

[96] Cf., para la enseñanza de Escoto, A. GANOCZY, o.c., 170-179; lo más importante para él no sería la gracia creada, sino la relación entre las libertades de Dios y del hombre.

[97] Cf. H. RONDET, o.c., 235-253 (trad. 199-228); P. FRANSEN, o.c., 683-693; O. H. PESCH, *Die Theologie der Rechtfertigung,* 708-714; ID., *Einführung,* 110-118; A. E. MCGRATH, *The Anti-Pelagian Structure of Nominalist Doctrines of Justification:* EThL 58 (1981) 107-119.

[98] Cf. M. LUTERO, *Disputatio contra scholasticam theologiam* (WA 1,227).

ser «más odiosa que la ley» [99], es decir, a estar más apoyada todavía en lo que el hombre hace y en su mérito, y por ello más alejada de la primacía absoluta de Dios. De ahí la negación de la «gracia creada», porque la justicia del cristiano no se refiere a una sustancia o a una cualidad, sino que depende sólo del favor divino [100]. La acción de Cristo por nosotros no se manifiesta directamente en nosotros [101]. Aun con la complejidad que presenta el pensamiento de Lutero, se puede afirmar que el aspecto «extrínseco» del amor de Dios manifestado en Jesús tiene la primacía sobre el elemento «intrínseco» de la transformación del hombre.

El concilio de Trento, de cuyo importante decreto sobre la justificación nos ocuparemos en el capítulo siguiente, ha tratado de responder a esta doctrina luterana. Para no entrar en las cuestiones de escuela entonces controvertidas, se renunció a una definición de la gracia como «hábito creado». Pero el concilio quiere afirmar la realidad de la justificación en el hombre, considera insuficiente la mera no-imputación del pecado (cf. DS 1529); la gracia no es sólo el favor de Dios, es también «inherente» al hombre (cf. DS 1561). Con el mismo vocablo «gracia» se designan en Trento varias cosas distintas: la acción de Dios que mueve al hombre a la justificación (cf. DS 1525; 1551s) o lo hace perseverar en el bien (cf. DS 1541); nos encontramos con una terminología de tradición agustiniana, en la línea del *adiutorium,* aunque no se use el término. La gracia es también el amor y el favor de Dios manifestado en la redención de Cristo (cf. DS 1526; 1532); ahora es la terminología paulina la que se abre paso. Por último, el vocablo indica el don recibido de Dios y presente en nosotros (cf. DS 1528; 1544; 1557; 1582); aquí es la terminología escolástica la que predomina, aunque se evite con frecuencia el vocabulario técnico. En todos los casos se subraya la primacía de Dios en la salvación, pero también se pone de relieve el efecto de la acción divina. Para Trento la gracia nunca es algo que el hombre posea con independencia de la fuente de la que brota. También se insinúa la idea de la presencia de Dios o del Espíritu en nosotros (cf. DS 1546, la unión con Cristo; 1529s, el Espíritu que da la justificación, el Padre nos unge con el Espíritu, el amor de Dios se derrama en nuestros corazones por el Espíritu Santo). Por último debemos notar que en el decreto tridentino no se habla sólo de la realidad de la gracia en el hombre, sino también de la nueva relación

[99] Ib.; cf. O. H. PESCH, *Die Theologie der Rechtfertigung,* 714.
[100] Cf. M. LUTERO, *Com. al sal. 50* (WA 40/2,352ss).
[101] Cf., p.ej., *Disp. de Just.* (WA 39/1,109), sobre la «justicia ajena»; cf. A. PETERS, en O. H. PESCH-A. PETERS, *Einführung,* 130ss; P. FRANSEN, o.c., 681s.

de éste con Dios: así afloran los temas de la adopción filial y de la amistad (cf. DS 1522; 1524; 1528).

El tema de la gracia, a raíz de la crisis de la Reforma y de las controversias intracatólicas que se suscitaron a continuación, alcanzó en los tiempos que siguieron al concilio de Trento una importancia muchísimo más grande de la que tuvo en los siglos precedentes. La realidad de la justificación y la transformación efectiva del hombre, por una parte, y la «cooperación» de éste con la gracia, por otra, son los dos puntos que van a determinar la evolución de la doctrina católica de la gracia en los momentos sucesivos.

Este último problema es fundamental en la disputa *de auxiliis,* en torno a la gracia de Dios y la libertad del hombre, que se agitó a finales del siglo XVI y principios del XVII; el mismo título de la controversia indica una determinada noción de la gracia centrada en la «ayuda» divina, el impulso necesario para que el hombre haga el bien. La famosa disputa enfrentó a los teólogos tomistas, especialmente a Domingo Báñez, por una parte, y a Luis de Molina (en su obra *Concordia liberi arbitrii cum gratia donis,* publicada en 1588) y los teólogos jesuitas que le siguieron, por otra [102]. En el intento de solución del problema planteado, los tomistas partían de la primacía de Dios y de su voluntad salvadora; ésta se manifiesta en la gracia que da a los hombres, la cual, en el caso de que Dios quiera que sea eficaz, va acompañada de una «premoción física» que mueve al hombre a obrar como causa libre; ello ocurre de tal manera que la gracia mueve la libertad para que ésta actúe de la manera querida por Dios. Frente a esta explicación, el molinismo parte ante todo de la libertad del hombre; sólo esta libertad hace que la gracia sea realmente eficaz. Pero ello no quiere decir que la primacía de Dios se olvide: Dios ve, en virtud de su «ciencia media» (así llamada porque se sitúa entre la «ciencia de visión», por la que Dios conoce todo lo real, y la «ciencia de inteligencia», por la que conoce los posibles), lo que el hombre haría en el uso de su libertad si se le colocase en una determinada circunstancia; conoce, por tanto, los «futuribles». Dios pone al hombre en las circunstancias que quiere para que, a su

[102] En los manuales clásicos pueden verse recogidas las posiciones contrapuestas de las escuelas; cf. R. GARRIGOU-LAGRANGE, *De Gratia* (Torino 1957), 192ss; S. GONZÁLEZ-J.F. SAGÜÉS, *De Gratia Christi,* en PATRES S. I. IN HISPANIA PROFESSORES (Matriti [4]1961), 682ss; cf. F. STEGMÜLLER, *Gnadenstreit* en LThK 4, 1002-1007. Breves resúmenes de las posiciones se encontrarán en todos los tratados mencionados en la bibliografía general. Abundante bibliografía en J. STHÖR, *Zur Frühgeschichte des Gnadenstreites. Gutachten spanischer Dominikaner in einer bisher unbekannten Handschrift* (Münster W. 1980); para este punto y lo que sigue, cf. J. MARTÍN-PALMA, *Gnadenlehre. Von der Reformation bis zur Gegenwart,* en especial 100s.

vez, éste obre según su libertad. Así se salvan, a juicio de Molina y de sus seguidores, la primacía de la gracia y la libertad humana.

El molinismo parte del dato de la concreta libertad humana en cada situación; pero, por otro lado, los futuribles en que se basa la solución propuesta (lo que el hombre haría en cada caso) parecen pensarse independientemente dc Dios, con lo que no resulta claro cómo queda salvaguardada la omnipotencia divina y la primacía real de la gracia. Por el contrario, en la solución de los tomistas es clara la primacía de Dios y de su voluntad, pero la explicación de la libertad humana, afirmada en el plano metafísico, no logra aclararse en concreto en el nivel psicológico. Paulo V zanjó la cuestión en 1607, permitiendo a cada una de las dos escuelas seguir con su opinión y prohibiéndoles condenar a la otra (cf. DS 1997; también 2008s; 2509s; 2564s). En realidad, y prescindiendo de las soluciones concretas al problema, es el propio planteamiento de la cuestión el que parece inadecuado. La gracia no puede ser nunca una limitación a la libertad humana. Es ella misma la que mueve la libertad y, por tanto, manifiesta también en ésta su primacía al suscitarla. De ahí que la afirmación de la libertad haya de remitir a Dios y su gracia, como el único que da a esta libertad su auténtico sentido. La obra de Dios y la del hombre no se interfieren porque no se colocan en el mismo plano. La presencia de la gracia suscita y hace posible la libertad, y ésta se ha de apoyar en Dios, del que todo procede. Los dos extremos han de ser afirmados, con plena conciencia de que se nos escapa el modo concreto de la relación entre ambos.

Junto al tema del «auxilio» de la gracia («gracia actual»), necesario para que el hombre pueda obrar el bien en cada momento, se plantea el de las posibilidades que tiene la «naturaleza pura» para el recto obrar moral. La teología católica va a mantener que el pecador, a pesar de su enemistad con Dios, no peca en todas las obras que lleva a cabo, es decir, que queda en él una bondad «creatural» que no desaparece por el hecho del pecado. Este punto será de suma importancia en la polémica contra el agustinismo heterodoxo de los siglos XVI y XVII. Por otra parte, no siempre se ha puesto de relieve con claridad por parte de la teología católica de este período que el pecador, aun privado de la amistad y de la gracia de Dios, no por ello actúa con las solas fuerzas de la «naturaleza pura»; incluso en su situación de rechazo de la gracia, sigue estando llamado a la comunión con Dios en Cristo para la cual ha sido creado.

El agustinismo postridentino

Por los problemas que suscitó, merece la pena un tratamiento separado de esta cuestión, contemporánea de las que acabamos de mencionar y relacionada con ellas. Esta corriente de pensamiento pretendió resolver los problemas de la teología escolástica de la época con el recurso a san Agustín, autoridad máxima en la teología de la gracia. El primer nombre que aparece entre los representantes de esta tendencia es el de Michel du Bai (castellanizado Bayo; 1513-1589), profesor de la Universidad de Lovaina [103]. Hemos tropezado ya con él al tratar del problema del sobrenatural. Bayo considera que la justicia original es debida a la «naturaleza» humana. Esta justicia consiste en la obediencia de la parte inferior del hombre, el cuerpo, a la superior, el alma, y de todo el hombre a la voluntad de Dios. Es incompatible con la idea de un Creador bueno el hecho de que el hombre venga al mundo sometido a la concupiscencia, a la muerte, etcétera. Lo «natural» para el hombre es aquello que tuvo en el primer instante en que existió. En el estado de justicia original, el hombre podía cumplir los mandamientos. En estas condiciones, la vida eterna era para Adán casi un derecho, el premio debido a su buen obrar.

A esta exaltación optimista del estado del hombre en el paraíso corresponde, paradójicamente, una concepción pesimista del ser humano después del pecado, que recuerda no poco la teología protestante: el hombre, una vez caído, ha quedado corrompido en su totalidad. Todas las obras del pecador son pecado, porque están marcadas por la concupiscencia y por ello no pueden en absoluto llevar a Dios. En la teología de Bayo no tiene ninguna importancia el «hábito» o la gracia santificante, el «estado de gracia», porque lo que Dios premia no es el ser del hombre, sino su obrar. La justicia consiste sólo en que nuestras acciones sean conformes a Dios; las buenas obras no son consecuencia de la justificación y de la transformación interna del hombre; la realidad de la justificación parece identificarse con las obras buenas movidas por la gracia divina. Porque, en efecto, el hombre hace el bien por la gracia, por la acción del Espí-

[103] Cf. para lo que sigue, MARTÍN-PALMA, o.c., 67-80; H. RONDET, *Gratia Christi,* 287-293 *(La gracia de Cristo,* 241-246); P. FRANSEN, o.c., 713-720; H. DE LUBAC, *Augustinisme et théologie moderne* (Paris 1965), 15-48 *(El misterio de lo sobrenatural* [Barcelona 1970], 315-344); además de la bibliografía ya citada al tratar del sobrenatural, cf. M. ROCA, *Documentos inéditos en torno a Miguel Bayo, 1560-1682:* Anthologica Annua 1 (1952) 367-476; *Las censuras de las Universidades de Alcalá y Salamanca a las proposiciones de Miguel Bayo y su influencia en la bula «Ex omnibus afflictionibus»:* ib., 3 (1955) 711-815; *El problema de los orígenes y evolución del pensamiento teológico de Miguel Bayo:* ib., 5 (1957) 417-492; *Génesis histórica de la bula «Ex omnibus afflictionibus»* (Madrid 1956).

ritu. Pero esta acción es para Bayo algo extrínseco al hombre: el mérito se basa en el cumplimiento de los mandamientos, y esto, de hecho, sólo es posible por la gracia. Pero si alguno pudiera cumplirlos sin la ayuda del Espíritu quedaría igualmente justificado. Esto lleva a la posición paradójica según la cual uno puede tener la caridad, y por ello cumplir la lcy, sin haber obtenido la remisión de los pecados. La acción de Dios se reduce, por tanto, a un impulso externo que no transforma profundamente al hombre.

Para la obtención del mérito que deriva de las buenas obras no tiene mucha importancia la libertad. Bayo tiene una curiosa idea de esta última: distingue entre la *libertas a necessitate* y la *libertas a servitute.* La primera se refiere a la voluntad que puede expresarse sin ser forzada por una necesidad exterior. La segunda es la inclinación del alma a su verdadero bien cuando es movida por el amor. En la situación actual, después del pecado, nos podemos ver libres de la coacción, podemos tener la *libertas a necessitate,* pero no se puede escapar del todo a la servidumbre del mal, ya que estamos sometidos a la concupiscencia. Pero la gracia de Cristo libra de esta servidumbre, lo que no excluye, por otra parte, la existencia de una necesidad interior. Parece, en efecto, que la gracia es siempre necesariamente eficaz, sin que en la respuesta a la misma juegue la libertad ningún papel especial. Al margen o fuera de la gracia, todo es pecado, por ello no hay bien ninguno fuera de la Iglesia; con la gracia parece que no se puede hacer más que el bien. Nos hallamos ante una especie de «automatismo» de la gracia, que no tiene presente ni el ser del hombre que obra el bien ni la respuesta de la libertad al impulso divino.

Bayo fue condenado por el papa Pío V en 1567 con la bula *Ex omnibus afflictionibus* (cf. DS 1901-1980, la larga serie de proposiciones reprobadas). Se ha discutido el valor y el alcance de esta condena, ya que no parece fácil encontrar en las obras de Bayo todas y cada una de las sentencias condenadas. El problema de Bayo ha sido el intento de volver a la letra de san Agustín, sin darse cuenta de que esto, en circunstancias históricas cambiadas, era una empresa totalmente imposible. Se mueve sin duda en las categorías de su época cuando se centra en los problemas de la «gracia actual». Es, en cambio, difícilmente aceptable su olvido de la gracia santificante; se prescinde así de la relación intrínseca entre el ser del hombre en Cristo y sus buenas obras. Todo se resuelve apelando a una disposición positiva de Dios, sin ver la armonía de los diferentes aspectos de la obra salvífica. Cristo parece un remedio exterior que podría sustituirse por otro sin que nada cambiara. Tampoco se puede sostener que todo lo que hace el pecador sea pecado; Bayo no tiene en cuenta, como ya hemos señalado, que el hombre pecador sigue siendo una criatura de Dios llamada a la comunión con él. Aunque en este punto hay que poner de relieve un aspecto positivo: Bayo cae en la cuenta de que nada es indiferente para la salvación, de que todo es bueno o malo en relación con el último fin del hombre. Su error está en considerar que sólo se puede dar la gracia en las fronteras visibles de la Iglesia.

Unos años después de la polémica bayana el agustinismo extremo vuelve a ser defendido por Cornelius Jansen (Jansenio), en la obra titulada precisamente *Augustinus,* aparecida en 1640 [104]. Frente a la escuela molinista que ponía el acento en la libertad humana, Jansenio quiere defender la primacía de la gracia. Según él, el hombre hace siempre necesariamente lo que más le agrada (idea de la *delectatio victrix;* notemos las resonancias agustinianas de la idea de la *delectatio)*; por ello hará el mal o el bien según le atraiga más la concupiscencia o el amor de Dios. En el estado original, el hombre, para guardar los mandamientos, tenía necesidad de un auxilio divino llamado *auxilium sine quo non.* Con la actuación de este impulso divino, el hombre no tiene libertad de elección, obra movido por una necesidad interior, pero lo hace espontáneamente, y por ello es libre (sólo la necesidad externa es incompatible con la libertad). Con todo, en el estado original existió siempre la posibilidad del pecado; de hecho, el hombre cayó en él. Después del pecado, la concupiscencia es más fuerte que la atracción por el bien. Por ello, sólo si la gracia de Cristo lo libera puede el hombre actuar según Dios. Esta gracia mueve la voluntad, es el *auxilium quo* que infunde un amor al bien que supera a la concupiscencia. La gracia tiene ahora que levantar al hombre «desde más abajo» que antes del pecado, por ello el *auxilium quo* es de más entidad que el *auxilium sine quo non;* pero la ayuda de la gracia era necesaria también en el estado original. Esta gracia actúa infaliblemente. También, como veíamos en Bayo, esta gracia es «actual», opera en cada momento en que el hombre ha de hacer el bien. Al problema de la gracia y la libertad se añade también, para Jansenio, la cuestión de la voluntad salvífica universal de Dios: la gracia no se da a todos, no se da fuera de la Iglesia, porque no se alcanza a comprender cómo puede ser gratuito el don que se otorga a todos; se llega así al extremo de afirmar que Cristo no ha muerto por todos (cf. DS 2005).

Cinco proposiciones sacadas de las obras de Jansenio fueron condenadas por Inocencio X en 1653, quince años después de la muerte del autor y trece después de la aparición del *Augustinus,* que fue una obra póstuma (cf. DS 2001-2007). Se reprueban las afirma-

[104] Cf. MARTÍN-PALMA, o.c., 80-93; RONDET, o.c., 309-328 (261-278); H. DE LUBAC, o.c., 49-112 (345-701); GONZÁLEZ FAUS, o.c., 469-473; 624-637.

ciones jansenistas sobre la imposibilidad de guardar los mandamientos, sobre la libertad, la imposibilidad de resistir a la gracia, y sobre todo se condena la negación del valor universal de la redención de Cristo. Esta condena no acabó con todos los problemas, sino que dio lugar a la discusión acerca de si las proposiciones reprobadas se encontraban o no, de hecho, en las obras de Jansenio en el mismo sentido en que fueron objeto de condena. Por ello Alejandro VII, en 1656, declara que las proposiciones han sido condenadas en el sentido en que Jansenio las expresa (cf. DS 2010ss); una nueva condena de los errores de los jansenistas tuvo lugar en 1690 (cf. DS 2301ss). De nuevo los problemas de la libertad, de la voluntad salvífica universal de Dios, de la posibilidad de hacer el bien fuera de la Iglesia ocupan el primer plano (cf. esp. DS 2301; 2304; 2305-2308). El jansenismo fue más que una escuela teológica. Fue un movimiento espiritual de tendencia rigorista (basta leer, en la lista de proposiciones a que nos acabamos de referir, las que tratan de la penitencia y de la eucaristía), que encontró adeptos en Francia en la segunda mitad del siglo XVII. Todavía en el siglo XVIII hallamos la condena de los errores de P. Quesnel por Clemente XI en 1713 (cf. DS 2400ss); se le achacan las mismas doctrinas erróneas que a sus predecesores: no hay ninguna gracia fuera de la Iglesia, la fe es la primera y la fuente de todas las demás gracias, la voluntad humana no resiste a la gracia. Los problemas derivados del jansenismo se prolongan hasta el famoso sínodo de Pistoia de 1786 (cf. DS 2600ss; las proposiciones que se refieren a los temas de la gracia y afines se encontrarán en DS 2616-2624).

La restricción de la universal voluntad salvadora de Dios y la minusvaloración de la libertad humana son los puntos inaceptables de las doctrinas de Bayo y sobre todo de Jansenio. No es la imagen del Dios amoroso y que «agracia» a los hombres la que con ellas se nos transmite. El Dios que se afirma a costa del hombre y de su libertad no es ciertamente el que nos revela Jesús. Es el mismo Dios cuya majestad se quiere salvar el que queda empequeñecido si no quiere salvar a todos o si no es capaz de suscitar la libre respuesta de la criatura a su acción.

No debemos olvidar, por otra parte, que en estos siglos existió también una corriente de teología agustiniana ortodoxa, que no creó ningún problema especial en el seno de la Iglesia católica [105].

[105] Cf., para más detalles, MARTÍN-PALMA, o.c., 92s.

Los intentos católicos de renovación

Con las discusiones que tuvieron por objeto el agustinismo exagerado de los siglos XVI y XVII se aclararon puntos doctrinales importantes, pero sobre todo se mostraron inviables ciertos caminos de restauración de antiguas doctrinas sin atención a los cambios históricos. Las circunstancias históricas obligaron a un gran desarrollo de la teología de la gracia, que produjo en los siglos XVI y XVII resultados notables. Pero no parece que las discusiones entre las diferentes escuelas dieran lugar, a partir de la segunda mitad del siglo XVII, a una gran creatividad. Las figuras que se apartaron de los planteamientos de la época no encuentran especial eco, aunque en una gran medida preparan el camino de la renovación futura. En el siglo XVII destaca la figura de D. Pettau (Petavio), que, con la vuelta a los Padres griegos, y especialmente a Cirilo de Alejandría, quiere recuperar el papel primordial de la presencia de Dios en el alma (la «gracia increada») frente a la primacía comúnmente otorgada al don creado. Discute también la teoría de las «apropiaciones», para afirmar que en nuestra relación con Dios las personas de la Trinidad tienen una función «propia». Algunas de estas intuiciones van a ser recogidas por otro gran teólogo en el siglo XIX, M.J. Scheeben. También él reivindica la centralidad de la presencia de Dios en el hombre y su prioridad respecto de la gracia «creada»; ésta, sin ser una noción superflua, ha de ser considerada como secundaria. También considera que la Trinidad como tal, en la unidad y en la diferenciación de las personas, actúa en la renovación interior del hombre por la gracia. Interesante es también su visión del problema del «sobrenatural» como elevación del hombre a una perfección a la que no puede llegar por sí mismo, pero sin olvidar que en el designio de Dios existe una unidad fundamental entre el orden de la naturaleza y el de la gracia [106]. La doctrina de Scheeben sobre la gracia encontró oposición en su tiempo. También en el siglo pasado la escuela de Tubinga mostró una mayor libertad de espíritu frente a los esquemas de la escolástica.

La renovación de los estudios sobre la teología de santo Tomás (nos hemos referido a ellos al tratar del «sobrenatural») va a ser determinante, junto con las investigaciones bíblicas y patrísticas, de los cambios de perspectiva de los últimos tiempos [107]. El concilio

[106] Cf. *Die Mysterien des Christentums* (Freiburg 1951), 111-126, sobre las relaciones entre las apropiaciones y las propiedades de las personas; cf. también 172ss; 512ss, entre otros lugares; cf. N. HOFFMANN, *Natur und Gnade. Die Theologie der Gotteschau als vollendeter Vergöttlichung des Geistgeschöpfes bei M. J. Scheeben* (Rom 1967).

[107] Sobre las diferentes tendencias de la teología de la gracia en los últimos tiem-

Vaticano II no ha dedicado ningún documento, casi diríamos ninguna enseñanza explícita, a la gracia. Pero, como no podía ser menos, se encuentran en sus documentos frecuentes alusiones a este misterio; predominan en ellas las categorías de la presencia de Dios en nosotros y de nuestra unión con Cristo sobre otras nociones: Dios ha decidido elevar a los hombres a la participación de la vida divina; hemos sido predestinados a la adopción filial; todos los hombres están llamados a la unión con Cristo; por medio del Espíritu, los creyentes tienen acceso al Padre; el mismo Espíritu está en Cristo, que es la cabeza, y en nosotros, sus miembros (cf. esp. LG 2-4; 7, etc.). La universalidad de la voluntad salvadora de Dios aparece también claramente expresada (cf. LG 16; GS 22; AG 7, etc.).

Las perspectivas actuales de la teología de la gracia

El breve recorrido histórico que acabamos de hacer nos ha mostrado cómo ha ido creciendo la conciencia de la «gratuidad» de la obra de Dios en el hombre con la incorporación de nuevos puntos de vista teológicos, bien como consecuencia de las controversias doctrinales surgidas, bien por los nuevos planteamientos a que ha obligado la situación cultural de cada momento. Sin olvidar estos sucesivos enriquecimientos a que la historia ha dado lugar, se siente a la vez hoy la necesidad de no perder de vista el núcleo en torno al cual hay que articular todos los problemas concretos que se abren en torno al don de Dios a los hombres: la gracia radical que es Cristo y la donación que en Jesús y el Espíritu Santo nos hace Dios de sí mismo.

En los tratados tradicionales *de gratia* se muestra la preocupación por subrayar cómo toda la acción del hombre, en cuanto lo conduce a la vida eterna, está bajo el influjo de Dios en todos los aspectos. Al deseo de estudiar la articulación de esta presencia divina responden las distinciones y divisiones de la gracia que se suelen colocar al comienzo de las obras [108]. Las materias estudiadas se agrupaban, en general, en torno a la gracia santificante y a la gracia

pos, cf. Martín-Palma, o.c., 156-199; para la evolución de la doctrina protestante, ib., 108-124; O. H. Pesch-A. Peters, o.c., 222-365.

[108] Así, p.ej., gracia «sanante» y «elevante», según cause el restablecimiento de la naturaleza herida por el pecado o eleve propiamente al orden sobrenatural; «increada» o «creada», según se considere al mismo Dios presente en nosotros o el don inherente al alma; «habitual» y «actual» (el don inherente o el impulso divino de cada momento para hacer el bien), etc. Cf. M. Flick-Z. Alszeghy, *El evangelio de la gracia,* 25-27; S. González-J.A. Sagüés, o.c., 486ss; M. Schmaus, *Teología dogmática.* V. *La gracia divina* (Madrid 1962), 31-33; L. Boff, o.c., 187-189; en los tratados más recientes desaparece este tipo de distinciones introductorias, sin duda como reacción a estas divisiones que corrían el riesgo de desviar la mirada del núcleo esencial.

actual. La primera se considera como un don creado, distinto del alma y de sus potencias, distinto también del Espíritu Santo. Su efecto primero es, en la opinión común, la participación en la naturaleza divina (cf. 1 Pe 1,4). La explicación de la noción no es fácil; en general se toma como punto de partida la naturaleza divina del Dios uno, común a las tres divinas personas; la «participación» nos coloca en el ámbito de la analogía, y no afecta a la sustancia del hombre. El hábito o don creado se consideraba como fundamento de las nuevas relaciones con Dios, que se establecen con el Dios trino en su unidad, según el principio de la actuación unitaria *ad extra* de las tres divinas personas; las tres habitan igualmente en el alma del justo, aunque se hable de modo particular de la presencia del Espíritu Santo. En relación con la gracia «actual», se trata de la necesidad de la misma para la realización de actos moralmente buenos; lo que el hombre puede hacer por sus fuerzas; la necesidad de la gracia para la justificación y para la perseverancia; la armonización de la acción de la gracia y de la libertad.

En las épocas más recientes se han cambiado un tanto las perspectivas, aunque las bases de la renovación venían ya de más atrás. Se ha discutido la legitimidad de la primacía de la gracia creada sobre la increada. En efecto, se ha puesto de relieve desde hace ya bastante tiempo cómo la noción del don creado es prácticamente desconocida en los primeros siglos cristianos o, en todo caso, está en clara dependencia de la presencia de Dios mismo en el hombre [109]; en la misma teología escolástica se descubren elementos que pueden dar lugar a la inversión de términos [110]. Con la introducción de los conceptos de la causalidad «formal» o «cuasiformal» [111], causalidad

[109] Cf. J.C. MARTÍNEZ GÓMEZ, *Relación entre la inhabitación del Espíritu Santo y los dones creados de la justificación:* EE 14 (1935) 20-50.

[110] Cf. R. GARRIGOU-LAGRANGE, *L'habitation de la sainte Trinité et l'expérience mystique:* RThom 33 (1928) 449-478; A. GARDEIL, *La structure de l'âme et l'expérience mystique* (Paris 1927); M. DE LA TAILLE, *L'actuation creéée par l'acte increé:* RSR 18 (1928) 253-268; H. RONDET, *Essais sur la théologie de la grâce,* 107-200 *(La gracia de Cristo,* 387-448); P. DE LETTER, *Sanctifying Grace and our Union with the Holy Trinity:* ThS 13 (1952) 33-58; J. M. DONELLY, *Sanctifying Grace and our Union with the Holy Trinity: a Replay:* ib., 190-204; F. BOURASSA, *Adoptive Sonship: our Union with the Divine Persons:* ib. 309-355. Ha tenido un gran influjo el artículo de K. RAHNER, *Sobre el concepto escolástico de la gracia increada,* en *Escritos de Teología* I (Madrid 1963), 349-377 (el original alemán apareció en 1956, y en una primera redacción ya en 1939); a partir de la analogía con el *lumen gloriae,* que significa la presencia inmediata de Dios en el alma bienaventurada, afirma Rahner que la presencia divina en el justo no puede ser simple consecuencia de la gracia creada. Se trata de una presencia inmediata, no sólo de la Trinidad, sino también de las tres personas en su distinción; el don de sí mismo del Dios trino en cuanto tal ha de tener la primacía.

[111] Cf. el artículo de Rahner citado en la nota anterior; también *Curso fundamental sobre la fe* (Barcelona 1978), 152-154. La causa formal, en contraposición a la eficiente que se diferencia siempre del efecto, es un principio constitutivo interno de aquello que

«personal» [112], etc., se expresa esta primacía del don de Dios, de la «comunicación de sí mismo» del Dios trino [113]. Esta línea se ha seguido mayoritariamente en la actual teología de la gracia [114]. El cambio de perspectiva parece justificado: es la presencia misma de Dios en nosotros la que tiene sin duda la primacía en el Nuevo Testamento y en la más antigua tradición de la Iglesia. Por otra parte, es claro que sólo la misma presencia de Dios puede elevar al hombre por encima de su relación creatural con Dios; ninguna entidad creada puede, por definición, hacerlo. Sólo Dios nos puede hacer dignos de sí. Por otra parte, esta presencia de Dios ha de considerarse en relación a la vez con la unidad de la esencia divina y con la trinidad de personas que Dios mismo es; sólo así tiene sentido su comunicación al hombre. La presencia de Dios es la que nos transforma; con ello, y como tendremos ocasión de ver, la misma noción de la divinización y del cambio interno del hombre queda potenciada. Pero ello trae como consecuencia que no podemos estudiar la «gracia» como tal aislada del favor de Dios al hombre que la funda y de la condición de «agraciado» que éste tiene a los ojos del Señor. El tratado de la gracia queda así mejor integrado en la antropología teológica, en el conjunto de las verdades teológicas sobre el hombre [115].

Otros intentos de renovación del tratado sobre la gracia ponen el acento, en mayor o menor medida, en los aspectos de la comunicación humana, de la fraternidad y de la justicia, que el don de Dios necesariamente ha de comportar [116]. Es claro que el don de Dios no puede referirse sólo al hombre considerado individualmente. El amor de Dios revelado en Cristo afecta a todos y a toda la historia en todas sus dimensiones. Por otra parte, la gracia es una nueva posibilidad objetiva de realización humana que a todos se ofrece; de ahí también la insistencia en la nueva situación de libertad que en Jesús se abre al hombre [117]. Todos estos elementos han de integrarse en el

experimenta esta causalidad. Dios es un principio constitutivo interno del hombre salvado: la participación que Dios hace de su propia realidad divina se hace un constitutivo de la plenitud de la criatura. Para salvar la trascendencia de Dios, que en su darse a la criatura no se convierte en ésta, se habla a veces de causalidad «cuasi-formal».

[112] Cf. H. MÜHLEN, *Der Heilige Geist als Person* (Münster 1963), 274ss.

[113] K. Rahner ha acuñado esta expresión *(Selbstmitteilung Gottes)*, que otros han usado después de él. R. la utiliza y explica en muchos de sus escritos; a modo de ejemplo, *Curso fundamental sobre la fe,* 147ss.

[114] Cf. RUIZ DE LA PEÑA, *El don de Dios,* 339.

[115] Cf. L. F. LADARIA, *Introduzione all'antropologia teologica* (Casale Monferrato 1992), 26-38, sobre la integración del tratado de gracia en el conjunto de la «antropología teológica».

[116] Así BOFF, o.c.; también GONZÁLEZ FAUS; cf. igualmente J. L. SEGUNDO, *Teología abierta* III (Madrid 1984) (existe una edición anterior de esta obra, Buenos Aires-México 1969).

[117] Cf. GRESHAKE, o.c., que toma este punto como eje de la exposición; tal vez otros

tratado acerca del hombre en la gracia de Dios o acerca del amor de Dios comunicado al hombre; son aspectos y reflejos de la única acción salvadora de Cristo, único foco en el que todos ellos encuentran su coherencia interna. La nueva situación ecuménica ha de tener también su lugar en el estudio de la gracia; el tema de la justificación estuvo en el centro de los debates en la época de la Reforma. La perspectiva del diálogo ecuménico está presente en todos los tratados recientes; en algunos parece ser casi la preocupación esencial [118]. En la exposición sistemática que llevaremos a cabo en los capítulos siguientes deberemos volver con más detalle sobre algunas de las cuestiones que aquí sólo hemos podido insinuar.

grandes temas bíblicos quedan un poco olvidados en su tratamiento sistemático. Significativo también el título que da a su tratado de antropología teológica O. H. PESCH, *Frei sein aus Gnade.*

[118] Así O. H. PESCH, o.c., en la nota anterior.

CAPÍTULO V

LA GRACIA COMO PERDON DE LOS PECADOS. LA JUSTIFICACION

BIBLIOGRAFIA

G. COLZANI, *Antropologia teologica,* 391-410; M. FLICK-Z. ALSZEGHY, *El evangelio de la gracia,* 329-443; ID., *Antropología teológica,* 435-500; J. I. GONZÁLEZ FAUS, *Proyecto de hermano,* 485-527; K. KERTELGE, *Rechtfertigung bei Paulus. Studien zur Struktur und zum Bedeutungsgehalt des paulinischen Rechtfertigungsbegriffs* (Münster 1967); O. H. PESCH, *Die Theologie der Rechtfertigung bei Martin Luther und Thomas von Aquin* (Mainz 1968); ID., *Frei sein aus Gnade,* 140-249; ID., *La gracia como justificación y santificación del hombre:* MySal IV 2, 790-878; J. L. RUIZ DE LA PEÑA, *El don de Dios,* 315-336, 362-369.

Entramos con este capítulo en el tratamiento sistemático de la «gracia», es decir, del favor de Dios manifestado en Cristo que tiene sus efectos de salvación en el hombre. Sabemos que el amor de Dios al hombre se muestra ante todo y sobre todo en el envío al mundo de Jesucristo para que todos nosotros podamos ser partícipes de la vida divina. La «gracia» que esto significa no es un favor que se hace a un «hombre» ya constituido, ni es tampoco un añadido a una «naturaleza pura», ya que la llamada a la comunión con Dios en su Hijo significa lo más profundo del ser humano; en efecto, éste ha sido creado a imagen y semejanza de Dios para que llegue a reproducir la imagen de su Hijo. Ahora bien, sabemos igualmente que el hombre ha sido infiel al amor de Dios, ha pecado, y con ello se ha colocado en contradicción consigo mismo. Jesús, que es cabeza de la humanidad y fundamento último de toda la creación, es a la vez e inseparablemente el redentor de los hombres. No sólo hace posible la vocación sobrenatural del hombre, sino que, presupuesta ésta y la respuesta negativa de la humanidad, nos salva del pecado. La acción salvadora de Dios en Cristo tiene, pues, un aspecto fundamental de perdón del pecado, de «justificación». El paralelismo paulino entre Adán y Cristo, sobre todo tal como nos lo presenta la carta a los Romanos, nos muestra el paso del hombre de la condición de pecador en Adán (en los términos que ya conocemos) a la de justificado en Cristo Jesús. Esta es la dimensión de la gracia que a continuación nos corresponde analizar, naturalmente sin separarla de las otras en relación con las cuales adquiere su pleno sentido. Dado el peso que el pecado tiene en la historia de los hombres, puesto claramente de relieve en la Escritura y en particular en el Nuevo Testamento, y, correlativamente, la relevancia que el perdón de los pecados tiene en la vida y en la obra de Jesús, merece la pena dedicar a este tema una atención especial. Por otra parte, no debemos olvidar que esta cuestión reviste una particular importancia desde el punto de vista ecuménico.

La condición pecadora del hombre no le afecta sólo individualmente, sino también como miembro de la humanidad. Por ello, aunque es claro que cada uno de nosotros, en nuestra decisión personal, aceptamos o rechazamos la gracia de Dios que nos es ofrecida, se ha de tener también presente que el pecado de Adán y la redención de Cristo nos colocan ante una situación ya dada, previa a nuestras opciones. La fuerza de pecado y la privación de la mediación de la gracia, por una parte, y la sobreabundancia del amor redentor de Dios, por otra, se hallan ya presentes en el momento en que cada uno de nosotros viene al mundo o inicia el camino de conversión al Señor. La justificación no es sólo, por consiguiente, un «momento» cronológico, el paso de la enemistad divina a la amistad que nos es ofrecida y otorgada en Cristo, aunque es claro que este momento tiene una importancia capital. Es también una dimensión esencial de la salvación del hombre, el aspecto justificador que tiene la gracia de Dios, dado que, incluso quien no ha pecado personalmente, se encuentra con la privación de gracia que arranca del primer pecado y con sus efectos negativos en su relación con Dios, consigo mismo y con los otros. El paso de Adán a Cristo es, por tanto, necesario para todos, ya que a todos afecta el *minus* del pecado; aunque también podamos pensar que la sobreabundancia de la gracia de Cristo tiene a su vez un significado y una relevancia para todo hombre que viene a este mundo.

Esta consideración previa, hecha de la mano de cuanto ya sabemos por los temas precedentes, nos sugiere otra acerca de las «posibilidades» del hombre antes de la justificación, es decir, sobre aquello que puede o no puede hacer el hombre caído sin la gracia, con sus fuerzas «naturales». Esta cuestión se trataba muy ampliamente en los manuales clásicos sobre la gracia [1]. Se discutía en concreto en qué medida puede el hombre cumplir los mandamientos divinos, perseverar largo tiempo sin pecado grave, hacer el bien en el orden de la naturaleza sin que sus obras se ordenaran al fin sobrenatural, etcétera. Ya no encontramos estos temas en las obras más recientes. Los nuevos planteamientos del tratado de la gracia los han desplazado. Veamos brevemente por qué renunciamos también nosotros a

[1] Cf. p. ej. M. Flick-Z. Alszeghy, *El evangelio de la gracia,* 103-171.

estudiar el estado del hombre y sus posibilidades antes de la justificación.

De lo que llevamos dicho ha de haber quedado claro que, dada la única finalidad del hombre existente, Dios mismo, toda la vida del hombre se mueve en la dimensión sobrenatural. Nada puede haber en ella indiferente a su único fin. Tanto si se está dentro de las fronteras visibles de la Iglesia, sacramento de salvación, como fuera de ellas (y aunque en ningún modo se pueda equiparar la situación objetiva de quien se halla en uno u otro caso), el hombre se halla en el mundo marcado desde siempre por Cristo, en la aceptación o en el rechazo de la comunión con Dios que se le ofrece. En rigor no existen actos moralmente indiferentes desde el punto de vista subjetivo; en mayor o menor medida, todo nos acerca o nos aleja de Dios, nuestro fin último, y del prójimo, en quien Jesús se nos hace presente. No podemos pensar tampoco en actos simplemente honestos, conformes con la ley natural, pero no relacionados con el último fin del hombre. La significación de Cristo es universal. De ahí se deduce la necesidad absoluta de la «gracia», ya que todo lo que afecta a la consecución de nuestro fin último supera nuestras fuerzas creaturales; y no podemos pensar en ámbitos de la vida humana que nada tengan que ver con este fin.

Dado que nos hallamos de hecho en el orden sobrenatural, en todos los momentos de la vida el hombre se halla bajo el influjo de Dios, el único que puede hacer posible toda obra buena. Y a la vez puede el hombre rechazar este influjo, y ello constituye el pecado. Todo lo que el hombre hace, incluso lo que hace el pecador (porque también él se halla en un «orden» de gracia y sabemos que no todas sus obras son pecado), es, en una mayor o menor medida, aceptación o rechazo de la obra de Dios en nosotros. Con la excepción del pecado, todo lo hemos recibido de él [2]. Naturalmente se nos escapa el cómo de la implicación última entre la gracia y la libertad. Pero lo que en todo caso se ha de subrayar es la necesidad que en todo momento tenemos de la gracia divina si pensamos que el hombre desde el primer instante no tiene otro fin más que la comunión con Dios. Y es claro que no puede alcanzar a Dios más que con la iniciativa total de Dios mismo. El hombre no puede hacer nada bueno sin Dios, pero, a la vez, Dios mismo obra la aceptación de la libertad humana, sin cuyo asentimiento no quiere salvarnos (por lo menos en las circunstancias normales del hombre adulto). No podemos pensar en una autosuficiencia del hombre para conseguir la salvación, pero, a la vez, la constante referencia a Dios que funda su bondad creatu-

[2] Cf. S. AGUSTÍN, *Sermo* 21,3 (CCL 41,278).

ral nos impide considerarlo como radicalmente corrompido después del pecado [3].

Es, por tanto, desde la perspectiva del «orden» de Cristo en que el hombre se encuentra en todos los momentos de su existencia desde la que abordamos el problema concreto de la justificación del pecador. En la Escritura y en la tradición de la Iglesia se nos habla de la justificación del hombre en cuanto conoce y acepta en su vida el mensaje de Jesús, en una palabra, cree en él. Ello no quiere decir que no quepa la justificación y el perdón de los pecados en quien sin culpa no ha conocido o aceptado la revelación cristiana. Pero en todo caso se deberá producir en él un proceso análogo al que la Biblia y los documentos de la Iglesia nos describen con explícita referencia a quien se une a Jesús y se incorpora a su Cuerpo en la fe y el bautismo.

LA «JUSTICIA DE DIOS», FUNDAMENTO DE LA JUSTIFICACION DEL HOMBRE

a) **La justicia de Dios en el Antiguo Testamento**

La justificación del hombre aparece en la Biblia, en Pablo especialmente, como consecuencia de la manifestación en Jesús de la «justicia de Dios» (cf. Rom 1,17; 3,21). Dado que esta noción no es objeto de una definición explícita, empezaremos por unas breves indicaciones sobre el contenido de la misma en el Antiguo Testamento [4]; ello nos dará algunos elementos para aproximarnos al concepto paulino.

[3] Dado que el pecado, con todo, afecta a la naturaleza, tiene sentido hablar de un efecto «sanante» de la gracia, distinto del «elevante». Nos hemos referido a esta distinción al final del capítulo anterior. Pero, de hecho, esta gracia «sanante» no puede considerarse sin referencia al fin sobrenatural, es un momento dentro del agraciamiento del hombre; no es sólo lo que nos permite cumplir la ley natural, sino una relación directa con la salvación. Cf. K. RAHNER, *Gracia,* en SM 3, 306-334, esp. 330ss.

[4] Sobre la noción bíblica de la justicia de Dios en general, cf. G. von RAD, *Teología del Antiguo Testamento* I (Salamanca 1969), 453-468; G. SCHRENK, δικαιοσύνη: TWNT 2, 194-214; S. LYONNET, *De notione iustitiae Dei apud s. Paulum:* VD 42 (1964) 121-152; P. STUHLMACHER, *Gottes Gerechtigkeit bei Paulus* (Göttingen 1965); K. KERTELGE, *Rechtfertigung bei Paulus. Studien zur Struktur und zum Bedeutungsgehalt des paulinischen Rechtfertigungsbegriffs* (Münster 1967); ID., *Zur Deutung des Rechtfertigungsbegriff im Galaterbrief:* BZ 12 (1968) 211-222; E. SCHILLEBEECKX, *Christus und die Christen. Die Geschichte einer neuen Lebenspraxis* (Freiburg 1974), 124ss; B. BERGER, *Neues Material zur Gerechtigkeit Gottes:* ZNW 68 (1977) 266-276; J. BEGRICH, *Zur Pragmatik der paulinischen Rechtfertigung:* ThPh 56 (1981) 204-217; K. KOCH, *sdk:* ThHAT II, 638-668; H. RINGGREN-B. JOHNSON, *sadaq:* ThWAT VI, 898-924.

Aunque no con mucha frecuencia, en el Antiguo Testamento aparece la expresión «justicia de Dios» (cf., p.ej., Dt 33,21). Con ella no se indica primariamente una propiedad divina, sino el modo de obrar y de comportarse de Dios respecto del pueblo dentro del marco de la alianza. Es una justicia salvadora (la salvación es expresión de la justicia), manifestada en los favores que Dios otorga a los suyos (cf. Jue 5,11; 1 Sam 12,7; Sal 103,6, las «justicias» de Dios en favor de Israel) [5]. La «justicia» es la fidelidad de Yahveh a su promesa, manifestada en sus actuaciones concretas a favor del pueblo de Israel y de sus miembros. Así sobre todo en los salmos (cf. Sal 40,11; 48,11; 71,2; 143,1). A esta actitud de Dios han de corresponder los hombres con la práctica de la justicia (cf. Sal 15,2; 24,3ss) y con la alabanza (cf. Miq 6,5; 7,9; Sal 22,32, etc.); el hombre ha de proclamar justo a Dios (cf. Dt 32,4; Is 41,26; Sal 119,137) [6]. En algunos profetas, sobre todo en los del exilio, se relaciona la justicia con la proximidad de la liberación que trae el ungido de Yahveh (cf. Is 9,6; Jer 23,5s). En el Deutero- y Tritoisaías aparece especialmente clara la relación entre la justicia y la salvación; equivalen ambas a la presencia de Dios. La justicia tiene un carácter escatológico, es la salvación que el propio Yahveh traerá al pueblo (cf. Is 51,1.5-8; 45,8.13.21.24, sólo en Dios hay justicia; Jer 23,6). La experiencia del exilio ha hecho surgir en Israel la esperanza de una redención futura, de una alianza que no se romperá (cf. Is 43,1; 54,10; 55,3; 56,1). El concepto de justicia se pone también en relación con el «juicio» en el que Dios es parte: Yahveh litiga con los otros pueblos y dioses (cf. Is 41,1,21; 43,9) y con su propio pueblo (Is 43,26). La superioridad de sus argumentos acaban por convertirlo en juez, un juez que favorece a su pueblo de Israel (cf. Is 50,8s); pero los beneficios de esta justicia se extienden también a todos los pueblos de la tierra, ya que a todos llega la salvación de Dios (cf. Is 42,4; 62,2, etc.) [7].

En el período postexílico se produjo un cambio en esta idea de la justicia de Dios como fidelidad salvadora a la alianza en beneficio de Israel y de los demás pueblos. El interés se va a centrar cada vez más en la justicia del hombre, de cada uno de los «justos» (cf., p.ej., Sal 1; 73; 119; ya antes Ex 18) [8]. Un paso más será considerar la justicia como algo que el «justo» posee, aunque él no se considere

[5] Cf. Von Rad, o.c., 456ss, también para lo que sigue.

[6] Cf. Jonhson, o.c., 914; 917.

[7] La palabra «justicia» como indicadora de la salvación para los gentiles es novedad del Deuteroisaías; cf. F. V. Reiterer, *Gerechtigkeit als Heil. zedak bei Deuterojesaja* (Graz 1976), esp. 115ss; 213ss, cf. también J. Begrich, *Studien zu Deuterojesaja* (Münster 1963), 31ss; 42ss.

[8] Cf. Von Rad, o.c., 465; Kertelge, o.c., 22s.

tal ante Dios y tenga conciencia del pecado; pero así se puede abrir paso la idea de la justicia que asegura a cada uno la salvación personal (cf. ya Prov 3,33; 10,3ss) [9].

En la traducción de los Setenta se acentúan los aspectos jurídicos de la noción de la «justicia de Dios»; ésta se entiende más bien en un sentido cercano al de un contrato bilateral entre Dios y el hombre por el que el primero retribuirá al que practique la justicia; destaca, en cambio, menos la idea de la iniciativa divina y la de salvación. «Derecho» y «salvación» se separan paulatinamente. En el libro del Eclesiástico se subraya el principio de que Dios juzga a cada uno según sus obras y de que el bien y el mal tienen en la libertad del hombre su propia explicación (cf. Eclo 2,8; 3,14s; 4,10ss; 15,14ss); en Dan 9,18 se contrapone la misericordia de Dios a las obras justas de los hombres. La justicia ya no es la noción integral que abarca toda la relación con Dios [10].

En el judaísmo tardío se recogen las diferentes líneas que hasta ahora hemos visto presentes en el Antiguo Testamento. Por una parte, la iniciativa divina y el carácter salvador de la justicia de Dios, por otra, la idea de la retribución de los «justos». Se mantiene en todo caso el sentido de una fuerza de Dios que, según unos, da vida a los justos; según otros, tiene misericordia del pecador [11]. También en Qumrân la justicia de Dios sigue siendo el obrar salvador de Dios en favor de su comunidad, a cuyos miembros introduce en la alianza. Se trata de algo propio de Dios, no del hombre; la justicia de este último es siempre derivada [12]. Dios, Señor de la historia, manifestará su justicia al final, aunque ahora triunfen aparentemente los malvados. Iniciativa de Dios y voluntad salvadora del mismo, por una parte, la justicia que procede de Dios y se comunica al justo en virtud de la elección gratuita, por otra, son las dos líneas en que se mueve la idea de la justicia de Dios. En el rabinismo, en cambio, prevalecerá la importancia de las obras del justo, el reconocimiento por parte de Dios de lo que el hombre ha llevado a cabo con sus fuerzas morales. Ser justo consiste en cumplir la ley; no obstante, también el justo ha de poner su confianza en la misericordia de Dios, dada la inseguridad que siempre ha de tener en sí mismo. La confianza en Dios es la última garantía del hombre, aunque en muchas ocasiones está presente la tendencia a confiar en la justicia propia. Precisamente contra esta concepción reaccionará Pablo; el hombre no puede

[9] Cf. Koch, o.c., 471.

[10] Cf. Schillebeeckx, o.c., 133; Von Rad, o.c., 468; Kertelge, o.c., 23; Koch, o.c., 476.

[11] Cf. Kertelge, o.c., 26ss; Schillebeeckx, o.c., 134.

[12] Cf. Johnson, o.c., 924; Kertelge, o.c., 31ss; 42ss también para lo que sigue.

afirmarse ante Dios, sino que en todo momento ha de resplandecer la justicia divina salvadora.

b) La justicia de Dios en el Nuevo Testamento

No son muchas las referencias neotestamentarias a la justicia de Dios y a la justicia en general si exceptuamos los escritos paulinos. Se considera en general que, fuera del *corpus paulinum,* domina la idea de la justicia entendida como la posesión de este bien por parte del hombre [13]. En el evangelio de Mateo aparece la noción de la justicia en relación con el reino de Dios (cf. Mt 6,33); se presupone la gracia del reino, base de la justicia que el hombre ha de conseguir [14]. En Sant 1,20 se afirma que «la ira del hombre no causa la justicia de Dios»; puede tratarse más bien de algo que el hombre ha de conseguir con su conducta para ser justo ante Dios [15]. Pero en 2 Pe 1,1 la «justicia de nuestro Dios y salvador Jesucristo» no es una propiedad del hombre, sino ante todo el modo de actuar divino que se manifiesta en la salvación. Es la idea dominante en el Antiguo Testamento que se va a reinterpretar a partir de Cristo sobre todo por obra de Pablo. A sus escritos nos tenemos ahora que referir para ver el significado de la «justicia de Dios» y su correlato la «justificación» del hombre.

Ya según 1 Cor 1,30, Cristo es para nosotros «sabiduría, justicia, santificación y redención». El Padre es el origen de la obra salvadora. La justicia, como todos los demás términos que se aplican a Jesús, viene de Dios [16]. Según 2 Cor 5,21, «a quien no conoció pecado (Dios) lo hizo pecado por nosotros, a fin de que viniéramos a ser justicia de Dios en él» [17]. La justicia de Dios se convierte en una cualidad del hombre, pero es claro que sólo podemos adquirirla por la obra de Jesús, que, por la iniciativa salvífica del Padre, se ha hecho pecado por nosotros. Se ha producido un intercambio en las situaciones, ya que la justicia evidentemente le corresponde a él, como es nuestro el pecado. Con esta formulación paradójica se quiere poner de relieve la iniciativa salvífica de Dios frente al pecado y a la impotencia humana.

[13] Cf. SCHILLEBEECKX, o.c., 134s; K. KERTELGE, o.c., 46ss, también para lo que sigue.

[14] Cf. A. FEUILLET, *Die beiden Aspekte der Gerechtigkeit in der Bergpredigt:* IKZC 7 (1978) 108-116.

[15] Cf. J. MUSSNER, *Der Jakobusbrief* (Freiburg 1967), 100; cf. lo que se dice más adelante sobre la justificación por la fe y las obras en Sant.

[16] Cf. SCHRENK, o.c., 206; H. CONZELMANN, *Der erste Brief an die Korinter* (Göttingen 1969), 68.

[17] Cf. P. STUHLMACHER, o.c., 75ss; KERTELGE, o.c., 102ss; E. KÄSEMANN, *Gottes Gerechtigkeit bei Paulus:* ZThK 58 (1961) 367-378.

En la carta a los Romanos no hay una definición de la justicia de Dios. Pero las menciones relativamente frecuentes de esta noción la relacionan con la revelación del amor de Dios en Cristo, con la fidelidad de Dios a su promesa salvadora, y la «apropiación» del hombre de esta salvación en la justificación que acontece por la fe: «en él (el evangelio) se revela la justicia de Dios, de fe en fe, como dice la Escritura: 'el justo vivirá por la fe' (Hab 2,4)» (Rom 1,17). Este verso tiene una importancia particular, ya que introduce todo el desarrollo doctrinal de la carta. En el v.16 se ha hablado de la fuerza del Evangelio, salvación para los que creen. En el Evangelio se revela la justicia de Dios, su poder salvador que se convierte en don para el hombre [18]. Se pone de relieve, por tanto, la procedencia de la justicia que se comunica al hombre. Este no puede ser justificado si no es por don de Dios, y a la vez la acción divina significa nuestra salvación. La justicia llega al hombre por medio de la fe, «de fe en fe» [19]; la cita de Habacuc, que se convierte de algún modo en el lema de la carta, puede indicar que se ha cumplido ya la promesa de salvación que el AT anunciaba; ha llegado ya el momento en que el justo puede realmente vivir de la fe en Cristo. El hecho de que la «justicia» sea una propiedad de Dios se pone de relieve cuando se considera la injusticia de los hombres; tanto los gentiles como los judíos han pecado, desde este punto de vista no hay diferencia entre ellos (cf. Rom 2,17ss). Por ello «nuestra injusticia realza la justicia de Dios» (Rom 3,5). La infidelidad de Israel a la alianza no puede provocar la infidelidad de Dios a sus promesas. A Dios le corresponde la fidelidad, la justicia, la veracidad; al hombre, por el contrario, la infidelidad, el engaño, la injusticia (cf. v.3-7). Con ello se pone de manifiesto que sólo él es el fiel y el justo [20]. Pero esta justicia se manifestará solamente en Cristo. Esta idea, no explicitada en Rom 3,3ss, se desarrollará en el texto capital de Rom 3,21-31.

En este pasaje se recoge el tema central de la revelación de la justicia de Dios, enunciado como ya sabemos en Rom 1,17, una vez que Pablo nos ha descrito el cuadro de la humanidad pecadora some-

[18] Cf. H. Schlier, *Der Römerbrief* (Freiburg 1977), 107; O. Michel, *Römerbrief* (Göttingen 1966), 53; Kertelge, o.c., 86, la afirmación sobre Dios «se orienta antropológicamente»; J. N. Aletti, *Comment Dieu est-il juste? Clefs pour interpréter l'épître aux Romains* (Paris 1991); Id., *Comment Paul voit la justice de Dieu en Rm. Enjeu d'une absence de définition:* Bib 73 (1992) 359-375; Id., *La lettera ai Romani e la giustizia di Dio* (Roma 1997); Th. Söding, *Der Skopos der paulinischen Rechtfertigungslehre:* ZThK 97 (2000) 404-433.

[19] No hay acuerdo total en la interpretación de este inciso. K. Kertelge, 89, cree que se refiere a la fe que siempre dura. Para Schlier, 45, se trata de la fe del que anuncia y del que recibe el mensaje evangélico.

[20] Cf. H. Schlier, o.c., 93ss; Kertelge, o.c., 63ss; J. Pieper, *The Righteousness of God in Romans 3,1-8:* ThZ 36 (1980) 3-16, no excluye que la justicia signifique el juicio del infiel, la manifestación de la cólera divina (cf. Rom 1,18ss).

tida a la cólera de Dios. A la revelación de la justicia y a la posibilidad de acceso a ella por el creyente se dedican los v.21-26; a la justificación por la fe y no por las obras los v.27-31. Los dos temas se hallan en íntima relación. El motivo de la justicia de Dios se introduce ya en el v.21, que muestra el cambio de tiempos que se produce con la venida de Jesús: «ahora» se ha manifestado la justicia de Dios; en opinión de muchos, con el adverbio temporal se quiere expresar el comienzo de la era escatológica [21] (cf. Rom 5,9; 6,22; 8,1; Gál 1,4). Este tiempo de Cristo se caracteriza por la revelación de la justicia de Dios, que se produce sin la ley, aunque la ley y los profetas no han tenido más función que su anuncio. La «justicia de Dios» es «la acción salvadora y judicial escatológica de Dios en Cristo» [22]; se trataría, por tanto, de un genitivo subjetivo [23]. Sin que con ello se excluya que la revelación de la justicia de Dios incluye una referencia a la salvación del hombre.

El v.22 especifica las características que tiene esta «justicia de Dios». Se revela mediante la fe en Jesucristo (o de Jesucristo, según piensan otros) [24]. En todo caso la fe es la aceptación personal del Evangelio: el hombre, en virtud de la revelación de la justicia de Dios, se encuentra en una situación objetiva nueva. La fe es adhesión personal al acto salvífico objetivo realizado por Jesús; por ello es fe en Jesucristo. La nueva situación objetiva que Cristo abre para todos es contraria a la anterior, en la que todos están sometidos al pecado (3,23: todos han pecado y están privados de la gloria de Dios; cf. Rom 3,9). La justicia de Dios revelada en Cristo, de la que el hombre participa en la fe, tiene como consecuencia la «justificación» de éste. Y esta justificación es por gracia, en virtud del amor de Dios manifestado en Jesús y en concreto por el hecho de su muerte expiatoria. Dios, para demostración de su justicia [25], es decir, de

[21] Así p.ej. O. Kuss, *Der Römerbrief* (Regensburg 1957), 112; Kertelge, o.c., 73; Schlier, o.c., 103; en contra M. Wolter, *Rechtfertigung und zukünftiges Heil. Untersuchungen zu Röm 5,1-11* (Berlin 1978), 25s. Sobre este pasaje se pueden ver los comentarios ya indicados, además K. Kertelge, *Die paulinische Rechtfertigungsthese nach Röm 3,21-26*, en *Grundthemen paulinischer Theologie* (Freiburg 1991), 123-129.

[22] Schlier, o.c., 106; cf. Lyonnet, *Exegesis epistulae ad Romanos* (Romae 1963), 80ss; Kertelge, o.c., 75, Stuhlmacher, o.c., 87.

[23] Otros piensan en un genitivo «de autor»; Michel, o.c., 101; E. Lohse, *Teología del Nuevo Testamento* (Madrid 1978), 139; Wolter, o.c., 26; también G. Ebeling, *Dogmatik der christlichen Glaubens,* III (Tübingen 1979), 199.

[24] La primera opinión es sin duda mayoritaria; a su favor tiene el paralelo de Gal 2,16ss; pero cf. las opiniones encontradas de A. J. Hultsren, *The Pistis Christou Formulation in Paul:* NovT 22 (1980) 248-264, que sigue la opinión tradicional; y L. T. Johnson, *Rom 3:21-61 and the Faith of Jesus:* CBQ 44 (1982) 77-89; L. Ramaroson, *La justification par la foi du Christ Jésus:* Science et Esprit 39 (1987) 81-92, que piensan que se trata de la fe del propio Jesús.

[25] Prescindimos del problema de si en estos versos 24-26 Pablo ha utilizado un

su fidelidad, ha exhibido a Jesús como instrumento de propiciación por su sangre, mediante la fe (v.24-25). Los dos polos del proceso de la justificación son la iniciativa gratuita de Dios y la fe en Jesús de cada hombre. Hay una doble «mostración» de la justicia de Dios: una primera, no definitiva, en el tiempo de su «paciencia», el tiempo del Antiguo Testamento, en que ha pasado por alto el pecado de los hombres. La segunda y definitiva acontece «en el tiempo presente»; la justicia de Dios provoca ahora la justificación del que cree en Jesús (v.26). Ya no es una simple condescendencia, sino la realización de la justicia en aquel que cree, es decir, en el que pone a Jesús como único fundamento de su vida.

Los v.27-31 insisten en las ideas que ya conocemos, con el desarrollo de la oposición entre la fe y las obras de la ley. No son estas últimas las que justifican; por ello no hay razón para gloriarse en ellas, ya que Dios ha establecido la «ley» de la fe, es decir, el orden de cosas que se fundamenta en Jesús y su obra de salvación, y ante el cual la fe es la única respuesta correcta del hombre (cf. Gál 3,23.25). En el v.28 se establece la tesis según la cual el hombre es justificado por la fe. No se especifica el objeto de esta fe, pero se sobrentiende que se trata de la fe en Jesús. Por ello se repite la negación del valor salvífico de las obras de la ley. En el v.30 se afirma la universalidad de la justificación por la fe: esta justificación se ofrece a todos los hombres, porque Dios es Dios de todos, no sólo de los judíos, que son los únicos que poseen la ley. Por ello no hay más que un camino para la justificación, tanto para los circuncisos como para los incircuncisos. La salvación que Jesús trae no conoce fronteras. En el v.31 se señala que mediante la fe no se quita valor a la ley, sino que ésta es confirmada (según 3,21, ya la ley y los profetas anunciaban la justicia de Dios). En último término, la ley solamente cumple su fin cuando es trascendida en la fe.

Todavía en Rom 10,3s se nos dice que los judíos, «desconociendo la justicia de Dios y empeñándose en establecer la suya propia, no se sometieron a la justicia de Dios. Porque el fin de la ley es Cristo, para la justificación de todo creyente». La única verdadera justicia es la de Dios; es inútil seguir pretendiendo la propia, la de la ley, la que viene de las obras. Reconocer la justicia de Dios, su fidelidad y su amor, es creer en Cristo, y en concreto en su resurrección y en su señorío (cf. Rom 10,9s). La justicia que en el contexto de este pasaje se atribuye al hombre (cf. 9,30; 10,6.10) se basa en la acogida de la salvación que nos trae Jesús. Por ello, en otro contexto nos dirá el propio Pablo que quiere ser hallado en Cristo «no con la

himno anterior; cf. D. ZELLER, *Sühne und Langmut: Zur Traditionsgeschichte von Röm 3,24-26:* ThPh 43 (1968) 51-75; también los diversos comentarios.

justicia mía, la que viene de la ley, sino con la que viene de la fe en Cristo, la justicia que viene de Dios, fundada en la fe» (Flp 3,9).

Estos pasajes, cada uno de ellos con sus matices peculiares, nos permiten, aun con la ausencia de una definición explícita, sacar algunas conclusiones sobre la noción de la justicia de Dios en Pablo y su relación con la justificación del que cree. Pablo se mueve en la línea del concepto de justicia aplicado a Dios en el Antiguo Testamento, aunque lo reinterpreta a la luz del acontecimiento salvador de Cristo. En él se ha manifestado la fidelidad divina a la alianza, que es la causa de nuestra salvación. La infidelidad e injusticia del hombre, la de los israelitas en particular, hace brillar más todavía la justicia de Dios. Nadie puede llamarse justo por sus obras. Pero la justicia de Dios se revela en Cristo Jesús, en el que llega hasta el fin la fidelidad divina a la alianza con los hombres. En Jesús esta justicia divina aparece con su dimensión de perdón y de misericordia, superadora del pecado del hombre. Si este pecado es universal, también la revelación de la justicia de Dios habrá de afectar a todos y se habrá de manifestar en la justificación del pecador. La revelación de la justicia de Dios y la justificación del hombre están en íntima relación. La misma palabra, δικαιοσύνη, se utiliza para designar el modo de obrar de Dios y su efecto en nosotros [26]. La primacía de la obra de Dios se pone de relieve en el uso muy frecuente del verbo «justificar» en su voz pasiva [27]. Sólo en Jesús se da la justicia salvadora de Dios. Por ello, cualquier otro camino de salvación, en concreto la ley y sus obras, queda privado de valor. La doctrina de la justificación por la fe es la consecuencia de la primacía absoluta de Cristo en la salvación. De ella nos ocupamos a continuación.

LA JUSTIFICACION POR LA FE SEGUN PABLO

Dios es justo y justificador del que cree en Jesús, señala Pablo en Rom 3,26. La justificación del hombre es el resultado de su acogida de la justicia de Dios; ello tiene lugar por la fe en Cristo, ya que en él se ha revelado esta justicia, la salvación para todos los hombres. Por ello, la justicia y la justificación, por una parte, y la fe, por otra, son términos que en numerosas ocasiones aparecen en relación: cf. Rom 1,16s; 3,22.26.30; 4,3.5.9.11; 5,1; 9,30; 10,6.10; Gál 2,16; 3,8.24; Flp 3,9; cf. también Ef 2,8; Heb 11,33.

[26] En muy contadas ocasiones se utiliza δικαίωσις (cf. Rom 4,25 y 5,18) y δικαίωμα (con el sentido de justificación en Rom 5,16.18 y 8,4).

[27] Cf., entre otros lugares, Rom 2,13; 3,4.20.24.26.28.30; 4,2.5; 5,1; 6,7; 8,30; Gál 2,16ss; 3,8.11.24.

No podemos hacer una exposición detallada de lo que significa la fe en el Antiguo y Nuevo Testamento [28]. La raíz hebrea que nosotros traducimos por fe y sus derivados significa estar firme, seguro; aplicada a Dios, puede expresar los diversos aspectos de su ser divino que se manifiestan en su obrar: su bondad, su fidelidad. Cuando se aplica al hombre significa el conjunto de sus relaciones con Dios (cf., p.ej., Ex 14,31; 19,9; Dt 1,32); la fe es la confianza en Dios que hace posible la misma existencia del pueblo de Israel, la garantía de su futuro (cf. Is 7,9). En sentido semejante se utilizarán los términos πιστευω y πιστις en el Nuevo Testamento. La raíz griega significa confianza, y en este sentido se usan sus derivados en el lenguaje profano. En el Nuevo Testamento aparecen los motivos de la obediencia, la confianza, la fidelidad... Pero la originalidad del uso neotestamentario de estos términos es su vinculación a la aceptación del mensaje cristiano, al reconocimiento de Jesús como Salvador y como Señor (cf. Rom 10,9), y la decisión de establecer con él una relación total, hasta el punto de que es Jesús el que vive en el creyente (Gál 2,20: «vivo, pero no yo, sino que es Cristo que vive en mí; la vida que vivo al presente en la carne, la vivo en la fe del Hijo de Dios...»; cf. 2,19; Rom 6,8) [29]. Esta decisión por el Evangelio es, para Pablo, la «obediencia de la fe» (Rom 1,5.8; cf. Rom 10,14.16; 15,18; 16,19; 2 Tes 1,8). La fe en Dios significa el reconocimiento de la obra salvadora de Jesús, ver en ella el fundamento radical de la propia existencia y salvación, y con ello la renuncia a apoyarse en sí mismo y en las propias obras.

Por esta razón, la fe es la aceptación de la justicia de Dios, que produce la justificación del hombre. La fe es el medio por el que el hombre se coloca en esta nueva situación de «justificado». Por la fe se conoce la revelación de la justicia de Dios, se acepta el mensaje cristiano, e inseparablemente con ello el hombre se confía completamente en Dios renunciando a fundarse en uno mismo y a alcanzar la salvación por las propias fuerzas. La justicia de Dios tiene que ver con su poder salvador. Es incompatible con el reconocimiento de éste el intento de salvarse uno mismo. Por ello entre la revelación de la justicia de Dios y la acogida de la misma en la fe hay una relación intrínseca.

Si tenemos en cuenta las afirmaciones paulinas de Rom 3,27-31 y Gál 2,16ss, está claro que no podemos considerar la fe como un «mérito» para alcanzar la justificación. La fe, al oponerse a las

[28] Cf. A. Weiser-R.Bultmann, πιστεύω, πίστις: ThWNT 6, 174-230; J. Alfaro, *Fides in terminologia biblica:* Gr 42 (1961) 463-474.

[29] Desde el punto de vista literario, es original del N. T. la formulación creer en (εἰς) Dios o en Cristo.

obras, excluye toda pretensión de autojustificarse. No es una «alternativa» a las obras, de modo que obre formalmente lo que para los judíos deberían alcanzar las obras de la ley; no se puede pensar que con la fe se pueden invocar derechos frente a Dios. Por el contrario, la fe equivale al reconocimiento de la primacía absoluta de Dios y de su obra en la salvación; por ello va unida a la obediencia del evangelio. Por otra parte, la misma predicación evangélica supone inevitablemente un momento de libertad del hombre; de lo contrario sobraría el anuncio y la exhortación, no habría culpa en el rechazo consciente de Cristo (cf. Gál 5,7; Mc 16,16, etc.). La fe es un acto personal y libre que, paradójicamente, es lo contrario de la afirmación de uno mismo; significa el abandono de la confianza en las propias obras, la exclusión de la invocación ante Dios de un derecho o un mérito. La fe misma, acto libre, no puede considerarse con independencia de Dios. Si la justificación que procede de Dios y la justificación por la fe vienen a ser lo mismo, esto quiere decir que la fe no es una obra del hombre, un principio humano que venga a yuxtaponerse al don divino de la gracia. La fe, siendo libre, no es una «obra» del hombre en el sentido de las obras de la ley. En el Nuevo Testamento se acentúa la procedencia exclusiva de Dios de toda la salvación. Aunque esta iniciativa divina de la fe está afirmada en Pablo sólo indirectamente (cf. 1 Cor 3,7; Flp 2,13; Ef 2,8s), no hay duda de que no puede considerarse ajena a su pensamiento; la idea, por lo demás, se encuentra también expresada en otros lugares neotestamentarios (cf. Jn 6,29.44).

La fe se puede convertir en el punto de partida de la justificación porque en esta actitud se funda la vida entera. La justificación procede de la fe porque el creyente, al abandonarse a Dios, vive *desde* la fe (cf. Gál 2,16; 3,24; Rom 1,17; 3,26.30, etc.). El justificado es aquel que vive a partir de la fe, es decir, que tiene a Cristo como punto central de referencia de su existencia entera.

Como demostración de la tesis de la justificación del hombre por la fe y no por las obras, pone Pablo en dos ocasiones en sus cartas el ejemplo de Abraham (cf. Rom 4,1ss; Gál 3,6ss; las dos veces se cita Gén 15,6: «creyó Abraham en Yahveh, el cual se lo reputó como justicia») [30]. Abraham es el padre de todos los creyentes no evidentemente porque todos desciendan de él, sino porque en él se da el modelo de la fe, el paradigma de la justificación por la confianza en Dios y no por las obras.

[30] Cf. E. Käsemann, *Der Glaube Abrahams in Röm 4,* en *Paulinische Perspektiven* (Tübingen ²1976), 140-176; G. N. Davies, *Faith and Obedience. A Study on Romans 1-4* (Sheffield 1990). Cf. también los comentarios citados.

En Gén 15,6, que Pablo toma como punto de partida de su argumentación, se pone de relieve el reconocimiento por parte de Dios de que Abraham está de acuerdo con él, ha obrado según el pacto establecido. La justicia sería en este caso no tanto una propiedad de Abraham, sino un modo recto de comportarse frente a Dios y que éste reconoce. La fe de Abraham sería su confianza en Dios. Pero la interpretación que los LXX han dado del texto del Génesis más bien ha puesto de relieve el mérito que ante Dios supone la fe; ésta sería de algún modo una «obra», un mérito para alcanzar la justicia [31]. Pablo quiere oponerse precisamente a esta concepción.

En efecto, según él, las obras no sirven para gloriarse ante Dios (Rom 4,7), ni para alcanzar la justificación. Por consiguiente, si Abraham fue justificado, no lo fue en virtud de sus obras, ya que al que trabaja el salario se le debe, no se le da gratuitamente (v.4). Pero se reputa como justicia la fe de aquel que, sin trabajar, cree en el que justifica al impío (v.5); inútil decir que el que no trabaja no es aquí el holgazán, sino el que renuncia a la autoafirmación con sus obras. Abraham es justificado por la fe, es decir, por su reconocimiento de la justicia de Dios salvadora del hombre; por ello es justificado gratuitamente. Justificación por la fe y justificación gratuita son dos aspectos inseparables de la misma realidad: quien cree en Dios y no quiere afirmarse a sí mismo recibe la justificación como un don. La fe es precisamente el reconocimiento del don gratuito de la salvación en Cristo, es la actitud del hombre que deja espacio al amor divino. Abraham se ha fiado de Dios y por ello ha recibido la salvación como gracia. La justificación por la fe y por la gracia vuelven a unirse en el v.16: se es heredero de la promesa por la fe, para que sea por gracia (cf. Ef 2,8s). Entre la fe y la gracia se establece, por tanto, un nexo intrínseco. Abraham es el padre de todos los creyentes porque por la fe en Jesús todos pueden ser justificados. Al quedar excluida la ley que sólo poseían unos pocos, la fe abre a todos el camino de la salvación. Nuestra fe no es distinta de la de Abraham, es la fe en Dios que ha resucitado a Jesús de entre los muertos (v.23-24; cf. 17). Pero lo que para Abraham era promesa, para nosotros es ya realidad. También en Gál 3,6ss el ejemplo de Abraham sirve para probar la tesis de la justificación por la fe. En concreto, en Gén 12,3, la bendición de todos los pueblos en Abraham, se ve el prenuncio de la justificación por la fe en Jesús; en él la bendición de Abraham pasa efectivamente a las gentes (cf. Gál 3,14).

La fe del hombre, único medio para alcanzar la justificación, no es, como decimos, una «obra» nuestra, sino un don de Dios. Pero hemos indicado también que la obra salvadora de Cristo se reconoce

[31] Cf. SCHLIER, o.c., 123s.

y se acepta en libertad. Debemos ahora añadir que la justificación por la fe no priva de sentido, sino todo lo contrario, a las obras del cristiano. La fe, en la acepción neotestamentaria de la palabra, es la entrega total a Dios por medio de Jesús; es una opción de todo el hombre que se ha de manifestar en todos los aspectos de su vida. Por ello la fe «actúa por la caridad» (Gál 5,6; cf. Rom 8,10, 1 Cor 12, etc.). La respuesta positiva a Dios y la aceptación de su obra en nosotros comporta una actuación consecuente. No se puede extrapolar, por tanto, la oposición paulina entre la fe y las obras. Es el propio Pablo el que lo impide. Si las obras no son consecuentes con la fe que se profesa, se muestra que esta fe no es auténtica. La oposición a que nos hemos referido tiene sólo la finalidad de eliminar la complacencia en lo que hacemos, de evitar la creencia de que con nuestras obras podemos invocar derechos frente a Dios. Pero en ningún modo puede considerarse que nuestra conducta sea indiferente en orden a la salvación. Todo el Nuevo Testamento nos dice claramente lo contrario. Por lo demás, desde el punto de vista cristiano, las buenas obras son también don de Dios, manifestación de su presencia en nosotros.

No podemos terminar este apartado sin una breve referencia a la carta de Santiago y a la doctrina sobre la justificación que en ella se encuentra. Podría parecer a primera vista que Santiago se opone a la enseñanza paulina. En efecto, en su carta, el ejemplo de Abraham se utiliza para hacer ver que son las obras y no la fe las que salvan: Abraham ofreció a Dios a su hijo Isaac, sus obras perfeccionaron su fe (cf. Sant 2,21ss). De nada sirve la fe si no va acompañada de obras: está muerta (cf. 2,17.20.26). Las obras muestran la existencia de la fe (cf. 2,18). El hombre es justificado por las obras y no sólo por la fe. Abraham y también Raab (cf. Jos 2,9-11) son los ejemplos del Antiguo Testamento que probarían esta enseñanza (cf. Sant 2,24s). En realidad, la contraposición con la enseñanza paulina puede ser más aparente que real. Las «obras» de que habla Santiago no son las de la ley, sino las del amor; en ellas se perfecciona la fe. No se trata de un camino de salvación al margen de Cristo, sino de la consecuencia lógica de la fe en Jesús. En este mismo contexto se recuerdan a los creyentes los deberes de amor para con el prójimo y en particular el más necesitado (cf. 2,1ss); no se es consecuente con la fe que se profesa si se toleran diferencias odiosas y nos conformamos con las buenas palabras. La fe que no se manifiesta en la vida práctica está muerta, es decir, no es auténtica fe. La afirmación según la cual las obras muestran o perfeccionan la fe nos dice que no hay oposición entre ambas. Lo que tal vez sí puede observarse en la carta de Santiago es la tendencia a subrayar en la noción de fe el asentimiento intelectual a las verdades (cf. 2,19), y menos el de la adhesión personal a Jesús que prevalece en Pablo. Pero ni la dimensión intelectual de adhesión a las verdades ni la necesidad de las obras consecuentes con lo que se profesa son ajenas al pensamiento paulino [32].

EL CONTENIDO DE NOCION PAULINA DE JUSTIFICACION

Hemos hablado hasta ahora de la «justicia de Dios», la fidelidad de Dios a sus promesas manifestada en la redención llevada a cabo por Cristo, y también de la respuesta del hombre en la fe, necesaria para que la justicia de Dios alcance su fruto en nosotros, es decir, la justificación. Debemos preguntarnos ahora en qué consiste, para el hombre que la recibe, esta justificación. Se ha planteado desde hace tiempo, desde la época de la Reforma, el problema siguiente: ¿es la justificación del hombre una simple declaración de justicia en sentido forense, o se trata de un cambio efectivo en el hombre, de una transformación real? Naturalmente, en ningún pasaje se ha planteado Pablo explícitamente este problema, y por tanto buscaríamos en vano una respuesta clara a la cuestión. Debemos recoger los indicios dispersos que nos permitan reconstruir la imagen que Pablo se ha formado del hombre justificado por la fe [33].

Hay amplio acuerdo en señalar que el concepto de la justicia de Dios y de la justificación tiene, en ciertos aspectos de su origen veterotestamentario, una cierta estructura forense. Se habla de la justicia de Dios, como ya hemos señalado, en relación con el juicio en el que Dios interviene para probar su fidelidad a la alianza frente a la infidelidad y al pecado de los hombres. En el judaísmo también se vincula la justificación del hombre a la declaración de Dios. Pero no podemos interpretar a Pablo sólo a partir de estas categorías. No se trata de que Dios reconozca a alguien como justo según lo que éste haya hecho o dejado de hacer, sino que justifica al que cree en Jesús. Con otras palabras, el juicio de Dios no trata primariamente de averiguar lo que hay en el hombre, sino que le da la salvación, produce en éste una situación nueva, la justificación del pecador o del impío. Porque Dios justifica, tiene el hombre la justicia. Lo que el hombre es depende de lo que Dios realiza en él. Por ello, aunque no podemos desconocer la estructura forense en que se insertan las nociones

[32] Cf. SCHILLEBEECKX, o.c., 149ss; MUSSNER, o.c., 145ss, esp. 150. También la carta a los Hebreos conoce la doctrina de la justificación por la fe, las nociones se unen expresamente en Heb 11,7; cf. A. VIARD, *Le salut par la foi dans l'épître aux Hébreux:* Ang 58 (1981) 115-136.

[33] Cf. KERTELGE, o.c., 113s; E. LOHSE, o.c., 138-140. P. STUHLMACHER, o.c., 101.126, tiende a disminuir el valor antropológico de la justificación y la revelación de la justicia de Dios.

de la justicia de Dios y de la justificación, tampoco se puede afirmar de entrada que su contenido material se agote en esta estructura. Esta es ciertamente visible en determinados pasajes paulinos (cf., p.ej., Rom 2,13; 3,4.20), que parecen presuponer una suerte de contienda judicial entre Dios y el pueblo. Pero en otros lugares se subraya más bien el carácter gratuito del acontecimiento de la justificación y su contenido cristológico (cf. Rom 3,24ss; 5,1; 1 Cor 6,11; Gál 3,24).

No parece que entre la «declaración» de justicia por parte de Dios y la novedad del ser del hombre haya que ver una alternativa insuperable. Hay que pensar más bien que la primera tiene en el hombre un efecto real. De la comparación de Gál 2,16 con Gál 3,2.5 se deduce que la justificación equivale para Pablo al don del Espíritu Santo [34]. Dado lo que en el pensamiento de Pablo significa el don del Espíritu, principio de vida opuesto al pecado y a la carne que dominan al hombre, parece claro que no podemos pensar que la justificación no signifique un cambio real en el ser humano: el que cree no está bajo el poder de la carne, vive para la justicia, es hijo de Dios y coheredero con Cristo (cf. Rom 8,7-17); espera en los bienes futuros, en la seguridad de que nada lo apartará del amor de Cristo (cf. Rom 8,22ss; 29ss); sus obras no son ya las de la carne, lo cual quiere decir que hay en él un nuevo principio vital (cf. Gál 5,18ss). El hombre justificado ya no es pecador ni impío (cf. Rom 4,5); hay en él una novedad que elimina cualquier diferencia que antes de Cristo pudiera existir entre los hombres (cf. Rom 3,30; Gál 3,8).

Parece, por consiguiente, lo más probable que, a pesar de la estructura forense del concepto de justificación, el contenido material del mismo vaya más allá. La declaración de justicia por parte de Dios significa una verdadera justificación del hombre. El Señor declara al hombre justo y a la vez lo justifica realmente. La palabra del Señor es creadora: llama a las cosas que no son para que sean y resucita a los muertos; precisamente la fe que justifica tiene por objeto este poder creador y recreador de Dios (cf. Rom 4,17). A la declaración de justicia por parte de Dios ha de acompañar la justificación efectiva. Pero la realidad de la justificación del hombre no quiere decir que éste pueda alguna vez gloriarse en la justicia como en algo «suyo». La justicia del hombre es consecuencia de su fe, es decir, del reconocimiento de que la justificación viene sólo de Dios. La justificación produce en el hombre una novedad real en la medida en que es fruto de una nueva relación con Dios, de la relación de

[34] En efecto, tanto la justificación como el Espíritu Santo se obtienen por la fe y no por las obras; por ello se puede pensar que son dos modos distintos de expresar lo mismo; cf. L. F. LADARIA, *Espíritu y justificación. A propósito de Gál 2,16; 3,2.5:* EE 55 (1980) 111-115.

amistad y filiación. No hay, por consiguiente, contradicción alguna al afirmar que la nueva realidad del hombre no significa nunca una posesión autónoma por su parte.

LA JUSTIFICACION POR LA FE EN LA REFORMA

La doctrina de la justificación por la fe, central en el pensamiento paulino, no ha suscitado especial problema en la historia de la Iglesia hasta la aparición de los movimientos reformadores iniciados por Lutero. Debemos exponer con alguna detención su pensamiento, por el interés que en sí mismo encierra, pero también para entender mejor las enseñanzas del concilio de Trento, así como las perspectivas ecuménicas que se han abierto en este punto [35].

Para entender el concepto de la justificación en Lutero hay que insertarlo en el conjunto de su pensamiento teológico. Se admite por regla general que el punto básico en torno al que gira la teología de Lutero es la distinción entre la «ley» y el «evangelio». La ley es la expresión de la voluntad de Dios sobre el hombre, pero, dado que éste ha pecado, es imposible su perfecto cumplimiento; los manda-

[35] Entre la abundantísima bibliografía sobre Lutero y la justificación, cf. H. J. IVAND, *Rechtfertigungslehre und Christusglaube* (Leipzig 1930); A. BRANDENBURG, *Gericht und Evangelium* (Paderborn 1960); del mismo, *Thesen zur theologischen Begründung der Rechtfertigungslehre Luthers,* en O. SCHILLING-H. ZIMMERMANN (Hrsg.), *Unio Christianorum* (Paderborn 1962), 262-266; P. ALTHAUS, *Die Theologie Martin Luthers* (Gütersloh 1962); G. EBELING, *Luther. Einführung in sein Denken* (Tübingen [2]1965); W. JOEST, *Ontologie der Person bei Luther* (Göttingen 1967); ID., *Rechtfertigung. Im ev. Glaubensverständnis:* LThK 8, 1046-1050; O. H. PESCH, *Die Theologie der Rechtfertigung bei Martin Luther und Thomas von Aquin* (Mainz 1967); H. VOLK, *Die Lehre von der Rechtfertigung in den Bekenntnisschriften der evangelischen-lutherischen Kirche,* en E. SCHLINK-H. VOLK (Hrsg.), *Pro Veritate* (Münster-Kasel 1967), 96-131; M. KROEGER, *Rechtfertigung und Gesetz. Studien zur Entwicklung der Rechtfertigungslehre* (Göttingen 1968); M. BRECHT, *Justitia Christi. Die Entdeckung Martin Luthers:* ZThK 74 (1977) 179-223; A. GONZÁLEZ MONTES, *La teología protestante de la ley y el evangelio y la teología luterana de los dos reinos:* Diálogo ecuménico 13 (1978) 259-300; ID., *Fe y razón en el itinerario a Dios en Lutero:* CTom 110 (1983) 513-560; W. HÄRLE-E. HEIMS (Hrsg.), *Rechtfertigung. Das Wirklichkeitsverständnis des christlichen Glaubens* (Göttingen 1980); A. MARRANZINI, *Dibattito Lutero-Seripando su giustizia e libertà del cristiano* (Brescia 1981); A. PETERS, *Rechtfertigung in der Reformation,* en O. H. PESCH-A. PETERS, *Einführung in die Lehre von Gnade und Rechtfertigung* (Darmstadt 1981), 119-168; J. MARTÍN-PALMA, o.c., 7-21; J. WICKS, *Justification and Faith in Luther's Theology:* ThS 44 (1983) 3-30; ID., *Heiliger Geist-Kirche-Heiligung. Einsichten aus Luthers Glaubensunterricht:* Cath 45 (1991) 79-101; R. SCHWAGER, *Zur Erlösungs und Rechtfertigungslehre Luthers:* ZKTh 106 (1984) 27-66; A. S. MCGRATH, *Justitia Dei. A History of Christian Doctrine of Justification* (Cambridge 1986); G. SAUTER (Hrsg.), *Rechtfertigung als Grundbegriff evangelischer Theologie* (München 1989); J. LUTZ, *Unio als Communio. Zum Verhältnis von Rechtfertigungslehre und Kirchenverständnis bei M. Luther* (Paderborn 1990); E. JÜNGEL, *Das Evangelium von der Rechtfertigung des Gottlosen als Zentrum des christlichen Glaubens* (Tübingen 1998).

mientos dicen lo que hay que hacer, pero no dan fuerza para ello [36]. Por esta razón, la ley acusa constantemente al hombre por la transgresión de normas imposibles de cumplir. El significado de este imperativo imposible de obedecer lo revela el «evangelio», que es la liberación de toda acusación y castigo por el pecado. Mientras la ley nos dice «haz lo que debes», el Evangelio anuncia «tus pecados te son perdonados» [37]. Con el Evangelio desaparece la función acusadora de la ley, y al mismo tiempo ésta deja de tener valor justificador. No desaparece por ello el carácter de palabra de Dios que la ley posee, sino que, por la satisfacción que Cristo lleva a cabo con el entero cumplimiento de los mandatos, Dios atribuye al pecador una «justicia ajena», es decir, la justicia que viene de Cristo. El anuncio del cumplimiento de la ley en Cristo es precisamente el «evangelio». Lutero se opone al concepto de «nueva ley», como si en el Evangelio se sustituyera la ley antigua por otra distinta; pero Cristo no es legislador, sino propiciador, salvador [38]. Con el contraste con el Evangelio aparece clara la función de la ley: con ella Dios produce la desesperación ante la imposibilidad de justificarse, para que así se aprecie el valor de la liberación producida por el Evangelio; así se crea el «espacio» para que pueda hacerse visible y se pueda apreciar en todo su valor liberador la gracia de Cristo.

La ley ejerce así una función pedagógica hacia Cristo, no porque prepare directamente al encuentro con él, sino porque muestra el fracaso del intento de justificación por las obras propias y la necesidad de esperarlo todo de la gracia. Esta función se descubre sólo a la luz del Evangelio. Con éste además se llega al conocimiento del pecado en toda su profundidad, aunque ya la ley daba una idea del mismo. La ley ya no es camino de salvación, pero continúa teniendo un significado, porque el tránsito del pecado a la salvación, de la acusación a la absolución, etc., nunca puede darse por concluido. Por otra parte, con el Evangelio se cumple lo que la ley ante todo ordena, es decir, amar a Dios sobre todas las cosas; con la fe se cumple este primer mandamiento, porque creer es excluir la afirmación de uno mismo por sus obras. La ley y el Evangelio, en sus mutuas implicaciones, son la única palabra de Dios, que tiene una doble eficacia: la condena para el que quiere autojustificarse, la salvación para el que cree en Jesús [39].

Esta estructura fundamental de la teología de Lutero se refleja en su doctrina de la justificación. Aun con el riesgo de alguna repetición, debemos completar lo que ya dijimos cuando hablamos del

[36] Cf. M. Luther, *Von der Freiheit eines Christenmenschen,* 8 (WA 7,23).

[37] Cf. O. H. Pesch, o.c., 51; también G. Ebeling, *Dogmatik des christlichen Glaubens* III, 288-294.

[38] Cf. Pesch, o.c., 54s.

[39] Cf. ib. 64-66.

pecado original para poder entender el alcance de la teología luterana de la justificación. El pecado es aquello que la libertad humana hace con sus propias fuerzas, incluso y particularmente lo que llamamos las «buenas obras». Abarca así toda la existencia humana porque todo el ser del hombre es resistencia contra Dios, «carne» en el sentido bíblico de la palabra. El pecado fundamental, raíz de todos los demás, es la falta de fe, manifestada en la ingratitud, el egoísmo, el orgullo [40]; ella nos cierra el camino hacia la justificación, hacia Cristo salvador.

Ya conocemos algunas de las afirmaciones de Lutero sobre la corrupción total de la naturaleza como consecuencia del pecado. Parece que hay que interpretar esta corrupción en el sentido de la imposibilidad de amar a Dios; el hombre, encerrado en sí mismo, quiere encontrar en sí el fundamento de su ser en lugar de buscarlo en Dios. Este es el sentido profundo de la corrupción de la naturaleza; no es que el hombre no pueda usar de sus facultades naturales en cuanto tales, sino que su ser no es el que le corresponde si la relación con Dios está rota. El hombre será pecador mientras no se encuentre en el ámbito del Evangelio. La voluntad del hombre es «esclava», está dominada por el poder del pecado, no puede obrar el bien, ni siquiera quererlo. Pensar que el hombre puede hacer el bien por sus fuerzas o en virtud de su libertad equivale a restar valor a la redención de Cristo. Lutero desarrolla ampliamente esta tesis en su obra *De servo arbitrio,* contra Erasmo [41]. La primacía total de la gracia y el libre albedrío parecen difíciles de conciliar. Para salvar la primera, Lutero no duda en sacrificar el segundo. La intención de Lutero fue la de repristinar la doctrina agustiniana de la gracia que, en su opinión, contradecían los escolásticos y Erasmo; le interesa en particular subrayar la primacía de la gracia divina al comienzo de la justificación; la gracia nos libera de la esclavitud en la que el hombre se halla bajo el pecado. Solamente si Dios concede al hombre el libre albedrío podrá éste ser una realidad [42]. Pero esto no significa que Dios sea responsable del pecado humano; sólo el hombre es culpable de su negación de Dios y de su falta de fe.

[40] Cf. ib. 78-85.

[41] Cf. M. LUTHER, *De servo arbitrio* (WA 18,600-787), esp. 787: «Si creemos que Cristo ha redimido a los hombres por su sangre, estamos obligados a reconocer que todo el hombre estaba perdido; de lo contrario hacemos a Cristo superfluo o sólo redentor de una parte muy despreciable, lo que es blasfemo y sacrílego»; cf. también p.614; 638; 673; 691; 706. Cf. H. J. MCSORLEY, *Luthers Lehre vom unfreien Willen nach seinem Hauptschrift De servo arbitrio im Lichte der biblischen und kirchlichen Tradition* (München 1967); G. CHANTRAINE, *Érasme et Luther. Libre et serf arbitre* (Paris-Namur 1981); A. TURRADO, *Gracia y libre albedrío en san Agustín y en Lutero* (cf. n.44 del cap.4).

[42] Cf. WA 18,637.

La insistencia en el poder del pecado y la imposibilidad humana de obrar el bien tiene como única finalidad la de subrayar el valor de la obra de Cristo. El es el que nos reconcilia con Dios, en cuya cólera nos libra de caer. A la vez nos libra de los poderes que nos oprimen: la ley, el pecado, la muerte, el diablo [43]. Esta reconciliación con Dios y redención del hombre se realiza *propter Christum*, a causa de su pasión y muerte. Es pura gracia de Dios, pero acontece en un «juicio» que hace ver la gravedad del pecado humano: Cristo sufre la muerte por los pecadores, siendo así que es el único que ha cumplido la ley entera, y la ha cumplido por nosotros; así ha roto la maldición de la ley, y ha cambiado la cólera de Dios en gracia y en salvación. Jesús ha muerto la muerte del pecador, en el alejamiento de Dios, sin merecerla, ya que en él no había pecado; no tenía que descargar en él la cólera de Dios. Pero ésta ha quedado desarmada porque, en su abandono, Jesús ha seguido amando a Dios. La cólera de Dios ya no se descarga sobre nosotros, porque a todos afecta la reconciliación en Jesús. El origen de ésta se halla en Dios y su amor; la cruz no es la «causa» del amor de Dios, sino su demostración y expresión, ya que Dios quiere salvar a todos [44]. Por la acción de Cristo, en su muerte y resurrección queda el hombre liberado de las potencias que lo oprimen. Muerte y resurrección de Jesús van unidas en el pensamiento de Lutero, de tal manera que la mención de una implica con frecuencia la de la otra.

Esta reconciliación llevada a cabo por la obra de Cristo acontece fuera de nosotros, *extra nos*, pero no tiene más finalidad que nuestra salvación, se realiza *pro nobis*. Ahora bien, este acontecimiento ha de tener en cada uno una repercusión subjetiva, *in me*. La muerte y resurrección de Cristo tienen sentido por su efecto en nosotros y en sí mismas piden que cada uno se las «apropie», es decir, que esté dispuesto a que en él se realice el juicio de Dios. De ahí la necesidad de la fe. Por ella nos acercamos a Cristo, que toma nuestro pecado y nos da su justicia. Para Lutero, el sujeto de la fe es el mismo Cristo; éste se hace la «persona» del creyente: «la fe hace de Cristo y del creyente una sola cosa» [45]. Creer en Jesús es hacerse uno con él; el creyente vive así totalmente inmerso en Cristo. La fe, que el mismo Cristo actúa en nosotros, es el medio para acoger la salvación de Dios. Cristo, a la vez que objeto de nuestra salvación, es también en cierto modo el sujeto de la misma. En virtud de la fe podemos reci-

[43] Cf. PESCH, o.c., 123ss.

[44] Cf. ib. 133ss.

[45] PESCH, o.c., 235; cf. ib. 141ss; 238-247; P. HACKER, *Das Ich des Glaubens bei Luther* (Graz 1966); J. OLIVIER, *La foi de Luther* (Paris 1978); WICKS, *Justification and Faith,* 14.

bir la justificación, realizada en la cruz, y que nos revela el amor de Dios por nosotros.

Nos hemos extendido un poco en estas líneas generales del pensamiento cristológico y antropológico de Lutero porque su doctrina de la justificación en sentido estricto no se entiende adecuadamente sin tenerlos en cuenta. Se trata en todo momento de acentuar la primacía de la acción redentora que Dios ha realizado en Cristo.

La justificación por la fe constituye para Lutero el «articulus stantis et cadentis ecclesiae» [46]; no es un tema teológico entre otros, sino que constituye el centro de toda la predicación cristiana. El mismo anuncio de Cristo, si no va acompañado del de la justificación por la fe, quedaría sin relación al hombre destinatario de la salvación; faltaría el *pro nobis*. De ahí que la insistencia en la justificación por la fe sea una consecuencia de la doctrina cristológica; de ésta deriva la doctrina de la justificación. En la acción de Cristo actúa Dios, que es quien nos justifica al imputarnos la justicia de Cristo.

Toda justicia del hombre es así «ajena» a él, porque es la justicia de Dios la única justicia que justifica al pecador. Esta justicia divina tiene sólo entidad en cuanto se la considera en relación con el hombre y en cuanto éste, a su vez, reconoce el acto de Dios que lo justifica. Por ello habla Lutero de *iustitia Dei passiva*, es decir, aquella justicia por la que el hombre es hecho justo por medio de la fe. El hombre recibe de Dios la justificación, pero a la vez, en el reconocimiento de nuestros pecados, Dios es también «justificado» por nosotros, que reconocemos su justicia. La justicia que hay en nosotros es «ajena» también por una segunda razón: el hombre justificado es valorado por Dios de un modo nuevo porque no tiene en cuenta sus pecados, no se los imputa. No se trata primariamente de que el hombre sea justo, sino de que Dios lo considere tal. El pecado es un obstáculo que el hombre siempre tiene para acercarse a Dios; hace falta que Dios le perdone y le considere justo. Dios, por consiguiente, perdona al hombre, no lo considera pecador, a la vez que le imputa la justicia. Pero esto es algo «ajeno» al hombre, no es una cualidad «inherente» a él. El pecado continúa existiendo en el hombre, éste es a la vez justo y pecador, y por ello la justificación es un acontecimiento continuado, ya que necesitamos un continuo perdón de Dios. Con ello queda claro que esta justificación tiene de algún modo el carácter de declaración «forense». Con todo, algunos estudiosos actuales de Lutero nos ponen en guardia contra una interpretación de este término que lo reduzca a un «como si», de manera que resulte una ficción. La justificación es algo que Dios obra, no imputa

[46] Cf. WA 40 III,352.

el pecado al pecador, lo considera justo en virtud de los méritos de Cristo; y lo que Dios considera, *es;* lo que somos ante Dios define la verdad de nuestro ser [47]. Dado que la justificación es un acontecimiento que sucede entre Dios y el hombre, hay que dar mucha importancia a la relación que se establece entre ambos. En todo caso hay que tener en cuenta que Lutero trata de excluir por todos los medios que el hombre pueda alguna vez considerar la justicia como algo «propio». La acentuación de la obra de Dios y del carácter «ajeno» de la justicia ha hecho que se haya planteado el problema de si en el pensamiento de Lutero se valora debidamente el efecto de la justificación en el hombre.

La «gracia», por tanto, es para Lutero, más que una cualidad del hombre, una nueva relación del mismo con Dios. Hemos aludido ya a su reacción contra las doctrinas de la gracia creada como cualidad, del mérito, etc. El perdón de los pecados y la imputación de la justicia acontecen sólo en virtud de la obra redentora de Cristo. La única justicia que a nosotros se nos atribuye es la de Jesús; al no haber otra justicia más que ésta, no hay más medio que la fe para alcanzar la justificación. *Solus Christus, sola fide,* son las dos expresiones que vienen a subrayar estos dos aspectos objetivo y subjetivo de la justificación, inseparablemente unidos. Si se acepta por la fe la palabra de Dios que es Cristo, se acepta el juicio sobre el pecado que la muerte de Jesús pone de manifiesto. Con ello el hombre deja de estar bajo la cólera de Dios, en la que se hallaba antes de aceptar la fe. Esta fe no es tampoco una «obra» del hombre. Es sólo obra de Cristo y del Espíritu, suscitada en el corazón del hombre por la palabra de Dios. Es un acontecimiento de gracia. Por ello el *sola gratia* viene a ocupar el tercer lugar en la serie de expresiones con las que Lutero afirma la primacía divina en la justificación del hombre: *solus Christus, sola fide, sola gratia* [48].

Un punto muy importante en la doctrina luterana de la justificación por la fe es el que afecta a la seguridad de la salvación o de la gracia. No se trata de una seguridad basada en las fuerzas del hombre, sino sólo en la acción de Dios. Esta seguridad quiere decir que en la fe está presente la salvación verdadera; no tener esta certeza equivale a no tener fe [49]. Es la propia fe la que da esta confianza en Dios, la seguridad de salvación que nunca se podrá constatar objetivamente; tratar de hacerlo equivaldría a buscar en uno mismo la garantía de la salvación; pero se puede tener alguna experiencia de la

[47] Cf. A. PETERS, o.c., 147, con los textos que se citan; PESCH, *Frei sein aus Gnade,* 206-208; ID., *Die Theologie der Rechtfertigung,* 169ss; 185-187.

[48] Cf. ib. 195ss; 254ss.

[49] «Qui dubitat hic est damnatus, quia Deus promittit salutem» (WA 40I, 588), cit. por PESCH, o.c., 275; cf. ib., 264; también WA 18,783.

misma cuando se vive, p.ej., el perdón y la reconciliación entre los hombres.

La justificación por la fe supone una renovación del hombre que es anterior a los «frutos» que se producen en su vida por la acogida de la palabra de Dios; significa un cambio en la orientación de la existencia del «hombre viejo». Es un proceso que nunca llegará a su fin en este mundo y que pide un continuo crecimiento. De este cambio nacen las buenas obras, que son consecuencia de la fe y nunca anteriores a ella; por ello no pueden constituir ningún mérito en orden a la justificación. Ninguna de estas obras puede compararse a la fe, que es por excelencia la obra de Dios en nosotros; en ella está la libertad del cristiano, en ser libre incluso frente a las obras, en no necesitar más que la fe [50]. Pero, a su vez, el bautizado se ha de preocupar para vivir enteramente según esta fe. Las buenas obras del creyente justificado serán en él «naturales», espontáneas, como los buenos frutos en el buen árbol [51]. Por el contrario, del que no cree salen las obras malas. Las buenas obras son la confirmación de la fe, y por ello consecuencias de la misma; posibilitan en el creyente una «buena conciencia», y por ello la esperanza de recompensa. Pero para Lutero está excluida la «cooperación» del hombre con Dios que pueda dar lugar a un «mérito» por nuestra parte ante él [52].

Este rápido recorrido por los principales temas de la doctrina de la justificación en Lutero nos ha permitido ver la complejidad de su pensamiento, la dificultad de interpretarlo desde categorías distintas a las suyas o de hacerlo entrar en ellas. Es un hecho que en el campo de la teología católica ha variado no poco en estos últimos años la actitud frente a la doctrina de la justificación de Lutero, no sólo por el clima general del movimiento ecuménico, sino también por el esfuerzo de comprenderlo desde sus propios presupuestos. En Lutero reaparecen muchos temas paulinos y agustinianos que tal vez la teología de su tiempo tenía algo olvidados. Junto a las diferencias en los contenidos teológicos, hay que tener presentes las de mentalidad y de presupuestos. Esto no significa que todos los problemas estén resueltos. A nosotros nos toca ahora estudiar con detenimiento el decreto sobre la justificación del concilio de Trento para ver qué se quiso afirmar, y se afirmó de hecho, como doctrina católica en aquel momento de crisis.

[50] Cf. M. LUTHER, *Von der Freiheit eines Christenmenschen,* 7.10 (WA 7,22ss; 24s).

[51] Cf. ib. 20.23 (WA 7,30-32); igualmente el sermón *Von den guten Werken (Sobre las buenas obras)* (WA 6, 202-276, esp. 205); también WA 6,94; cf. WICKS, *Justification,* 25ss.

[52] Cf. PESCH, o.c., 317-322; T. BEER, *Lohn und Verdienst bei Luther:* MThZ 28 (1977) 258-284. Más información sobre la doctrina de la justificación en la teología de la Reforma se hallará en SAUTER, o.c. (n.35).

LA JUSTIFICACION SEGUN EL CONCILIO DE TRENTO

La reacción católica a estas doctrinas de Lutero encuentra su expresión sobre todo en el decreto sobre la justificación del concilio de Trento (sesión VI, 13 de enero de 1547; cf. DS 1520-1583). Este decreto consta de 16 capítulos expositivos y de 33 cánones que, en forma concisa, reproducen el contenido de la exposición precedente [53]. No se hace mención expresa de los reformadores (cf. el proemio, DS 1520), ni tampoco son éstos objeto de una condenación directa [54]. Se prefirió el camino de la exposición positiva, aunque los cánones finales condenen las doctrinas erróneas. Además del valor formal que hay que reconocer al decreto conciliar, no hay duda de que en conjunto representa una síntesis muy lograda de la doctrina de la justificación [55]. Tengamos en cuenta para valorar el mérito del concilio que la teología católica no contaba entonces con muchos elementos que facilitasen una completa elaboración doctrinal sobre la materia. Este tema no ocupaba mucho espacio en la teología medieval, y las valiosas indicaciones de santo Tomás no eran suficientes dada la nueva situación que se había creado. En un cierto sentido, esta cuestión teológica pasaba por primera vez al primer plano del interés desde los tiempos de Pablo.

[53] Cf. las actas de la sesión en S. EHSES, *Concilium Tridentinum* V (Freiburg 1911); sobre la elaboración del decreto cf. H. JEDIN, *Geschichte des Konzils von Trient* II (Freiburg 1957), 139-164; 201-268 (*Historia del Concilio de Trento* II [Pamplona 1972], 191-223; 271-358); además de los capítulos correspondientes en las obras generales ya citadas, cf. J. OLAZARÁN, *Nuevos documentos tridentinos sobre la justificación* (Madrid 1957); J. M. ROVIRA BELLOSO, *Trento. Una interpretación teológica* (Barcelona 1979), 153-244; O. H. PESCH, *Das Konzil von Trient (1545-1563) und die Folgen,* en O. H. PESCH-A. PETERS, o.c., 169-221, además de la bibliografía citada en estas obras y en las de carácter general. Es interesante la visión que los teólogos protestantes dan del decreto tridentino; cf. W. JOEST, *Die tridentinische Rechtfertigungslehre:* KuD 9 (1963) 41-69; más conciliador, P. BRUNNER, *Die Rechtfertigungslehre des Konzils von Trient,* en E. SCHLINK-H. VOLK (Hrsg.), *Pro veritate,* 59-96; V. GROSSI, *La dottrina tridentina sulla giustificazione. Verso nuove letture?:* Lat 64 (2000) 481-509.

[54] Cf. V. PFNÜR, *Zur Verurteliung der reformatorischen Rechtfertigungslehre auf der Konzil von Trient:* Annuarium Historiae Conciliorum 8 (1976) 407-428.

[55] Es interesante la afirmación de A. VON HARNACK, *Dogmengeschichte* III (Tübingen ⁴1910), 711 (cit. por H. KÜNG, *La justificación. Doctrina de K. Barth y una interpretación católica* [Barcelona 1967], 104): «El decreto sobre la justificación, a pesar de tratarse de un producto artificioso, es, en muchos aspectos, un trabajo excelente; cabe preguntarse si, de haber sido emitido este decreto a comienzos de siglo por el concilio de Letrán y de haberse introducido realmente en la carne y la sangre de la Iglesia, se hubiera desarrollado la Reforma»; en contra de este parecer O. H. PESCH, *Die Theologie der Rechtfertigung,* 169. Cf. también los juicios recogidos por RUIZ DE LA PEÑA, o.c., 303.

El punto de partida del concilio es la doctrina del pecado original tal como ya había sido expuesta por el propio sínodo Tridentino en su sesión V [56]. El cap.1 del decreto que ahora nos ocupa (cf. DS 1521) la resume brevemente: como consecuencia del pecado de Adán, los hombres han perdido la amistad con Dios y están bajo el poder del diablo y de la muerte; no pueden por sí mismos salir de este estado, aunque su situación no es de corrupción total; su libre albedrío está atenuado en sus fuerzas e inclinado al mal, pero no extinguido. El libre albedrío del hombre no le sirve para alcanzar sin la gracia la justificación (cf. los cánones 1-3, 1551-1553; ya el concilio de Orange, DS 378); hallamos aquí ecos de las tesis antipelagianas. Pero a la vez se puede afirmar que esta libertad, bajo el impulso de la gracia, es la que posibilita la «cooperación» del hombre en el proceso de la justificación a la que en seguida nos referiremos. No se define esta libertad, que se afirma existente, aunque debilitada, incluso en los pecadores. Todo el proceso de la justificación tendrá lugar en un hombre que, a pesar del pecado, sigue siendo una criatura de Dios llamada a la comunión con él. Después de esta constatación de la universalidad del pecado y de la imposibilidad por parte del hombre de salir de él, se contempla la obra redentora de Cristo (cap.2-3; DS 1522s). Jesús ha sido enviado por el Padre, cuando ha llegado la plenitud de los tiempos, para redimir a los hombres, justificarlos y hacerlos hijos por adopción; él es propiciación por nuestros pecados. Ha muerto por todos, pero sólo reciben los beneficios de su muerte aquellos a quienes les son comunicados los méritos de su pasión. Hace falta el renacimiento en Cristo, ya que por descender de Adán los hombres contraen la «propia» injusticia (cf. el canon 3 del decreto del pecado original). Cuanto después se va a decir sobre la justificación se asienta sobre esta base cristológica.

Después de estos primeros capítulos, que tienen un carácter más bien introductorio, se entra en el tratamiento del tema específico del decreto. La «justificación del impío» es definida, en una primera aproximación, como el paso del estado en que el hombre nace como hijo de Adán (por tanto, el estado de pecado) al estado de gracia y de filiación adoptiva (cap.4; cf. DS 1524). La justificación es enten-

[56] En la exposición seguiremos para mayor facilidad el orden del decreto. Pero es interesante saber cuáles fueron las cuestiones que se querían solucionar: 1. Qué significa justificación, en cuanto al nombre y a la realidad. 2. Cuáles son las causas de la justificación, es decir, qué hace Dios y qué ha de hacer el hombre. 3. Cómo se ha de entender que el hombre es justificado por la fe. 4. Si las obras sirven de algo en el estadio preparatorio y después de la justificación; cf. EHSES, *Concilium Tridentinum* V, 261; ib., 281, la cuestión sobre los «tres estados» del hombre: cómo está antes de la justificación, cómo ha de conservarla después de haberla adquirido, la justificación del que ha pecado después de haber sido justificado.

dida aquí como un acontecimiento que se realiza en el hombre, pero en otros lugares se designará con este mismo término la acción de Dios; por lo tanto, en ningún momento el concilio separa la transformación del hombre de la acción transformadora de Dios, o, con otras palabras, de la justicia de Dios, fundamento de nuestra justificación [57]. El paso de la enemistad a la amistad con Dios no se da más que mediante el bautismo o el deseo del mismo; éste es el medio objetivo del encuentro con Dios que se acerca a nosotros; con él recibimos los méritos de la pasión de Cristo a que se hacía referencia en el cap.3. Se volverá a insistir más adelante en la necesidad del bautismo, puesta ya de relieve en el decreto sobre el pecado original. Pero la mención explícita del «deseo» abre el camino a la posibilidad de la justificación aun sin esta visibilización sacramental del amor de Dios [58], aunque el camino y el desarrollo de la fe conducen de suyo al bautismo, como se pone de relieve en los siguientes capítulos del decreto.

Los cap.5 y 6 (cf. DS 1525ss; 1553s) se refieren a la preparación a la justificación, necesaria en los adultos. Este es sin duda uno de los puntos más importantes del decreto. Ante todo se han de poner de relieve las afirmaciones del comienzo del cap.5: sólo por la gracia de Dios que se da por medio de Cristo, en este caso la «gracia preveniente», da comienzo el proceso por el que el hombre llega a la amistad con Dios. En este punto el concilio no admite ningún compromiso: ningún mérito por nuestra parte puede dar lugar a que Dios se acerque a nosotros. Ahora bien, esta gracia de Dios que excita y ayuda tiende a que los hombres la acepten y libremente cooperen con ella; aunque el hombre sin la gracia de Dios no puede moverse hacia la justicia, puede rechazar la inspiración e iluminación del Espíritu. Es importante notar que esta gracia que excita y previene no es un impulso cualquiera, sino precisamente la iluminación del Espíritu Santo por medio de la cual Dios toca el corazón del hombre. Hay que afirmar por tanto los dos extremos, la primacía absoluta de la gracia y la libertad humana. Trento no trata de resolver el problema de la armonización de ambas. Simplemente, afirmada la necesidad absoluta de la gracia, se insiste en que el hombre es ante Dios un verdadero sujeto, en que hay en él una capacidad de respuesta libre, no es pura pasividad, aunque sólo acepta la gracia movido por la gracia misma. Trento define esta respuesta libre como asentimiento y cooperación con la gracia. Tal vez se afina más cuando en el canon correspondiente a este capítulo, el 4 (cf. DS 1554), se habla de *co-*

[57] Cf. J. ALFARO, *Esperanza cristiana y liberación del hombre* (Barcelona 1971), 81.

[58] Cf. ROVIRA BELLOSO, o.c., 209ss.

operari assentiendo; es decir, la cooperación a la gracia y el asentimiento a la misma no son dos cosas distintas, sino que asentir es el modo de cooperar con Dios propio del hombre; no se trata de una iniciativa autónoma, sino de la aceptación activa de la invitación divina. Esta afirmación de la libertad humana se opone a la concepción luterana, que ya conocemos, acerca de la pasividad del hombre ante la obra de Dios, por la tendencia a minusvalorar la libertad. Sin entrar en los problemas de interpretación de las ideas de Lutero, queda claro en Trento que, sin que se ceda un ápice en la total iniciativa y soberanía divina en la justificación del hombre, éste, movido por el Espíritu, tiene una real capacidad de respuesta libre (cf. DS 1559) [59]. Se ha puesto de relieve con frecuencia el acierto del concilio al citar juntos dos textos bíblicos a primera vista difíciles de armonizar: Zac 3,1, donde se insiste en la libertad de la conversión del hombre, y Lam 5,21, donde se subraya la primacía de la gracia.

El cap.6 (cf. DS 1526s; también 1557-1559) trata de las disposiciones concretas para la justificación, del modo como la gracia de Dios, con la cooperación humana, va llevando al hombre hasta la recepción del don del Espíritu en el bautismo. En este capítulo se acerca la doctrina de la gracia a la experiencia y a la psicología humana; por ello se prefirió una exposición descriptiva, concreta, a las abstracciones teológicas; también para ello era más adecuado el caso de la preparación a la justificación de los adultos que el más frecuente del bautismo de los niños. La primera disposición que se señala es la fe; ciertamente fe intelectual, en la que el concilio va a insistir, frente a la fe fiducial de los reformadores; pero que no excluye otros elementos, y en concreto el de la confianza, ya que esta fe se define como el movimiento hacia Dios, y a la vez se refiere a lo revelado y a lo *prometido* por Dios [60]. A la fe sigue la conversión interior, en la consideración de la misericordia de Dios; se reconoce el propio pecado y la necesidad de conversión. Todo ello abre al hombre a la esperanza de que Dios le será propicio a causa de Cristo; se pone de relieve con claridad la dimensión fiducial de la esperanza [61]. A ésta sigue el amor, todavía no plenamente realizado, pero sí presente de modo germinal: se empieza a amar a Dios como fuente de la justicia

[59] El Dios de la alianza pide la respuesta, quiere tener un auténtico aliado humano; cf. H. KÜNG, o.c., 265. Aunque no se refiera directamente a este punto, pero sí a uno relacionado con él, señala W. JOEST, o.c., 69, que la teología protestante ha de darse respuesta a sí misma acerca de cómo el hombre, a pesar del rechazo de la «justicia inherente», aparece como un verdadero sujeto ante Dios.

[60] Cf. el elenco de los Padres que propendían a una visión más integral y bíblica de la fe en ROVIRA BELLOSO, o.c., 177ss; la noción de fe «intelectual» aseguraba en aquel momento una más clara toma de posición frente a los protestantes; decisivo en este punto fue el voto, muy matizado por cierto, de Alfonso Salmerón; cf. CT V, 265ss.

[61] Cf. la significativa cita de Mt 9,2 en DS 1527; cf. ALFARO, o.c., 79; 94.

y a aborrecer los pecados. Tal vez Trento no llega a articular la implicación interna de las virtudes de la fe, la esperanza y la caridad; simplemente las yuxtapone (cf. también DS 1531, que analizaremos). Con todo, los elementos que aquí apuntan no cierran el camino a un ulterior enriquecimiento de la noción de la fe [62]. Se alude, por último, a la penitencia necesaria antes del bautismo (ya se ha mencionado previamente la conversión) y al propósito de recibir este sacramento y de iniciar una vida nueva en el cumplimiento de los mandamientos.

El proceso que se describe no es necesariamente una sucesión cronológica de acontecimientos. Se trata sólo de mencionar aquellas actitudes que de uno u otro modo no faltarán en quien se acerca a Cristo. La fe es el punto de partida de esta transformación interna, que tiende a encontrar su plenitud en el sacramento del bautismo, «sacramento de la fe» como el propio concilio lo definirá (cf. DS 1529). El cap.6 del decreto se cierra con un elenco de textos del Antiguo y del Nuevo Testamento en los que se mencionan las disposiciones indicadas en el proceso de preparación a la justificación que se nos ha descrito (cf. DS 1527).

El cap.7 es tal vez el más importante del decreto. Trata de la esencia y las causas de la justificación del impío. Se señala en primer lugar que la justificación que sigue a la preparación o disposición que ya conocemos no consiste sólo en el perdón de los pecados, sino en la santificación y renovación interior del hombre; por ella se hace de injusto justo, de enemigo amigo, heredero de la vida eterna (cf. DS 1528; 1561). Se ve claramente qué es lo que el concilio quiere excluir: una simple «no imputación» de los pecados que no comporte una radical transformación del hombre, en concreto, su verdadera santificación y renovación interna. Remisión de los pecados y santificación son dos aspectos inseparables de la justificación [63]. Se insiste también en la libre aceptación de la gracia, que veíamos ya afirmada con anterioridad. En esta nueva condición, el hombre es «justo», pero también «amigo» (de Dios); el Tridentino no se retrae de usar términos relativos para describir el nuevo estado del hombre; la referencia a Dios es siempre esencial para definir lo que somos. Ya antes se ha hablado de la filiación divina (cf. DS 1524).

A continuación se refiere el concilio a las causas de la justificación; es éste uno de los párrafos de lenguaje más escolástico del decreto (en el que domina un estilo más espiritual y pastoral), aunque no faltan tampoco en él las abundantes citas bíblicas. La causa

[62] Cf. ROVIRA BELLOSO, o.c., 197.
[63] Cf. TOMÁS DE AQUINO, *STh.* I-II, q.113, a.1.

final de la justificación es la gloria de Dios y de Cristo y la vida eterna del hombre; ambas constituyen *la* causa final (no las causas finales) de la justificación; una prueba elocuente de la relación íntima que existe entre la gloria de Dios (que es también la finalidad de la creación) y la salvación del hombre. La causa eficiente es Dios misericordioso, que nos lava y nos santifica por gracia al sellarnos y ungirnos con el Espíritu Santo de la promesa, prenda de nuestra herencia (cf. Ef 1,13). Sin duda nos hallamos ante unas líneas inspiradas. Sólo Dios nos puede justificar por su misericordia; el hombre no puede justificarse a sí mismo. Y Dios nos justifica sellándonos y ungiéndonos con el Espíritu Santo; tanto la unción como el sello son dos metáforas abundantemente utilizadas por toda la tradición cristiana, empezando por el Nuevo Testamento, para designar la presencia del Espíritu en el justo (cf., entre otros lugares, Lc 4,18; Hech 10,38; 1 Jn 1,20.27; 2 Cor 1,21s; Ef 4,30). La causalidad «eficiente» es en este caso algo más que eficiente: Dios nos justifica al comunicarnos su Espíritu Santo, es decir, dándose a sí mismo; la referencia a Ef 1,13s, el Espíritu Santo prenda de nuestra herencia, nos abre a la perspectiva escatológica del evento de la justificación.

La causa meritoria de la justificación es la satisfacción de Jesucristo, mediante su pasión y su muerte. Tal vez se puede echar aquí de menos una alusión a la resurrección de Jesús (cf. Rom 4,25). Causa instrumental es el sacramento del bautismo, sacramento de la fe. Con acierto no se considera la fe misma como causa instrumental de la justificación. Por último se nos habla de la *«única* causa formal» de la justificación, la justicia de Dios; pero, se precisa en seguida, no aquella justicia en virtud de la cual él es justo, sino aquella por la que nos hace justos, nos justifica (cf. Rom 3,26). El concilio rechazó las propuestas mediadoras de hablar de una «doble justicia»: la de Cristo, que se imputa al hombre, y la nuestra propia [64]. Hay que ver la justicia de Dios y la del hombre en su íntima unidad, la nuestra no es más que la suya en cuanto es justificadora, en cuanto se nos comunica. La justicia con que Dios nos salva es la suya, manifestada en su amor a los hombres. El don de su justicia en nosotros tiene como consecuencia la renovación de nuestra mente y de nuestro ser. Dado que esta renovación es real, se afirma que no sólo somos considerados justos, sino que lo somos verdaderamente; por ello, cada uno recibe su «propia» justicia, aunque siempre como don de la justicia de Dios, según el don del Espíritu Santo y la medida de la propia disposición y cooperación. De nuevo se subraya la coope-

[64] La propuesta fue obra de G. Seripando, general de los agustinos. A él se debió también el primer proyecto del decreto, en línea más agustiniana; cf. EHSES, CT V, 510-517; para sus intervenciones en los debates cf. ib., 332-336; 371-375.

ración humana, relacionada con la realidad interna de la justificación. En efecto, si la remisión de los pecados no afecta al ser mismo del hombre (mera «no imputación»), no tiene sentido hablar de su cooperación o su libertad para aceptar o no la acción de Dios. Por el contrario, si la justificación implica la renovación interior del hombre, esta misma no sería real si la libertad humana quedara al margen del proceso. Interesantes también a este respecto son los cánones 10 y 11 (DS 1560s); el segundo insiste en el cambio real que en el hombre significa la justificación. El primero nos recuerda con mucha precisión la relación íntima entre la justicia de Cristo y la nuestra, a la vez que la realidad de esta última en nosotros: «si alguno dice que los hombres son justificados sin la justicia de Cristo, mediante la cual mereció para nosotros, o que son formalmente justos por ella misma, s. a.».

Este cap.7 se completa con algunas precisiones acerca del alcance de la realidad de la justificación en el hombre (cf. DS 1530). Se empieza por afirmar que nadie es justo si no se le comunican los méritos de Cristo (cf. también DS 1560); pero en seguida se nos dice cómo ocurre esto en la justificación: «la caridad de Dios, en virtud del mérito de su (de Cristo) santísima pasión, es infundida por medio del Espíritu Santo en los corazones de aquellos que son justificados (cf. Rom 5,5) y se hace inherente a ellos». Las expresiones sobre la «inherencia» y la «infusión» de la gracia recogen la tradición de la gracia como «hábito» o de la «gracia creada» [65], aunque en el decreto se evita el vocabulario de escuela y se da preferencia al lenguaje bíblico. Es claro que se quiere insistir en la realidad de la transformación del hombre. Según la letra de la formulación conciliar, lo que está «inherente» al hombre es la caridad de Dios infundida por medio del Espíritu Santo. Se puede pensar, por consiguiente, que la real transformación del justificado es obra del mismo Dios presente en nosotros. No debemos pasar por alto el último inciso de este capítulo 7: en la misma justificación, juntamente con la remisión de los pecados, el hombre recibe por medio de Cristo, en quien se inserta, la fe, la esperanza y la caridad. Trataremos en seguida de estas tres virtudes. Quiero ahora subrayar que la realidad de la justificación se define como inserción en Cristo (cf. también DS 1546). Sólo en el hombre inserto en Cristo puede estar «inherente» la justicia. Con ello queda claro que esta última no puede nunca separarse de su fuente; nuestra justicia «propia» depende en todo momento de la de Dios (cf. cap.16 del decreto, DS 1547).

[65] Cf. lo dicho en el capítulo anterior sobre este concepto; para la historia de los términos usados por Trento, cf. ROVIRA BELLOSO, o.c., 214-240; en alguno de los proyectos del decreto se usaba la terminología escolástica, cf. EHSES, CT V, 386.

Las virtudes de la fe, esperanza y caridad, infundidas por Dios en el momento de la justificación, se contemplan en su relación mutua en el párrafo siguiente (cf. DS 1531). El concilio tiende más bien a distinguir las tres virtudes. Si a la fe no se le juntan la esperanza y la caridad, no puede unirnos plenamente a Cristo ni hacernos miembros vivos de su cuerpo. De nuevo se nos dice que la justificación significa estar unidos a Cristo; Trento no es unilateral en su concepción de la justicia «inherente». Pero yendo a la afirmación central del pasaje, se subraya aquí la insuficiencia de la fe, ya que ésta sin obras está muerta (cf. Sant 2,17ss). Trento utiliza preferentemente una noción de fe entendida como asentimiento intelectual a las verdades reveladas. Es claro que esta fe es insuficiente para insertar en Cristo. La noción bíblica de fe, especialmente la paulina, tal vez no diera lugar a una distinción tan neta respecto de las otras dos virtudes teologales [66]. En todo caso, es claro que la fe no es viva, no justifica, si no va acompañada de la esperanza y del amor. Con otra terminología más cercana a la bíblica, se podría decir que no es verdadera fe la que no va acompañada de la confianza y del amor incondicional a Dios. No hay infidelidad de Trento a la doctrina bíblica; simplemente se ha producido con el transcurso de la historia un cambio en la noción de fe. Lo que con una u otra expresión se quiere decir es lo mismo.

Esta noción de la fe concebida preferentemente como asentimiento intelectual va a pesar de manera decisiva en el enfoque del problema de la «justificación por la fe y por la gracia» (cap.8; cf. DS 1532, ya antes se ha dicho que sin la fe no hay justificación ninguna, DS 1529). Las palabras paulinas que hablan de la justificación por la fe y por gracia (cf. Rom 3,22.24) han de entenderse como siempre las ha entendido la Iglesia católica; por lo que se refiere a la fe, esto significa que ésta es «el principio de la salvación humana, fundamento y raíz de toda justificación, sin la cual es imposible agradar a Dios (Heb 11,6) y llegar a la comunión con él propia de sus hijos». No se afirma simplemente que la justificación se realiza por la fe, porque no basta el asentimiento intelectual a las verdades reveladas para que el hombre acepte a Dios y su salvación. De ahí la cautela de las expresiones «comienzo», «raíz». Se podrían tal vez interpretar estas palabras en el sentido de una actitud fundamental del hombre que tiene que desarrollarse en la esperanza y el amor. En el cap.6 se nos daba una posible pista para ello; pero en otros lugares se insiste en la insuficiencia de la fe (cf. DS 1535; 1538). Más sencilla es la explicación de la gratuidad de la justificación: nada de lo que prece-

[66] Esta diferencia ha podido dar lugar a malentendidos con los protestantes; la noción de fe en Lutero es más integral; cf. la n.60; ALFARO, o.c., 74s; 85-87.

de a ésta, ni la fe ni las obras, la merece; la gracia y las obras se excluyen mutuamente (cf. Rom 11,6). Es de lamentar que los dos aspectos de la doctrina paulina de la justificación, su gratuidad y su obtención por la fe, no se contemplen en su conexión íntima, como ocurre en algunas formulaciones paulinas (cf. Rom 4,16; Ef 2,8); aquí simplemente se yuxtaponen [67]. Si consideramos que la fe es la aceptación confiada de la obra de Dios en nosotros, de la salvación que viene de Cristo, es evidente que las obras no pueden ser un mérito en orden a obtener la justificación. La justificación por la fe, en cuanto se opone a la justificación por las obras, ha de ser necesariamente gratuita.

Otro tema importante que estudia Trento en oposición a las doctrinas de los reformadores es el de la llamada «fe fiducial»; se trata del problema de la certeza de la salvación. Esta era una cuestión importante en el pensamiento de Lutero [68]. Trento, consecuente con su noción de fe, niega radicalmente la posibilidad de la «certeza de fe» que excluye todo error acerca de la propia justificación y la perseverancia final (cf. DS 1533s; 1562-1566); por ello la fe que justifica no puede consistir en esta certeza. El concilio se encontró en este punto con una discusión intracatólica entre tomistas y escotistas. Mientras los primeros excluían la posibilidad de alcanzar la certeza de la justificación, aunque por algunos signos se podía conjeturar, los segundos eran más optimistas al respecto; pero en ningún caso esta certeza podía llegar a ser «de fe». Por ello se excluye única y expresamente este tipo de certeza (cf. DS 1534; 1540). Ello no quiere decir que no sea importante la confianza en Dios, en su misericordia, y en los méritos de Cristo. De esto no se puede dudar, aunque sí hay que desconfiar de la propia debilidad e indisposición para la recepción de la gracia (cf. DS 1534); Trento con esta afirmación es consecuente con cuanto ha dicho antes sobre la necesidad de la «cooperación» con la gracia: una vez se reconoce a nuestra libertad un papel decisivo en la justificación, hay que contar con la posibilidad del pecado. La dimensión fiducial de la fe ha sido «trasladada» por el concilio a la virtud de la esperanza. Por ello se puede afirmar que, al exhortar a la confianza en Dios y en su gracia, Trento, aun-

[67] Cf. ALFARO, o.c., 83-85.

[68] No es fácil enjuiciar objetivamente la fe fiducial de Lutero; algunos la valoran positivamente, p.ej. PESCH, *Die Theologie der Rechtfertigung,* 275; *Frei sein,* 336; ALFARO, o.c., 92s; otros piensan que se trata de un excesivo subjetivismo, p.ej. ROVIRA BELLOSO, o.c., 204, siguiendo a L. VILLETTE, *Foi et Sacrement* (Paris 1964); tal vez el juicio depende de si se contempla preferentemente la actitud de confianza en Dios, o si por el contrario se piensa que se quiere alcanzar una seguridad basada en la propia experiencia.

que excluya la «certeza de la fe», abre la posibilidad de una cierta «certeza de la esperanza» [69].

El decreto conciliar trata de otras materias relacionadas con las que acabamos de mencionar, pero no tan importantes para nosotros en este momento: el incremento de la justificación, la posibilidad de cumplir los mandamientos, la predestinación y la perseverancia, el mérito y las buenas obras, etc. En los capítulos sucesivos trataremos de algunos de estos puntos. Después del concilio de Trento no encontramos ninguna declaración solemne del magisterio que trate de este tema en forma tan sistemática y completa [70]. La teología católica de aquel momento y de las épocas sucesivas llegó a síntesis de gran valor teológico. Pero no podemos seguir aquí en detalle esta evolución [71].

LA JUSTIFICACION, ACCION DE DIOS EN EL HOMBRE

Con este título se quieren subrayar los dos extremos que se han de mantener en la doctrina sobre la justificación. Ante todo se ha de proclamar la iniciativa divina. El hombre, por el solo hecho de su condición creatural, tiene una radical incapacidad de llegar a Dios si el propio Creador no se le acerca en el ofrecimiento de su amistad y de su gracia. Además, en cuanto pecador y en cuanto miembro de una humanidad pecadora, necesita del perdón de Dios. Esta absoluta iniciativa divina está atestiguada con claridad en la Escritura (cf., p.ej., Jn 6,44.65; Mc 3,13; Lc 15,4, además de los textos que ya hemos mencionado) y no ha sufrido ninguna restricción en las declaraciones magisteriales del concilio de Trento. Ya se había debatido la cuestión, con los resultados que conocemos, en la crisis pelagiana y semipelagiana. Así como hay una absoluta y total iniciativa divina en la creación y en la encarnación del Hijo (no podría ser de otro modo), la hay también en la justificación. Hay un cierto paralelismo entre la palabra creadora de Dios que hace surgir el ser de la nada,

[69] Cf. ALFARO, o.c., 76-80; 94ss; PESCH, en O. H. PESCH-A. PETERS, o.c., 195-199; GANOCZY, o.c., 215s. En los debates conciliares, G. Contarini, obispo de Belluno, fue uno de los defensores del concepto de fe que lleva implícita la esperanza y el amor; insiste también en que la salvación viene sólo de los méritos de Cristo por nuestra fe viva, sin ninguna obra por nuestra parte; cf. EHSES, CT V, 325s.

[70] Tal vez las declaraciones más importantes sean las que afectan a la defensa del libre albedrío en las controversias bayana y jansenista; cf. DS 1927s; 1939; 1941; 2301; 2306; 2308, etc.

[71] Cf. K.J. BECKER, *Die Rechtfertigungslehre nach Domingo de Soto* (Rom 1967); especialmente interesantes resultan las opiniones de Soto sobre el mérito y sobre la «gracia formal» o aceptación por parte de Dios, unida a la «cualidad» del hombre; MARTÍN-PALMA, o.c., 93ss, aunque no se detiene especialmente en el tema de la justificación.

la Palabra reveladora de Jesús, y la palabra justificadora, que significa el perdón de los pecados. Con ella el hombre recupera la amistad con Dios. La palabra de Dios es eficaz en cuanto creadora y en cuanto recreadora. Y si sólo Dios puede crear, por la misma razón sólo él puede recrear, justificar al pecador. La justificación es por consiguiente «gracia», favor de Dios, en el más estricto sentido del término. Sólo él puede tener la iniciativa de la acogida misericordiosa del hombre que se ha alejado de él al pecar.

Si toda la acción de Dios *ad extra* se realiza con la mediación de Cristo, la justificación es un ejemplo especialmente cualificado de este principio. La justificación del pecador tiene su fundamento en la reconciliación del mundo consigo que el Padre ha llevado a cabo en Jesús. En él tenemos la redención, ya que se ha «hecho pecado por nosotros, para que nosotros fuéramos justicia de Dios en él» (2 Cor 5,21, cf. 2 Cor 5,18ss; Gál 3,13; Rom 3,25s; 4,25; Heb 2,17; 4,14s; 1 Jn 2,2, etc.). En la muerte de Cristo queda condenado el pecado de toda la humanidad, y en su muerte hemos muerto todos para que todos podamos vivir por él (cf. 2 Cor 5,14). Por ello, en la resurrección de Jesús comienza una vida nueva, no sólo para él, sino también para los que con él mueren en el bautismo (cf. Rom 6,3-11; Col 2,12-13; 3,1-4); y esta vida puede alcanzar a todos, ya que Jesús es el primogénito de los muertos (cf. Col 1,18; Rom 8,29; 1 Cor 15,20s). En la obediencia de Jesús hasta la muerte se ha inaugurado un nuevo modo de ser hombre; frente a la desobediencia de Adán, que ha dado paso al pecado, la obediencia de Cristo abre el camino a la vida. Por ello hay que afirmar que toda nuestra justicia viene de Dios en Cristo, y en este sentido puede ser legítimo afirmar que nuestra justicia es «ajena», es decir, justicia de Cristo, el único realmente justo (cf. Lc 23,47; Hech 3,14; 1 Pe 3,18, etc.). Cuando el Padre entrega a su único Hijo se pone de manifiesto la gravedad del pecado de los hombres, y a la vez la grandeza del amor de Dios, ya que Jesús muere por los impíos (cf. Rom 5,6ss). En la muerte y la resurrección de Cristo se revela la justicia de Dios, la irrupción en el mundo del reino escatológico, la salvación definitiva. La iniciativa divina en la salvación de cada uno tiene su fundamento en la radical iniciativa divina en la obra salvadora de Jesús. Es también el Padre el que reúne a los hombres en la Iglesia, cuerpo de Cristo, en el que el hombre se inserta por el bautismo y en el que ha de vivir su vida como justificado. La justificación de cada hombre no es sólo un acontecimiento que le afecta personalmente, sino que tiene una dimensión eclesiológica y, en último término, una dimensión cristológica en cuanto es la expresión en él de la victoria de Cristo sobre el pecado y de la realización de la «justicia de Dios». En todos estos «momentos» es fundamental la primacía de la acción divina.

Lo que Cristo ha llevado a cabo de una vez para siempre (cf. Heb 7,27; 9,12; 10,10) significa nuestra salvación personal. Tanto en el primer aspecto como en el segundo, la iniciativa divina es determinante. En el acontecimiento «objetivo» de la redención se excluye por evidentes razones la intervención de cada uno de nosotros; el hombre Cristo Jesús es el único mediador entre Dios y los hombres (1 Tim 2,5); en él se hace visible la voluntad divina de la salvación, pero también la aceptación en su libertad y en su voluntad humana del designio del Padre. Jesús ha sido obediente hasta la muerte (Flp 2,8; cf. Heb 12,2, Jesús autor y perfeccionador de la fe). Por ello, la iniciativa divina en nuestra justificación no contradice, sino que implica, la aceptación por parte del hombre de esta salvación. Ciertamente ha de quedar claro que, también en el momento subjetivo de la salvación, la gracia de Dios tiene la primacía absoluta. Pero la grandeza de la obra de Dios se manifiesta sobre todo en la cooperación de la criatura. La justificación no puede ser excepción a este principio. El asentimiento y la cooperación del hombre a la justificación no se pueden considerar un límite a la acción divina, sino la mayor manifestación de la grandeza de la misma.

Ello se pone de relieve especialmente, además, en el modo concreto de esta intervención humana en la justificación, de su respuesta en la fe. El Nuevo Testamento y la tradición de la Iglesia no nos hablan de una intervención humana cualquiera, sino específicamente de la fe, más todavía, de la «obediencia de la fe» (Rom 1,5), que significa hacer nuestra la actitud de Jesús. Justificación por la fe y justificación gratuita, decíamos, significan lo mismo. La actitud humana que llamamos la fe afirma la iniciativa divina en todo. Significa la renuncia del hombre a apoyarse en sí mismo, a alcanzar la salvación por las propias obras. La fe, en la terminología bíblica, equivale a confianza, y también a seguridad y firmeza. Es la única respuesta que se puede dar a Dios, el «fiel» por excelencia. El hombre tiene fe en cuanto espera de Dios y no de sí mismo la liberación plena. En los evangelios sinópticos se encuentra una teología de la fe en relación con los milagros de Jesús: es salvado aquel que se acerca a Jesús con plena confianza en su poder, que se abandona en sus manos y se entrega a él. En una terminología en cierto sentido más elaborada, y sin que la actitud de entrega personal se vea oscurecida, la fe significa también la confesión confiada de la salvación que nos viene de Cristo y en concreto el reconocimiento de su resurrección, que significa la vida del hombre (cf. Rom 10,9s; Jn 11,25-27; 20,28-29, etc.). La fe significa, por tanto, el reconocimiento de que toda la salvación viene de Dios. Con ella se excluyen las obras de la ley que nos llevarían sólo a la «propia» justicia, no a la que viene de Dios por la muerte y resurrección de su Hijo.

El concilio Vaticano II ha resumido en pocas palabras lo que acerca de la fe se dice en el Nuevo Testamento y en la tradición de la Iglesia: «A Dios que revela hay que prestarle la obediencia de la fe (Rom 16,26; cf. Rom 1,5; 2 Cor 10,5-6), por la que el hombre entero se entrega libremente a Dios *(se totum libere Deo committit)*, prestando 'a Dios que revela el pleno homenaje del entendimiento y de la voluntad' (VAT I, *Const. de fide cath.*, c.3) y asintiendo voluntariamente a la revelación por él otorgada. Para profesar esta fe son necesarios la gracia de Dios que previene y ayuda y los auxilios internos del Espíritu Santo...» (DV 5). La primera nota de la «obediencia de la fe» es, pues, la de la entrega, la del abandono confiado a Dios. Sólo después viene el asentimiento, la dimensión más intelectual, que tiene sentido pleno sólo como un aspecto de esta entrega [72], pero cuya importancia, en este contexto y nunca fuera de él, no puede minimizarse. El concilio subraya también la libertad con la que el hombre responde en la entrega de la fe. Si necesitamos de la gracia para entrar en comunión con Dios, no es menos cierto que esta comunión personal no sería tal si se prescindiera de la libertad del hombre. La fe es un acto plenamente humano y, como tal, libre. La aceptación de la fe a nadie puede imponerse (cf. VATICANO II, DH 1.2.10, etc.); no fue precisamente la «imposición» el modo de presentarse de Jesús a los hombres. La libertad de la entrega y del asentimiento es a su vez obra del Espíritu Santo. También esta cooperación humana se basa en último término en Dios, aunque la armonización de estos dos momentos se nos escape. La aceptación de Dios y de su gracia es la que realmente nos «libera» (cf Jn 8,32; 2 Cor 3,17; Gál 5,1). Sólo es en verdad libre el que en la fe acepta la obra de Dios en él. La justificación es, pues, una acción de Dios que no se realiza sin la fe, sin la cooperación humana que, paradójicamente, consiste en la aceptación de Dios y en la exclusión de nuestras propias obras.

La fe que justifica, o en la que aceptamos la justificación que Dios nos da, es la que no se separa de la esperanza y el amor, como señala el concilio de Trento. No podemos separar estas actitudes fundamentales de la existencia humana. Sólo podemos creer en aquel en quien confiamos, sólo podemos poner nuestra confianza en

[72] Cf. RUIZ DE LA PEÑA, o.c., 329s, donde cita algunos textos de X. ZUBIRI, *El hombre y Dios* (Madrid 1984), 209-211, que hablan de la fe como entrega, donación personal; el asentimiento es un modo de la entrega de la persona misma. El mismo Zubiri explica más adelante, cf. ib., 239.258, cómo todo posible conocimiento de Dios (en sí mismo distinto de la fe) se da en el ámbito de una entrega posible, dado que Dios es la realidad fundante de nuestro yo; entre conocimiento y fe en Dios hay una unidad radical. Nótese cómo aquí aparece también el tema bíblico de la fe como el apoyarse y fundarse en Dios.

aquel por quien nos sentimos amados y acogidos y amamos en consecuencia. El amor ha sido derramado por Dios en el corazón del hombre por el Espíritu Santo que nos ha sido dado (cf. Rom 5,5), y sin él la fe no es viva ni operante; la fe obra por el amor (cf. Gál 5,6; 1 Cor 12) [73]. La teología escolástica ha hablado de la fe informada por la caridad; esta última es la forma de todas las virtudes, de manera que sin ella éstas no pueden ser lo que son. No podemos separar la fe de la esperanza y la caridad, como tampoco de las buenas obras que vienen del amor. Estas brotan del corazón transformado del hombre justificado, son expresión de su fe y de su amor, no tienen el sentido de las obras de la ley a que se refería Pablo [74]. No cabe la disociación de la fe y el amor, como no cabe la disociación de la fe y las buenas obras. No podemos separar nuestra apertura a Dios y nuestra relación con el prójimo (cf. 1 Jn 19-21), como tampoco nuestras actitudes internas de los actos exteriores, necesaria expresión y realización de las primeras. La fe no es por tanto viva, no es plenamente lo que debe ser, si no se cumple en la acción [75]. Con todo, sigue teniendo sentido el canon 28 del decreto tridentino de la justificación, que señala que la fe puede permanecer, aunque muerta, sin la caridad y sin la gracia perdida por el pecado. Puede en estas condiciones haber verdadera fe. El concilio con esta afirmación quiere mantener la «pluridimensionalidad» de la fe, el valor del momento objetivo de la acción divina, de la confesión del *credo,* en una palabra, el *plus* de la obra de Dios; quiere recordar la inadecuación entre lo que se cree y lo que se vive (a la fe pertenece esta conciencia), la trascendencia de nuestra relación con Dios, que, si bien habrá de expresarse necesariamente en las obras, no podrá nunca reducirse a ellas [76].

Debemos recoger, por último, otro de los puntos fundamentales en los que insiste el concilio de Trento en su doctrina de la justificación: la real transformación del hombre justificado, que excluye la mera «no imputación» del pecado o la atribución extrínseca de la justicia de Cristo. Los capítulos siguientes nos van a dar ocasión de

[73] Cf. AGUSTÍN, *In Gal.* praef. (PL 35,2105), sólo perdona los pecados la fe que actúa por la caridad; *Sermo* 144,2 (PL 38,788), Cristo viene a aquel que se hace miembro de su cuerpo, lo que no ocurre si no se juntan la fe y la caridad.

[74] Cf. O.H. PESCH, *Frei sein...,* 233, el amor está de la parte de la fe, no de las obras; cf. todo el contexto, 234ss.

[75] ALFARO, *Esperanza cristiana y liberación del hombre,* 99: «Si la acción del hombre constituye el único cumplimiento auténticamente humano de la decisión interior, las obras deben ser consideradas no ya como mero criterio verificativo de la fe, sino como verificación (en el sentido de 'hacer verdadero') de la misma fe: el 'sí' de la fe no es plenamente real sino cuando se cumple realmente en la acción».

[76] Cf. L. ARMENDÁRIZ, *Teoría y praxis a la luz de un canon tridentino:* EE 64 (1989) 81-114.

insistir en este punto. Recordemos ahora solamente cómo la justificación va unida a la santificación del hombre, al don del Espíritu. Este no puede reducirse a algo exterior al hombre; según el Nuevo Testamento, los escritos paulinos en particular, se convierte en el nuevo principio del obrar del hombre justificado. Por lo demás, si pensamos que el hombre es aquel ser llamado a la comunión con Dios por medio de Jesucristo, la aceptación o el rechazo de esta llamada no puede ser en modo alguno indiferente para el ser humano. No cabe diferencia más grande que la que se da entre estas dos posibilidades. Si lo que define el ser del hombre es su capacidad de relación con Dios, el modo como ésta se realiza determina lo que somos. La aceptación en la fe de la justificación que se ofrece al hombre no es sólo dejar que Dios le transforme creando en él algo nuevo, sino que es, sobre todo, aceptar al propio Dios en nosotros; de esta presencia brota la mayor novedad que podamos pensar en nuestro ser creatural. La obra de Dios es eficaz en el hombre. Por ello señala el concilio de Trento que la justicia de Dios es también nuestra justicia; por ésta, en cuanto dada por Dios por los méritos de Cristo, somos justificados.

Con ello no se quiere decir que la posesión de la justicia por nuestra parte no dependa constantemente de Dios, de modo que pudiéramos pensar que una vez que la hemos recibido la tenemos ya con independencia de su fuente. Por el contrario, la justificación es un don permanente de Dios. Así como la obra creadora de Dios continúa en todo momento para mantener en el ser todo cuanto existe (nunca dejamos de depender radicalmente de Dios), de manera semejante Dios nos mantiene continuamente en su amistad, ya que la amenaza del pecado es siempre una realidad en nosotros; no la superaremos del todo mientras vivamos en este mundo. Sólo Dios nos mantiene en su gracia, como sólo él nos mantiene en el ser. Esta constante dependencia de Dios de nuestro nuevo ser de justificados ha sido también subrayada por el concilio de Trento, que nos exhorta a confiar siempre en Dios y nunca en nosotros mismos (cf. DS 1534; también 1541, cap.13 del decreto de la justificación, sobre el don de la perseverancia) [77]. La insistencia tridentina, y católica en general,

[77] No parece haber entendido bien la doctrina católica W. JOEST, o.c., 99, cuando afirma que desde el punto de vista tridentino no puede comprenderse la fe «que consiste en el total abandono en el solo obrar de Dios, y con ello en la cuestión de la propia santificación y de sus obras ha de permanecer en la posición del que todo lo espera y recibe de las obras de Dios»; escribe exactamente lo contrario desde el punto de vista católico K. RAHNER, *Problemas de la teología de controversia sobre la justificación*, en *Escritos de Teología* IV (Madrid 1964), 245-280, 267: «*Todo* acto de salvación y con ello la permanencia en la gracia... depende inmediatamente y cada vez de nuevo de la gracia eficaz nueva en cada caso, es decir, de una realidad 'actual' absoluta del

en la realidad de la justificación y de la transformación del hombre no puede implicar ni implica la menor disminución de nuestra dependencia de Dios, ni mucho menos significa afirmar una autonomía frente a él. El hombre, aunque reciba «su» justicia, tal como Trento ha afirmado (cf. DS 1529), permanece siempre necesitado de la gracia y de la justicia de Dios.

Titulábamos este epígrafe sistemático y conclusivo «La justificación, acción de Dios en el hombre». Queríamos con ello poner de relieve, ante todo, el primado de la acción divina, tan claramente expresado en la doctrina tradicional acerca del *initium fidei.* Pero esta acción de Dios se da *en* el hombre, no fuera ni al margen de él. En primer lugar, porque la gracia mueve la libertad para aceptar el don de Dios. En segundo lugar, porque la presencia misma de Dios en nosotros, acogida en libertad, al hacernos amigos e hijos suyos nos transforma internamente. La primacía divina no anula nuestro ser creatural ni hace que el hombre deje de ser un auténtico interlocutor de Dios, sino que más bien lo constituye en tal.

«A LA VEZ JUSTO Y PECADOR»

Nuestras consideraciones sobre la realidad de la justificación y la cooperación necesaria del hombre en ella nos han llevado a afirmar que esta doctrina católica no significa que nosotros poseamos la justicia como «propia» en el sentido de que podamos «independizarnos» de Dios, obrar el bien sin necesidad de la constante presencia de la gracia divina, del influjo del Espíritu Santo con el que hemos sido sellados y ungidos. Es esta presencia dinámica del Espíritu en el hombre, siempre renovada, la que le impulsa al bien, aunque al mismo tiempo el hombre, transformado internamente por esta presencia, sea sujeto de sus acciones y capaz del bien obrar. También hemos señalado que la amenaza del pecado es tal que el hombre nunca puede superarla en este mundo. Debemos ahora plantearnos la pregunta: ¿en qué medida podemos afirmar que en el hombre justificado sigue habiendo pecado? Con el solo planteamiento de la cuestión ¿no estamos minimizando la acción de la gracia y no nos colocamos en contra del concilio de Trento, que nos habla de la justicia inherente al hombre y llega incluso a afirmar, en el decreto sobre el pecado original, que «Dios nada odia en los renacidos» (DS 1515)?

Como es sabido, la fórmula «a la vez justo y pecador» proviene de Lutero, que ha usado al parecer diversas variantes de la misma. La sentencia refleja un punto central de la teología luterana al que ya

acontecimiento siempre nuevo de la benignidad de Dios que, como tal, de ningún modo puede ser merecida».

nos hemos referido: la insistencia en que el hombre es justificado por la justicia de Cristo, justicia «ajena», ya que él de por sí es pecador. Dios, en su infinita misericordia y en atención a los méritos de Cristo, no le imputa el pecado, pero en él no hay ninguna «justicia inherente». No es ahora nuestra intención precisar los términos exactos en que hay que entender la sentencia en el pensamiento de Lutero [78]. Nuestro propósito es más bien ver en qué sentido podemos o no podemos entender esta frase y en qué medida nos ayuda a comprender el estado del hombre justificado en la vida presente. Junto a las categóricas afirmaciones de Trento acerca de la total novedad del justificado y la desaparición en él de todo lo que propiamente es pecado, está la genuina experiencia cristiana de tantos hombres y mujeres que se han sentido siempre pecadores ante Dios.

Recordemos una vez más la sentencia de san Agustín que citábamos en la introducción: «todo hombre es Adán, como entre aquellos que son regenerados todo hombre es Cristo» [79]. Todo hombre que viene al mundo queda inmerso, desde su nacimiento, en un mundo manchado por el pecado, pero también marcado por la gracia salvadora de Cristo. Esto vale para todo hombre y para toda la humanidad. Antes de Cristo existía ya la gracia y después de él no se ha eliminado del todo el pecado. Hasta el momento final de la historia durará esta confrontación. Pero el triunfo de Cristo ya ha tenido lugar, el pecado ha sido vencido, y por tanto ya no es ambiguo el destino de la historia. Se ha producido una verdadera novedad [80], aunque esperamos todavía la manifestación plena, en la parusía del Señor, de lo que en su resurrección ya ha acaecido. Con Jesús ha cambiado realmente el destino de la historia. Con las debidas salvedades, se puede aplicar este esquema de la historia salvífica a cada hombre en particular, en cuanto personalmente se inserta en Cristo. Algo acontece realmente en quien ha sido justificado por Dios y ha recibido el don del Espíritu Santo. La obra de Dios es realmente eficaz, de modo que Dios nada odia en el justificado. No podemos

[78] Cf., además de los capítulos correspondientes en las obras ya citadas, R. HERMANN, *Luthers These Gerecht und Sünder zugleich* (Gütersloh [2]1960); R. KÖSTERS, *Luthers These Gerecht und Sünder zugleich. Zu dem gleichnamigen Buch von Rudolf Hermann:* Cath 18 (1964) 48-77; 193-217; 19 (1965) 138-162; 171-185; O. H. PESCH, *Frei sein...,* 269-273; J. WICKS, *Living and Praying as* Simul Iustus et Peccator. *A Chapter in Luther's Spiritual Teaching:* Gr 70 (1989) 521-548.

[79] *In Ps.* 70, ser II 1 (CCL 39,960): «Omnis homo Adam, sicut in his qui regenerantur omnis homo Christus». Cf. sobre esta sentencia, H. RONDET, *Essais sur la théologie de la grâce,* 57s *(La gracia de Cristo,* 353): el pensamiento agustiniano puede y debe tal vez ser completado para alcanzar el equilibrio justo entre el influjo del pecado y el de la gracia.

[80] Cf. K. RAHNER, *A la par justo y pecador,* en *Escritos de Teología* VI (Madrid 1969), 256-270, 260.

minimizar el efecto de la acción divina. No se puede pensar en una simple no imputación del pecado, de modo que éste no sea arrancado de raíz. Dios nada odia en los renacidos (cf. DS 1515).

Ahora bien, dado por supuesto que la presencia de Dios transforma al hombre en su interior, no podemos olvidar que la justificación no acontece sin la cooperación activa del hombre; tampoco el concilio de Trento es ambiguo en este punto. Ahora bien, ¿es esta respuesta del hombre, aun afirmativa en lo fundamental, siempre plenamente satisfactoria? Como ya hemos notado al hablar del pecado original, el mismo concilio de Trento se refiere a la comunicación de la justicia de Dios a los hombres según la medida del don del Espíritu, pero también «según la disposición y cooperación de cada cual» (DS 1529). Parece presuponerse, por lo tanto, que en esta disposición y cooperación se dan grados, y que por lo mismo es posible que no se alcance siempre el grado máximo que sería de desear, aunque la justificación se consiga realmente. La obra de Dios en nosotros, aun sustancialmente aceptada, encuentra resistencia; quedan en nosotros los restos del «hombre viejo». La salvación que nos trae Cristo, que se hace presente en los sacramentos, se actualiza objetivamente en toda su fuerza, pero la respuesta humana rara vez alcanza la intensidad de la oferta radical del amor de Dios. El bautismo, sacramento de la fe, tiende a conseguir en nosotros la transformación plena en hijos de Dios y a excluir todo pecado. Pero el problema no es si Dios nos transforma plenamente, sino si nosotros nos dejamos transformar por él. La cuestión no se coloca en la eficacia de la acción de Dios, sino en la intensidad de nuestra respuesta. La experiencia del propio pecado que han vivido los santos es experiencia del obstáculo a la acción de Dios; cuanto más fuerte es la iluminación de la gracia en el hombre, más es éste capaz de detectar los puntos oscuros que todavía quedan en él. No es exageración ni autoengaño el reconocimiento de la propia culpa por parte de personas de cuya autenticidad cristiana no podemos dudar. La doctrina espiritual nos ha exhortado siempre al reconocimiento de nuestra condición de pecadores (cf. ya Lc 18,9ss; 1 Jn 1,10); la misma liturgia nos invita constantemente a esta confesión. Quien en el bautismo ha sido hecho «nueva criatura» y ha sido internamente renovado, no puede pensar que por este hecho el pecado ya no tiene nada que ver con él [81].

[81] Cf. H.U. VON BALTHASAR, *Karl Barth. Darstellung und Deutung seiner Theologie* (Köln 1951), 382 (se puede ver sobre esta cuestión las p.378-376). H. KÜNG, *La justificación,* o.c., 236ss. Si hace un momento acudíamos a la analogía con la historia de la salvación para afirmar que, si en Jesús cambia el signo de la historia, de modo igual en la justificación cambia el ser del hombre, también podemos usarla en esta otra dirección: si después de Jesús no ha desaparecido del todo el pecado del mundo, el

A partir de estas consideraciones tenemos que reconocer un aspecto de verdad en el *simul iustus et peccator,* que nada tiene que ver con la negación de la transformación interior del hombre, sino que, por el contrario, la presupone. Recordemos que la novedad interior del justificado se afirma en Trento a la vez que la cooperación con la gracia.

En esta misma línea cabe pensar en el peso que tienen en la vida del creyente las faltas cotidianas, los «pecados veniales», que, si bien miradas en sí mismas y aisladamente no producen resultados graves, en su repetición pueden ser síntoma de la debilidad de nuestra opción por Dios, de la frialdad de nuestro amor a él, o incluso de un positivo apartamiento de su amistad [82]. Podemos pensar, por tanto, que puede quedar en el justificado un «resto» del pecado, que proviene de su no total asentimiento a la gracia. Por lo demás, sabemos que, según el concilio de Trento, nadie puede tener seguridad «de fe» de su estado de gracia ante Dios y de su salvación futura, por más que haya que esperarla de la misericordia divina. Nuestra opción positiva por Dios y nuestra aceptación de su gracia están en esta vida siempre amenazadas. Todo ello no hace sino recordarnos que nuestra justicia depende en todo momento de la que Dios nos da y que hemos de ser constantemente sostenidos por su gracia. En mayor o menor medida, como realidad o como amenaza, el pecado nunca desaparece en esta vida del horizonte vital del cristiano.

En parecido orden de cosas, podemos recordar también que la concupiscencia, aunque no es en sí misma pecado, proviene de él y a él nos inclina. Nunca estamos del todo libres de esta propensión al mal. Además, para el Nuevo Testamento la justificación plena es una esperanza escatológica, no es una adquisición definitiva en esta vida. Tenemos que continuar peleando por nuestra salvación con temor y temblor (cf. Flp 2,12), y con el riesgo de la caída (cf. 1 Cor 10,11s). Hasta la plena manifestación escatológica del dominio de Cristo no se habrá eliminado del todo el poder del pecado. Entre tanto, de un modo o de otro, influirá en los hombres. Por otro lado, y en virtud de la unidad de todo el género humano en su destino en Cristo, mientras haya pecado en el mundo, ningún hombre puede sentirse por completo libre de él [83].

Algo semejante podemos decir desde el punto de vista eclesiológico. Hemos puesto ya de relieve la dimensión eclesiológica de la justificación. En la Iglesia santa se realiza y se vive la santidad de cada uno de sus miembros, y sólo en cuanto miembros del cuerpo de

evento que cambia la vida del hombre no significa tampoco que todos los restos de la vida pasada hayan desaparecido.

[82] Cf. K. Rahner, *A la par justo y pecador,* 263ss.

[83] Cf. von Balthasar, o.c., 382-383.

Cristo somos hijos de Dios. Ahora bien, la Iglesia santa sufre también el pecado de los que viven en su seno; no podemos pensar en una Iglesia ideal que nunca se ha realizado y nunca se realizará en la historia. La Iglesia, al acoger en su seno a los pecadores, es a la vez santa y siempre necesitada de purificación, «sancta simul et semper purificanda» (VATICANO II, LG 8) [84]; en el ámbito de la Iglesia, en el que se desenvuelve la vida del justificado, está también presente la carga del pecado. Esta procede por una parte del pecado de sus miembros, y por otra no puede dejar de influir en la vida de estos mismos.

Pero estas consideraciones no pueden hacernos olvidar la verdad fundamental de la real transformación del justificado. En este punto insiste la teología católica, siguiendo al concilio de Trento. Por ello no creo que se pueda afirmar que la resistencia a Dios, la inclinación al pecado, etc., siga siendo la «esencia» del hombre, como si quedara en éste un núcleo central de su persona inaccesible a la acción de Dios [85]. Habría que decir más bien que la presencia del Espíritu de Dios transforma internamente al hombre y lo hace lo que desde siempre está llamado a ser: hijo de Dios en Jesús. Si la presencia del Espíritu no puede determinar al hombre en lo más íntimo de su ser, no se puede hablar de una radical diferencia entre el justificado y el que no lo está. La acción de Dios llega a lo más íntimo del hombre, y en esta profundidad personal es acogida, también por obra de la gracia. Pero esta acogida puede no ser totalmente perfecta, y por ello puede no manifestarse del todo en la vida del hombre, no ser seguida con toda consecuencia en sus actitudes y acciones concretas. El solo hecho de que pueda hablarse de una infidelidad del hombre no solamente a Dios y a su prójimo, sino también a sí mismo, cuando peca, quiere decir que no podemos pensar que el pecado sea su esencia. Por el contrario, en lo más íntimo de su ser es apertura a Dios que en el don de su gracia se le hace presente.

En resumen, el hombre es internamente transformado en la acción justificadora de Dios acogida en la fe. Pero tanto por lo que se refiere a su aceptación personal de la gracia como al ámbito social en que se encuentra en la Iglesia y en el mundo, se halla todavía

[84] Cf. H. U. VON BALTHASAR, *Casta meretrix,* en *Ensayos teológicos II. Sponsa Verbi* (Madrid 1964), 239-366; K. RAHNER, *Iglesia de los pecadores,* en *Escritos de Teología* VI (Madrid 1967), 295-313; del mismo, *Iglesia pecadora según los decretos del segundo Concilio Vaticano,* en ib., 314-337.

[85] Es lo que llega a afirmar O. H. PESCH, *La gracia como justificación del hombre,* 848; no me parece acertada tal concepción. Como se ve, el problema de la justificación nos remite a la noción teológica del hombre. Si el núcleo central de su ser y la relación con Dios se hallan en relación íntima, la justificación, en cuanto significa la amistad divina, ha de alcanzar la realidad más profunda y central del ser humano.

afectado por el pecado. Sólo al final de los tiempos el misterio de Cristo brillará en los justos en todo su esplendor y será realidad la plena purificación y justificación de todos los hombres salvados [86].

LA CUESTION DE LA JUSTIFICACION EN EL ACTUAL DIALOGO ECUMENICO

Terminamos este capítulo con unas breves indicaciones, que no pretenden ser exhaustivas, sobre el estado actual de la discusión ecuménica en torno al problema de la justificación. Es sabido que la doctrina de la justificación ha sido considerada tradicionalmente como uno de los puntos de oposición entre los católicos y los protestantes. Y de hecho hemos visto, en nuestro rápido recorrido por la doctrina de Lutero y en el estudio sobre el decreto del concilio de Trento, que las formulaciones son claramente diferentes y parecen a primera vista inconciliables.

Pero en las últimas décadas se ha creado una nueva situación. Sin poder entrar en una valoración crítica de todos los detalles, hay que señalar la discusión que se produjo a raíz de la publicación en 1957 de la conocida obra de H. Küng sobre la justificación en Karl Barth y la comparación de su pensamiento con la doctrina católica [87]. Numerosos estudios de signo diverso se sucedieron desde entonces [88], y los avances logrados en la comprensión mutua no pueden minimizarse.

[86] Cf. también Ruiz de la Peña, o.c., 366-369.

[87] *Rechtfertigung. Die Lehre Karl Barths und eine katholische Besinnung* (Einsiedeln 1957) (cf. la nota 55). En el prólogo a la obra K. Barth señalaba que su doctrina había sido rectamente interpretada, aunque naturalmente reserva su juicio sobre la aceptación por parte católica de la visión de H. Küng. A propósito de esta obra, cf. J. Alfaro, *Justificación barthiana y justificación católica:* Gr 39 (1958) 759-769; J. L. Witte, *Ist Barths Rechtfertigungslehre grundsächlich katholisch?:* MThZ 10 (1959) 38-48, más bien crítico aunque acumula un buen número de recensiones favorables de parte católica; K. Rahner, *Problemas de la teología de controversia sobre la justificación* (cf. n.77); al acuerdo básico acompañan observaciones críticas sobre la insuficiente claridad en torno a la coincidencia de justificación y santificación según Barth y el mismo Küng. Id., *El problema de la justificación,* en *La gracia como libertad* (Barcelona 1972), 195-200. Más crítico que Küng respecto de Barth fue H. Bouillard, *Karl Barth,* 3 vols. (Paris 1957).

[88] Entre la abundante producción que empezó en los años 60 y 70, además de las obras ya citadas (en especial de parte católica las de O. H. Pesch), cf. S. Pfürtner, *Luther und Thomas im Gespräch* (Heidelberg 1961); H. Mühlen, *Das Vorverständnis von Person und die evangelisch-katholische Diferenz:* Cath 18 (1964) 108-142; T. Beer, *Die Ausgangspositionen der lutherischen und der katholischen Lehre von der Rechtfertigung:* Cath 21 (1967) 222-251; A. Hasler, *Luther in der katholischen Dogmatik* (München 1968); V. Pfnür, *Einig in der Rechtfertigungslehre?* (Wiesbaden 1970); H. G. Pöhlman, *Rechtfertigung. Die gegenwärtige Kontroverstheologische Problematik der Rechtfertigungslehre zwischen der evangelisch-lutherischen und der römisch-katholischen Kirche* (Gütersloh 1970); J. Feiner-L. Vischer (Hrsg.), *Neues Glaubensbuch. Der gemeinsame christliche Glaube* (Freiburg 1973); J. Larriba, *Ecle-*

Diferentes documentos interconfesionales se han publicado en los últimos años [89]. En ellos se constata también una amplia coincidencia, que lleva incluso al grupo de trabajo compuesto por teólogos católicos y protestantes alemanes a afirmar que las diferencias, que se mantienen, no son tales que justifiquen por sí solas la división entre los cristianos [90]. No se puede decir que los reproches mutuos de otros momentos alcancen hoy al interlocutor. Es claro que la Iglesia católica no piensa que la gracia de la justificación se añada al esfuerzo del hombre, sino que considera que es la gracia la que lo capacita para el primer paso y todos los subsiguientes hacia la salvación. La insistencia en la cooperación humana no significa desconocer el primado de la gracia. La no total corrupción que la doctrina católica reconoce en el pecador subraya el nexo entre creación y redención, no busca la afirmación del hombre frente a Dios [91]. Por otra parte, se dice que la «pasividad» de la doctrina protestante significa que el hombre sólo puede dejar que la gracia se le regale y no que el hombre no responda a Dios en un diálogo de persona a persona [92]. También en el problema de la transformación interna del hombre y de la realidad de la justificación en el alma humana hay innegables diferencias; pero ni la teología católica considera la gracia como una «posesión» por parte del hombre, ni la teología de la Reforma pasa por alto el carácter creador

siología y antropología en Calvino (Madrid 1975); J. VERBICK, *Zur Freiheit befreit? Fundamentaltheologische und kontroverstheologische Überlegungen zur Rechtfertigungslehre:* Cath 32 (1978) 212-241; cf. también el número monográfico *Lutero ayer y hoy:* Conc 12,3 (1976) 149-293; J. L. WITTE, *Siamo d'accordo su Lutero. Riflessioni intorno alla rivista «Concilium» 118 (1976):* Gr 58 (1977) 173-178; P. KNAUER, *Der Glaube kommt vom Hören* (Freiburg ³1991); G. MARTENS, *Die Rechtfertigung des Sünders - Rettungshandeln Gottes oder historisches Interpretament?* (Göttingen 1992).

[89] Así U. S. Luther-Roman Catholic Dialogue, *Justification by Faith,* en H. G. ANDERSON (ed.), *Justification by Faith* (Lutherans and Catholics in Dialogue, 7) (Minneapolis 1985); Ökumenischer Arbeitskreis evan. und kath. Theologen, *Lehrverurteilungen: kirchentrennend? I. Rechtfertigung, Sakramente und Amt im Zeitalter der Reformation und Heute* (Hrsg. K. LEHMANN-W. PANNENBERG) (Freiburg-Göttingen 1986); también II Anglican Roman Catholic International Commission, *Salvation and the Church,* del año 1986. Estos tres documentos han sido recogidos en trad. española en un volumen por A. GONZÁLEZ MONTES (ed.), *Justificados en Jesucristo. La Justificación en el diálogo ecuménico actual* (Salamanca 1989). Especialmente interesantes en el primer documento citado las p.114-115 de la ed. española, donde se recogen las convergencias sobre la prioridad de la voluntad salvadora de Dios, la justificación por la fe, recompensa de las buenas obras, la justificación como no mera ficción legal, etc. En el tercer documento se señala el consenso en torno a la iniciativa de Dios y respuesta humana, renovación y santificación del hombre, justicia de Dios a la vez suya y nuestra, necesidad de las buenas obras, etc. (cf. p.173-180). En la continuación del texto me refiero al documento de los teólogos alemanes, que de modo más articulado señala las diferencias y posibles malentendidos entre luteranos y católicos.

[90] Cf. *Justificados en Jesucristo,* 165.

[91] Cf. ib., 136-137.

[92] Cf. ib., 141.

y renovador del amor de Dios [93]. Tampoco por lo que respecta al concepto de fe y a la relación con las obras se puede decir que cada una de las partes ignore completamente lo que la otra afirma. La fe de Lutero no excluye la caridad ni las buenas obras [94]. Respecto a la certeza de la fe, se señala que en la doctrina de la Reforma el hombre no está cierto de la salvación del modo que se tiene una certeza teórica, sino como lo está quien tiene confianza [95]; también los reformadores tratan de evitar la seguridad y sobreestima de sí mismo, el autoengaño sobre la propia debilidad. La «certeza» no se apoya en uno mismo, sino en Cristo. En general, si la teología católica subraya más la libertad en la acogida de la gracia y la transformación interna del hombre, no por ello, como ya hemos visto, atenúa en nada el primado absoluto de la gracia. Este es el punto que los protestantes quieren ante todo poner de relieve; por ello se habla de la incapacidad del hombre de obrar la propia justificación y vincula esta última con la justicia de Cristo *extra se*. Pero, según se señala, esto no significaría ni olvidar que el hombre responde personalmente al don de Dios, ni que éste tenga un carácter realmente creador y transformador del hombre.

En la medida en que esto sea así, se puede afirmar que el camino de la comprensión entre católicos y protestantes en este punto puede estar abierto, al menos en medida suficiente para no justificar una recíproca exclusión por este motivo [96]. Sin duda, otros puntos doctrinales, en relación con la eclesiología o la teología de los sacramentos, plantean hoy problemas más graves. Es claro, con todo, que entre estos diferentes temas teológicos hay íntima relación.

Un progreso fundamental en el entendimiento mutuo de católicos y luteranos en el tema de la justificación se consiguió con la firma

[93] Cf. ib., 143-144.

[94] Cf. ib., 147.

[95] Cf. ib., 149.

[96] Aunque naturalmente la discusión no ha terminado; en concreto, la publicación del documento alemán a que nos hemos referido parece haber suscitado críticas en el campo protestante. Entre la bibliografía directamente referida a esta cuestión, cf. W. KASPER, *Grundkonsens und Kirchengemeinschaft. Zum Stand des ökumenischen Gespräches zwischen katholischer und evangelisch-lutherischer Kirche:* ThQ 167 (1987) 161-181; W. LÖSER, *Lehrverurteilungen-Kirchentrennend:* Cath 41 (1987) 177-196; H. MC SORLEY, *The Doctrine of Justification in Roman Catholic Dialogues with Anglicans and Lutherans...:* Toronto Journal of Theology 3 (1987) 69-78; J. BAUR, *Einig in Sachen Rechtfertigung...* (Tübingen 1989); G. L. MÜLLER, *Heiligung und Rechtfertigung:* Cath 44 (1990) 169-188; C. E. BRAATEN, *Justification. The Article by which the Church Stands and Falls* (Minneapolis 1990); K. H. KANDLER, *Rechtfertigung-Kirchentrennend:* KuD 36 (1990); T. MANNERMAA-V. PFNÜR, *Einig in Sachen Rechtfertigung? Eine lutherische und eine katholische Stellungnahme zu J. Baur:* Theologische Rundschau 55 (1990) 325-347; L. SCHEFFCZYK, *Das Problem der Aufhebung der Lehrverurteilungen:* FKTh 7 (1991) 38-60; AA. VV., *Rechtfertigung in: Lehrverurteilungen.Kirchentrennend?* (Hannover 1990); H. SCHÜTTE (Hrsg.), *Einig in der Lehre von der Rechtfertigung?* (Paderborn 1990).

en Augsburgo el 31 de octubre de 1999 por parte de la Iglesia Católica y de la Federación Luterana Mundial de la «Declaración conjunta de la Iglesia Católica y de la Federación Luterana Mundial sobre la doctrina de la justificación», a la que acompaña una «Declaración oficial común» con un «Anexo» que precisan el valor del consenso alcanzado. Se reconoce el alto grado de consenso logrado en verdades fundamentales sobre la justificación, de manera que en la actualidad ya se puede decir que los anatemas y las condenas que por ambas partes se produjeron en el s. XVI ya no alcanzan en este momento a la otra parte, en los términos en que su doctrina se halla expresada en la «Declaración». Se señalan como puntos centrales del acuerdo que la justificación es una verdad fundamental de la fe cristiana, que la iniciativa de la justificación viene de Dios, que el hombre la recibe por la fe y que no puede alcanzarla por los propios méritos. La «Declaración» señala todavía algunos puntos en los que las comprensiones luterana y católica no coinciden del todo: la trasformación interior del hombre, el concepto de la concupiscencia, el «simul iustus et peccator», la cooperación del hombre a la gracia. Ofrece una nueva luz para la solución de estas dificultades el «Anexo» a que me he referido. Según se señala en él, la «justificación es el perdón de los pecados y una acción que nos hace justos a través de la cual Dios da al hombre la vida nueva en Cristo [...] En verdad somos interiormente renovados por la acción del Espíritu Santo, y somos siempre dependientes de su obra en nosotros» *(Anexo,* n.2A). Después de lo expuesto en este capítulo, se comprenderá fácilmente por qué esta aceptación por parte luterana de la transformación interior del hombre permite reconocer un alto grado de acuerdo, a la vez que se abre el camino para un ulterior diálogo sobre los temas que todavía ofrecen dificultades. Sin duda esta declaración constituye un paso muy importante en el entendimiento entre católicos y luteranos, aunque queda todavía por delante camino por recorrer [97].

[97] El texto de la «Declaración conjunta» y el de la «Declaración oficial común» y de su Anexo en español se hallan en *Diálogo Ecuménico* 34 (1999) 675-707. La Declaración conjunta ha dado lugar a una cantidad enorme de estudios; elencarlos sería más propio de una publicación monográfica. Numerosos artículos en castellano se encontrarán en *Diálogo Ecuménico* 35 (2000). Indico algunos títulos: A. MAFFEIS (ed.), *Dossier sulla giustificazione* (Brescia 2000). Contribuciones de W. Pannenberg, E. Jüngel, W. Kasper y K. Lehmann en *Stimmen der Zeit* 217 (1999) 723-745; W. THÖNISSEN, *Dialog auf neuer Basis. Was kommt nach der Gemenisamen Erklärung zur Rechtfertigungslehre:* Theologie und Glaube 90 (2000) 559-557; G. M. HOFF, *Anders glauben-dem Anderen glauben. Die gemenisame Erlklärung zur Rechtfertigungslehre als Dokument einer fundamentaltheologischen Differenz-Hermeneutik:* Catholica 54 (2000) 241-250; M. FÉDOU, *L'accord luthéro-catholique sur la doctrine de la justification:* NRTh 122 (2000) 37-50; P. HOLC, *Un ampio consenso sulla dottrina della giustificazione. Studi sul dialogo teologico cattolico-luterano* (Roma 1999).

CAPÍTULO VI

LA GRACIA COMO NUEVA RELACION CON DIOS: LA FILIACION DIVINA

BIBLIOGRAFIA

J. AUER, *El Evangelio de la gracia,* 122-139; CH. BAUMGARTNER, *La grâce du Christ,* 149-226; G. COLZANI, *Antropologia teologica,* 239-260; M. FLICK-Z. ALSZEGHY, *El evangelio de la gracia,* 445-538; ID., *Antropología teológica,* 327-400; J. A. GALINDO RODRIGO, *Compendio de la gracia,* 245-328; A. GANOCZY, *Aus seiner Fülle...,* 247-282; J. I. GONZÁLEZ FAUS, *Proyecto de hermano,* 645-659; H. RONDET, *La gracia de Cristo;* J. L. RUIZ DE LA PEÑA, *El don de Dios,* 371-389, 402-406.

El capítulo precedente, dedicado al estudio de la gracia como justificación, nos hacía ver cómo el perdón de los pecados nos viene únicamente por Cristo. Con su muerte y su resurrección, ha querido el Padre reconciliar el mundo consigo. Por la acción de Jesús viene determinada nuestra nueva relación con Dios, él nos hace «de enemigos, amigos» (DS 1528). Nuestra justificación puede consistir solamente en la participación de la justicia de Dios manifestada en Jesús. Él es «nuestra justicia», no sólo porque podemos ser justificados por sus méritos, lo que podría significar una simple imputación extrínseca de los mismos, sino porque realmente Dios nos acoge en él, porque su obediencia hasta la muerte viene a ser la nuestra en cuanto creemos en él y acogemos con obediencia su palabra.

Nunca se ha puesto en duda en la teología católica que la «santificación» del hombre es el aspecto positivo de la justificación, inseparable de ésta; por ello proviene únicamente de Jesucristo. Sólo en virtud de la redención puede el hombre recibir la gracia que nos transforma a los ojos de Dios. Pero debemos todavía esforzarnos por sacar todas las consecuencias que derivan del cristocentrismo con que la Biblia y la tradición de la Iglesia nos presentan la doctrina de la gracia y de la salvación del hombre. Porque, en efecto, no se trata sólo de que Dios nos haya salvado por medio de Cristo, sino que se ha de poner de relieve que esta salvación consiste en la comunión con él, en la inserción en él mismo, y mediante ésta, nuestro acceso al Padre como hijos en Jesús. Tanto la conformación con Cristo como la nueva relación con el Padre son sólo posibles porque se nos ha dado el Espíritu Santo, porque el mismo Dios está presente en nosotros. A esta presencia, más que a la gracia santificante como don creado, debemos dar la primacía en nuestra exposición del nuevo ser del hombre justificado; sólo así podemos explicar la relación intrínseca del hombre justificado con Jesús sin mediación de ninguna entidad creada. Si se da a esta última la preferencia, en cierto modo se coloca la criatura, el efecto de la acción de Dios, por delante de Dios mismo. Por ello se puede constatar que va perdiendo terreno la tendencia a centrar en torno a la «gracia creada» el estudio de la santificación y renovación del hombre para dar la preferencia a la presencia de Dios mismo en nosotros [1]. No se trata sólo de describir lo que es el «hábito» de la gracia santificante, sino de estudiar en qué consiste la presencia de Dios en nosotros, la nueva situación de amistad con él y la inserción del hombre en Cristo. Pero, con todo, puede observarse también que las diferentes expresiones y conceptos de que se sirven el Nuevo Testamento y la Tradición para definir la nueva vida del justificado y los diversos aspectos de su ser en Cristo (inhabitación de la Trinidad, filiación adoptiva, amistad con Dios, etc.) con frecuencia no se armonizan en una síntesis coherente, sino que simplemente se yuxtaponen.

Aun con todos los riesgos que una síntesis entraña, pienso que se debe intentar ver en su unidad profunda todos los aspectos diversos del ser del hombre justificado en su nueva relación con Dios, fundada en la presencia del mismo Dios en nosotros. Y creo que el núcleo en torno al cual pueden articularse es la noción paulina y joánica, implícita en otros escritos neotestamentarios, de la filiación divina. Esta elección se basa en varias razones.

Ante todo, con esta noción se describe la nueva relación con Dios propia del hombre justificado, la que lleva a su realización máxima el ser humano, criatura de Dios con una vocación divina. Dada nuestra condición de criaturas, dependemos absolutamente de Dios; sólo en él está el fundamento de nuestro ser, todo cuanto somos por tanto está determinado por esta relación básica de dependencia total de Dios. Naturalmente, esto no puede decirse de ninguna de las innumerables relaciones que tenemos en el plano interhumano. Todas ellas se basan en un ser previo a la relación; porque existimos podemos ser amigos o hermanos de alguien. Pero no somos criaturas de Dios porque existimos, sino al revés: porque somos criaturas de Dios, somos. Algo parecido podemos decir de la «nueva creación» o del hombre justificado. No podemos pensar que lo que nosotros somos sea el fundamento de una nueva relación con Dios, porque dependemos por completo de él en lo que somos y tenemos. Más bien

[1] Cf. M. Flick-Z. Alszeghy, *El evangelio de la gracia,* 539; J. Auer, *El evangelio de la gracia,* 174ss; J. L. Ruiz de la Peña, *El don de Dios,* 339ss; A. Ganoczy, *Aus seiner Fülle haben wir alle empfangen. Grundriss der Gnadenlehre,* 275ss; G. Colzani, o.c., 239ss. Da todavía preferencia a la «gracia creada» L. Boff, *Gracia y liberación del hombre,* 171ss.

la nueva relación que Dios quiere establecer y establece de hecho con nosotros fundamenta nuestro nuevo ser. Es el amor de Dios el que nos destina a la vocación sobrenatural y nos transforma internamente al borrar nuestro pecado. Cambiamos porque cambia nuestra situación ante Dios. Porque Dios nos justifica somos justificados. Así como hay que dar la primacía absoluta a Dios en el orden de la creación, hay que dársela también en la recreación. Si nuestra relación con Dios determina lo que somos, se hace deseable partir de una noción relativa para articular en torno a ella los diversos aspectos de nuestra condición de «agraciados» de Dios. El Nuevo Testamento nos habla de esta nueva relación cuando afirma que somos hijos de Dios en Jesús. De este modo, entre otros, se define nuestro ser ante Dios y por tanto nuestro ser mismo.

Naturalmente hay en el Nuevo Testamento otros términos relativos que describen nuestro nuevo ser en la gracia de Dios. Para justificar la preferencia que damos a la noción de filiación ya no bastan las consideraciones generales, sino que tenemos que entrar en el plano estrictamente teológico. Nuestra relación con Dios no se establece simplemente con el Dios uno, sino también e inseparablemente con el Dios trino. Aunque es claro que Dios actúa hacia fuera como un solo principio, no podemos olvidar que éste es en sí mismo diferenciado, y que esta diferenciación no puede ser indiferente para la donación de sí mismo que Dios nos otorga. La preferencia a la noción de filiación pone de relieve esta dimensión trinitaria, esencial en la vida cristiana: en el Espíritu y por medio de Jesús tenemos acceso al Padre (cf. Ef 2,18). Al pensar en nuestra participación en la vida divina, en los términos que tendremos ocasión de precisar, no podemos prescindir del hecho de que el Nuevo Testamento nos habla de la inserción en Cristo en términos que no se aplican exactamente ni al Padre ni al Espíritu Santo. En cierto modo compartimos el puesto de Jesús. La noción de filiación tiene la ventaja, sobre las otras que tienen también carácter relativo, de que nos habla de nuestra relación con Dios teniendo en cuenta el aspecto más íntimo y profundo del ser divino, la trinidad y la comunión de personas en la unidad de la esencia divina. Con ello se nos abre el camino a la comprensión de nuestro mismo ser. Si nuestra referencia a Dios determina lo que somos, cuanto más tengamos en cuenta la profundidad del misterio divino como término de esta relación, mejor descubriremos la grandeza del ser humano.

Debemos hacer por último algunas consideraciones cristológicas. Cristo es el centro de la creación y el «Logos» en el que todo ha sido creado y tiene consistencia. Es el mediador único y universal. La «elevación» de la criatura al orden sobrenatural o supracreatural significa la máxima perfección que ésta puede alcanzar. La gracia, a la vez que trascendente, es inmanente, perfecciona a la criatura desde dentro. Si toda la creación, y de modo especial el ser humano, existe por medio de Cristo y camina hacia él, la mayor perfección del hombre será la comunión de vida con Jesús, la inserción en él y por consiguiente la participación en lo que es más profundo de su ser de Hijo, su relación con el Padre. Notemos que entre los diferentes títulos cristológicos que encontramos en el Nuevo Testamento muy pronto el de Hijo de Dios se reveló como el que mejor expresaba el ser de Jesús [2], precisamente porque es el que mejor indica esta relación única con el Padre. Es legítimo aplicar un razonamiento semejante respecto a los diferentes «títulos» que en el Nuevo Testamento se aplican al hombre. Aquel que con mayor claridad exprese la conformación con Jesús, teniendo en cuenta que la criatura conserva siempre su propio ser, habrá de preferirse, porque nos descubrirá mejor la única vocación divina del hombre (cf. Vaticano II, GS 22). La filiación divina, que en el Nuevo Testamento se afirma de Jesús y analógicamente del hombre, puede ser la noción más apta para indicar que el amor de Dios para el ser humano se manifiesta en la más grande medida que pueda pensarse: el hombre es objeto del amor que Dios Padre tiene por el Hijo unigénito.

Por estas razones creo que es recomendable dar la primacía en nuestra exposición al tema de la filiación divina del hombre; en torno a él podremos agrupar con sentido los temas y datos dispersos que hallamos en el Nuevo Testamento sobre el nuevo ser del hombre justificado. Esta opción es además consecuente con cuanto hasta ahora hemos venido desarrollando en las diferentes etapas de nuestro tratado [3].

LA FILIACION DIVINA EN EL ANTIGUO TESTAMENTO

El tema de la paternidad de Dios respecto de las criaturas, y de modo especial de los hombres, se repite en muchas de las religiones del mundo, aunque hay que notar que está ausente o tiene escaso relieve en algunas tradiciones religiosas muy significativas [4]. La idea de la paternidad divina aparece ligada con mucha frecuencia a la idea del origen; ésta se expresa a veces con imágenes tomadas de

[2] Cf. la justificación de este proceso en W. PANNENBERG, *Systematische Theologie* II (Göttingen 1991), 425.

[3] Sobre las razones aducidas para fundamentar nuestra opción sistemática, cf. J. L. RUIZ DE LA PEÑA, *El don de Dios,* 383.

[4] Así p. ej. en el budismo, en las religiones místicas y en el Islam; cf. J. MARTÍN VELASCO, *Dios como Padre en la historia de las religiones,* en AA.VV., *Dios es Padre* (Salamanca 1991), 17-42, también para lo que sigue; W. MARCHEL, *Abba, Père! La prière du Christ et des chrétiens* (Rome ^{2}1971), 29ss.

la generación, en otras ocasiones de la fabricación o de la fecundación; las relaciones de origen se pueden referir al pueblo o tribu, a algún personaje ilustre, a todos los hombres; a la idea de la paternidad se asocia a veces la de la maternidad. Otras veces es Dios mismo el que se declara «padre» de un pueblo. Son también muchas las tradiciones religiosas que conocen la invocación a Dios como «padre», aunque las funciones que esta invocación desempeña sean diversas.

Frente a este panorama, se constata que el Antiguo Testamento utiliza relativamente poco la idea de la paternidad para referirse a Dios, tal vez porque a veces la idea aparece ligada a representaciones incompatibles con la fe de Israel. Y además de esta reserva general, llama en concreto la atención el que sean muy escasas las ocasiones en que la idea de la paternidad divina se relacione con la creación o se considere fundada en esta última (cf. Mal 2,10; 1,6; Is 45,10s). El pueblo de Israel no ha contemplado con frecuencia la paternidad de Dios en una perspectiva universalista, sino que más bien la relaciona con la predilección que Dios le ha mostrado y le sigue manifestando con la salida de Egipto, la alianza, la concesión de la tierra prometida, etc. [5]. Así, Israel es el hijo y el primogénito de Dios (cf. Ex 4,22s; Dt 14,1s; 32,5; Is 1,2s; 30,1.9); Dios es en consecuencia el «padre» del pueblo que ha elegido (cf. Dt 32,5s; Jer 3,4.19s; 31,9; Is 63,16; 64,7). En alguno de estos pasajes, además de la afirmación de que Dios es «padre», hallamos expresiones muy próximas a la invocación como tal (cf. Is 63,16; 64,7; Jer 3,4). En el Antiguo Testamento se ponen de relieve aspectos diversos de la paternidad divina, desde el dominio sobre todo hasta la enseñanza del pueblo, pero sobre todo se subraya su amor, de tal manera que puede afirmarse que Yahveh es un «padre con entrañas de madre» (cf. Os 11,8s; Jer 31; Is 49,15; 66,13, etc.) [6].

Además de los textos en que la paternidad divina se refiere al pueblo de Israel en general, hallamos otros pasajes en los que es un individuo concreto, con una especial significación dentro del pueblo elegido, el que aparece como «hijo» de Dios (cf. 2 Sam 7,14; 1 Cro 22,10, sobre el descendiente de David; Sal 2,7, referido al ungido del Señor; David es también hijo de Dios según Sal 89,27). También en

[5] Cf. MARCHEL, o.c., 23-26; 50-62, también para lo que sigue; del mismo, *Dieu Père dans le Nouveau Testament* (Paris 1966), 17-30; J. JEREMIAS, *Abba y el mensaje central del Nuevo Testamento* (Salamanca 1981), 19-35; A. SCHENKER, *Gott als Vater-Söhne Gottes. Ein vernachlässigter Aspekt einer biblischen Metapher:* FZPhTh 25 (1978) 1-55; B. BYRNE, *Sons of God - Seeds of Abraham* (Rome 1979), 9-78; F. GARCÍA LÓPEZ, *Dios Padre en el Antiguo Testamento a la luz de las interpretaciones recientes de la religión de Israel,* en *Dios es Padre* (cf. n. 4), 43-57.

[6] Cf. F. GARCÍA LÓPEZ, o.c., 52ss.

estos casos es el rasgo del amor el predominante cuando se habla de la paternidad de Dios. En la literatura sapiencial la paternidad de Dios se pone en relación también con los individuos concretos, los justos, aunque a veces se trata sólo de comparaciones (cf. Prov 3,12; Sab 2,16; 11,10). La invocación de Dios como padre aparece también en Eclo 23,1.4, donde se combina con el título de «señor», y en Sab 14,3 [7]. Esta invocación explícita de Dios como padre es particularmente escasa en los escritos veterotestamentarios, y aparece sólo en épocas relativamente tardías. En todo caso es claro que el Antiguo Testamento evita concepciones demasiado «literales» o materiales de la paternidad divina. En todo momento se trata de tener presente la trascendencia de Dios y la inadecuación de nuestros conceptos para referirnos a él. En el judaísmo palestino de la segunda mitad del siglo I d.C. hallamos esta invocación tanto en relación con los individuos como con la comunidad, pero normalmente acompañada de otros títulos que diluyen en cierto modo su significado [8]. No parece que se dé con frecuencia la invocación de Dios como Padre a título personal en los tiempos anteriores a Jesucristo.

LA PATERNIDAD DE DIOS Y LA FILIACION DIVINA SEGUN EL NUEVO TESTAMENTO

a) **La filiación divina de Jesús**

La revelación de la paternidad divina es uno de los puntos fundamentales del mensaje evangélico [9]. Esta revelación aparece esencialmente ligada a la persona de Jesús, que no sólo llama a Dios su padre, sino que lo invoca como tal [10], y con ello manifiesta la conciencia de su filiación. A partir de este dato nos acercamos al núcleo central del misterio de la persona y de la obra de Jesús; en él se nos revela un sentido insospechado de la paternidad de Dios y consiguientemente de la filiación divina. Jesús tiene conciencia de una relación especial y única con Dios, en la que en último término basa su pretensión de que su mensaje sea escuchado y acogido. Esta relación es precisamente su filiación divina. Dios es, en un sentido peculiar y exclusivo, su Padre. Es un rasgo original de Jesús el uso habitual, para dirigirse a Dios, de la palabra usada en general por los hijos para dirigirse a su padre en el lenguaje familiar. Aunque los

[7] Cf. MARCHEL, *Abba, Père!,* 71ss.
[8] Cf. MARCHEL, ib., 96.
[9] Además de la bibliografía ya citada, cf. G. SCHNEIDER, *El Padre de Jesús. Visión bíblica,* en *Dios es Padre,* 59-100.
[10] Cf. MARCHEL, o.c., 102ss; JEREMIAS, o.c., 37-73.

sinópticos recogen una sola vez en labios de Jesús el original arameo «abba» (Mc 14,36, precisamente en la oración del huerto; cf. también Rom 8,15; Gál 4,6), el solo hecho de que el término se haya conservado indica la importancia que se concede a la manera que tuvo Jesús de dirigirse a Dios y de invocarle en su súplica.

En todas las ocasiones en que, según los evangelios sinópticos, Jesús tiene a Dios como interlocutor, le llama «Padre» (Mc 15,34=Mt 27,46 no constituye en rigor una excepción ya que se trata de la cita del Sal 22,2). Entre estas invocaciones destaca el llamado «himno de júbilo» (cf. Mt 11,25-27; Lc 10,21-22), una de las escasas ocasiones en que Jesús se designa como «Hijo» (cf. también Mc 13,32). Junto a la intimidad con Dios que este pasaje refleja, se pone también de relieve la función reveladora de Jesús. A la vez se expresa la iniciativa, el beneplácito del Padre al que Jesús se abandona. En efecto, no se puede aislar la invocación de Dios como Padre de la actitud filial de Jesús, que se entrega confiadamente a Dios Padre, incluso y sobre todo en el momento de su muerte (cf. Lc 23,46). La función reveladora de Jesús, su obediencia a la voluntad del Padre, etcétera, se pondrán de relieve con más insistencia si cabe en el cuarto evangelio. «Padre», en labios de Jesús, es el modo normal de designar a Dios, a la vez que, a diferencia de cuanto hallamos en los sinópticos, «Hijo» es la denominación normal, en el mismo evangelio, con que Jesús se refiere a sí mismo. La irrepetibilidad de esta relación con el Padre se pone de relieve en el uso del término «unigénito» en el cuarto evangelio (cf. 1,14.18; 3,16.18; cf. también 1 Jn 4,9) [11].

Esta especial relación de Jesús con Dios en virtud de la cual es su «Hijo» existe ya al comienzo de su vida pública (cf. Mc 1,11 par.) e incluso al comienzo de su vida sobre la tierra (cf. Lc 1,35); pero la cristología de los primeros tiempos vio también la realización plena de esta filiación divina de Jesús en el momento de su resurrección, con su plena entronización como Señor (cf. Rom 1,3s; Flp 2,11; Hech 2,14ss; 10,34ss). Esta plenitud del señorío de Cristo resucitado lleva consigo una especial manifestación de la paternidad de Dios (cf. 2 Cor 1,3; 11,31; Ef 1,17; Flp 2,11; Rom 6,4). En Pablo, Juan y la epístola a los Hebreos, aparece con claridad la idea de la preexistencia de Cristo a la encarnación, es decir, de su vida divina en el seno del Padre. La filiación divina de Jesús, que le lleva a la confianza y obediencia total al Padre en su vida mortal, que encuentra en la resurrección su culminación y manifestación definitiva, tiene su fundamento en el mismo ser divino, en una relación con el Padre «pre-

[11] Amplia información en V. M. CAPDEVILA I MONTANER, *El Padre en el cuarto evangelio,* en *Dios es Padre,* 100-139.

via» a la existencia humana del Hijo. Así tiene lugar la revelación del Dios trino: con la vida filial de Jesús, enviado por el Dios dado a conocer así como Padre, y con la misión del Espíritu que llevará a término la obra que Jesús ha iniciado. La filiación divina de Jesús no se entiende hasta el fondo a partir de los datos veterotestamentarios ni a partir de ninguna otra experiencia humana de cercanía a Dios. Nos hallamos ante algo totalmente nuevo y original, que constituye la revelación de la misma vida divina. A la vez, en la existencia filial de Jesús se muestra un modo nuevo de ser hombre, la manifestación plena de la humanidad, derivada de la revelación del Dios trino.

b) **Dios, Padre de los discípulos, según los sinópticos**

Pero Jesús no sólo ha invocado a Dios como su Padre, sino que también, y en clara relación con lo anterior, se ha referido a Dios como padre de los hombres, al menos de sus discípulos. En el contexto de la antropología teológica este hecho merece una especial atención. Parece fuera de duda que Jesús ha enseñado a sus discípulos a invocar a Dios como Padre (cf. Mt 6,9; Lc 11,2), a la vez que, dirigiéndose a ellos, se ha referido a Dios como «vuestro Padre» [12]. En otros lugares Jesús ha hablado también de Dios como padre, p. ej. en las parábolas con las que se dirigía a la multitud, pero no se habla en estos casos específicamente de *«vuestro* Padre». Parece por tanto que esta expresión es utilizada por Jesús sólo en la enseñanza a sus discípulos [13]. Este Dios al que Jesús presenta como Padre es misericordioso, cercano a los hombres, cuida de todos, especialmente de los pobres y desvalidos. Así como la filiación divina de Jesús se refleja en toda su existencia y no es sólo cuestión del uso de una palabra, también para la existencia concreta de los discípulos ha de tener consecuencias el reconocimiento de la paternidad de Dios. En el sermón del monte encontramos expresamente relacionadas las actitudes fundamentales del seguidor de Jesús con esta paternidad divina. En la exigencia de amor universal se señala al parecer indirectamente una actitud paternal de Dios que se extiende a todos los hombres; los discípulos, en consecuencia, han de amar y hacer el bien a todos sin distinción (cf. Mt 5,45-48; Lc 6,27-36). Han de vivir confiados en el Padre celestial y han de rechazar toda actitud hipócrita (cf. Mt 6-7).

[12] J. Jeremias, o.c., 46-52, señala como probables palabras auténticas de Jesús en las que aparece esta expresión Mc 11,25; Mt 6,32=Lc 12,30; Mt 5,48=Lc 6,32; Lc 12,32; Mt 23,9.

[13] Cf. ib., también Schneider, o.c., 71ss.

Entre la filiación de Jesús y la de los discípulos hay una innegable relación. Sólo porque Jesús es el Hijo de Dios y le llama Padre puede enseñar a los discípulos a invocarle así y a vivir la vida de hijos; él es quien les introduce en esta relación paterno-filial. Pero debemos notar que la filiación divina de Jesús y la de los discípulos jamás se equiparan. Nunca se encuentra en el Nuevo Testamento un «nuestro Padre» en el que Jesús se incluya. La relación de Jesús con el Padre es única e irrepetible, pero precisamente en su irrepetibilidad la filiación de Jesús fundamenta la de los discípulos. Aunque en los sinópticos nunca se explicita la relación entre la filiación divina de Jesús y la de los hombres, es claro que esta relación existe, y que la filiación de Jesús es el paradigma y el fundamento de la de los hombres. La participación en la relación de Jesús con el Padre se realiza en el seguimiento del propio Jesús, en la configuración con su persona y el modo concreto de su existencia (cf. Mt 16,24s; Mc 8,34s; Lc 9,23s).

c) **La filiación divina del cristiano en Pablo**

El tema de la paternidad de Dios y de la filiación divina de los que creen en Jesús aparece también con claridad en los escritos paulinos. Dios es considerado Padre de los hombres sólo en cuanto lo es de Cristo. Este aparece siempre mencionado en el contexto cuando se habla de Dios como Padre nuestro, cf. 1 Tes 1,1.3; 3,11-13; 2 Tes 1,1; 2,16; 2 Cor 1,2s; Gál 1,3s, etc. Pero hay algunos pasajes en que el motivo de la filiación divina de los hombres se desarrolla y explicita con mayor detalle, a la vez que se nos muestra su dependencia de la filiación de Jesús.

Ante todo debemos considerar Gál 4,4-7 [14]. Pablo pone de relieve la iniciativa de Dios Padre en la obra de salvación; él es el que al llegar la plenitud de los tiempos envía al Hijo y después al Espíritu Santo. La plenitud de los tiempos no viene determinada por ningún acontecimiento ajeno al beneplácito divino, sino precisamente por el designio del Padre de enviar a su Hijo. Jesús nace de mujer y nace bajo la ley, es decir, comparte en todo la condición humana; sólo así puede rescatarnos y sólo así podemos recibir la filiación de adopción (υἱοθεσία); ésta es según el tenor de este texto la finalidad de la encarnación. Para hablar de nuestra filiación Pablo recurre a este

[14] Cf. para un análisis más detallado, MARCHEL, *Abba, Père!,* 188-207; R. PENNA, *Lo Spirito di Cristo. Cristologia e pneumatologia secondo un'originale formulazione paolina,* Brescia 1976, 219-236; B. REY, *Vida de fe y vida filial según san Pablo:* EstTr 13 (1979) 97-115; ID., *Vie de foi et vie filiale selon saint Paul:* MSR 32 (1982) 3-18; B. BYRNE, o.c., 174-195.

término, desconocido en los LXX pero documentado en el griego profano, que significa precisamente la adopción. La filiación de Jesús es el modelo a partir del cual nosotros podemos ser considerados hijos; su filiación es el fundamento de la nuestra. Jesús, el Hijo, hace posible con su encarnación que nosotros podamos ser también hijos. La metáfora de la adopción no tiende a debilitar nuestra condición filial, sino a subrayar el amor de Dios al concedérnosla, al querer unirnos a su Hijo. Ya en Gál 3,26 se ha insinuado este motivo: por la fe en Cristo todos nos hacemos hijos de Dios; esto hace que desaparezcan las divisiones entre los hombres, para que no seamos más que uno en Cristo Jesús. La vida de los hijos de Dios consiste en participar de la relación que Jesús tiene con el Padre. Expresión de esta relación es nuestra invocación «abba», la misma con la que Jesús se ha dirigido al Padre. El sujeto de esta invocación es aquí el Espíritu Santo (él es quien clama en nosotros «abba, Padre»), enviado también por el Padre, en un claro paralelismo con la misión de Jesús. Aquí el Espíritu Santo es llamado «Espíritu de su Hijo»; con esta formulación (cf. Rom 8,9.15; Flp 1,19; 1 Pe 1,11; Hech 13,7) Pablo quiere poner de relieve la vinculación entre la muerte y la resurrección de Jesús y el don del Espíritu, y por consiguiente la referencia a Jesús que éste siempre tiene. Por la misión del Espíritu alcanza la misión del Hijo el efecto pretendido, es decir, que los hombres alcancen la filiación. Como ya hemos indicado, el Espíritu clama en nosotros «abba, Padre»; él, en cuanto Espíritu del Hijo, es el principio de nuestra vida filial. Es una cuestión relativamente secundaria para nosotros si el don del Espíritu, según este pasaje, es una consecuencia o es un presupuesto de la condición filial. A diferencia de otros lugares paulinos, este texto parece insinuar lo primero [15]. Pero en todo caso es claro que la vida de hijos de Dios no puede llevarse a cabo si no es con el impulso del Espíritu. Señala Pablo por último que la filiación da derecho a la herencia (Gál 4,7). Se sobreentiende, como veremos en seguida explicitado en Rom 8,17, que nuestra herencia es participación en la de Cristo (cf. Heb 1,2; Mt 21,38).

Rom 8,14-17 es un texto que tiene grandes semejanzas con el que acabamos de examinar. Ya desde el comienzo del cap.8 se establece la oposición entre el Espíritu y la carne de pecado que habita en el hombre. El v.14 introduce el motivo de la filiación: todos los que son guiados por el Espíritu de Dios son hijos de Dios. A diferen-

[15] Cf. H. Schlier, *Der Brief an die Galater* (Göttingen ^{4}1971), 198; F. Mussner, *Der Galaterbrief* (Freiburg-Basel-Wien 1974), 274; se inclina más bien por la solución opuesta Marchel, o.c., 217ss, pero tiene en cuenta también Rom 8,15, que parece, en efecto, afirmar lo contrario.

cia de lo que veíamos en el texto anterior, parece que la presencia del Espíritu determina nuestra filiación. La idea se aclara más en el verso siguiente: no hemos recibido un espíritu de esclavos para recaer en el temor, sino un espíritu de filiación. El «espíritu» de que aquí se habla no es, al parecer, el Espíritu Santo considerado en sí mismo, sino el don presente en nosotros, la disposición o actitud filial que crea en nosotros; inclina hacia este parecer la oposición con el «espíritu de esclavitud», que no puede ser el Espíritu Santo, sino que indica la actitud humana del temor que no proviene de Dios [16]. Por obra del Espíritu Santo tenemos por consiguiente un «espíritu», una actitud, de hijos (se repite el término υἱοθεσία que veíamos en Gál); en virtud de este espíritu clamamos «Abba, Padre». A diferencia de lo que se decía en Gál 4,6, aquí somos nosotros el sujeto directo de la invocación al Padre. Movidos por el Espíritu nos podemos dirigir a Dios en los términos en que Jesús lo hace. La relación de la filiación divina de los hombres con la de Jesús no se explicita tanto como en Gálatas, pero está clara en todo el contexto. El Espíritu que guía a los hijos de Dios es el de Cristo (cf. v.9); su presencia en nosotros equivale a la del mismo Jesús al que nos hace pertenecer (cf. v.9-10). El Espíritu que es principio de la vida de hijos da testimonio a nuestro espíritu de la filiación divina (v.16). Por último se señala también aquí que la filiación da derecho a la herencia (v.17). Se especifica que nuestra condición de herederos de Dios equivale a la de coherederos de Cristo: si padecemos con él seremos glorificados con él, es decir, participaremos en la herencia que propiamente le corresponde a él.

El contexto del pasaje que acabamos de examinar es rico en consideraciones sobre la existencia filial que el Espíritu Santo posibilita. La vida en el Espíritu, contraria a la vida de la carne (cf. Rom 8,1ss), parece equivaler a la vida de los hijos de Dios, la de aquellos que son guiados por el Espíritu; a la vida de hijos se equipara también al parecer el estar «en Cristo» (cf. Rom 8,1). El Espíritu que habita en nosotros en virtud de la resurrección de Jesús es también garantía de nuestra resurrección futura (cf. 8,11). A partir de Rom 8,18 se trata de la dimensión escatológica de la filiación divina; nuestra condición de hijos todavía no se ha revelado plenamente; de esta revelación depende la liberación de todo el universo, el paso de la servidumbre a la libertad de la gloria de los hijos de Dios (cf. v.19-22). La plena filiación significa la redención total de nuestro cuerpo y la posesión plena del Espíritu, del que ahora tenemos las primicias (v.23).

[16] Cf. R. Penna, o.c., 214ss; Byrne, o.c., piensa que se trata del Espíritu Santo en sí mismo; cf. también sobre este pasaje F. H. Horn, *Das Angeld des Geistes. Studien zur paulinischen Pneumatologie* (Göttingen 1992), 409-412.

A partir del v.28 se habla de la vocación y la predestinación de los hombres a la gloria: la justificación definitiva y la glorificación del hombre se ponen en relación en el verso 29 con la perfecta imagen de Cristo que el hombre está llamado a ser (cf. 1 Cor 15,49; Flp 3,21); Cristo será entonces primogénito entre muchos hermanos (Rom 8,29). La filiación divina significa por consiguiente fraternidad con Cristo y con todos los hombres, participación solidaria en la relación que Jesús tiene con Dios. El motivo de la filiación divina se entrecruza aquí con el del hombre imagen de Dios. La relectura neotestamentaria de este tema del Génesis lo relaciona con nuestra condición de hermanos de Jesús, el primogénito, y por tanto con la de hijos del Padre celestial.

También en Ef 1,5 aparece el tema de la filiación adoptiva del hombre, a la que Dios nos ha predestinado por medio de Jesucristo. Una vez más nuestra filiación divina está en relación con la filiación originaria de Jesús. También se une a la idea de la filiación la de la herencia en Cristo (v.11). La prenda de esta herencia es el Espíritu Santo que reciben los creyentes (v.13; cf. 2 Cor 1,22; 5,5). También según Ef la filiación divina nos abre a una dimensión de futuro, a una plenitud que todavía no poseemos. En otro pasaje de la misma carta, en el que no se menciona directamente la filiación, se sintetiza admirablemente el dinamismo trinitario de nuestra nueva condición de salvados: mediante Cristo, en un mismo Espíritu, tenemos todos acceso al Padre (cf. Ef 2,18). Los efectos universales de la redención de Cristo se ponen de manifiesto en la reunión de todos los hombres y pueblos por su muerte (cf. Ef 2,15ss; Gál 3,28). La filiación divina lleva siempre consigo la dimensión de la fraternidad universal.

Los escritos paulinos, como vemos, desarrollan con amplitud la vinculación de la filiación divina del hombre con la de Jesús, el Hijo por excelencia, enviado al mundo para hacer a los hombres partícipes de esta condición. El vínculo que une a los hombres con Cristo y entre sí es el Espíritu Santo, que se nos da como Espíritu de Cristo o del Hijo. Así se explicita la relación entre la filiación de Jesús y la de los hombres.

d) **La filiación divina en Juan**

También los escritos joánicos conocen el tema de la paternidad de Dios y de la filiación divina del hombre, aunque lo tratan de modo algo distinto que Pablo. En lugar de la metáfora de la adopción se emplea una expresión más «realista»: el que cree en Jesús «ha nacido» de Dios, ha sido engendrado por él (cf. Jn 1,12s; 1 Jn 2,29; 3,9;

4,7; 5,1.4.18) [17]. Haber nacido de Dios equivale a «ser» de Dios (1 Jn 4,4). Este nuevo nacimiento es también «del Espíritu» (cf. Jn 3.3-6; cf. también 6,63, el espíritu es el que da la vida). El agente inmediato y el principio de nuestra filiación divina es también, como en Pablo, el Espíritu Santo, aunque ello no esté expresado de una manera tan explícita. El Espíritu es el don de Jesús resucitado y glorificado a sus discípulos (cf. Jn 7,39; 20,22; tal vez 19,30.34), que hace posible el conocimiento y el testimonio de Cristo (cf. Jn 14,16.25; 15,26; 16,7ss; 20,22). El que ha nacido de Dios o del Espíritu, cree, ama, practica la justicia. Según otros pasajes, Dios es también el padre de los hombres; los creyentes, en consecuencia, son sus hijos (cf., además de los textos ya citados, Jn 11,52; 1 Jn 3,10; 5,2). La relación y diferencia entre la filiación de Jesús y la nuestra se ponen de relieve en el conocido pasaje de Jn 20,17: «Vete a mis (los) hermanos y diles: Subo a mi Padre y vuestro Padre, a mi Dios y vuestro Dios». Por una parte se observa la distinción entre la paternidad divina respecto de Jesús y de los hombres, pero por otra subraya que es la paternidad respecto de Jesús la que abre y la que da sentido a la que ejerce Dios respecto a los discípulos. Éstos son a su vez «hermanos» de Jesús glorificado (aunque hay que tener en cuenta que esta lectura no es la única posible; pero cf. Mt 28,10). La distinción entre la filiación de Jesús y la nuestra se expresa también con una diferencia terminológica: sólo aquél es el ‘Υἱός, mientras que los hombres son llamados normalmente τέκνα de Dios.

Probablemente el texto más significativo entre los que hablan de la filiación divina del hombre en los escritos de Juan es 1 Jn 3,2: «Queridos, ahora somos hijos de Dios, y aún no se ha manifestado lo que seremos. Sabemos que, cuando se manifieste, seremos semejantes a él porque lo veremos tal cual es». Dos son las posibles interpretaciones de este pasaje [18]: según una de ellas, más literal, lo que ha de manifestarse (cf. la segunda parte del verso) es «lo que seremos». En este caso nuestra semejanza sería con Dios, el Padre, al que veremos tal cual es. Pero cabe una segunda posibilidad: en el contexto próximo el verbo «manifestarse» se refiere dos veces a Jesús (cf. 2,28 y 3,5); además, en la primera de estas ocasiones, referi-

[17] Cf. E. SCHILLEBEECKX, *Christus und die Christen. Die Geschichte einer neuen Lebenspraxis* (Freiburg 1977), 453-455; y sobre todo M. VELLANICKAL, *The Divine Sonship of Christians in the Johannine Writings* (Roma 1977), y V.M. CAPDEVILA I MONTANER, *Liberación y divinización del hombre* (Salamanca 1984); del mismo, *El Padre en el cuarto evangelio* (n.11).

[18] Por la primera solución se inclina p.ej. R. SCHNACKENBURG, *Cartas de san Juan* (Barcelona 1980), 199; por la segunda M. VELLANICKAL, o.c., 341. Un elenco de los autores que se inclinan por una u otra solución se encontrará en V. M. CAPDEVILA, *Liberación y divinización del hombre*, 224-226.

da a la venida final, se usa exactamente la misma expresión que en 3,2b. No es de excluir por tanto que el sujeto implícito del verbo en el verso que nos ocupa sea también Jesús. En este caso él sería el objeto inmediato de nuestra visión y el punto de referencia para nuestra semejanza divina. La relación de nuestra filiación con la suya se pondría así mucho más de relieve. Es difícil la opción por una u otra de estas interpretaciones. Pero de todas maneras la filiación divina que poseemos ya y esperamos en plenitud nos habla claramente de nuestra relación con el Padre. La realización escatológica de la filiación que todavía esperamos se une aquí con la «semejanza» divina. Pablo, como acabamos de ver, la unía con la «imagen» en Rom 8,29; no parece que sea el caso de apurar al máximo las diferencias entre los dos conceptos. La relación filial se llena de contenido, es el concepto que resume el ser y la vida del cristiano en su referencia a Dios y en la esperanza de la plenitud futura.

Por otra parte no puede concebirse esta vida de hijos sin la permanencia de Cristo en el hombre por medio de la unción, y sin la presencia del don del Espíritu en nosotros (cf. 1 Jn 2,20.27; 3,24; 4,13). Los escritos de Juan atestiguan también con claridad la dimensión esencialmente trinitaria de la salvación del hombre.

LA COMUNION CON CRISTO Y LA INHABITACION DIVINA SEGUN EL NUEVO TESTAMENTO

Acabamos de ver que, en diferentes lugares del Nuevo Testamento, se encuentra la idea de que el hombre es hijo de Dios y participa por ello, aun con una diferencia básica que no se puede desconocer, de la relación que Jesús tiene con el Padre. No es posible la filiación sin la comunión de vida con Jesús, el Hijo unigénito; la vida cristiana consiste en la comunidad de destino con Jesús [19]. Él invita a sus discípulos al seguimiento, lo cual lleva consigo compartir su vida entera (cf. entre otros lugares Mt 4,18 par.; 8,19-22; 10,37 par., 19,27ss; Lc 9,57-60). La filiación divina adquiere así un perfil muy concreto.

También los escritos paulinos y otros relacionados con ellos exhortan a la imitación (evidentemente no en sentido mimético) de Jesús y de sus sentimientos y actitudes (cf. 1 Cor 4,16s; 11,1; Flp 2,5; 1 Tes 1,6; 1 Pe 2,21ss; Heb 12,2). La comunión de vida con Cristo es expresada también por Pablo con el uso del prefijo *con-* que precede a diferentes verbos: así se nos habla del conmorir, conresucitar, conreinar... con Cristo (cf. Rom 6,8; 8,17; 1 Cor 15,22; 2 Tim 2,12, etc.).

[19] Cf. O. GONZÁLEZ DE CARDEDAL, *Jesús de Nazaret. Aproximación a la cristología* (Madrid 1975), 532.

Con el seguimiento y la imitación de Jesús él mismo va tomando forma en nosotros (cf. Gál 4,19; también Col 1,28), más aún, es el mismo Cristo el que vive en nosotros (cf. Gál 2,20). Pablo utiliza con mucha frecuencia el expresivo giro «en Cristo (Jesús)»; aparece en los escritos paulinos unas 150 veces. Su significado concreto varía según los casos; no podemos hacer un análisis exhaustivo de todos ellos. Pero siempre se pone de relieve la vinculación del creyente a Jesús; en muchas ocasiones equivale a lo que para nosotros es el adjetivo «cristiano» [20]; otras veces se quiere expresar con él que quien cree en Jesús recibe de él la salvación y la justificación. La expresión aparece normalmente en contextos soteriológicos [21], lo cual indica que sólo Jesús es el camino de salvación para el hombre, él abre el ámbito objetivo en el que la salvación se realiza y en el que el hombre tiene que entrar. La vida cristiana es la conformación con Jesús, la participación en su vida y en su muerte para poder también participar de su resurrección. Al cristocentrismo del proceso de la justificación a que ya nos hemos referido, corresponde la centralidad de Cristo en la vida del justificado.

Los escritos joánicos conciben igualmente la vida del cristiano como comunión con Jesús. Es muy característica la expresión «permanecer, o estar, en Jesús (o en Dios)», o en su amor, en su palabra, etc. (cf. Jn 15,4-7.9s; 17,21; 1 Jn 2,24.27s; 3,6; 4,16). Sólo por Jesús se va a Dios Padre (cf. Jn 14,6). Tal vez la parábola de la vid y los sarmientos es la explicación mejor de lo que para Juan significa la unión del hombre con Cristo: es la única posibilidad de tener verdadera vida (cf. Jn 15,1ss). Pero no sólo el cristiano está en Cristo, sino que Cristo está también en él (cf. Jn 14,20; 15,4; 17,23.26; 1 Jn 4,12.16). Esta reciprocidad se fundamenta en la inhabitación mutua del Padre y el Hijo y guarda una clara analogía con ella (cf. Jn 10,38; 14,11, y sobre todo 17,21). Quien se une a Jesús se encuentra por tanto inmerso en el misterio trinitario. La luz, la vida, son temas presentes en el evangelio de Juan, ligados siempre a Jesús y relacionados entre sí ya desde el comienzo (cf. Jn 1,4s). El primero se repite ya en el prólogo (cf. Jn 1,8s), y se encuentra en otros varios lugares (cf. 3,19ss; 8,12; 12,46...); está relacionado con la idea del seguimiento: dejarse iluminar por Jesús es vivir como él ha vivido. La vida que viene de Cristo es la que en último término viene del Padre (cf. Jn 6,57); quien cree en Jesús tiene ya ahora la vida que es además garantía y esperanza de resurrección (cf. Jn 5,26; 11,25; 1Jn 1,2; 5,11.20). Podemos afirmar en resumen que el estar en Jesús y parti-

[20] Cf. R. BULTMANN, *Theologie des Neuen Testaments* (Tübingen [6]1968), 329.

[21] Cf. H. CONZELMANN, *Grundriss der Theologie des Neuen Testaments* (München 1968), 235.

cipar de la vida que él tiene es el centro y el fundamento de la existencia del creyente, y a la vez la máxima plenitud a que el hombre puede aspirar. Quien cree en Jesús y le ama es a la vez amado por el Padre (cf. Jn 14,21; 16,27). Y esta comunión con Jesús, fundada como decíamos en la que Jesús tiene con el Padre, crea la comunión entre nosotros (cf. Jn 17,21.23). La inserción en Jesús nos remite al Padre, que ama a los discípulos de su Hijo como le ama a él. Todos los bienes descienden del Padre y se nos dan por medio de Jesús; y a la vez, en la comunión con Cristo entramos en comunión con Dios. Con expresiones diversas, aparece una notable coincidencia de fondo con Pablo: la inserción en Cristo nos abre al camino del Padre (cf. Jn 14,6ss) del que todo procede y al que todo se dirige.

La vida de comunión con Jesús y de inserción en él puede llevarse sólo con la fuerza del Espíritu presente en nosotros. Sólo con él podemos vivir como hijos de Dios. Además de los textos en que la presencia del Espíritu se relaciona más o menos explícitamente con la filiación divina, en otros muchos se nos muestra su multiforme acción en el creyente. Tenemos que hacer un breve repaso de estos pasajes para conocer mejor las bases neotestamentarias de la doctrina de la inhabitación divina en el hombre justificado.

La presencia del Espíritu en el cristiano es una enseñanza constante en Pablo ya desde sus primeras cartas; en 1 Tes 4,8 aparece por primera vez la idea: Dios nos ha dado su Espíritu Santo, y este hecho se pone en relación con el respeto que a cada uno ha de merecer su propio cuerpo, es decir, su propio ser (cf. 4,4ss). En 1 Cor 6,19, en un contexto semejante al del pasaje anterior, se nos dice que nuestro cuerpo es templo del Espíritu Santo; esta condición se relaciona con la unión con Jesús, de cuyo cuerpo somos miembros y con el que formamos un solo «espíritu» (cf. 6,15ss); el Espíritu Santo que habita en nosotros es a la vez la fuerza de Cristo que nos une a él [22]. Ser templo del Espíritu y ser miembro de Cristo viene a ser lo mismo. Según 1 Cor 3,16, somos templos de Dios porque el Espíritu Santo habita en nosotros. La presencia del Espíritu en nosotros parece equivaler a la de Cristo (cf. Rom 8,9s), no porque ambos puedan identificarse en todos los aspectos, sino porque no hay otro modo de estar Jesús en nosotros sino el que deriva de su condición «pneumática» de resucitado y fuente de la vida (cf. 1 Cor 15,45). El don del Espíritu Santo es consecuencia de la resurrección de Jesús; por ello toda su acción en el hombre está de algún modo referida a Cristo: nos da la posibilidad de conocerlo (cf. 1 Cor 2,10ss), de confesar nuestra fe en él (cf. 1 Cor 12,3), de comprender la palabra de Dios, cuyo sentido último es revelado en Jesús (cf. 2 Cor 3,14-17). No hay

[22] Cf. PENNA, o.c., 279.

ningún efecto del don del Espíritu en el creyente ni en la Iglesia que no esté en relación con Jesús. El Espíritu interioriza y lleva a cumplimiento en cada uno la obra de la salvación que en Jesús se ha realizado. Pero no solamente habla Pablo de la inhabitación del Espíritu. En otros pasajes se habla de que en nosotros está Cristo (cf. Gál 2,20; Ef 2,17: «que Cristo habite por la fe en vuestros corazones») o de que somos templo de Dios (2 Cor 6,16, «nosotros somos santuario del Dios vivo»). Aunque Pablo hable con más frecuencia de la presencia en nosotros del Espíritu Santo, también afirma que en nosotros están Jesús y Dios.

El evangelio y las cartas de Juan, aunque con acentos diversos, nos dicen algo semejante. El Paráclito que Jesús enviará, el Espíritu de la verdad, estará en nosotros (cf. Jn 14,16s). La presencia del Espíritu que Jesús nos ha dado es la garantía de que permanece en nosotros el propio Jesús (cf. 1 Jn 3,24; 4,13). En nosotros está el Espíritu Santo, pero también el Padre y el Hijo moran en el que ama a Jesús (cf. Jn 14,23) [23]. El Espíritu ha sido dado por el Señor resucitado (cf. Jn 20,22). También según los escritos joánicos la obra del Espíritu en el hombre está siempre referida a Cristo: el «Espíritu de la verdad» recuerda a los discípulos lo que Jesús ha dicho (cf. Jn 14,26), no habla por sí mismo, sino que escucha a Jesús y toma de lo suyo (cf. Jn 16,13-15), da testimonio de él (cf. Jn 15,26). El «Paráclito» es este mismo Espíritu Santo en cuanto asiste a los discípulos en el testimonio de Cristo y da él mismo testimonio en el interior del creyente (cf. 15,26; 16,7-10). Consecuencia de la acción del Espíritu es también la recta confesión de la humanidad de Jesús (cf. 1 Jn 4,2) [24].

El Espíritu según el Nuevo Testamento habita en nosotros, como también lo hace Jesús y el mismo Padre. Pero de los datos neotestamentarios no se deduce una inhabitación en el creyente de la Trinidad sin diferenciación alguna. Todo lo contrario. La mayoría de las afirmaciones sobre la presencia divina en el justo se refieren al Espíritu Santo, que es por excelencia el don de Dios. La presencia del Espíritu Santo es garantía de la de Jesús, es la prueba de que somos suyos. El Espíritu hace presente a Cristo, como también éste nos une al Padre. Dios está en nosotros como uno, ciertamente, pero también

[23] W. THÜSING, *Die Erhöhung und Verherrlichung Jesu im Johannesevangelium* (Münster 1959), 147, piensa que la inhabitación del Padre y del Hijo (cf. Jn 14,23) se realiza mediante la del Espíritu (cf. Jn 14,17); la presencia del Espíritu sería la expresión de la presencia en nosotros del Padre y del Hijo en su unidad.

[24] También según los Hechos de los Apóstoles el Espíritu Santo obra con referencia a Cristo: habilita a quienes lo reciben para el testimonio y la predicación (cf. 1,8; 2,1ss; 4,31; 6,5.10; 7,56; 8,29; 13,2.4, etc.); es el don que reciben los que creen en Cristo y se bautizan (cf. 2,28; 19,6; también 10,44-48; 11,15; 15,8).

como trino. Estamos sin duda en comunión con la Trinidad, pero los textos que hemos examinado sobre nuestra conformación con Jesús, nuestra inserción en él, etc., no se dejan aplicar sin más al Padre o al Espíritu Santo. Debemos tener presentes los datos que acabamos de recoger para nuestra reflexión sistemática que en seguida iniciaremos.

LA «GRACIA» COMO PARTICIPACION DEL HOMBRE, EN EL ESPIRITU SANTO, EN LA RELACION CON EL PADRE PROPIA DE JESUS

Nuestro recorrido, ciertamente rápido, por los principales textos neotestamentarios que hablan de nuestra filiación divina y de la inserción del hombre en Cristo nos ha persuadido de que no cabe hablar del hombre salvado y redimido más que usando categorías inspiradas en la cristología. Jesús es el único mediador entre Dios y los hombres, y por tanto solamente en él está la salvación y la plenitud del hombre. Por importante que pueda ser cualquier realidad creada que Dios nos otorgue al darnos su gracia, la primacía ha de concederse siempre a su misma presencia en nosotros, a la posibilidad que él mismo nos da de vivir la vida de Cristo y de dirigirnos a nuestro Creador como a nuestro Padre, con la misma palabra y sobre todo con la misma actitud vital con que Jesús lo ha hecho, en la fuerza de su Espíritu Santo. Cuanto decimos ahora es el desarrollo último y la explicitación de lo que hemos ido viendo desde el principio de nuestro tratado: la creación del mundo en Cristo y sobre todo la creación del hombre a imagen de Dios en Jesús tienen como consecuencia que el ser humano llega a ser él mismo, realizando el designio de Dios sobre él, cuando participa de la relación con Dios y con los hombres (filiación y fraternidad) propia de Jesús. Siendo Jesús el Hijo unigénito, lo que en último término define su ser es su relación irrepetible con el Padre. Su ser divino-humano, bajo la primacía absoluta de la divinidad (su humanidad existe sólo en cuanto asumida por el Verbo de Dios), consiste en la referencia absoluta a Dios Padre. Esto se revela concretamente para nosotros en su existencia humana en la total obediencia a Dios, en su vida filial en todas sus dimensiones. El punto inmediato de referencia para entender nuestra filiación divina no es el Hijo eterno en su vida intratrinitaria, sino el Hijo hecho carne, Jesús, partícipe en todo de nuestra condición humana y probado en todo menos en el pecado (cf. Heb 4,15). Sólo a partir de la humanidad de Jesús tenemos acceso al misterio de Dios. No conocemos otro camino para que los hombres participemos en la vida divina más que la misión y encarnación del Hijo, enviado por el Padre para que pudiéramos recibir la adopción filial, y la misión del

Espíritu del Hijo por el que podemos clamar «Abba Padre» (cf. Gál 4,4-7). Tiene un sólido fundamento en estas afirmaciones paulinas la fórmula de los Padres, que ya conocemos, según la cual el Hijo de Dios se ha hecho lo que nosotros somos para que pudiéramos hacernos nosotros lo que él es [25]. Notemos además que el hombre que conocemos, llamado desde el primer instante a configurarse según Cristo, no puede entenderse sin el designio paterno de la encarnación del Hijo; desde Adán existen los hombres porque tenía que existir Jesús [26]. La cristología, en este sentido, está al principio y al final de la antropología [27]. Desde este presupuesto podemos entender cómo nuestra participación en la vida filial de Jesús es la mayor perfección del hombre. Perfección que sólo por don de Dios puede recibir, pero que responde a la vez a lo más profundo de su ser si pensamos que la vocación en Cristo es un elemento determinante de su esencia concreta.

a) El Espíritu Santo que desciende sobre Jesús, comunicado a los hombres

Hemos visto cómo la vida filial del hombre, participación en la de Jesús, tiene como principio la acción del Espíritu Santo. Pero el mismo Nuevo Testamento nos muestra cómo el Espíritu Santo se ha hecho presente en Jesús para que pudiera llevar a cabo la misión que le había sido confiada. Es de sumo interés para la antropología teológica en general, y muy en concreto para la teología de la gracia, considerar la dimensión pneumática de la cristología. Dado que el Espíritu Santo, en muchos de los pasajes que hemos citado, es el vínculo de unión entre Jesús y los hombres, entenderemos mejor esta conexión si tenemos en cuenta las relaciones que existen entre Jesús y el Espíritu. Sin pretensión de exhaustividad, hacemos un breve excurso cristológico que nos permita entender mejor el significado del don del Espíritu de Jesús presente en nosotros [28].

El Nuevo Testamento une a la idea de la filiación divina de Jesús, a su referencia única e irrepetible a Dios Padre, la de una muy

[25] Cf. las n.21 y 22 del cap.4.

[26] Cf. L. F. LADARIA, *Introduzione alla antropologia teologica* (Casale Monferrato 1992), 54-71.

[27] Según la conocida fórmula de K. RAHNER, *Curso fundamental sobre la fe,* 265-267; no tratamos ahora de analizar el sentido exacto en que el autor usa la fórmula; la tomo en un sentido genérico.

[28] Para una ulterior fundamentación de lo que sigue cf. L. F. LADARIA, *Humanidad de Cristo y don del Espíritu:* EE 51 (1976) 321-345; *Cristología del Logos y cristología del Espíritu:* Gr 61 (1980) 353-360; *La unción de Jesús y el don del Espíritu:* Gr 71 (1990) 547-571.

cualificada presencia del Espíritu en él, especialmente en tres momentos clave de su existencia humana: la encarnación, el bautismo y la resurrección (cf. Lc 1,35; Mc 1,10 par.; Rom 1,4). Lucas, más que los otros sinópticos, da especial relieve a esta presencia del Espíritu en Jesús, a la «unción» que éste ha recibido en el Jordán para el cumplimiento de su función mesiánica (cf. Lc 4,1.14.18; 10,21; Hech 10,38). Jesús va al desierto después de su bautismo impulsado por el Espíritu (cf. Mc 1,12 par.). En virtud del Espíritu de Dios echa Jesús a los demonios (cf. Mt 12,28; Mc 3,23-30). También según el evangelio de Juan el Espíritu Santo ha descendido sobre Jesús y permanece sobre él (cf. Jn 1,32s), el Padre se lo ha dado sin medida (cf. 3,34). El mismo Espíritu hace posible la entrega de Cristo hasta la muerte en obediencia al Padre (cf. Heb 9,14), y es la fuerza divina que lo resucita de entre los muertos (cf. Rom 1,4; 8,11; 1 Tim 3,16; 1 Pe 3,18). Jesús, en su resurrección, se hace «espíritu vivificante» (1 Cor 15,45), es decir, se hace fuente del Espíritu que como don suyo han de recibir los creyentes. Ya que él ha pasado a existir en esta nueva dimensión de plena unión con Dios Padre, puede comunicar a los hombres el don que posee en plenitud y que ha sido principio de su camino histórico como hombre hacia el Padre. El propio Jesús, en su resurrección y exaltación, ha recibido del Padre el Espíritu que luego derrama sobre los hombres (cf. Hech 2,33 en relación con 2,1ss). El don del Espíritu por Jesús resucitado y exaltado constituye el cumplimiento de la promesa que ya se hace en la primera presentación de Jesús por parte del Bautista (cf. Mc 1,8 par.); el propio Jesús promete también el Espíritu antes de su ascensión a los cielos (cf. Lc 24,49; Hech 1,5.8), y lo da después a sus discípulos y a toda la Iglesia (cf. Hech 2,1ss; 4,21; 10,44, etc.). Ya sabemos que para el evangelio de Juan existe una vinculación profunda entre la glorificación de Jesús y el don del Espíritu (cf. Jn 7,39). Según el mismo cuarto evangelio, Jesús, antes de su pasión, promete el Espíritu que el Padre o él mismo enviarán (cf. Jn 14,16.25; 15,26; 16,8) para el tiempo que sigue a su ida al Padre (cf. Jn 13,7; 14,28; 20,17), es decir, su muerte y resurrección. El don del Espíritu está relacionado con la perfecta comunión de Jesús con el Padre y su glorificación junto a él (Jn 17,5). En el mismo día de la resurrección coloca el cuarto evangelio el primer don del Espíritu a los discípulos (Jn 20,22). No faltan exegetas que piensan en una donación del Espíritu ya en el momento de la muerte de Jesús (cf. Jn 19,30.34), considerado por Juan como el de su glorificación anticipada.

Según los datos que acabamos de recordar, hay en la relación entre Jesús y el Espíritu Santo dos momentos igualmente esenciales. En un primer tiempo, durante la vida mortal de Cristo, éste recibe el Espíritu del Padre; el Espíritu que en cuanto Hijo de Dios personalmente no necesita, pero que lo unge en su humanidad para el cumplimiento de la misión que el Padre le ha confiado. Se puede incluso decir que en el seguimiento del impulso del Espíritu Santo se concreta la obediencia de Jesús a Dios en cada momento. Acaece en el tiempo de la vida de Jesús en la tierra lo que se ha llamado «inversión trinitaria»: si en la vida divina intratrinitaria el Espíritu viene «después» del Padre y del Hijo de los que procede, durante el tiempo de la vida mortal de Cristo el Espíritu Santo es enviado por el Padre sobre el Hijo encarnado, obra en él; se produce, para la realización de la dispensación salvadora, una cierta «precedencia» del Espíritu respecto del Hijo [29], el Espíritu Santo desciende sobre el Verbo encarnado para que éste cumpla su misión salvadora.

En cambio, después de su resurrección, Jesús glorificado otorga el Espíritu a los que creen en él. Lo da como Espíritu suyo a la vez que el Padre, y sólo como tal lo recibimos los hombres. La resurrección y exaltación de Cristo a la derecha del Padre es la razón del cambio entre estos dos momentos. En la resurrección tiene lugar la plenitud de la encarnación porque la humanidad asumida, sin dejar de ser tal, es totalmente penetrada por la fuerza de Dios, es totalmente divinizada, entra en la gloria de Dios como la humanidad del Hijo. Jesús, también en cuanto hombre, está perfectamente unido al Padre y por ello es Hijo de Dios en poder y en plenitud. Con la plena revelación de Jesús como Hijo en la resurrección se consuma también la revelación del Padre. En efecto, según el Nuevo Testamento, la confesión de Dios no puede separarse de la de la resurrección de Jesús, que tiene al Padre como agente. En este momento se manifiesta también el Espíritu Santo como Espíritu del Padre y Espíritu de Jesús, que este último nos da como propio, en todas sus virtualidades: nos hace capaces de vivir como hijos de Dios, nos configura según Cristo, nos libra del dominio del pecado y de la muerte, etc. Si la humanidad terrena de Jesús de algún modo «contenía» el Espíritu Santo que había descendido sobre él, ahora la humanidad glorificada a la derecha del Padre se convierte para nosotros en fuente del don.

En el primer tiempo a que nos acabamos de referir, Jesús, el Hijo de Dios, personalmente idéntico con el Logos, recibe el Espíritu Santo para que éste sea el principio de la realización histórica de su vida de Hijo. Debemos insistir en este punto: Jesús *es* el Hijo de Dios, no es el Espíritu Santo. Pero es el Espíritu y no el Hijo quien *actúa* sobre él (recordemos que Cristo, el Mesías, quiere decir origi-

[29] Ha desarrollado esta idea H. U. von Balthasar, *Theologik. III. Der Geist der Wahrheit* (Einsiedeln 1987), 41; 166-168; 187; cf. ya *Theodramatik II. 2. Die Personen in Christus* (Einsiedeln 1978), 167ss.

nariamente el «Ungido», aquel a quien Dios ha dado su Espíritu), le comunica la fuerza para su ministerio, le hace obedecer en libertad a la voluntad del Padre. Precisamente porque Jesús es el Hijo, es decir, es total referencia y apertura al Padre, pura relación a él ya que es su Tú original, no puede poner ningún obstáculo a la acción del Espíritu Santo, conductora de su camino histórico hacia Dios Padre, principio de su respuesta humana a la acción de Dios. El Espíritu es el vínculo, la unión amorosa del Padre y del Hijo; por ello en el Espíritu se actualiza la obediencia del Hijo encarnado, su libre identificación con la voluntad del Padre. Al menos mientras Jesús vive en la «forma de siervo» la obediencia es el modo de expresión de la vinculación fontal a Dios Padre (cf. Flp 2,7s; Jn 4,34; 6,38.40, etc.). La oposición de Jesús a la obra del Espíritu divino sería por consiguiente contradictoria, ya que su ser personal como Hijo está constituido por su relación al Padre. Por ser el Hijo es en cuanto hombre el poseedor originario del Espíritu, aquel en quien el Espíritu permanece, y el que, en virtud de la acción de este mismo Espíritu, se identifica plenamente con la voluntad del Padre en particular en la humillación y en la exaltación.

Este Espíritu que ha guiado a Jesús en su vida humana, del que está lleno en su resurrección, es el que es comunicado al creyente. Jesús resucitado no nos da algo ajeno a él, sino el mismo principio de su actuación, en virtud del cual ha llevado a cabo su existencia histórica y por cuya fuerza ha sido resucitado de entre los muertos. En virtud de su condición de Hijo unigénito la relación de Jesús con el Padre es irrepetible; nadie puede compartir su condición. Pero por su encarnación, al posibilitar la adopción filial de los hombres, Jesús se hace el primogénito entre muchos hermanos [30]. En virtud de su posesión del Espíritu en su condición humana, Jesús, en su irrepetibilidad y precisamente por ella, es el principio de vida nueva para toda la humanidad. En virtud de su posesión del Espíritu puede comunicar lo incomunicable, es decir, puede hacernos partícipes de su condición de Hijo. Lo que nos da por tanto Jesús no es algo ajeno a sí mismo; nos da como espíritu de filiación el Espíritu del Padre que ha reposado sobre él, el Hijo. El Espíritu, marcado por el sello de Jesús que nos lo da [31], puede así obrar en nosotros lo que de modo ejemplar e inigualable ha realizado en la humanidad de Jesús. Jesús,

[30] CIRILO DE ALEJANDRÍA, *De recta fide ad Theodosium* (PG 76,1177): «Cristo es, a la vez, el Hijo único y el hijo primogénito. Es el Hijo único como Dios; es el hijo primogénito por la unción salvadora, que ha constituido entre nosotros y él, haciéndose hombre...»; cit. por Y. M.-J. CONGAR, *El Espíritu Santo* (Barcelona 1983), 312.

[31] BASILIO DE CESAREA, *De Spiritu sancto* 18,46 (SCh 17bis,410): «(El Espíritu Santo) como Paráclito lleva el sello de la bondad del Paráclito que lo ha enviado». Cf. también A. ORBE, *La unción del Verbo* (Romae 1961), 636s.

que es el único, no ha querido ser el solo [32]. Por su encarnación y por el don de su Espíritu nos hace hijos en él. Así su humanidad llena del Espíritu se convierte en paradigmática para todos; de su plenitud todos hemos recibido (cf. Jn 1,16), para que en todos pueda tener lugar lo que de manera única se ha realizado en él. El Espíritu Santo es, según la definición de san Ireneo, la «communicatio Christi» [33], la comunicación (comunión) de Jesús; es el principio de vida de Cristo el que con él se nos da. También por lo que se refiere al don del Espíritu, Jesús es el único mediador entre Dios y los hombres (cf. 1 Tim 2,5; también Heb 4,15; 7,22; 8,6; 12,24). No puede ser indiferente para la teología de la gracia esta consideración cristológica sobre Jesús ungido por el Espíritu y fuente del mismo para los demás. Nuestras consideraciones sucesivas deberán partir de este hecho.

b) **La relación del justificado con las tres personas divinas**

La presencia del Espíritu Santo en el creyente, según cuanto acabamos de decir, está relacionada con la encarnación de Jesús, con la unción que ha recibido en el Jordán [34], con la plenitud de la condición de Hijo y la «espiritualización» de la humanidad de Jesús en el momento de la resurrección (cf. Rom 1,4; 1 Cor 15,45). El misterio de nuestro agraciamiento por iniciativa del Padre aparece así íntimamente ligado al misterio de Cristo, y a la «historia» de la humanidad de Jesús desde la encarnación hasta la resurrección gloriosa. En esta historia aparecen las divinas personas en su diferenciación, aunque a la vez en su unidad indisoluble, manifestada en la unidad del designio y de la obra de salvación que tiene su comienzo en el Padre; por

[32] Cf. S. AGUSTÍN, *Sermo* 25,8 (PL 46,838): «Cum esset unicus, noluit esse solus»; *In Joh. ev.* 2,13 (CCL 36,17): «(El Padre) envió a este mundo a aquel mismo hijo único que había engendrado, y mediante el cual había creado todas las cosas, para que no fuese el único, sino que tuviera hermanos por la adopción. Nosotros no hemos nacido de Dios como aquel Unigénito, sino que hemos sido adoptados por la gracia de este mismo... (El Unigénito), a los que quería hacer hermanos suyos los redimió y los hizo sus coherederos».

[33] *Adv. Haer.* III 24,1 (SCh 211,472): «communicatio Christi, id est Spiritus sanctus». Para Hilario de Poitiers el Espíritu Santo es la divinidad del hombre Jesús en tanto que comunicada a los hombres que creen en él; cf. L. F. LADARIA, *El Espíritu Santo en san Hilario de Poitiers* (Madrid 1977), esp. 143ss; 156ss.

[34] Cf. IRENEO DE LYON, *Adv. Haer.* III 9,2 (SCh 211,110s), cit. en la n.31 del cap.4. En la unción del Jordán ven los Padres la revelación trinitaria: así IRENEO, ib. 18,3 (SCh 211,350): «Ungió el Padre, fue ungido el Hijo, en el Espíritu que es la unción... Se indica al Padre que unge, al Hijo que es ungido, y la unción que es el Espíritu». La idea se reproduce en BASILIO DE CESAREA, *De Spiritu sancto,* 12,28 (SCh 17bis,344); AMBROSIO DE MILÁN, *De Spiritu sancto,* I 3,44 (CSEL 79,33).

ello parece que igualmente deberemos pensar que la Trinidad divina actúa como tal en nuestra incorporación a Cristo y en nuestra vida filial. Ya hemos visto que en el Nuevo Testamento se insinúa esta diferenciación de las personas en la obra de nuestra salvación y en nuestra incorporación a Cristo. Estamos en comunión con Jesús porque tenemos el Espíritu Santo que él nos ha enviado. Según el concilio Vaticano II, este Espíritu, uno y el mismo en la cabeza y en los miembros, es el principio de nuestra renovación en Cristo, y el que vivifica y unifica todo el cuerpo que es la Iglesia [35].

El Espíritu Santo es el don de Dios por excelencia [36]; por ello se puede afirmar (siempre con la conciencia de la inadecuación de nuestro lenguaje) que de alguna manera es la persona divina más inmediatamente «próxima» a nosotros [37]. Cuando se trata del misterio de nuestra «divinización» no podemos invocar sin matices el principio de la unidad de la acción de Dios «ad extra» [38]. Dios nos llama a participar en la comunión de vida trinitaria que él mismo es. Por ello no es suficiente pensar en una presencia indiferenciada de la Trinidad en nosotros, con relaciones a lo más «apropiadas» con cada una de las tres personas [39]; no parece que con tal visión se haga

[35] LG 7: «Para que incesantemente nos renovemos en él (cf. Ef 4,23) nos concedió participar de su Espíritu que, siendo uno y el mismo en la Cabeza y en los miembros, de tal manera vivifica, unifica y mueve todo el cuerpo que su función pudo ser comparada por los Santos Padres con la que realiza en el cuerpo humano el principio de vida, el alma». Si en relación con la Iglesia vemos que se da esta diferenciación, que no se opone a la unidad, en la actuación *ad extra* de las personas divinas, parece que deberemos aceptarla también en relación con cada uno de los hombres; el mismo texto citado así lo insinúa: Jesús nos ha concedido participar de su Espíritu para que incesantemente nos renovemos en él.

[36] Cf. JUAN PABLO II, *Dominum et Vivificantem,* 22-23 sobre el Espíritu como «persona-don». La caracterización del Espíritu Santo como don se halla fuertemente arraigada en el Nuevo Testamento y en la tradición; hemos aludido ya a muchos textos bíblicos que hablan de su «donación»; podemos remitir a las indicaciones del cap.4 sobre la teología de los Padres; (esp. las n.31, 34, 59); cf. también los textos reunidos por Y. CONGAR, *El Espíritu Santo,* 579-582. El Espíritu Santo es a la vez el dador y el don. También según santo Tomás *STh.* I q.38, a.2, el don es el nombre personal del Espíritu Santo.

[37] Cf. H. MÜHLEN, *Der Heilige Geist als Person in der Trinität bei der Inkarnation und im Gnadenbund* (Münster 1963), 279; 299; 306.

[38] Iluminantes las consideraciones que, aun dentro del esquema predominante de las «apropiaciones», hacía ya M. J. SCHEEBEN, *Die Mysterien des Christentums,* 111ss; 124s: «la apropiación se hace aquí (en la teología de la gracia) con frecuencia tan fuerte, que apenas se puede diferenciar de la propiedad»; cf. también Y. CONGAR, *El Espíritu Santo,* 289-300, de nuevo con abundantes citas patrísticas.

[39] Cf. para una mayor profundización, H. RONDET, *Essais sur la théologie de la grâce,* 107-200 *(La gracia de Cristo,* 387-448); FLICK-ALSZEGHY, *El evangelio...,* 463-507; L. BOFF, o.c., 275-288; M. SCHMAUS, *Teología dogmática 5. La gracia divina* (Madrid 1962), 74-103; F. BOURASSA, *«Dans la communion de l'Esprit Saint». Étude théologique:* Science et Esprit 34 (1982) 31-56; 135-149; 239-268; RUIZ DE LA PEÑA, o.c., 342-346; GANOCZY, *Aus seiner Fülle...,* 275ss.

plena justicia a los textos bíblicos y de la más antigua tradición cristiana. No se relacionan con nosotros del mismo modo el Padre, el Hijo y el Espíritu Santo, aunque no debemos olvidar nunca que los tres son un único Dios y que, por tanto, la distinción de sus relaciones con nosotros en ningún momento puede implicar una separación o un aislamiento de las mismas. Siguiendo el lenguaje del Nuevo Testamento, podemos y debemos afirmar que el Padre o Jesús nos envían o dan el Espíritu Santo, pero no podemos invertir la frase; o que Jesús habita en nosotros por su Espíritu, pero no al revés; o que Jesús es camino para ir al Padre, pero no que el Padre es camino para ir a Jesús, etc. Las personas se relacionan por tanto de modo distinto con nosotros, aunque hay en su acción una íntima unidad. Así, es legítimo afirmar, como hacíamos hace un instante, que el Espíritu Santo, en cuanto don por excelencia del Padre y del Hijo, es la persona más «próxima» a nosotros; pero no me parece igualmente afortunado querer sacar de ahí la consecuencia de que nuestra comunión con Dios sea participar en la naturaleza divina «tal como ésta subsiste en el Espíritu Santo» [40]. La razón es clara: en el Nuevo Testamento el Espíritu Santo nos remite a Jesús, nos une a él, es el espíritu de filiación, etc. Por la fe en Jesús y el don del Espíritu somos hijos de Dios, el Padre nos ama como ama al Hijo, etc. En virtud del Espíritu Santo somos «hijos en el Hijo» [41], el Espíritu nos asimila a Jesús más que a él mismo. En las páginas anteriores hemos explicado la razón de todo ello. En nuestra participación en la vida divina de la Trinidad somos «hijos», pero no «padres» ni «espíritus santos», porque el Espíritu se nos da sólo en cuanto Espíritu de Jesús.

De lo dicho se deduce que sólo Dios Padre es en rigor el sujeto activo de nuestra adopción filial, el que, por la obra de su Hijo y del Espíritu, nos hace hijos suyos; no somos hijos del Hijo, ni tampoco, propiamente hablando, de toda la Trinidad. Es importante subrayar esto, porque no siempre ha sido preponderante esta opinión en la historia de la teología. Hasta hace pocos decenios los teólogos afirmaban con unanimidad casi total que toda la Trinidad nos adoptaba como hijos, que por la gracia nos hacíamos hijos de toda la Trinidad.

[40] Así H. MÜHLEN, en la obra y lugares citados en la nota 37. Hay que señalar el gran mérito de la contribución de M. en la renovación en los últimos tiempos de la teología del Espíritu Santo y, como consecuencia, de la de la gracia.

[41] Cf. E. MERSCH, *Le corps mystique du Christ,* 2 vols. (Bruxelles 1951), que ha recogido amplísimo material patrístico al respecto; recordemos lo indicado ya en el cap.4, en el apartado dedicado a la doctrina de la divinización. Como ejemplo del pensamiento trinitario de los Padres, IRENEO, *Adv. Haer.* IV 20,5 (SCh 100.638s): «El Espíritu que prepara al hombre para el Hijo de Dios, el Hijo que lo conduce al Padre, el Padre que le da la incorrupción para la vida eterna, que se da en cada uno por el hecho de ver a Dios».

La razón era el principio de la unidad de las operaciones divinas «ad extra» [42]. El propio santo Tomás fue de esta opinión, como ya hemos tenido ocasión de indicar: la invocación «Padre nuestro» se dirige a las tres personas divinas, aunque en el mismo contexto se nos señala que la adopción se apropia al Padre como autor, al Hijo como ejemplo, al Espíritu Santo como a aquel que imprime en nosotros la semejanza con este ejemplo [43]. A través del recurso a la teoría de las «apropiaciones» se produce una aproximación nada despreciable al punto de vista bíblico y de los primeros siglos cristianos. Las formulaciones de santo Tomás en los comentarios bíblicos con frecuencia son algo distintas, aunque no tratan explícitamente el tema. Pero queda en todo caso el problema del cambio de perspectivas respecto al Nuevo Testamento que se ha producido en la gran escolástica y que ha seguido hasta los últimos decenios.

Podemos profundizar todavía algo más en nuestra reflexión. En repetidas ocasiones hemos afirmado que en la «gracia» Dios no nos da primariamente algo ajeno a él (la llamada «gracia creada»), sino que se nos da a sí mismo. El Espíritu Santo es de modo especial este «don» divino, en el que el Padre y el Hijo se donan también a nosotros. Si Dios es comunión de personas, la autodonación no sería tal si este aspecto tan importante de su ser quedara al margen de la misma. K. Rahner ha hablado de la identidad entre la Trinidad económica e inmanente y a la inversa como el axioma fundamental de la teología trinitaria, si queremos entender la Trinidad como el fundamento trascendente de la historia de salvación [44]. Aunque se puedan formular algunas reservas y precisiones a la segunda parte del axioma [45], queda a salvo que entre el ser de Dios en sí mismo y el

[42] Cf. L. F. LADARIA, *El hombre como tema teológico:* EE 56 (1981) 935-953, esp. 951.

[43] Cf. *STh.* III q.23, a.2; pero cf. también III q.23, a.2; *C. Gentiles* IV 21 sobre la predestinación a ser conformes a la imagen del Hijo (cf. Rom 8,29); también los textos citados en las n.88ss del cap.4. Cf. también F. MARINELLI, *Personalismo trinitario nella storia della salvezza* (Roma-París 1969), sobre el comentario a las Sentencias. Es posible que santo Tomás se haya inspirado en un texto de san Agustín, *De Trin.* V 11,12 (CCL 50,219) donde se afirma que la Trinidad puede ser llamada «padre» sólo tal vez traslaticiamente *(nisi forse traslate)* y respecto de las criaturas a causa de la adopción filial. Agustín es mucho más claro en otros lugares; cf. la n.32 y también a continuación la nota 46.

[44] *El Dios trino como principio y fundamento trascendente de la historia de la salvación,* en MySal II 1,360-349, 370ss.

[45] Cf., p.ej., Y. CONGAR, o.c., 454ss; W. KASPER, *Der Gott Jesu Christi* (Mainz 1982), 333ss; en los dos casos las reservas y precisiones presuponen la aceptación básica del axioma fundamental. Queda excluida en todo caso la interpretación del axioma en el sentido de que el Dios trino necesite de la economía de la salvación para llegar a ser él mismo. Cf. también W. PANNENBERG, *Teología sistemática* I (Madrid 1992), 354-358.

modo como se nos da ha de haber una sustancial correspondencia; de lo contrario no habría un verdadero don de Dios mismo. Dios se nos da como trino, de un modo que refleja las relaciones *ad intra* y la donación mutua de las divinas personas. En Jesús, Dios se revela como Padre, y así el mismo Jesús se da a conocer como Hijo. Nos adopta y hace sus hijos aquel que es «Padre» ya en el misterio de su vida trinitaria. En virtud de esta adopción filial el Padre se nos da en tanto que Padre, admitiéndonos a la comunión que con él tiene Jesús, amándonos con el amor con que lo ama a él [46]. El Padre, que ha exaltado a su derecha a Jesús crucificado, nos contempla a todos como muertos y resucitados con Cristo (cf. 2 Cor 5,14ss) y así nos hace partícipes de su vida. Dios Padre, fuente y principio de toda la historia de la salvación, envía al mundo a su Hijo y al Espíritu para conducir a sí mismo toda la humanidad. Así el Padre de Jesús se hace y se muestra como nuestro Padre.

El Hijo es, según nos dice santo Tomás, la causa ejemplar de la adopción. Nuestra filiación depende de la suya. Pero debemos subrayar que el punto inmediato de referencia para nuestra filiación no es el Verbo eterno, sino Jesús, el Hijo encarnado. Participamos en la condición de Hijo de Jesús en cuanto él ha asumido nuestra condición humana, se ha hecho lo que nosotros somos para que nos pudiéramos hacer lo que él es. En cuanto Jesús nos hace partícipes de su relación con el Padre, y, a pesar de la irrepetibilidad de esta relación que ya hemos subrayado con frecuencia, somos sus hermanos (cf. con matices diversos Mt 12,48-50 par.; 25,40; 28,10; Rom 8,29; Heb 2,11.12.17; Jn 20,17). En la base de nuestra filiación en Jesús está el hecho de la encarnación. Todos los momentos de la vida de Cristo tienen su especial valor en el desarrollo de su fraternidad con noso-

[46] La participación en relación de Jesús con el Padre a causa de la adopción filial ha sido puesta de relieve por AGUSTÍN, *In Joh. ev.* 110,5 (CCL 36,625): «El Padre nos ama en el Hijo porque en él nos eligió antes de la constitución del mundo (cf. Ef 1,4). El que ama al Unigénito, ciertamente ama a sus miembros a los que adoptó para él y por medio de él». El Padre se complace en nosotros, como en todas las criaturas, en Jesús: HUGO DE SAN VÍCTOR, *Erud. Didasc.* VII 24 (PL 176,834): «Yo me he complacido en él (cf. Mt 3,17), es decir, lo que de mí me complace, está en él; no está fuera de él, porque él es lo que yo soy. Porque no soy una cosa distinta de él, no me puedo complacer fuera de él. Pues él es mi Hijo amado, en el que me he complacido. Lo que me complace, me complace en él y por él. Pues él es la sabiduría en la que hice todas las cosas, en él dispuse eternamente lo que hice en el tiempo. Y amo tanto más cada una de mis obras en cuanto lo veo concordar más perfectamente con la primera disposición. No penséis que él es sólo el mediador en la reconciliación de los hombres, porque por medio de él se hace valiosa y agradable a mis ojos la creación de todas las criaturas. En él examino todas mis obras y no puedo no amar lo que veo semejante a aquel que amo». Sobre las relaciones diferenciadas del justificado con las divinas personas cf. las consideraciones de J. A. GALINDO RODRIGO, *Compendio de la gracia,* 277-328.

tros, que nos hace hijos de Dios. Sabemos ya que la teología patrística ha insistido en el hecho de que el Hijo de Dios al encarnarse ha asumido de algún modo toda la humanidad, de suerte que toda ella ha quedado unida a Jesús, aunque evidentemente no del mismo modo que la humanidad hipostáticamente unida al Verbo. El concilio Vaticano II ha recogido esta enseñanza [47]. Esta unión con todos los hombres basada en la asunción de la naturaleza humana es en cierto modo el presupuesto para que a todos los hombres pueda comunicarse, como en un solo cuerpo, la nueva vida de Jesús después de su resurrección; sólo así, reunidos en un solo Espíritu, podamos todos formar el cuerpo de Cristo. En el Espíritu que todo lo llena, porque Jesús resucitado supera todos los límites del espacio y del tiempo, pueden participar todos los miembros del cuerpo de la vida de la Cabeza. El Padre nos da al Hijo y éste se entrega también por nuestro amor a nosotros en su encarnación, muerte y resurrección en obediencia a los designios del Padre; y juntamente con el Padre y de parte de él nos envía su Espíritu Santo en el que clamamos Abba, Padre.

El Espíritu Santo, por último, don del Padre y de Jesús, es el vínculo de unión entre las dos primeras personas [48] y por ello nos une a todos en Jesús para que por medio de él tengamos acceso al Padre (cf. Ef 2,18). Es enviado por el Padre y por Jesús resucitado. Sólo en virtud de su presencia podemos los hombres vivir como hijos de Dios en Jesucristo [49].

[47] Cf. la nota 28 del cap.4. El concilio Vaticano II, GS 32, subraya además la participación de Jesús en la solidaridad humana.

[48] Cf. AGUSTÍN, *De Trin.* VI 5,7 (CCL 50,235); TOMÁS DE AQUINO, *STh.* I q.37, a.1-2.

[49] A propósito de la relación del justificado, hijo de Dios y por tanto unido a Cristo, con el Espíritu Santo ha llamado la atención desde hace tiempo un pasaje, ciertamente audaz, de S. JUAN DE LA CRUZ, *Cántico Espiritual* (B), 39,5: «Y cómo esto sea no hay más saber ni poder para decirlo, sino dar a entender cómo el Hijo de Dios nos alcanzó este alto estado y nos mereció este subido puesto de poder ser hijos de Dios, como dice san Juan (1,12), y así lo pidió al Padre por el mismo san Juan diciendo: Padre, quiero que los que me has dado, que donde yo estoy también ellos estén conmigo, para que vean la claridad que me diste (17,24); es a saber, que hagan por participación en nosotros la misma obra que yo por naturaleza, que es aspirar el Espíritu Santo»; cf. también todo el contexto, ib., 39, 2-6. El justo, participando por gracia del lugar de Cristo en el seno de la Trinidad, llegaría según esto a participar en la aspiración del Espíritu Santo, amor del Padre y del Hijo. Es claro que tal afirmación suscita muchas cuestiones, en las que no vamos a entrar. En todo caso es obvio que para san Juan de la Cruz el justo no participa de manera indiferenciada en la vida divina de la Trinidad. Por otra parte sí que se puede afirmar (cf. más adelante, n.60) que el justo, hecho hijo de Dios, puede participar en la comunicación y transmisión a los hombres del Espíritu don del resucitado. Podemos recordar cuanto dijimos acerca de la mediación cuando hablábamos del pecado original. Después de lo que ahora hemos señalado es claro que la «gracia» que estamos llamados a mediar es el favor de Dios que consiste en el don del Espíritu Santo.

El que cree en Jesús participa por lo consiguiente, en virtud del don del Espíritu Santo, de la filiación divina de Jesús, de la relación que éste tiene con Dios Padre. Se llena así de contenido cuanto de modo más formal decíamos en la introducción histórica a la doctrina de la gracia: ésta, que es el amor de Dios, su favor para con nosotros, toma forma en Jesús, en su persona y en su obra y en su vida entera; todo lo que en él acontece es «por nosotros los hombres y por nuestra salvación». De esta vida y obra de Jesús no podemos separar el don del Espíritu Santo, en el que nos unimos a Cristo y participamos de la vida divina. No cabe mayor «gracia», porque no cabe mayor don de Dios. Ni cabe por otra parte mayor perfección de la criatura que la participación en la vida de Dios. Si por la creación el Dios trino da el ser a algo distinto de él, en la autodonación en la gracia Dios se comunica en la hondura de su ser divino, a la vez uno y trino. Es la donación personal, de alcance infinitamente mayor que cualquier acción creadora por grande y sublime que podamos imaginarla. K. Rahner ha hablado del esquema de la causalidad «(cuasi)formal» para expresar el misterio de la gracia increada, la presencia misma de Dios en nosotros en la que él mismo, sin dejar de ser el Dios trascendente, se hace un principio interno a nosotros mismos [50]. En el mismo contexto se refiere también a la dimensión trinitaria de esta autocomunicación divina, es decir, a nuestras relaciones «propias» con cada una de las personas, aunque no desarrolla en concreto el contenido de estas relaciones.

En realidad el misterio de la inhabitación divina no puede separarse de la comunicación de Dios a la criatura en la hondura de su ser tripersonal. El Dios que nos crea como algo distinto de él, en una unidad de designio nos acoge, como criaturas, en la intimidad de su vida. Por ello la «divinización» no es la absorción en Dios, la anulación o desaparición de nuestro ser contingente, sino la máxima perfección de nuestro ser creatural, nuestra máxima realización como personas. Precisamente porque Dios es trino hay en él «espacio» para la acogida de los hombres. Dios, ciertamente, nos ama en su Hijo Jesús, pero amándonos en él nos ama a nosotros mismos [51]. Así como en Cristo la unión hipostática no significa disminución ni mengua en su humanidad (realidad creada), sino su potenciación máxima (Jesús no es sólo «perfecto hombre» sino *el* hombre perfecto), también en nosotros la presencia del Espíritu que quiere reproducir la imagen de Jesús significa la plenitud de nuestra humanidad.

[50] Cf. las n.110 y 111 del cap.4; J. L. Ruiz de la Peña, o.c., 342ss.

[51] W. Breuning, *Elaboración sistemática de la escatología,* en MySal V, 741-845, 786: «Así como Dios nos ama en su Hijo, también nos ama como hermanos y hermanas de su Hijo, es decir, nos ama a nosotros mismos y no porque nos haya pensado por amor de otro».

Ya veíamos cómo, entendiendo rectamente estas nociones a partir de Jesús, Dios y hombre, no hay oposición entre la divinización y la humanización. Podemos hacer nuestro este principio: la mayor unión con Dios significa la mayor realización posible de la propia esencia y del propio ser de criaturas [52]. Si en Cristo, en virtud de su divinidad y no a pesar de ella, se realiza la perfección del hombre, también en nosotros se dará una mayor plenitud en la medida en que nos identifiquemos con él.

c) **La filiación divina como plenitud del ser personal**

La peculiaridad del hombre frente a los seres que le rodean está en su carácter personal. Sin repetir lo que pertenece más bien a la primera parte de este tratado recordemos que la persona se caracteriza por su capacidad de autoposesión y de relación con el otro, es decir, de autodonación. La subsistencia personal de Jesús, el Hijo de Dios encarnado, es la del Verbo; está constituida por tanto por su referencia y relación al Padre en la recepción del don de sí que éste le hace en la generación y en la entrega total de sí mismo en el amor. No hay un ser del Hijo «previo» a la relación personal. Las personas divinas, según santo Tomás, son las relaciones en tanto que subsistentes. Podemos tal vez expresar lo mismo con otras palabras diciendo, siempre en términos analógicos, que la autoposesión y la donación de sí son en las personas divinas lo mismo, no se da entre estos dos extremos la tensión que de modo inevitable experimentamos nosotros entre ellos. Por ello Jesús es pura apertura al Padre y, en la obediencia a él, se entrega sin reservas a los hombres. El ser humano de Jesús, en virtud de que su única hipóstasis es la divina, es don y amor hasta el final. Es la consecuencia de su ser Hijo, de su relación a Dios como Padre. Este es el fundamento último de lo que comúnmente se llama la «proexistencia» de Jesús. El hombre, en virtud de su subsistencia creatural, depende totalmente de Dios, está completamente referido a él, pero hay una diferencia fundamental entre esta referencia de la criatura y la relación de Jesús al Padre. La creación, considerada en sí misma, no implica la comunión personal. Nuestro ser creatural implica un núcleo relativamente absoluto. Nuestro ser y nuestro ser personal no se identifican. Siendo personas, no lo somos plenamente. Por una parte no nos poseemos completamente, nuestra libertad es siempre limitada y condicionada, y por otra, estando refe-

[52] Así se afirma con frecuencia en relación con la humanidad de Jesús, humanidad perfecta en virtud de la unión hipostática; cf. K. RAHNER, *Curso fundamental,* 265ss. A. GRILLMEIER, *Mit ihm und in ihm. Christologische Forschungen und Perspektiven* (Freiburg-Basel-Wien 1975), 702; W. KASPER, *Jesús el Cristo* (Salamanca 1978), 238s.

ridos completamente a Dios como criaturas, nuestro ser no es pura referencia en comunión personal, no es pura referencia a un tú. Por ello nuestra apertura al otro, en cuanto significa un «descentramiento» de nosotros mismos, se halla inevitablemente en una cierta tensión con nuestra autoposesión.

Desde el punto de vista teológico sabemos que hemos sido creados para la comunión con Dios en Jesús. No hay un «hombre» perfectamente constituido que en un segundo «momento» sea elevado a la amistad con Dios, sino que la llamada a la filiación divina nos constituye en lo que de hecho somos. Por ello no hay un ser personal previo a la oferta de la gracia, sino que la llamada a la comunión con Dios en Jesús su Hijo nos constituye como personas [53]. Esta es la razón por la que no puede ser indiferente para nuestra realización humana y personal la aceptación o el rechazo de la gracia que Dios nos ofrece. Nuestro ser de personas, nuestra autoposesión que ha de traducirse en donación, encontrará su plenitud sólo en la opción libre por Dios y por los hombres, o, lo que es lo mismo, en nuestra vida en filiación respecto de Dios y en fraternidad respecto de los hombres; ambos aspectos son inseparables. Si Jesús es persona en cuanto es pura relación al Padre, nosotros lo somos en cuanto llamados a participar en esta relación, aunque siempre desde nuestra condición de criaturas contingentes. Por esta razón, a diferencia de Jesús, está siempre abierta ante nosotros la posibilidad de frustración de nuestro ser, podemos cerrarnos sobre nosotros mismos y absolutizar nuestro ser contingente [54]. El Espíritu de Jesús, don del resucitado, es el que hace posible nuestra donación plena a Dios y a los hombres, nos libera de nosotros mismos para la vida en la libertad de los hijos de Dios; él es el principio de nuestra respuesta en libertad a la llamada divina como fue el principio del camino histórico y humano de Jesús al Padre. Nuestra vida filial significa la plenitud de nuestro ser personal al conformarnos con la persona de Jesús, que se ha autoposeído donándose hasta la muerte.

Sólo con esta referencia fundamental a Jesús, cuya imagen somos llamados a reproducir desde el principio de la creación, podemos entender la «gracia» como la perfección de nuestro ser humano.

[53] Cf. c.3; L. F. LADARIA, *Introduzione alla antropologia teologica* (Casale Monferrato 1992), 80ss; W. BREUNING, o.c., 785s: «El comportamiento de Dios para con el hombre hace a éste persona». Desde otra perspectiva resultará enriquecedor J. ALFARO, *Persona y gracia,* en *Cristología y Antropología. Temas teológicos actuales* (Madrid 1973), 345-366.

[54] A nuestra contingencia y finitud, al hecho de existir desde nuestro ser de criaturas, relativamente absoluto como decíamos, se debe la posibilidad del pecado. Pero hay que distinguir la creaturalidad del pecado. Este no pertenece a la esencia del hombre, más aún, es su destrucción, aunque a la esencia de la persona humana pertenezca el poder pecar.

En ella se produce la plena realización de nuestra vocación personal, respuesta a la donación personal del Dios trino, que nos constituye en lo que somos. La gracia perfecciona nuestra naturaleza, nuestro ser creatural y nuestro ser personal, en el sentido de que sólo ella puede llevar a cumplimiento el ser del hombre realmente existente. No es una realidad creada la causante de nuestra plenificación, sino Dios mismo presente en nosotros en su Espíritu Santo que nos une a Jesús para que por él podamos tener acceso al Padre. El misterio del hombre se abre así al misterio mismo del Dios trino.

LA DIMENSION COMUNITARIA DE NUESTRA INCORPORACION A CRISTO

Ni por el hecho de la creación ni por el de la vocación del hombre en Cristo podemos prescindir en la antropología teológica de la dimensión social del ser humano. Si así lo hiciéramos, además de despreciar un dato de la experiencia cotidiana al que debemos ser sensibles, desconoceríamos un elemento esencial de la historia de la salvación tal como nos la presentan las fuentes de la revelación cristiana. Ya nos hemos encontrado con esta dimensión, en un discurso específicamente cristiano, al hablar del pecado original; veíamos entonces cómo éste significa una ruptura de la comunicación de la gracia que los hombres estamos llamados a mediar unos para otros. Ahora tenemos que dirigir brevemente nuestra atención al aspecto positivo de esta unión entre todos los hombres que tiene en Cristo su fundamento.

A lo largo de este capítulo hemos ya notado que la relación de filiación respecto de Dios lleva consigo una nueva relación de fraternidad entre los hombres [55]. Dios se conduce como Padre de todos los hombres al hacer llover y salir el sol sobre justos y pecadores. En el reconocimiento de esta paternidad va implícito el reconocimiento de todos los hombres como hermanos [56]. También hemos indicado en varias ocasiones en los capítulos anteriores que la unidad del género humano no tiene su fundamento definitivo en Adán, sin que esto signifique quitar importancia a la unidad del origen, sino en

[55] Cf. González Faus, *Proyecto de hermano,* 649ss; también 675ss; como indica el mismo título de la obra, la fraternidad es el eje en torno al que se articula la antropología teológica de este autor; Ruiz de la Peña, o.c., 384ss; Ganoczy, o.c., 335-343.

[56] Vaticano II, NA 5: «No podemos invocar a Dios como Padre de todos si no queremos conducirnos como hermanos con algunos hombres, creados a imagen de Dios. La actitud del hombre para con Dios Padre y la relación del hombre para con los hombres sus hermanos están de tal manera unidas que, como dice la Escritura, *el que no ama no ha conocido a Dios* (1 Jn 4,8)».

Cristo; ahora estamos en condiciones de ver la razón de este hecho. La humanidad no constituye en último término una unidad ante Dios porque todos descendamos de unos mismos antepasados o porque estemos ligados a los otros con lazos múltiples en todos los ámbitos de nuestra existencia. Ninguna de estas razones, por valiosas que en sí mismas puedan ser, puede fundar la *fraternidad* entre los hombres. Ésta se fundamenta sólo en la paternidad divina, que, según el Nuevo Testamento, deriva para nosotros de la unión con Jesús. Estamos llamados a ser y somos ya en algún modo uno porque en Jesús, primogénito entre muchos hermanos, tenemos el camino para acercarnos al Padre común, y podemos en consecuencia reconocer como hermanos a todos los hombres. Si la fraternidad entre todos se basa en la paternidad de Dios, nuestra relación filial con el Padre en la unión con Jesús no puede vivirse más que en la fraternidad entre los hombres. Para Dios Padre no hay más que un Hijo, no hay más que un Tú original, Jesús el unigénito. Nosotros entramos en relación con él en cuanto nos unimos a Jesús en la fuerza de su Espíritu. Ahora bien, el Espíritu no es sólo un don a cada creyente, sino también, y casi diríamos primariamente, un don a la Iglesia [57]. El Espíritu Santo es el vínculo de amor entre el Padre y el Hijo, su perfecta unidad, el «nosotros» de ambos [58]. Podemos aventurarnos a estas especulaciones sobre el ser de Dios y el Espíritu en la vida intradivina porque el Espíritu Santo es el vínculo de unión con Cristo y entre nosotros mismos (en 2 Cor 13,13, Pablo nos habla de la comunión del Espíritu Santo); ambos aspectos son inseparables. Sólo si los hombres somos uno en la unidad del Espíritu estamos unidos a Cristo; somos un «tú» para Dios siendo y sintiéndonos «nosotros» [59].

[57] Cf. Hech 2,1ss, además de los textos que a continuación se citan. Es siempre aleccionadora la sentencia de IRENEO, *Adv. Haer.* III 24,1 (SCh 211,474): «Donde está la Iglesia, allá está el Espíritu de Dios; y donde está el Espíritu de Dios, allá está la Iglesia y toda gracia»; poco antes (ib. 472): «Este es el don de Dios concedido a la Iglesia». Esto naturalmente no se opone a la acción universal del Espíritu, también fuera del ámbito visible de la Iglesia; cf., p.ej., GS 22.

[58] Según la conocida expresión de H. MÜHLEN, *Der Heilige Geist als Person,* 100-168; del mismo, *Soziale Geisteserfahrung als Antwort auf eine einseitige Gotteslehre,* en C. HEITMANN-H. MÜHLEN, *Erfahrung und Theologie des Heiligen Geistes* (Hamburg-München 1974), 253-272; CH. SCHÜTZ, *Introducción a la Pneumatología* (Salamanca 1991), 268ss; W. KASPER, *Der Gott Jesu Christi* (Mainz 1982), 265s.

[59] CIPRIANO, *De dom. orat.* 8 (CSEL 8,271): «Cuando oramos, no oramos por uno solo, sino por todo el pueblo, porque todo el pueblo somos una sola cosa»; cf. además todo el contexto; HILARIO DE POITIERS, *Tr. Ps.* 132,3 (CSEL 22,686): «Esto es lo que corresponde al pueblo de Dios, ser hermanos bajo un solo Padre, ser una sola cosa bajo un solo Espíritu... ser miembros de un solo cuerpo bajo una sola cabeza». Significativa la enseñanza a este respecto del concilio Vaticano II, AG, 7: «Así al fin se cumple verdaderamente el designio del Creador, que creó al hombre a su imagen y semejanza, cuando todos los que participan de la naturaleza humana, regenerados en Cristo por el Espíritu Santo, contemplando juntos la gloria de Dios, puedan decir 'Padre nuestro'».

Nuestra filiación en el Hijo, primogénito de una multitud de hermanos (cf. Rom 8,29), pide pues necesariamente la fraternidad de la que en principio nadie está excluido, la comunión de la Iglesia llamada a extenderse a todos los hombres. El pecado, al romper nuestra relación con Dios, debilita la unión y la solidaridad entre los hombres, y viceversa. Oscurece el rostro de la Iglesia, el lugar en que la fraternidad entre los hombres ha de alcanzar su expresión privilegiada. En efecto, en la comunidad de quienes se confiesan discípulos de Cristo y seguidores suyos, donde se parte el mismo pan y se confiesa la misma fe, se ha de realizar en el más alto grado la unión con Jesús y la participación en su filiación divina en el don del único Espíritu Santo. La Iglesia es fiel a su Señor y a sí misma en la medida en que en ella se realiza el amor y la fraternidad (cf. Jn 13,35), que se han de abrir a todos nuestros semejantes. La Iglesia es como el sacramento, o sea, signo e instrumento de la unión con Dios y de la unión de todo el género humano (cf. LG 1). Las dos dimensiones se hallan unidas entre sí. Es clara en el Nuevo Testamento la exigencia de unidad entre todos los que creen en Jesús (cf. Jn 10,16; 17,11.21-23; Ef 2,14ss; Col 3,14s; Gál 3,28, etc.). No puede separarse esta exigencia de la necesidad de que la Iglesia sea testimonio del amor de Dios a los hombres dentro y fuera de sus fronteras. El cumplimiento del mandato del amor, en el que se reconoce a los discípulos de Cristo, es exigencia de la fraternidad universal que implica la paternidad divina.

Pero el carácter comunitario de nuestra inserción en Cristo no significa desconocimiento de la personalidad irrepetible de cada uno. Insistíamos hace un momento en este punto. Tenemos que profundizar ahora un poco más sobre él desde la perspectiva de la dimensión relacional que el concepto mismo de persona implica. Según el Nuevo Testamento, la comunidad de creyentes forma el cuerpo de Cristo, en el que los diferentes miembros tienen una función irrenunciable e irrepetible (cf. Rom 12,3-8 y sobre todo 1 Cor 12,7-30). Hay diversidad de dones del único Espíritu para la utilidad común y para la edificación del cuerpo, pero precisamente con esto se pone de manifiesto el valor único de cada uno de los miembros que lo componen. La llamada común a la filiación divina tiene en cada hombre su aspecto particular; la común vocación a la configuración con Cristo se matiza en cada caso con un don peculiar según la función que cada uno está llamado a ejercer para el bien de los hermanos. El don del Espíritu y la filiación divina no son propiedad exclusiva, sino regalo a compartir, quedando siempre a salvo la identidad per-

En nota a este texto recoge el concilio una serie de textos patrísticos que subrayan la unidad en un solo hombre y en un solo cuerpo de todos los salvados.

sonal de cada uno, que en la donación de sí no desaparece sino que se encuentra (cf. Mt 10,39 par.). En el símil paulino del cuerpo es donde mejor se expresa la síntesis de estos aspectos personales y comunitarios del don del Espíritu; lejos de oponerse, unos y otros se exigen mutuamente. Los «carismas» o dones personales para la común edificación constituyen la manera propia de cada uno de participar en la filiación divina de Jesús, insertos en su cuerpo, para el bien de los hermanos.

Hemos aludido ya (cf. cap.4, n.92 y lugar correspondiente del texto) a la conocida distinción escolástica entre la gracia *gratum faciens* y la gracia *gratis data*. El sentido de tal distinción es claro y no es nuestra intención discutirlo. Pero conviene advertir en este contexto que los dones que nos son concedidos para el provecho del cuerpo, para que los demás lleguen a Dios, han de ser necesariamente un elemento configurador de nuestra concreta vida filial y fraternal en el amor a Dios y al prójimo; constituyen el modo personal de hacernos «gratos» a Dios. La necesaria distinción no ha de llevar por tanto a una separación entre estos tipos de gracia. Por una parte nunca se nos da el Espíritu para nosotros solos, y por otra nunca somos los hombres meros instrumentos impersonales al servicio de los demás. Cuanto dijimos al hablar del pecado original acerca de la mediación de gracia ha de ser visto en su aspecto positivo, más profundo que el negativo en el que entonces nos tuvimos que detener. El Espíritu de Dios que se nos da y es acogido en nuestro interior enriquece también a los demás; quien está lleno del don divino, el hombre espiritual, lo transmite a los demás; la idea es vieja en la tradición de la Iglesia [60]. El ser de hijos se realiza también al ayudar a los otros a recibir el principio de nuestra fraternidad, el don del Espíritu. También de la «mediación» de los otros se sirve Dios de múltiples maneras para comunicar a cada uno su gracia. Se realiza así la *communio sanctorum* en el doble sentido de la expresión: la comunión personal de los redimidos, la comunión en las cosas santas, en los bienes de nuestra salvación. Es claro que esta comunión se ha de extender a todos los ámbitos de la vida y a todos los bienes que hemos recibido de Dios.

Las cartas a los Efesios y a los Colosenses dan, como es sabido, todavía un paso más en la representación de la Iglesia como cuerpo de Cristo; en ellas aparece la idea de Jesús cabeza del cuerpo (cf. Col 1,18; Ef 1,22s; 5,22-33). La Iglesia no es sólo el cuerpo de Cristo,

[60] Recordemos lo indicado ya en la nota 49. Cf. además entre otros ejemplos HILARIO DE POITIERS, *In Mt.* 22,4 (SCh 258,146); BASILIO MAGNO, *De Spiritu sancto* 9,23 (SCh 17bis,328); AMBROSIO DE MILÁN, *Epist.* 2,1-2; 4,5-7 (PL 16,847ss); más material en H. RAHNER, *Flumina de ventre Christi. Die patristische Auslegung von Joh 7,37-38:* Bib 22 (1941) 269-302; 367-403.

sino también su «plenitud» [61]. La condición de «cabeza» propia de Cristo manifiesta su superioridad sobre la Iglesia; en efecto, ésta tiene en Cristo su origen y su principio vital. Sólo en la medida en que se entra en este cuerpo, en este ámbito de Jesús fuente del don del Espíritu, se es hijo de Dios. Este cuerpo es reconocido por Cristo como él mismo (cf. Ef 5,22s), y ha de extenderse a todos los hombres sin diferencia de raza o condición. Jesús con su muerte ha derribado el muro que separaba a judíos y gentiles para hacer un solo hombre nuevo, reconciliando a todos en un solo cuerpo (cf. Ef 2,14-16; 4,24). Este hombre nuevo es en primer lugar Cristo, y con él toda la Iglesia, antes que cada uno individualmente considerado. En la Iglesia en su conjunto se completa a Cristo. La paz que Jesús anuncia tiene como consecuencia que podamos todos, por medio de él y en el Espíritu Santo, tener acceso al Padre (cf. Ef 2,17s). El camino hacia Dios Padre se nos abre por consiguiente en el ámbito en que se hace presente el Espíritu, en el cuerpo de Cristo en el que todos los hombres están llamados a congregarse. La vida en el Espíritu Santo no puede nunca pensarse en la dispersión, sino en el cuerpo, lo cual indica a la vez la unidad en la pluriformidad. No hay más que un bautismo en el que se nos da el Espíritu que nos inserta en Cristo, como no hay más que un solo Señor y un solo Padre (cf. Ef 4,3-6; también 1 Cor 12,4-7). La comunión que se vive en la Iglesia ha de extenderse a todos los hombres, ya que ésta tiene la misión de evangelizar a todos. Comunión eclesial quiere decir tanto como llamada a la comunión universal.

[61] Cf. H. SCHLIER, *Der Brief an die Epheser* (Düsseldorf [6]1968), 96-99; J. GNILKA, *Der Epheserbrief* (Freiburg-Basel-Wien 1971), 97-99.

Capítulo VII

LA GRACIA COMO NUEVA CREACION. LA VIDA DEL HOMBRE JUSTIFICADO

BIBLIOGRAFIA

J. Auer, *El Evangelio de la gracia,* 174-214; M. Flick-Z. Alszeghy, *El evangelio de la gracia,* 539-720; Id., *Antropología teológica,* 401-430, 527-554; P. Fransen, *El ser nuevo del hombre en Cristo,* en MySal IV 2, 879-938; J. A. Galindo Rodrigo, *Compendio de la gracia,* 353-379; A. Ganoczy, *Aus seiner Fülle...,* 307-334; G. Philips, *L'union personnelle avec le Dieu vivant. Essai sur l'origine et le sens de la grâce créée,* Gembloux 1974; J. L. Ruiz de la Peña, *El don de Dios,* 337-362, 389-402.

Ya hemos indicado repetidas veces cómo una de las transformaciones más importantes en la concepción actual de la gracia respecto a la de tiempos pasados es la primacía que se da a la presencia de Dios en nosotros sobre el «don creado», a la prioridad de la relación de filiación que en Jesús y en virtud del don del Espíritu nos une al Padre sobre cualquier «cualidad», por elevada que podamos pensarla, que Dios pueda crear en nosotros. Pero a la vez hemos insistido en que Dios establece esta nueva relación paterno-filial con nosotros mismos, es decir, nuestro ser creatural ni desaparece ni queda absorbido en Dios, sino que, por el contrario, queda perfeccionado internamente. La presencia del Espíritu de Jesús, y con ella la del propio Jesús y la del Padre que nos hace hijos suyos, no quedan sin efecto en nosotros. Por ello hablamos, siguiendo por lo demás el lenguaje del Nuevo Testamento, de una recreación, de un renacimiento, vinculados al bautismo y la justificación. Pero no se trata de que esta transformación del hombre sea un título para la nueva relación con las divinas personas; más bien ocurre lo contrario, es Dios mismo el que con su presencia nos transforma. Es el amor de Dios comunicado a nosotros el que crea una nueva realidad, no es ésta la que nos hace «amables» ante Dios. Unicamente porque él nos ama somos dignos de amor. Sólo manteniendo este orden se tiene en cuenta la distancia infinita entre nosotros y Dios, que se salva sólo con su iniciativa.

Por otra parte esto no significa desconocer el valor y el sentido del cambio que Dios obra en nuestro interior. Cuando tratábamos de la justificación veíamos que el paso del pecado y del apartamiento de Dios a la gracia significa una radical transformación del hombre; no es suficiente hablar de una «no imputación» del pecado, ajena a nuestro ser y sin efectos reales en él. En la aceptación de la comunión con Dios y en la vida consecuente con ella llega el hombre a la plenitud de sí mismo. En su vida de filiación en seguimiento de Cristo y en su fraternidad con todos los hombres se realiza el designio de Dios sobre él; con ello alcanza su perfección como criatura, o, con otras palabras, se consuma la obra de Dios en él. La enseñanza católica de la «gracia creada», es decir, del efecto en nuestro ser de la acción salvadora de Dios, ha sido la expresión de esta dimensión irrenunciable de la obra divina: la salvación no se realiza al margen del hombre sino en él y con su cooperación; la gratuidad no significa en sí misma extrinsecismo; Dios, por pura liberalidad de su amor, nos quiere hacer dignos de sí. Y a la vez quiere que el fruto de su amor en nosotros sea nuestro, que nuestro obrar sea efecto de nuestra renovación interior. No faltan en la Escritura, como ya hemos insinuado al hablar de la justificación, textos que se refieren a esta renovación interna y a la recreación del hombre, que más o menos directamente contemplan esta nueva realidad en sí misma, junto a aquellos otros, ya examinados, que se refieren en primer término a la presencia divina en nosotros y a nuestra relación con el Padre. A esta nueva dimensión del ser «agraciado» tenemos que dedicar ahora nuestra atención.

LA TRANSFORMACION INTERIOR DEL HOMBRE SEGUN EL NUEVO TESTAMENTO

Diversas son las expresiones de que el Nuevo Testamento se sirve para indicar la transformación interior del hombre [1]. En varias ocasiones utiliza san Pablo la expresión «nueva creación» para referirse al nuevo ser del hombre en Cristo. Ya el simple hecho de que se hable de «creación» indica que se trata de la obra de Dios en el hombre, no de algo que éste pueda adquirir por sus propias fuerzas o por su iniciativa. El primero de los lugares que debemos considerar es 2 Cor 5,17: «el que está en Cristo es una nueva criatura; pasó lo viejo, ha aparecido lo nuevo». El contexto se refiere a la reconciliación del hombre con Dios en virtud de la muerte de Cristo; en consecuencia, ya no debemos vivir para nosotros mismos, sino para aquel que murió y resucitó por nosotros (v.15). Sin duda ésta es una consecuencia importante del estar «en Cristo», el llevar una vida digna de reconciliados con Dios. Cuando se está en Cristo y, por su medio, reconciliado con el Padre, el hombre es una criatura nueva. Se produce en nosotros una transformación que, por todo el contex-

[1] Cf. M. Flick-Z. Alszeghy, *El evangelio de la gracia,* 543ss; J. L. Ruiz de la Peña, *El don de Dios. Antropología teológica especial,* 347ss.

to, parece consecuencia y no causa de nuestro estar en paz con Dios. Quien está inserto en Cristo y vive para él, reconciliado con Dios, es algo distinto de lo que ha sido hasta este momento, ha sido internamente cambiado.

Exactamente la misma expresión hallamos en Gál 6,15: «pues ni la circuncisión ni la incircuncisión cuentan nada, sino la nueva criatura». También en este caso es necesario para la recta comprensión del verso el examen del contexto en que se inserta. Pablo polemiza con los que piensan que los cristianos deben circuncidarse y, en consecuencia, cumplir la ley mosaica. Contra éstos afirma claramente que la ley no es camino de salvación. Quienes buscan en ella su apoyo tratan de escaparse de la persecución por la cruz de Cristo, de eliminar el escándalo que la cruz significa (cf. v.12). Pero en ésta se halla, para el Apóstol, la única garantía del cristiano, lo único en que puede gloriarse con derecho; en cambio no tiene sentido considerar que la circuncisión propia ni la de los demás son motivo de gloria (cf. v.13-14). Podemos por tanto concluir que es una nueva criatura aquel que cree en Jesús, el que busca en la fe y no en las obras su justificación (cf. Rom 3,21-31; Gál 2,16-3,5). La inserción en Cristo es también según este texto la causa, y no el efecto, de la nueva realidad del hombre justificado y reconciliado con Dios.

En otros lugares aparece el motivo de la «regeneración» y la «renovación» del hombre como consecuencia del bautismo. Los dos términos (παλιγγενεσία, ἀνακαίνωσις), aparecen juntos en Tit 3,5-6: el bautismo es «el baño de regeneración y renovación de Espíritu Santo que (Dios) ha derramado con abundancia sobre nosotros por medio de Jesucristo nuestro salvador». La regeneración y la renovación, unidas entre sí, se juntan a su vez con la abundancia del don del Espíritu Santo derramado sobre nosotros por medio de Jesús; por ello somos herederos, en esperanza, de la vida eterna (cf. v.7). El tenor de este texto recuerda en algunos puntos Rom 8,14-17 y Gál 4,4-7, aunque no se habla aquí de la filiación. Pero la idea de la regeneración se acerca evidentemente mucho a aquella noción, aunque contemple más directamente el nuevo ser del bautizado y la transformación interior que en él se produce. Por otra parte no se puede dejar de mencionar la estructura trinitaria de este pasaje, en la que se insertan los motivos de la nueva generación y la renovación. El tema de la regeneración (ἀναγεννᾶν) aparece de nuevo en 1 Pe 1,3; 1,23 (cf. también 1 Pe 2,2, Sant 1,18, donde se expresa con otros términos), relacionado también con la resurrección de Cristo y además con la fuerza de la palabra de Dios.

También los escritos joánicos conocen el motivo de la regeneración o nuevo nacimiento del hombre (cf. Jn 1,13; 1 Jn 2,29; 4,7; 5,1ss). Jn 3,3-7 nos habla del renacimiento del bautismo, por el agua y el Espíritu; este último sería al parecer el agente inmediato de la regeneración; en otros pasajes no aparece tan claramente esta vinculación. Por otra parte los hijos de Dios, los que de él han nacido, tienen en sí un germen divino y por ello no pueden pecar (cf. 1 Jn 3,9). La transformación interna del hombre implica un nuevo principio de obrar, pero esto no quiere decir que éste se posea con independencia de la acción del Espíritu Santo. Sólo el Espíritu puede conducir a los hombres en la vida de hijos de Dios (cf. Rom 8,14), aunque contando con la cooperación de la libertad humana, también ésta internamente renovada.

Del testimonio del Nuevo Testamento podemos por consiguiente deducir con claridad que la presencia interior del Espíritu Santo perfecciona nuestro ser de criaturas llevándolo a la plenitud. Pero queda igualmente claro que la novedad del ser humano aparece como el fruto, y nunca como el presupuesto, de la autodonación de Dios al hombre que hace posible nuestra inserción en Jesús y nuestra relación filial con el Padre. Los textos a que nos acabamos de referir añaden a los que hablan de la relación con Dios y de la presencia de la Trinidad en nosotros una nota de realismo, nos hacen ver cómo la inhabitación divina y la participación en la vida filial de Jesús tienen su eficacia en nuestro mismo ser.

LA TRANSFORMACION INTERIOR DEL HOMBRE Y LA «GRACIA CREADA»

Con nuestro rápido recorrido por algunos textos del Nuevo Testamento hemos constatado la existencia, sobre todo en los escritos paulinos y joánicos, de la idea de la renovación interna del hombre justificado. Esta es la base de la doctrina de la «gracia creada» que se va a desarrollar a partir de la gran escolástica. Ya en nuestra introducción histórica veíamos el problema al que esta noción trató de dar respuesta en su momento. Para que el hombre pueda llevar a cabo actos proporcionados con su fin sobrenatural hace falta que Dios le conceda la capacidad para ello; y es evidente que no pueden realizarse acciones tendentes a este fin con las simples fuerzas naturales. Por otro lado, en las coordenadas del pensamiento de aquella época, no resultaba aceptable la posición de Pedro Lombardo, que, como ya sabemos, identificaba la caridad con el Espíritu Santo derramado en nuestros corazones [2]. La realidad creatural del hombre no alcanza en esta concepción el debido relieve, ya que no aparece

[2] Cf. la n.84 del cap.4. Una exposición detallada de la idea de P. Lombardo y sus precursores se hallará en G. PHILIPS, *L'union personnelle avec le Dieu vivant. Essai sur l'origine et le sens de la grâce créée,* 67ss.

con claridad que es él el sujeto de los actos de amor de Dios. La cuestión puede ser planteada en los términos siguientes: el hombre no puede por sus solas fuerzas naturales realizar actos ordenados al fin sobrenatural, pero, por otro lado, él mismo ha de ser el sujeto de dichos actos. De ahí la necesidad de elaborar una doctrina de la transformación interior del hombre por obra de Dios que, sin olvidar el primado de la gracia divina, más aún, poniéndolo de relieve, pueda por otro lado dar razón de la verdadera condición de sujeto del hombre y se evite el peligro del panteísmo más o menos explícito.

Ya en Alejandro de Hales hallamos esta relación entre el amor de Dios y su fuerza transformadora en nosotros, que tiene como efecto la gracia creada. San Buenaventura recurre a la idea del «hábito» creado que informa el alma, una forma concedida por Dios que hace que el hombre le sea agradable y que la obra de éste sea buena [3]. Santo Tomás recoge también la idea del «hábito» como accidente del hombre en los términos que ya conocemos [4]. El concilio de Trento, frente a las doctrinas de los reformadores que parecían hablar de una simple no imputación del pecado, habló de la justificación «inherente» al hombre, de la santificación y renovación del hombre interior, de la justicia que recibimos cada uno de nosotros (cf. DS 1528; 1529; 1530; 1547; 1560s; cf. también DS 1942, entre las proposiciones de M. Bayo condenadas por Pío V); pero no utilizó la noción de don ni de gracia creada, como tampoco las de «hábito», «cualidad», etc., probablemente para no entrar en discusiones de escuela. Según la opinión mayoritaria de los teólogos católicos hasta hace relativamente poco, era esta realidad creada por Dios en el hombre la base de su presencia en nosotros y de las nuevas relaciones de amistad y comunión con él.

Aunque en los intentos de renovación de la teología de la gracia se tienda a explicar las cosas de otra manera, debemos afirmar con claridad que el concepto de la «gracia creada» no responde sólo a una contingencia histórica, sino a una exigencia fundamental y perenne de la teología católica de la justificación y de la gracia. Aunque no sea necesaria la utilización de esta terminología (el mismo concilio de Trento la evitó), hay que mantener la realidad de la renovación interior del hombre y de su condición de sujeto ante Dios, y por consiguiente su capacidad de obrar el bien, aunque siempre bajo el influjo de la gracia. Pero por otro lado, y como ya hemos insinuado a lo largo de nuestra exposición, hay que colocar esta doctrina en una más clara dependencia de la presencia de Dios en nosotros. Ve-

[3] Cf. *In Sent.* II 26, q.1ss. Cf. también G. PHILIPS, o.c., 91ss; 109ss.

[4] Cf. el c.4, n.80ss y el texto correspondiente. Cf. el resumen de FLICK-ALSZEGHY, *El evangelio de la gracia,* 574-578.

mos que así lo hace el Nuevo Testamento; éste ha sido también el camino mayoritariamente seguido por la teología católica de los últimos años.

Es claro que la presencia especial de Dios en el hombre por la gracia, la inhabitación del Espíritu Santo y nuestra inserción en Jesús que nos hace compartir su condición filial, producen en nosotros una novedad, con la que, por otra parte, somos nosotros mismos los que llegamos a la plenitud de nuestro ser (el hombre pecador y el justificado son uno y el mismo sujeto). Esta transformación interna del hombre puede ser sólo consecuencia, no causa, de la presencia de Dios en nosotros. La razón es clara: ninguna realidad creada, y la gracia «creada» por definición lo es, es capaz de fundamentar o de ofrecer un título para la comunión con Dios o una nueva relación con él [5]. La distancia entre el Creador y la criatura es siempre insalvable para nosotros o partiendo de nosotros. Por mucho que exaltemos el don de Dios que no sea él mismo, la distancia entre nosotros y él no se ha acortado en absoluto. Sólo el mismo amor divino la puede superar. Como se ve, la idea de un don creado que posibilite una nueva relación con Dios no resuelve ningún problema. Por ello parece necesario no pensar en la renovación y transformación del hombre como producto de la «creación» por Dios de algo distinto de él mismo, sino como la consecuencia que en nosotros en tanto que criaturas (y por tanto distintos de Dios) tiene la donación que Dios nos hace de sí mismo. Cualquier transformación por gracia de nuestro ser depende de la presencia divina y está en todo subordinada a ella. Por otra parte hay que considerar que el hecho de que seamos «agradables» a Dios es previo a la existencia de la «gracia» en nosotros; ésta presupone que el sujeto ha sido «agraciado» [6].

¿En qué consiste en concreto esta novedad de nuestro ser? Además de las expresiones paulinas y joánicas que ya conocemos, que afirman la transformación interna más que describirla, el Nuevo Tes-

[5] Ya FLICK y ALSZEGHY, o.c., 597, se expresan en estos términos: «el efecto formal no puede superar en la perfección a la forma; ahora bien, una forma accidental creada no es divina y no puede, por ende, conferir una perfección que supere absolutamente las exigencias de cualquier naturaleza. Por consiguiente, no se puede admitir que el solo don de la gracia creada divinice al hombre y lo haga capaz de operaciones que trasciendan la esfera de la creaturalidad». Ello vale incluso para el caso en que consideremos que esta realidad creada es «sobrenatural», porque debemos preguntarnos en qué medida algo creado puede ser sobrenatural en el sentido estricto en que hay que entender el término. En efecto, lo sobrenatural, como sabemos, no es, negativamente, lo que sobrepasa nuestra naturaleza, sino todo lo que está en directa relación con el mismo don de Dios a los hombres. Una realidad creada será solamente sobrenatural si es consecuencia de este don. Cf. también las consideraciones de GONZÁLEZ FAUS, o.c., 500; también J. A. GALINDO RODRIGO, *Compendio de la gracia,* 353-379.

[6] F. SUÁREZ, *De gratia* VIII 13: «Per illam (regenerationem) non fit per se primo gratia, sed gratum, gratia vero confit ex praesupposito subiecto».

tamento nos dice que la nueva condición del hombre agraciado por Dios consiste en la «participación en la naturaleza divina». El único texto en que se emplea esta fórmula es 2 Pe 1,4: «...por medio de las cuales (la gloria y la virtud de Cristo, cf. 1,3) nos han sido concedidas las preciosas y sublimes promesas, para que por ellas os hicierais partícipes de la naturaleza divina (θείας κοινωνοὶ φύσεως), huyendo de la corrupción que hay en el mundo por la concupiscencia». En este contexto se ha de citar también Jn 10,34-35: «¿No está escrito en vuestra ley: 'Yo he dicho: dioses sois' (Sal 82,6)?». El influjo de estos pasajes a lo largo de la historia ha sido enorme; ambos, el primero sobre todo, han dado lugar a incontables explicaciones acerca de la «divinización» del hombre. En nuestra introducción histórica hemos tropezado ya con este tema [7]. Es muy difícil determinar exactamente el significado de la frase de la 2 Pe. Pero sí podemos tratar de iluminarlo de algún modo. Notemos ante todo que, aunque la expresión tiene sabor helénico, y esto puede explicar su uso en esta carta, adquiere en el contexto un sentido específicamente cristiano. En efecto, nos hallamos ante un don de Dios, que tiene como fuente inmediata las promesas de salvación concedidas mediante la gloria y la virtud de Cristo [8]. La referencia a la promesa no excluye la realidad presente del don, clara en el texto. Pero no sólo hay que ver a Jesús en el origen del don, sino que posiblemente es también cristológico su contenido. Así, en 1 Pe 5,1, hallamos una expresión semejante a la que nos ocupa: Pedro se presenta como testigo de los sufrimientos de Cristo y partícipe (κοινωνός) de la gloria que se ha de revelar; es claro que esta gloria aparece ligada a Jesús (cf. 5,4). En otros lugares del Nuevo Testamento en que aparece la idea de la κοινωνία está presente la comunión con Jesús y con el Padre (cf. 1 Cor 1,9; 10,6; Flp 3,10; 2 Cor 13,13, comunión del Espíritu Santo; 1 Jn 1,3.6, etc.). La novedad que implica esta participación o comunión con la naturaleza divina se manifiesta en la contraposición con la corrupción del mundo [9], provocada por la concupiscencia. El creyente ha de huir de este mundo y ha de crecer en la vida cristiana (cf. 1,5ss); el autor de la carta parece preocuparse más de las exigencias

[7] Cf. el cap.4, la sección dedicada a la divinización según los Padres; también TOMÁS DE AQUINO, *STh.* I-II q. 112, a.1: «El don de la gracia excede toda facultad de la naturaleza creada, pues no es otra cosa sino una cierta participación en la naturaleza divina, que excede toda otra naturaleza... Así, es necesario que sólo Dios deifique, comunicando el consorcio de la naturaleza divina por medio de una cierta participación de semejanza...».

[8] Esta parece ser la interpretación más coherente del v.3. El «conocimiento» del que en todo el contexto se habla (1, 2.3.8; 2,20; 3,18) es el de Jesús.

[9] φθορά; en cambio, a Dios pertenece la incorruptibilidad, ἀφθαρσία, cf., p.ej., Rom 1,23; la incorruptibilidad es también el don de la salvación escatológica: 1 Cor 15,15.42ss.

morales del don concedido que del mismo contenido de éste. Pero por el conjunto de los datos del Nuevo Testamento, y por el contexto mismo de este pasaje, podemos pensar en una auténtica participación en la vida divina comunicada por Jesús, a la que tenemos acceso por la fe.

El contenido de esta participación de la naturaleza y de la vida divina aparece en toda su claridad a partir de cuanto hemos dicho sobre la filiación divina. En efecto, sólo tiene sentido hablar de nuestra divinización en el marco de nuestra relación con el Dios trino y en concreto de nuestra unión a Jesús. La comunicación de Dios mismo y de los bienes de la gracia está siempre en relación con la encarnación del Hijo. Jesús, asumiendo la naturaleza humana, se ha unido con todos nosotros; ha compartido nuestra condición para que nosotros pudiéramos compartir la suya. Este «intercambio», que ya nos es bien conocido, es el único que nos permite hablar de condición filial y de divinización. El presupuesto de esta última es la «humanación» del Verbo. El «ascenso» del hombre a Dios se basa en el descenso de Dios al hombre y en la sucesiva vuelta de Jesús al Padre, que une inseparablemente su dimensión personal y la de cabeza de la humanidad salvada. La humanidad de Jesús es plenamente divinizada en la resurrección, cuando el Padre la acoge completamente en su seno como la humanidad de su Hijo [10]. La divinización del hombre no puede concebirse sino como la incorporación a la humanidad divinizada de Jesús. Veíamos ya cómo el don del Espíritu está en íntima relación con esta última; por ello, decíamos, el Espíritu nos une a Jesús, nos hace hijos. En cuanto unidos a la humanidad divinizada de Jesús el Hijo y en cuanto miembros de su cuerpo somos también nosotros divinizados. También aquí se ha de tener presente, como en todos los aspectos de nuestra salvación, la mediación de Jesús en cuanto hombre. Puesto que sólo por la asunción de la humanidad por parte del Hijo nos hacemos los hombres partícipes de la vida divina, es aconsejable dar a la noción de «filiación» una cierta primacía sobre la de la «divinización»; esta última es posible sólo por nuestra unión con el Hijo y por la participación en cuanto «hijos» en la vida del Dios trino y en la naturaleza divina. El hecho de que nuestra participación en la naturaleza divina se fundamente en la resurrección de Jesús nos permite por otra parte entender la dimensión escatológica de la misma. Todo cuanto decimos en la teología de la gracia está llamado a alcanzar en el más allá la plenitud definitiva, aunque esto no signifique en modo alguno que no sea ya realidad en nosotros. Dios, con su amor, nos asimila eficaz-

[10] HILARIO DE POITIERS, *Trin.* III 16 (CCL 67,88): «El Hijo hecho ahora carne pedía (cf. Jn 17,5) que la carne empezara a ser para el Padre lo que era la Palabra».

mente a sí [11], en un proceso que no puede completarse mientras vivimos en la ambigüedad de la existencia terrena. Pero hay una correspondencia entre esta vida y la que esperamos; el carácter todavía misterioso y oculto de nuestra divinización nada dice contra la realidad ya presente de la misma [12].

La divinización sólo es posible por la acción del propio Dios. Este es como sabemos el pensamiento de santo Tomás, enraizado fuertemente en la Escritura y en la tradición. Hemos añadido además que esta acción de Dios no puede reducirse a la producción de un efecto creado, porque éste como tal no puede divinizar. Tampoco podemos considerar la presencia divina y la transformación del hombre como dos concausas que concurren en la producción de un mismo efecto que sería nuestra santificación. Dios santifica al hombre con su presencia, y es esta misma la que produce su efecto en nosotros. La «gracia increada» y la «creada» se han de ver en su íntima relación. Ni la criatura puede ser transformada si no es por la presencia divina, ni ésta tendría sentido si no nos asimilara a Dios. Paradójicamente, la «gracia creada» significa que somos más que criaturas; el efecto «creado» no se puede explicar por la mera creación, sino sólo por la autocomunicación divina. En la concepción que subordina la gracia creada a la increada, aquélla no queda en absoluto disminuida, sino que alcanza un significado mucho mayor.

La transformación interior del hombre, su «divinización», no acontece sin la cooperación de la libertad humana, movida por la gracia misma. El concilio de Trento ha señalado la necesidad de la preparación a la gracia y la cooperación con la misma en los adultos. Nuestra transformación interior, fruto de la comunicación personal de Dios mismo, no se realiza sin nuestro asentimiento y acogida también

[11] Son interesantes las consideraciones sobre el amor asimilante y la transformación permanente de G. PHILIPS, o.c., 264: «Es Dios el que produce esta bondad; no la presupone ni depende de ella de ninguna manera. Ama las criaturas no porque sean atrayentes, sino para hacerlas existir y convertirlas en excelentes. La argumentación de los doctores medievales comienza a partir de Dios y no a partir del hombre»; cf. también las páginas siguientes.

[12] Cf. también sobre esta cuestión, RUIZ DE LA PEÑA, o.c., 372-379; las teorías clásicas sobre la divinización pueden verse en FLICK-ALSZEGHY, o.c., 548-569. Es curioso comprobar que sólo al final de la exposición, en la p.569, se hace una breve alusión a la filiación adoptiva, a la que no raramente acuden los Padres. El recorrido por estas diversas opiniones de la escolástica parece mostrar que no se ha partido explícitamente de Jesús en las reflexiones sobre la divinización del hombre. En cambio el Nuevo Testamento y la antigua tradición de la Iglesia no señalan otra vía. Por otra parte, sólo con este punto de partida cristológico (cf. ya cap.4) se pueden eliminar las ambigüedades a que la noción puede dar lugar. Sobre la «divinización» cf. también M. GELABERT, *Lo hiciste casi como un Dios:* Teología Espiritual 33 (1989) 291-312; GALINDO RODRIGO, *Compendio de la gracia,* 211-238, trata también de la divinización antes que de la filiación divina.

personal. Los dos aspectos se condicionan mutuamente. En el caso del bautismo de los niños se produce evidentemente la justificación sin su asentimiento, pero ello no excluye la necesidad de la acogida libre y consciente de la misma cuando podrán ejercer su libertad. La acción de Dios y la respuesta humana, con el primado absoluto de la gracia, van también juntas cuando se trata de la divinización del hombre. Una vez más, y éste es tal vez el caso más eminente, en el uso de su libertad el hombre opta por o contra Dios y sobre sí mismo. En este caso, por aceptar o rechazar el don de Dios mismo y a la vez por su participación en la misma naturaleza divina que le posibilita la realización de su auténtica vocación.

La transformación divinizadora del hombre no se da de una vez para siempre. No puede ser así porque es Dios mismo el que obra en nosotros y nuestra transformación no se puede mantener sin su presencia continuada; por otra parte, por la fragilidad de nuestra condición siempre proclive al pecado, necesitamos de su ayuda constante. Sólo en virtud del renovado amor de Dios se mantiene el hombre en el nuevo ser de justificado y de hijo; sólo por la gracia podemos perseverar en esta misma (cf. las claras enseñanzas del concilio de Trento, DS 1541). No sólo el primer momento de la justificación o del paso de enemigos a amigos de Dios está marcado por la iniciativa divina. Lo están, y con una intensidad semejante, todos los momentos de la vida del hombre justificado. Este nunca puede reivindicar una «autonomía» frente a Dios, aunque por otra parte es Dios mismo el que le concede la libertad y la «libera». Al hablar de la justificación decíamos que, a semejanza de la «creación continuada», había una aceptación continua de parte de Dios del hombre pecador, una justificación continuada ya que sólo el amor de Dios nos libraba de caer en el pecado. Tenemos que subrayar ahora el lado positivo de esta afirmación: hay una santificación «continuada» del hombre, un constante don divino en virtud del cual nosotros podemos ser gratos a Dios. Nuestro ser de hombres nuevos depende de la continua acción del Espíritu de Cristo. También desde este punto de vista somos en todo momento don de Dios.

LA ACTUALIZACION DEL DON Y DEL IMPULSO DIVINO EN EL HOMBRE. LAS «GRACIAS ACTUALES»

A partir de cuanto hemos dicho sobre la gracia «creada» y la santificación del hombre podemos entender el problema de las «gracias actuales». Cuando hablamos de la gracia actual nos referimos normalmente a aquellos impulsos que vienen de Dios, a las inspiraciones e iluminaciones del entendimiento y mociones de la voluntad, que nos mueven a obrar el bien. Que el hombre sólo puede hacer el bien por el poder y la fuerza de Dios es una enseñanza constante del Nuevo Testamento. Son numerosos los pasajes que lo indican claramente o que lo presuponen (cf. a modo de ejemplo y sin pretensión de exhaustividad, Mc 2,17; Jn 6,44; 15,5; Rom 9,16; 1 Cor 3,7; Gál 1,15; Flp 1,29; 2,13, etc.). En la historia de la teología y de la doctrina de la gracia ha insistido especialmente en este punto san Agustín, que pone de relieve la noción de la gracia como *adiutorium*, la ayuda divina para que el hombre pueda realizar el bien que sin ella es totalmente imposible. Son muy numerosas las declaraciones magisteriales que enseñan la necesidad de la gracia para hacer el bien, aunque no usen la expresión «gracia actual». Recordemos especialmente el decreto de la justificación del concilio de Trento: es necesaria la gracia preveniente para la preparación a la justificación y para iniciar el movimiento hacia Dios, DS 1525s; 1553s; Dios ayuda para que sea posible la observancia de los mandamientos, DS 1536; inicia la obra buena y la lleva a término, sin la gracia no se puede perseverar en la justicia, DS 1541; 1572; su fuerza siempre precede, acompaña y sigue a la obra buena, 1546, etc. No se puede negar por tanto que lo que en la teología escolástica se indica con la terminología de la gracia «actual» (como opuesta a la «habitual») tiene raíces claras en la Escritura y en la tradición y el magisterio de la Iglesia [13].

El concepto de la gracia actual, precisamente en cuanto distinta de la gracia «habitual», en la que el hombre se halla de manera estable, parece haberse acuñado históricamente en relación con los actos que preceden a la justificación que, por una parte, no pueden provenir más que del impulso divino que actúa sobre el que, por definición, no tiene todavía la gracia divina [14]. Ciertamente éste es un aspecto importante e irrenunciable de la enseñanza de la Iglesia sobre esta cuestión. El «initium fidei» procede sólo de Dios. Pero no hay que reducir la cuestión de las gracias actuales a la preparación para la justificación [15]. La necesidad del impulso divino que ilumina la

[13] Sobre la historia de la elaboración del concepto, cf. las notas de FLICK-ALSZEGHY, o.c., 373ss.

[14] Este origen influye todavía en la sistemática de conocidos manuales, que tratan de la gracia actual preferentemente en el contexto de la justificación; cf., p.ej., M. SCHMAUS, *Teología dogmática. 5. La gracia divina* (Madrid 1962), 255-293; 402-406; FLICK-ALSZEGHY, *El evangelio,* 373-384. Para más información se pueden ver estas obras, así como las que se citan en la nota siguiente.

[15] Por ello se nota en las obras más recientes un cambio en el lugar del tratamiento de este problema; cf. J. AUER, *El evangelio de la gracia* (Barcelona 1975), 238-251; J. L. RUIZ DE LA PEÑA, o.c., 351-358; A. GANOCZY, o.c., 308-310; cf. también K. RAHNER, *Gracia,* SM III, 319-350, esp. 327-329; G. COLZANI, *Dalla grazia creata alla libertà donata. Per una diversa concezione della tesi sull «habitus»:* SC 112 (1984) 399-434.

mente y fortifica la voluntad se da también para las buenas obras que realiza el justificado, aunque estas obras buenas sean a la vez «suyas» y fruto de su renovación interna. Pero ya hemos dicho que esta misma transformación interna depende siempre de Dios y de su iniciativa. El hombre justificado no puede por ello convertirse nunca en un principio independiente del bien obrar. Toda obra buena, en cualquier condición en que el hombre se encuentre ante Dios, ha de tener en Dios mismo su principio. En cada momento se actualiza la llamada de Dios que nos sostiene en nuestro ser de hijos y de criaturas nuevas. Al mismo tiempo tenemos que pensar que Dios, que quiere que todos los hombres se salven y lleguen al conocimiento de la verdad (1 Tim 2,4), renueva también su llamada incluso en quien en el abuso de su libertad se cierra a ella.

Toda la vida del hombre se mueve a partir de esta llamada divina a la comunión con él. Sabemos que la «naturaleza pura» no existe realmente, y que nuestro ser creatural se halla inserto en el orden de la gracia. Por ello en nuestro obrar no pueden estar sólo en juego nuestras capacidades creaturales. Ningún aspecto de nuestra vida queda fuera de la referencia de todo a Dios por Cristo. Ya sabemos que, desde el punto de vista subjetivo, no hay acciones humanas indiferentes; en una medida mayor o menor, todo nos acerca o nos aleja del fin al que tendemos consciente o inconscientemente. Todas nuestras decisiones libres se realizan ante Dios, consolidan o actualizan (como también pueden debilitar o revocar) nuestra opción por Dios. De ahí la necesidad de la gracia divina para el bien obrar del hombre, dado que éste se realiza de hecho en el orden sobrenatural y nos lleva al único fin de nuestra vida, que es Dios mismo. La acción del Espíritu Santo nos guía en nuestra vida de hijos. Todo lo que nos acerca a Dios y nos impulsa en el camino hacia él está producido en nosotros por el Espíritu Santo, que en cada momento actualiza nuestro ser de hijos de Dios y de criaturas regeneradas, o nos impulsa a salir del pecado en el caso de que nos hayamos cerrado o resistido a la gracia divina [16].

La cuestión de la gracia actual suscita necesariamente la de la libertad. Sabemos que el impulso de la gracia no la anula, sino que la fortifica e incluso la hace posible. Aunque con características diversas, la libertad existe en el momento de la aceptación de la justificación, y existe también en toda obra buena que realiza el justificado bajo la acción de la gracia. En nuestra introducción histórica a la

[16] Sobre el Espíritu Santo como principio de toda acción buena cf. H. U. von Balthasar, *Spiritus Creator* (Einsiedeln 1967), 103s; cf. también K. Rahner, *Problemas de la teología de controversia sobre la justificación,* en *Escritos de teología* IV (Madrid 1964), 245-280, esp. 267.

teología de la gracia recordamos el problema suscitado en la controversia *de auxiliis*. No volveremos ahora sobre él. Nos basta recordar cómo la acción de Dios y la del hombre no se pueden colocar en el mismo plano como concurrentes, sino que Dios posibilita y sostiene nuestra misma acción libre. Tenemos que afirmar los dos principios de nuestro obrar, renunciando a explicar cómo se armonizan. Pero en todo caso la libertad puede oponer resistencia y cerrarse a la acción de Dios. También este hecho está constatado en la Escritura (cf. Mc 10,17-22 par.; Mt 25,1-13; Jn 9,41; Hech 5,3, etc.). Dios quiere la salvación de todos y la gracia no deja de ser tal porque nosotros nos opongamos a ella.

Por esta razón se ha desarrollado en la teología la división de la gracia actual en eficaz y (meramente) suficiente; la primera es la que, moviendo nuestra libertad, alcanza la finalidad pretendida, nuestro bien obrar; la segunda es la que no lo alcanza, aunque queda a salvo que aun en este último caso la acción de Dios era proporcionada al fin querido por él y que sólo por el obstáculo de nuestra libertad no se ha realizado la acción buena. La explicación de la «gracia suficiente» tropieza con las mismas dificultades insuperables que la de la interacción de gracia y libertad. Se trata de alguna manera de un «concepto límite», que expresa la posibilidad que tiene nuestra libertad de resistir a la acción de la gracia divina. Lo que en ningún caso puede hacerse es hacer caer sobre Dios la razón de la «ineficacia» de su acción en nosotros. Por ello entre las proposiciones jansenistas condenadas en 1690 se encuentra una que desde antiguo ha llamado la atención: «La gracia suficiente no es tan útil cuanto perniciosa a nuestro estado, de manera que podemos pedir con justicia: de la gracia suficiente, líbranos, Señor» (DS 2306) [17].

EL MUNDO Y LA HISTORIA COMO «GRACIA»

Quizás sea este contexto de la gracia «actual» el más apto para una breve consideración sobre este punto. El favor de Dios como impulso para el bien obrar se ha visto tradicionalmente en relación con la acción interior e invisible del Espíritu Santo en el corazón del hombre. Efectivamente, es claro que las fuentes bíblicas y de la tradición de la Iglesia ligan sobre todo la gracia a esta acción invisible e interior. Pero esto no parece incompatible con la consideración de la realidad que nos rodea como «gracia» en el sentido de que los acontecimientos de la vida, a la luz de la fe, pueden ser considerados don de Dios, manifestaciones concretas de su amor y llamadas a la

[17] Ulterior información sobre la cuestión de la gracia suficiente se hallará en FLICK-ALSZEGHY, o.c., 279-314.

responsabilidad humana. Por supuesto que no pretendemos equiparar los simples estímulos que se reciben del exterior con la presencia misma de Dios en nosotros. Se trata más bien de considerar que, dadas las dimensiones sociales y mundanas de nuestro ser, los demás hombres y el mundo que nos rodea pueden ser un vehículo del que Dios se sirve para interpelarnos, para manifestar su presencia y para impulsarnos a hacer el bien. El acontecimiento de la predicación de la Buena Nueva es ya «gracia» para el Nuevo Testamento. La vida visible de la Iglesia en todas sus dimensiones es también manifestación del favor de Dios, de la «gracia». A nuestro ser de hombres pertenece el recibir y transmitir el amor de Dios en múltiples «mediaciones». Ya en el capítulo dedicado al pecado original, y también al tratar sobre las dimensiones comunitarias de la filiación divina, hacíamos algunas reflexiones al respecto. No tendríamos en cuenta la concreta realidad de nuestro ser espiritual y corpóreo si pensáramos que esto acaece exclusivamente por canales «interiores».

Una consideración semejante podemos hacer partiendo de la responsabilidad humana en la construcción del mundo y su cooperación a la obra del Creador: si todo cuanto existe camina hacia Cristo (cf. Col 1,16), también hacia él ha de caminar la acción humana querida por Dios para llevar su obra a término. Son por tanto «gracia» los desafíos históricos a que el hombre ha de hacer frente para realizar su ser de hijo de Dios, como también aquellas estructuras objetivas que contribuyen a la mediación del amor, de la libertad y de la plenitud humana. Es «gracia» todo lo que puede ser leído como manifestación del amor de Dios a los hombres, porque en último término todo ello es vehículo de su presencia. «Gracia» es todo aquello que pide de nosotros una respuesta amorosa a Dios y a los hermanos. Y a la luz de la cruz de Cristo y de su resurrección es posible descubrir la gracia incluso en la «desgracia», incluso en las consecuencias del pecado humano (o felix culpa!) que, paradójicamente, son ocasión de la manifestación del amor redentor de Dios y de nuestra identificación con Jesús en el sufrimiento. La mirada cristiana puede descubrir que todo es gracia, ya que, según Pablo, «en todas las cosas interviene Dios para bien de los que le aman» (Rom 8,28) [18].

[18] Entre los autores que han puesto de relieve estas dimensiones exteriores de la gracia, cf. G. GRESHAKE, *Geschenkte Freiheit. Einführung in die Gnadenlehre* (Freiburg 1977), 110-112; L. BOFF, o.c., 53-147; GONZÁLEZ FAUS, o.c., 441-450.

LA LIBERTAD DE LOS HIJOS DE DIOS

Decíamos hace un momento que la cuestión de la gracia actual implica necesariamente la de la libertad. Sabemos que no hay que considerar a Dios y al hombre como concurrentes en la obra buena, sino que es precisamente la gracia la que posibilita y sostiene la libertad para que el bien pueda realizarse. Pero la consideración teológica de la libertad no se agota en esta consideración. Las fuentes bíblicas nos hablan de la libertad de la que el justificado goza, en contraposición a la esclavitud del pecado y también en contraposición a la ley. Debemos hacer una breve reflexión sobre este aspecto de la libertad.

Sobre todo en la carta a los Gálatas, Pablo ha desarrollado ampliamente el contenido de la libertad de los hijos de Dios [19]. Frente a los judaizantes, que quieren obligar a todos a cumplir la ley mosaica, el Apóstol insiste en la carencia del valor salvador de esta ley y en la necesidad, si alguno se circuncida, de ser consecuente y cumplir la ley entera (cf. Gál 5,1-3). La ley ha sido por una parte un pedagogo hacia Cristo, y por otra ha provocado la transgresión y el pecado (cf. Gál 3,19; Rom 7,13). Por ello, estar bajo la ley significa esclavitud (cf. Gál 4,3.7; 5,1), estar bajo el dominio del pecado (cf. Rom 6,14). Por el contrario, la libertad y la nueva ley del amor se identifican (cf. Gál 5,13s). Así como la sumisión a la ley equivale a vivir en la carne, bajo el impulso del poder contrario de Dios, el hombre que ha creído en Jesucristo vive según la ley del Espíritu (cf. Gál 5,18.22.25; Rom 8,1ss). El Espíritu de Jesús libera para el amor.

La ley del Espíritu no es un nuevo código de normas. Significa que se nos ha dado un principio nuevo e interno de actuación, el Espíritu Santo, que dirige nuestra vida en el seguimiento de Jesús. Ya en los profetas se nos anunciaba la «nueva alianza» de Dios con los hombres como la ley que él mismo escribe en nuestro corazón (cf. Jer 31,33); no se trata de un principio exterior, sino del corazón nuevo en el que se infunde el Espíritu de Dios para que el hombre viva según la ley divina (cf. Jer 24,7; 32,39; Ez 11,19; 36,26ss). El anuncio del Antiguo Testamento se ha cumplido en el don del Espíritu Santo por Jesús resucitado; la ley nueva es el mismo Espíritu presente en nuestro corazón. La ley del cristiano es «la gracia del

[19] Cf. sobre esta noción paulina, F. Mussner, *Theologie der Freiheit nach Paulus* (Freiburg 1976); F. Pastor Ramos, *La libertad en la carta a los Gálatas* (Madrid 1977); A. Q. Quenum, *La liberté chrétienne: l'enseignement de l'apôtre Paul dans ses lettres aux Galates et aux Romains:* Euntes Docete 34 (1981) 267-286; S. Lyonnet, *Libertad y ley nueva,* Salamanca 1967; I. de la Potterie-S. Lyonnet, *La vie selon l'Esprit* (Paris 1965).

Espíritu Santo que se da a los que creen en Cristo» [20]. Así coinciden la libertad y la ley del amor, porque el Espíritu es el que hace posibles las dos cosas (cf. 2 Cor 3,17; Gál 5,22). En el amor se da la libertad más profunda, que es a la vez la mayor exigencia de entrega personal. En esta misma línea se coloca la profunda intuición agustiniana: «ama y haz lo que quieras» [21]. La ley exterior sigue teniendo sentido porque no hemos llegado a la plenitud del amor, y siempre habrá de ser entendida como camino hacia ésta.

La libertad cristiana es un don de Cristo salvador, es siempre «libertad liberada», de la situación del pecado y de la culpa [22]. El cristiano ha sido liberado por Cristo para el amor. Desde el punto de vista teológico será insuficiente una noción de libertad que no tenga en cuenta estas dimensiones. Por una parte la esclavitud del pecado, como término *a quo* de la liberación de Cristo. Por otra, la libertad de la aceptación y del seguimiento de Jesús, que por su libre amor se entregó a la muerte por nosotros (cf. Jn 10,17s) y ha puesto el bien del hombre como norma suprema en toda su vida (cf. Mc 2,15ss; 3,1ss par.; Mt 15,1ss, etc.). Es la libertad que, al ser don de sí, se hace obediencia a los designios del Padre. Por ello la libertad es, según el Nuevo Testamento, la actitud propia de los hijos de Dios, opuesta al temor que caracteriza la condición de esclavo (cf. Rom 8,14s; Gál 4,3-7; Jn 8,32ss) [23]. El cristiano es libre para amar precisamente porque se sabe amado por Dios (cf. Rom 8,31ss). Por esta razón, liberado de la angustia por sí mismo, puede entregarse al amor de los demás.

EL CRECIMIENTO EN LA GRACIA Y EL «MERITO»

La justificación, es decir la transformación del hombre por la obra de Dios de pecador en justo y el paso del estado de enemistad con Dios a la amistad y a la adopción como hijos, es un acontecimiento trascendental en la vida del hombre. Significa un cambio radical en su relación con Dios y por consiguiente en su mismo ser. Por otra parte, como ya hemos tenido ocasión de señalar, la justificación no ha de ser considerada solamente como un evento que tiene lugar en un momento de nuestra vida (aunque es claro que este sen-

[20] Tomás de Aquino, *STh.* I II q.106, a.1.

[21] Agustín, *In I Joh.* 7,8 (PL 35,2033): «dilige et quod vis fac».

[22] Cf. K. Rahner, *Teología de la libertad,* en *Escritos de Teología* VI (Madrid 1967), 210-232, 230ss; también del mismo, *La gracia como libertad* (Barcelona 1972); se puede ver, desde el punto de vista de la teología protestante, E. Jüngel, *Zur Freiheit eines Christenmenschen* (München 1978).

[23] Cf. Ruiz de la Peña, *Imagen de Dios. Antropología teológica fundamental* (Salamanca 1988), 202; M. Bordoni, *Gesù di Nazaret Signore e Cristo* I (Roma 1982), 216-217; González Faus, *Proyecto de hermano,* 646.

tido del término es el fundamental), sino también como una dimensión del obrar salvífico de Dios en nosotros que se manifiesta de algún modo en todos los instantes de nuestra existencia terrenal, ya que el pecado nunca dejará de amenazarnos. Dios nos salva y nos acepta en su amistad perdonándonos nuestro pecado al transformarnos con su presencia. Pero somos conscientes de que la aceptación por nuestra parte de la justificación que Dios nos ofrece es, en la mayoría de los casos, imperfecta. No desaparece de nosotros todo rastro del pecado y de la cerrazón a Dios y a su obra. Nuestra libertad no es siempre plena, nuestra opción básicamente positiva por Dios no nos orienta completa y definitivamente hacia él. Por lo demás, sabemos que en éste como en los demás órdenes de la vida el hombre se va haciendo, no se nos dan las cosas de una vez. Esta es una consecuencia inevitable de nuestro ser en el tiempo. La vida en Cristo no es una excepción a esta regla. La relación personal con Dios que nuestra filiación adoptiva trae consigo es siempre, por su misma naturaleza, susceptible de ser enriquecida e intensificada: nunca llegaremos a la completa imitación de Jesús.

Es lógico por tanto que la inserción en Cristo vaya creciendo a lo largo de la vida de la persona humana. Los autores espirituales de todos los tiempos han hablado de diversas fases o etapas en el camino de la unión con Dios. Por diversos caminos llegamos a la misma conclusión: la vida en la gracia tiene un carácter dinámico, Dios nos invita constantemente a un crecimiento y a una intensificación de nuestra amistad con él. En toda vida se da un proceso y una transformación. En el caso que nosotros consideramos, el del cristiano que se ha insertado en Cristo por el bautismo y vive la vida de la gracia, este desarrollo ha de manifestarse normalmente en un progreso en la relación con Dios y con los hermanos. Pero no se excluye que se dé el caso contrario; en el ejercicio de su libertad, el hombre puede retroceder y llegar hasta la ruptura de la amistad con Dios. No podemos prescindir de esta posibilidad ni desconocerla, aunque en nuestra exposición nos centremos en el aspecto positivo; la justificación del hombre, en virtud del don del Espíritu que en ella se recibe, tiende por sí misma a llevarnos a la progresiva conformación con Jesús.

No cabe pensar en un crecimiento *en* la gracia (mejor que *de* la gracia, si queremos privilegiar la dimensión relacional en la cual crecemos nosotros mismos) que no sea una más intensa unión con Jesús y una mayor inserción en él; ésta lleva a hacer más viva nuestra relación de filiación respecto del Padre y de fraternidad respecto de los demás hombres. A la unión e inserción en Cristo se refiere el Nuevo Testamento en muchos lugares, algunos de los cuales nos son ya conocidos; especialmente importantes me parecen la comparación de la vid y los sarmientos (cf. Jn 15,1ss), y las alusiones al crecimiento, ya personal, ya de la Iglesia como cuerpo del Cristo cabeza, de que nos hablan algunas de las cartas deuteropaulinas (cf. Ef 1,10; 2,21ss; 3,16; 4,14.15s; Col 1,6.10; 2,19). El crecimiento de nuestra vida en la gracia es una intensificación de la unión con Jesús y en consecuencia con el Padre; una mayor presencia del Espíritu de Cristo, libremente acogido, en nosotros, y de modo derivado un crecimiento en la novedad de nuestro ser. Si por la fe se produce la justificación y por la fe somos hijos de Dios en Jesús, todo aumento de nuestra confianza y abandono total en Dios produce una intensificación de nuestra inserción en Cristo y de nuestra participación en su muerte y en su resurrección [23*].

La cuestión del crecimiento en la gracia, que en sí no ofrece especial dificultad, está en conexión estrecha con la doctrina del «mérito» que el hombre adquiere por las buenas obras que realiza. Esta doctrina está particularmente expuesta a interpretaciones equivocadas. No falta incluso quien, aun desde el campo de la teología católica, llegue casi a propugnar su abandono [24]. Porque, efectivamente, sabemos que la justificación del pecador se recibe sólo por la fe en Jesús, sin mérito ni derecho alguno por nuestra parte, es decir, no como recompensa por el bien que hayamos podido hacer. Y es claro también que debemos considerar la vida eterna como un don de Dios y no como una conquista por nuestra parte. Toda la doctrina de la «gracia» no hace sino mostrarnos la gratuidad del don de Dios y de la salvación y la imposibilidad de que el hombre se salve a sí mismo. Puede parecer por tanto a primera vista que la sola mención del mérito signifique ponerse en contradicción con todo lo que hasta aquí hemos dicho.

La cuestión ha de situarse en relación con otro de los aspectos del problema de la justificación que ya hemos tenido ocasión también de mencionar: el del bien obrar en que ha de traducirse necesariamente la vida del justificado; de lo contrario nos hallaríamos ante una «fe muerta», que, en último término, no sería verdadera fe. La libre aceptación de la obra de Dios en nosotros nos une más a Cristo; nos da la posibilidad de un mayor amor a Dios y al hermano y nos abre la esperanza de una más plena posesión de Dios en la otra vida. Del hombre justificado han de brotar, como los frutos del buen árbol, las obras buenas. Es claro que éstas no pueden entenderse como lo que el hombre hace para autoafirmarse o complacerse en sí mis-

[23*] Es enseñanza frecuente de los Padres que el don del Espíritu Santo se confiere según la fe de cada uno; así CIRILO DE JERUSALÉN, *Cat.* I 5 (PG 33,377); ya HILARIO DE POITIERS, *Trin.* II 35 (CCL 62,71).

[24] Así O. H. PESCH, *Frei sein,* 404.

mo. Tampoco pueden considerarse como algo que estrictamente diera al hombre el «derecho» a exigir de Dios un pago o una recompensa, como puede acontecer en el ámbito de las relaciones entre los hombres. Evidentemente, tal idea estaría en contradicción con las actitudes cristianas fundamentales de gratitud y reconocimiento ante Dios Padre. Sólo se puede tratar por tanto de las obras que brotan de la actitud sincera y humilde ante Dios; que vienen de quien sabe siempre de la indignidad propia. Nunca de lo que hacemos para justificarnos ante nosotros mismos o ante los demás (cf. Mt 6,1-18), por no hablar del vano intento de justificarnos ante Dios.

En el Nuevo Testamento encontramos repetidamente formulado el principio según el cual Dios juzgará a cada uno según sus obras (cf. Mt 16,27; Rom 2,6; 14,10-12; 1 Cor 3,8; 2 Cor 5,10); en otros lugares, aunque el principio no se enuncie de modo explícito, se presupone con claridad (cf., p.ej., Mt 25,31ss). En relación con la vida eterna que Dios quiere darnos puede usarse por tanto la comparación del salario o de la recompensa, siendo naturalmente conscientes de que usamos la expresión en un sentido análogo, que está lejos de corresponder exactamente al significado que estas palabras tienen en el lenguaje habitual. Y ello ha de ser así entre otras cosas porque otros pasajes neotestamentarios en cierto modo relativizan o matizan esta concepción: los discípulos que han trabajado todo el día son sólo «siervos inútiles» (Lc 17,10); el salario que el Señor paga no se ajusta a lo que cada uno ha trabajado (cf. Mt 20,1ss). Además no hay proporción ninguna entre el trabajo y la recompensa: ésta excede todo lo que con medidas humanas se pueda pensar (cf. Rom 8,18). No se puede olvidar por último que toda obra buena del hombre es «gracia», es obra del mismo Dios (cf. 1 Cor 3,7s; 15,10; Flp 2,13; cf. también 1 Jn 3,9.24; 5,3s). Por mucho que el hombre esté obligado a la obediencia a Cristo y a sus mandatos y a la ley del amor, sólo el propio Jesús y su Espíritu son capaces de obrar en él estos buenos frutos. Y la recompensa final, la resurrección del último día, no es ningún derecho adquirido del hombre, sino voluntad graciosa de Dios (cf. Jn 6,39ss).

Podemos afirmar por consiguiente que, aunque la idea de la recompensa y del «mérito» está presente en el Nuevo Testamento, de ningún modo la podemos considerar el primer determinante de la ética neotestamentaria. Hay que subrayar que ésta se fundamenta en el amor de Dios que nos ha amado primero y pide por nuestra parte una respuesta también de amor. Esta respuesta amorosa es a su vez obra de Dios en nosotros, que quiere unirnos más a Jesús. En esta comunión con Dios consiste toda la recompensa del hombre. Es la consecuencia misma de la aceptación libre de la gracia, es decir, de

Dios mismo, no de una recompensa ajena a aquello por lo que se concede.

La doctrina del mérito ha sido muy elaborada en la escolástica [25]. Siempre se pone claramente de relieve que no se puede hablar de «mérito» frente a Dios y frente a los hombres en el mismo sentido. En la doctrina de santo Tomás es determinante el principio según el cual entre la obra que procede de la voluntad del hombre divinizado, movido por la gracia y el Espíritu, y la recompensa de la vida eterna, hay una cierta proporción (por ello no puede ser objeto de mérito ninguno la primera gracia de la justificación). La gracia no va orientada más que a la vida eterna en comunión con Dios. Hay que excluir que pueda darse una correspondencia entre la obra del hombre en cuanto procede de su libre arbitrio y la recompensa de la vida eterna. Pero la situación es otra cuando consideramos la obra como fruto de la gracia del Espíritu Santo. En este caso sí que se da una correspondencia («mérito de condigno») entre esta obra y la recompensa que es el mismo Dios, porque la obra procede de la acción del Espíritu, procede de la gracia, y por medio de ésta el hombre, hecho partícipe de la naturaleza divina, es adoptado como hijo de Dios: por consiguiente se le debe la herencia en virtud de la misma adopción filial. Y aunque la gracia del Espíritu Santo no es igual que la gloria del paraíso en el acto, sí lo es en la fuerza *(virtute)*; además, por la gracia habita en el hombre el Espíritu Santo que es causa suficiente de la vida eterna [26]. El mérito por consiguiente no viene primariamente del hombre, sino de Dios mismo. Sólo él, en virtud de una peculiar disposición, concede al hombre el poder merecer; por ello no se hace deudor del hombre, sino en todo caso de sí mismo, porque es algo debido que la ordenación que él mismo ha establecido se cumpla [27]. Las fuerzas naturales en ningún caso bastan para llegar a la vida eterna que es Dios mismo [28].

Como ya veíamos al tratar de la doctrina de la gracia en santo Tomás, también ahora podemos observar cómo se combinan por una parte la insistencia en la constante acción del Espíritu en el ser humano, y por otra la nueva dignidad que por la gracia este último recibe y el valor que sus actos poseen al estar movidos por Dios. Dado que el hombre está divinizado en virtud de la gracia, sus obras

[25] Cf. para lo que sigue FLICK-ALSZEGHY, *El evangelio de la gracia,* 660-667; O. H. PESCH-A. PETERS, *Einführung in die Lehre von Gnade und Rechtfertigung,* 103-107; cf. también PESCH, *Frei sein,* 389-403; G. PHILIPS, *L'union personnelle avec le Dieu vivant,* 271-275. La doctrina del mérito en santo Tomás se encontrará sobre todo en *STh.* I II q.114, a.1ss.

[26] Cf. *STh.* I II q.114, a.3

[27] Ib., a.1.

[28] Ib., a.2.

están ordenadas a la vida eterna. Dios, que es el principio de este obrar, es también su fin. Sólo por ello se da una correspondencia entre la acción humana y la vida eterna. Santo Tomás trata así de poner de relieve la perfección que en la persona y en sus facultades opera la gracia, que nunca se puede separar de la presencia del mismo Dios. Como fácilmente se puede observar, esta doctrina sobre el «mérito» nada tiene que ver con la autoafirmación del hombre ante Dios. Se trata sólo de sacar todas las consecuencias que derivan de la transformación interior del justificado como consecuencia de la acción permanente de Dios en él.

La escuela franciscana colocará los acentos de manera un poco diversa. Insistirá sobre todo en la relación del hombre con Dios, en la sumisión que se debe al Señor y en la aceptación del hombre por parte de Dios en la fidelidad a sus promesas. Aspectos todos ellos que, como acabamos de ver, no se encuentran ausentes del pensamiento de santo Tomás. El nominalismo insistirá cada vez más en la importancia de la aceptación graciosa del hombre por parte de Dios y consiguientemente concederá menor relevancia a la correspondencia entre las obras del hombre y la finalidad a la que se dirigen, la recompensa de la vida eterna. Los reformadores, Lutero en particular, atacaron la doctrina del mérito, porque pensaron que con ella sufría menoscabo la mediación única de Cristo y que, en su lugar, se ponían la voluntad y las fuerzas del hombre y su confianza en sí mismo. Siendo la justificación un puro don de Dios, se excluye toda cooperación humana. Las dificultades que para Lutero ofrece la noción de la «gracia creada» hacen difícil una explicación del mérito en la línea de santo Tomás. Pero no parece que Lutero haya abandonado del todo los mismos conceptos del «mérito» y del salario que Dios concede al justificado que, obrando el bien, coopera con él. Esta recompensa, en este punto insiste Lutero fuertemente, la obra solamente Dios por su Espíritu [29].

En respuesta a las críticas de Lutero a las doctrinas del mérito, el concilio de Trento desarrollará la doctrina católica sobre la cuestión en el cap.16 de su decreto acerca de la justificación (cf. DS 1545-1549; cf. también los cánones 26 y 32 del mismo decreto, DS 1576 y 1578); se trata sin duda de uno de los pasajes más felices y equilibrados de todo el documento. El capítulo empieza recordando diver-

[29] Cf. WA 18,696; más información en PESCH, *Frei sein,* 399. Para una rápida visión de los problemas que la teología del mérito suscita en el actual diálogo ecuménico puede consultarse en A. GONZÁLEZ MONTES, *Justificados en Jesucristo* (cf. la n.89 del cap.5), 40s (declaración del grupo de luteranos y católicos de los EE.UU. de 1985); 162ss (documento sobre la justificación del pecador del círculo de trabajo de teólogos luteranos y católicos en Alemania de 1985); 179s (2.ª comisión anglicano-católica, declaración de 1986).

sos pasajes del Nuevo Testamento en los que se habla de la recompensa que Dios promete a los hombres por las buenas obras que realizan (cf. 1 Cor 15,58; Heb 6,10; 10,35; Mt 10,22; 2 Tim 4,7s); es la recompensa de la vida eterna que, a la vez, es gracia concedida por la misericordia de Dios a sus hijos por medio de Cristo. No se explica más, por el momento, la relación entre el mérito del hombre y la misericordia y la fidelidad divinas, pero a continuación pasa el concilio a exponer la necesidad de la unión con Cristo para toda obra meritoria y grata a Dios; sólo en virtud de la fuerza divina pueden llevarse a cabo estas obras buenas. El fundamento de esta afirmación se halla en dos textos bíblicos, Ef 4,15 (el influjo de Cristo cabeza en los miembros) y Jn 15,5 (la vida de la vid comunicada a los sarmientos). Sólo de esta unión con Cristo brota la esperanza de la vida eterna, y las buenas obras hechas bajo el influjo de la gracia son manifestación de esta unión. Ahora bien, esto no significa en ningún modo querer establecer «nuestra» justicia independientemente de la de Dios. Porque si bien es verdad que esta justicia, como ya sabemos, no nos es sólo imputada, sino que está «inherente» a nosotros, por otra parte es solamente nuestra en cuanto se nos infunde la justicia propia de Dios por los méritos de Cristo (cf. DS 1527). Hasta las más pequeñas obras que hacemos tienen valor ante Dios (cf. Mt 10,42), pero ello no es razón para gloriarnos en nosotros mismos, sino solamente en el Señor, cuya bondad para con nosotros se muestra en que quiere que sus dones sean méritos nuestros [30]. El capítulo termina recordando que todo hombre está sometido al juicio de Dios y que por tanto ningún juicio humano puede emitir un veredicto sobre la vida del hombre ni penetrar en su corazón (cf. DS 1549).

El concilio de Trento ha renunciado a hacer grandes especulaciones teóricas sobre la esencia del mérito; ha preferido centrarse en lo fundamental, de manera consecuente con la doctrina de la justificación que ha propuesto: hay en el hombre, por los méritos de Cristo, una justicia «inherente» que lo hace ser nueva criatura, lo justifica realmente. Por ello es capaz de realizar obras buenas que «merecen» la recompensa de la vida eterna. Pero estas obras pueden llevarse a cabo sólo con la constante actuación y el permanente influjo de Cristo y de su gracia en nosotros. Por ello son, en primer lugar, un don de Dios; sólo por su bondad infinita este don se convierte en mérito nuestro; por lo que Dios nos da, nos concede él mismo como recompensa la vida eterna. Queda claro por tanto que tampoco para el concilio tridentino la teología del mérito puede ser un apoyo para nuestra autosuficiencia frente a Dios. Es verdad lo contrario. El mérito es

[30] La bella sentencia proviene del *Indiculus* o *Capitula pseudo-Caelestina* (cf. DS 248). Cf. la n.75 del cap.4.

la expresión de la presencia y el influjo constante de Cristo en nosotros que nos hace obrar libremente el bien y nos hace dignos de sus promesas de alcanzar la vida eterna que consiste en la comunión con Dios. Es una manifestación más de la paradoja con que repetidas veces nos hemos encontrado en la antropología teológica: la obra de Dios en nosotros se convierte en nuestra obra, o para decirlo con la célebre frase agustiniana, Dios al coronar nuestros méritos corona sus propios dones [31]. Así como la omnipotencia divina suscita nuestro asentimiento humano y nuestra cooperación, el don de Dios nos hace merecedores de su recompensa. La doctrina del mérito es por tanto una manifestación más de este equilibrio entre la acción soberana de Dios y la libertad humana que repetidas veces hemos visto claramente afirmado. No se puede desconocer el amor todopoderoso del que todo procede, ni tampoco la posibilidad de auténtica plenitud de nuestro ser creatural que se nos concede por la acción de Dios.

Hay otro aspecto de la teología del mérito, al que nos hemos referido en nuestras consideraciones anteriores, que ha de ser expresamente puesto de relieve. En ningún caso podemos pensar en una relación meramente extrínseca entre un trabajo y una retribución entre los que se daría una correspondencia sólo convencional: por un determinado servicio se recibe un salario, por las buenas obras que hacemos en esta vida se recibe la vida eterna. Es claro que este modo de pensar sería incorrecto. Desde el presupuesto de nuestra vida de hijos de Dios, justificados por la fe en Cristo Jesús, toda obra buena inspirada por el Espíritu produce en nosotros una mayor asimilación a Cristo, una más íntima relación con él y consiguientemente una intensificación de nuestra relación filial con el Padre. Precisamente para poner de relieve este aspecto hemos querido tratar del mérito en el contexto de nuestro crecimiento en la gracia. No se trata por tanto de que primariamente se premien nuestras buenas acciones, incluso tampoco es lo esencial el que a nuestro mayor grado de «perfección» personal corresponda una mayor recompensa. Nuestro crecimiento en la gracia es el necesario reflejo en nuestro ser del crecimiento en nuestra relación de amor con el Dios trino y de la intensificación de su presencia en nosotros, nunca al revés. Entre nuestro crecimiento en la gracia y la recompensa de la vida eterna hay una correspondencia intrínseca, aunque no por ello menos gratuita. La vida eterna es la plenitud de la comunión con Dios Padre, mediante Jesús, en el Espíritu Santo. En la posibilidad de esta comunión consiste la «gracia». Dado que esta comunión que se nos ofrece no se realiza sin el momento de nuestra libre aceptación (movida a

[31] *Ep.* 194,5,19 (CSEL 57,190): «...cum Deus coronat merita nostra, nihil aliud coronet nisi munera sua?».

su vez por Dios), Dios se nos da en mayor plenitud en la medida en que aumenta nuestra vida en fe, esperanza y caridad, en la medida en que vivimos la fe que actúa por la caridad (cf. Gál 5,6). Sólo en esto estriba la «recompensa» por nuestra vida y nuestras obras.

Con estas consideraciones queda claro, en primer lugar, que la doctrina acerca del mérito, más allá de las dificultades de interpretación que las palabras pueden causar y de la oportunidad de su uso, nos muestra la radical dimensión escatológica, el valor definitivo, de nuestra vida presente [32]; no se puede desconocer la continuidad radical entre la vida de la gracia y la de la gloria (lo cual no excluye el aspecto de discontinuidad que ha de ser simultáneamente afirmado). Por otra parte se muestra también con evidencia que no podemos tener nunca un derecho estricto a la comunicación libre y amorosa de Dios, ya que de lo contrario ésta no sería tal. Dios nos ha creado para él, y sólo se nos puede dar gratuitamente. Pero porque sabemos que su amor es fiel, la confianza que ponemos en su fidelidad en el cumplimiento de sus promesas nos ofrece mayor garantía que cualquier posesión o derecho que pudiéramos invocar por nuestra parte.

LA VIDA DEL JUSTIFICADO EN FE, ESPERANZA Y AMOR

No pretendemos desarrollar aquí un tratado *de virtutibus*; se trata simplemente de hacer ver la importancia de estas actitudes fundamentales del hombre justificado en la vida propia de los hijos de Dios y de precisar un poco más lo que en el cap.5 ya se insinuaba sobre la relación intrínseca de las tres virtudes teologales y la imposibilidad de separarlas entre sí. Nuestro apartado anterior nos ha hecho ver además la relación estrecha que se da entre la doctrina del «mérito» y la esperanza cristiana.

La tríada de virtudes que en la tradición teológica han sido calificadas de «teologales» se encuentra ya agrupada en el Nuevo Testamento, en particular en los escritos paulinos (cf. 1 Tes 1,3; 5,8; 1 Cor 13,13; Rom 5,1-5; Ef 1,15-18; Col 1,4s; también Gál 5,5s). El concilio de Trento señala por su parte que en la justificación se infunden en el hombre las virtudes de la fe, la esperanza y el amor (cf. DS 1530) [33].

[32] Ha puesto de relieve este aspecto, creo que con acierto, PESCH, *Frei sein,* 405ss.

[33] Cf. para esta cuestión J. ALFARO, *Fides, Spes, Caritas. Adnotationes in tractatum de virtutibus theologicis* (Romae 1963); del mismo, *Actitudes fundamentales de la existencia cristiana,* en *Cristología y antropología* (Madrid 1973), 413-476; del mismo, *Esistenza cristiana. Temi biblici. Sviluppo teologico-storico. Magistero* (Roma 1979); también *Problematica teologica attuale della fede:* Teo 6 (1981) 218-231; M. COZZOLI, *Etica teologale. Fede carità speranza* (Cinisello Balsamo 1991).

Estas tres virtudes, que nunca podemos considerar de manera aislada sino en su mutua interacción, definen toda la vida del cristiano en su relación con Dios y consiguientemente con los hombres. Ya hemos aludido a los rasgos fundamentales de la teología bíblica de la fe, en particular la paulina, al tratar de la justificación. La fe es la confesión de Jesús como Señor y salvador con todo lo que ello implica: reconocimiento de que sólo en él podemos ser justificados, renuncia al intento de salvarnos por nuestro propio esfuerzo. La fe neotestamentaria no se explica sin una profunda referencia cristológica. El Dios en que creemos es el que ha resucitado a Jesús de entre los muertos. Por ello, creer en Dios significa aceptar a Jesús como su Hijo y su Palabra, reconocer que sólo en él tenemos la salvación y que su vida es para nosotros la norma suprema de actuar (cf. Flp 2,5; 1 Cor 11,1). La fe no nos lleva sólo a conseguir la justificación en el momento en que el hombre se inserta en Cristo. Es la actitud fundamental que ha de presidir la vida toda del cristiano.

La actitud de la fe conlleva necesariamente la de la esperanza; es difícil distinguirlas adecuadamente. En efecto, si la fe significa apoyarse en Dios renunciando a toda suficiencia humana y a la tentación de gloriarnos en nuestras propias obras, ha de llevar consigo necesariamente la confianza en que el Señor cumplirá sus promesas. La fe en Jesús resucitado nos remite a la segunda y definitiva venida del Señor, a su manifestación plena en la gloria. De ahí que la fe y la esperanza aparezcan unidas en numerosos pasajes (cf. además de los ya señalados, Ef 1,12s; 4,4s). La salvación, ya real en este momento, es todavía esperada (cf. Rom 8,24). La carta a los Hebreos relaciona con mucha claridad la fe y la esperanza en la tan conocida definición de la fe que nos ofrece: «es la garantía de lo que esperamos, la seguridad de lo que no se ve» (Heb 11,1; cf. también 11,6.39). Por la fe esperaron los antiguos patriarcas y justos del Antiguo Testamento la venida de Cristo, como por la fe esperamos nosotros la realización de la promesa definitiva. Nuestra vida cristiana es un caminar «fijos los ojos en Jesús que inicia y consuma la fe» (Heb 12,2).

También la fe implica en los escritos paulinos el amor. Este es respuesta al amor de Dios al hombre, que siempre precede (cf. Rom 5,5ss; 8,28.31ss; 1 Cor 2,9). La fe se hace operante por la caridad (cf. Gál 5,6; Sant 2,17). Si la fe es la aceptación de la obra de Dios con el reconocimiento de su primacía en todo, el amor es la respuesta activa a esta iniciativa divina que necesariamente ha de manifestarse en nuestro amor al hermano. Si bien, por una parte, la fe es el fundamento de nuestra actitud frente a Dios, en la acogida de sus dones y la respuesta consecuente, por otra Pablo atribuye al amor, en el que se halla la plenitud de la ley, un cierto primado sobre las otras dos virtudes teologales (cf. 1 Cor 13,1-13; Rom 13,8ss; Gál 5,14;

Col 3,14). Aunque Pablo no explicita con frecuencia la unión entre amor de Dios y del prójimo, podemos pensar sin duda que entre los dos se da para él la misma relación íntima que el resto del Nuevo Testamento les atribuye (cf. Mc 12,28-24 par.). El amor no está relacionado sólo con la fe, sino también con la esperanza: «el amor todo lo cree, todo lo espera» (1 Cor 13,7). Parece claro por tanto que las tres virtudes teologales son tres aspectos inseparables de la actitud cristiana ante Dios que se manifiesta también en la actitud ante el hermano.

La fe y el amor (no se habla casi nunca de la esperanza, aunque la dimensión de futuro no está ausente) son también fundamentales en los escritos de Juan. La fe en Jesús es el único camino de salvación (cf. Jn 3,33; 5,24.38.46; 6,36; 8,31.46s; 11,25-27; 1 Jn 3,16; 4,9s, etc.). A la fe acompaña el amor, que es la respuesta al amor de Dios que nos amó primero (cf. Jn 4,10.19, Juan acentúa esta verdad con mayor vigor si cabe que Pablo) y que se ha manifestado en la entrega de Jesús por todos nosotros (cf. Jn 3,16; 1 Jn 4,9). De ahí la necesidad de la respuesta del amor del hombre, distintivo de los que son discípulos de Jesús y creen en él (Jn 13,34s: «en esto conocerán que sois mis discípulos...»; el amor es el decisivo signo distintivo de la comunidad cristiana), y que pide una donación de sí hasta la muerte, a ejemplo del mismo Jesús (cf. Jn 15,13). Aparece además expresada en los escritos joánicos la vinculación íntima entre el amor a Dios y el amor al hermano; no puede existir el primero si no existe el segundo, ya que no puede amar a Dios a quien no ve el que no ama al prójimo a quien ve (1 Jn 4,20). El amor viene de Dios; por ello el que ama ha nacido de Dios, ha sido engendrado por él (cf. 1 Jn 4,7ss; 5,1ss). Sólo los que han nacido de Dios, los hijos, pueden creer y amar; las dos actitudes están íntimamente unidas.

De este breve repaso de algunos textos del Nuevo Testamento se desprende tanto la importancia de las tres virtudes de la fe, la esperanza y el amor, como su mutua implicación. La fe, ante todo, significa la aceptación en nuestra vida de la salvación realizada en Jesús, que es la comunicación al hombre del Dios uno y trino. No se puede reducir la fe al asentimiento intelectual a unas verdades, por más que este aspecto haya de ser tenido siempre en cuenta. La fe es la actitud que nos hace buscar en Dios y no en nosotros nuestra seguridad definitiva (cf. Is 7,9). Por lo mismo significa aceptar la existencia y la salvación como un don, y por ello apoyarse y confiar totalmente en Dios, entregarnos a él libre y enteramente. Ya hemos puesto de relieve en nuestro estudio de la justificación cómo esta noción de la fe ha sido recogida por la constitución *Dei Verbum* 5 del concilio Vaticano II. La fe significa reconocer la trascendencia de Dios, dejar a Dios ser Dios y no tratar de ponerlo nunca a nuestro servicio. Es colocarnos en nuestra situación de criaturas objeto de su amor, hasta el punto de que por nosotros ha dado a su Hijo único.

Precisamente porque todavía no gozamos de la salvación de manera definitiva, la fe tiene una dimensión fiducial, implica confianza en las promesas de Dios y, por consiguiente, esperanza. Solamente en la esperanza puede la salvación recibirse como don y como gracia. La fe y la esperanza llevan consigo a su vez el amor, pues en la renuncia a la afirmación propia y en la confianza en Dios hay al menos un inicio de entrega a él, de apertura personal a su donación, que nace del amor y sólo en amor puede ser recibida [34]. Puede sólo amar quien es capaz de confiarse a Dios y dejarse amar por él.

Sabemos por el testimonio de la Escritura que el amor a Dios y al prójimo no pueden ser separados. La encarnación del Hijo, que en su humanidad se ha hecho el hermano y el prójimo de todos nosotros, es el fundamento último de esta identificación. Pero a veces, tomando como base esta unidad profunda entre estos dos aspectos del amor cristiano, a la vez que el hecho incontrovertido de que es en nuestro amor cotidiano por el hermano donde ha de probarse la autenticidad de nuestro amor a Dios, se corre el riesgo de negar que Dios sea directamente el objeto de nuestro amor. Las actitudes de fe y esperanza en Dios, virtudes que sí tendrían a Dios como objeto directo, nos llevarían a salir de nosotros mismos en el amor al hermano en el que amaríamos a Dios, pero sin que este último fuera destinatario directo de nuestro amor, ya que, a diferencia del prójimo, no tiene necesidad de que le amemos [35]. En realidad, en una tal concepción se oculta una falacia. Es evidente que Dios no necesita de nuestro amor. Pero si solamente podemos amar a los que nos necesitan quitamos al amor su último sentido de gratuidad. Cuando amamos a quien de alguna manera nos necesita, podemos tener la tentación de la autosuficiencia; más aún, bajo la capa del amor se puede ocultar el más sutil de los egoísmos, el de querer tener a los demás en nuestra mano. Cuando nuestro amor se manifiesta en el servicio que prestamos a alguien, de lo que se trata es de que este servicio se haga inútil, de que se supere la situación de necesidad que hace que nuestro hermano deba depender de nosotros [36]. Amar a alguien es

[34] Los maestros espirituales insisten con frecuencia en este punto. Cf. a modo de ejemplo IGNACIO DE LOYOLA, *Ejercicios Espirituales,* 230ss; TERESA DE JESÚS, *Libro de la Vida,* 8,5; JUAN DE LA CRUZ, *Cántico Espiritual,* 19. Y tal vez el más elocuente, BERNARDO DE CLARAVAL, *Sermo* 83,4ss: el amor es el único sentimiento con que podemos responder al Creador, porque «Dios al amar no desea más que ser amado... sabiendo que con este mismo amor serán dichosos los que le aman»; cf. todo el contexto.

[35] Cf. la respuesta que a esta dificultad da ALFARO, *Actitudes fundamentales de la existencia cristiana,* 456ss.

[36] Ya san Agustín ha escrito sobre esta cuestión unas líneas iluminantes, *In 1 ep.*

desear su plenitud, alegrarse de su bien como del propio. El amor de Dios se traduce por tanto en la gratitud, en la alabanza, en el gozo de que él sea Dios. Hacia él va en último término la aspiración del hombre. Si nuestra salvación consiste en ser admitidos, con todos los hombres nuestros hermanos, en la comunión de vida del Dios uno y trino en la filiación divina por Jesús y en el Espíritu, sería absurdo que nuestra respuesta de amor a la llamada divina no tuviera al mismo Dios como primer destinatario. La actitud de amor a Dios, como bien y amor sumo que nos hace partícipes de su vida, ha de ser por consiguiente esencial en nuestra existencia cristiana.

Con lo que acabamos de decir no queremos negar, antes bien al contrario, la importancia del amor a los hombres, inseparable del amor a Dios [37]. Los dos, que en último término no son más que uno, brotan de la misma actitud fundamental. La relación de filiación respecto a Dios implica la fraternidad respecto de todos los hombres. En la inserción y comunión con Jesús que nos hace hijos por el don del Espíritu participamos del amor del propio Jesús por los hombres. El amor hasta la muerte por el hermano (cf. Jn 15,13) es reflejo del amor de Dios manifestado en la entrega del Hijo por nosotros y en la aceptación libre y obediente de Jesús de la voluntad del Padre. Por lo demás, también el verdadero amor al prójimo implica de algún modo el amor a Dios, porque la caridad, en su exigencia incondicional, remite al Absoluto. También aquí es iluminadora la enseñanza de san Agustín: el que verdaderamente ama al hermano no puede no amar al mismo amor [38].

El amor a Dios y al prójimo no es un aspecto parcial de nuestra vida al lado de otros, sino que es el único que puede dar a la existencia humana su unidad e integración. El amor es capaz de abrazar todas las dimensiones de la vida (cf. 1 Cor 13). «La capacidad fundamental de amar es la estructura única, última de la persona, la que la expresa adecuadamente» [39]. Ello es así por la esencial referencia del hombre al Dios amor, que sólo por el amor puede ser «conoci-

Joh. tract.VIII,5 (PL 35,2038): «No debemos desear que haya míseros para que nosotros podamos ejercitar las obras de misericordia. Das pan al que tiene hambre; pero mejor sería que no tuviera hambre nadie...».

[37] Y si el amor de Dios es al primero que nos es mandado, el amor al prójimo es el primero en el orden de la acción según enseña san Agustín, *In Joh. ev.* 17,8 (CCL 36,174): «Dei dilectio prior est ordine praecipiendi; proximi autem dilectio prior est ordine faciendi».

[38] Cf. *In 1. ep. Joh.* tract.IX 10 (PL 35,2052).

[39] K. RAHNER, *Teología de la libertad,* en *Escritos,* VI (Madrid 1967), 210-232, aquí 222; ib., 223: «Se puede hablar del «mandamiento» del amor, pero sin olvidar que esta «ley» no impone *algo* al hombre, sino que le encomienda ser él mismo en cuanto posibilidad del amor en la aceptación del amor de Dios, en el cual éste no da algo, sino que se da a sí mismo»; cf. todo el contexto.

do» (cf. 1 Jn 4,8). Si esta referencia abarca todo el ser humano, se entiende cómo en la calidad del amor que responde al amor fontal divino se juega en definitiva toda nuestra existencia humana: «cada uno es lo que es su amor» [40], es decir, nos convertimos en aquello que amamos.

También la confianza en Dios y la esperanza en él implica una actitud de confianza frente a los hombres; como también la esperanza trascendente nos anima a esperar asimismo, en un compromiso activo, un mundo mejor y más justo. La esperanza en la salvación definitiva, que será obra de Dios, no es obstáculo, sino estímulo, para la acción en el mundo [41]. En definitiva, el mundo que esperamos, aunque no puede identificarse con la figura pasajera en la que vivimos (cf. 1 Cor 7,31; 1 Jn 2,17), será su transformación y liberación definitiva (cf. Rom 8,19ss; 2 Pe 3,13; 9) [42].

La fe, la esperanza y el amor, como actitudes fundamentales del hombre justificado en su relación con Dios, tienen por tanto un inmediato reflejo en la relación con los hombres y en toda la actuación del cristiano en este mundo.

LA EXPERIENCIA DE LA GRACIA

El problema teológico de la experiencia de la gracia está en relación con el de la certeza de la salvación y de la justificación, con el que ya nos hemos encontrado en nuestro estudio de este último tema. El concilio de Trento, oponiéndose a la fe fiducial de Lutero, rechazó que se pudiera conocer con «certeza de fe», que excluye todo error, el propio estado de gracia y justificación (cf. DS 1533s; 1540s; 1562-1565). A partir de este momento la teología católica fue cada vez más reacia a admitir la experiencia de Dios y de la gracia en el común de los cristianos. Diversos movimientos espirituales claramente desviados, de tipo iluminista y quietista (cf., p.ej., DS

[40] «Talis est quisque qualis eius dilectio est»; cf. la n.49 del cap.4. Por ello el hombre que ama a Dios se hace «dios» y quien ama la tierra se hace tierra. Cf. GONZÁLEZ FAUS, o.c., 507; 565-684 sobre la fe, la esperanza y el amor como unificadores del hombre.

[41] Vaticano II, GS 39: «La espera de una tierra nueva no debe amortiguar, sino más bien avivar la preocupación por perfeccionar esta tierra, en la que crece el cuerpo de la nueva familia humana...»; cf. también GS 38.

[42] GS 39: «...lo que fue sembrado bajo el signo de la debilidad y de la corrupción, se revestirá de la incorruptibilidad (cf. 1 Cor 15,42.53), y permaneciendo la caridad y sus obras (cf. 1 Cor 13,8; 3,14) se verán libres de la servidumbre de la vanidad todas las criaturas (cf. Rom 8,18-21), que Dios creó pensando en el hombre»; «...todos los buenos frutos de la naturaleza y de nuestro esfuerzo, después de haberlos propagado por la tierra en el Espíritu del Señor y de acuerdo con su mandato, volveremos a encontrarlos libres de toda mancha...».

2181ss; 2201ss), dieron todavía más ocasión a que esta posición se robusteciera. Con el modo concreto de distinguir entre la «naturaleza pura» y lo «sobrenatural» que durante mucho tiempo estuvo vigente en la escolástica, se tendió también a desplazar del campo de la conciencia todo lo que hacía referencia a la vida de la gracia. Se admitía naturalmente la experiencia de la misma en fenómenos místicos extraordinarios; pero no siempre se pensó en que estas experiencias cristianas pudieran enriquecer la teología [43].

Ya hemos visto en su momento que el concilio de Trento, al excluir la «certeza de fe que excluye todo error» respecto a la propia salvación no quiso eliminar la posibilidad de otros tipos de certeza o de experiencia del agraciamiento divino. Sabemos también que las visiones extrinsecistas del sobrenatural que predominaron en el pasado no gozan ya, por muy buenas razones, del favor de los teólogos católicos. Por otra parte, y salvando la especificidad de ciertas experiencias místicas extraordinarias que Dios concede a algunas personas, no está claro que éstas nada tengan que ver con la experiencia de fe y amor del común de los cristianos.

En realidad, el Nuevo Testamento parece presuponer que existe una cierta experiencia de la gracia, manifestada de modos diversos. Se nos habla, por ejemplo, de una atracción interna del Espíritu Santo a la fe, que, aunque confrontada necesariamente con la palabra de la revelación que se nos anuncia, supone una experiencia interior; así, en los escritos paulinos se menciona la iluminación del corazón (cf. 2 Cor 4,6; Ef 1,17); el testimonio interno del Espíritu de que somos hijos de Dios (cf. Rom 8,16); el conocimiento y el discernimiento (cf. Flp 1,9s; Ef, 3,19), etc. En los escritos de Juan se nos habla también de un testimonio interno del Espíritu (cf. Jn 15,26; 16,3), del conocimiento de Dios dado por el Hijo (cf. 1 Jn 15,20), etc. No parece que podamos interpretar todos estos textos sin incluir el elemento de la experiencia interior del «agraciamiento». El gozo parece ser también una constante en la experiencia de los primeros cristianos, según el Nuevo Testamento. Lo anuncia Jesús (cf. Jn 15,11; 16,20, etc.), es un fruto del Espíritu Santo (cf. Gál 5,22); Pablo bendice a Dios por la consolación que nos da en las tribulaciones y exhorta a los corintios a hacer partícipes a los demás de esta consolación (cf. 2 Cor 1,3ss). Basten estos pocos ejemplos para hacer ver que la idea de la experiencia de la gracia no es en absoluto ajena al Nuevo Testamento. En los Padres se encuentran también puntos de vista semejantes a los neotestamentarios [44].

[43] Sobre la separación entre teología y espiritualidad, cf. el art. ya clásico de H. U. von Balthasar, *Theologie und Spiritualität:* Gr 50 (1969) 571-586.

[44] Cf. los textos recogidos por J. Alfaro, *Fides, Spes, Caritas,* II, 242ss.

Ha sido en gran parte mérito de K. Rahner el que el problema se haya replanteado en la teología católica [45]. Conocemos ya su teoría del «existencial sobrenatural»: si el hombre existe en un orden superior al meramente creatural, este hecho habrá de tener una repercusión, no necesariamente temática, en la conciencia humana. Es claro que no podemos tener una experiencia y un conocimiento directo de Dios que elimine la oscuridad y la problematicidad de la fe. Querer conocer a Dios como conocemos las cosas o personas del mundo que nos rodea significaría reducirlo a una realidad intramundana. Pero de ahí no tiene por qué seguirse que debamos desterrar toda experiencia de lo sobrenatural del campo de nuestra conciencia; nuestro modo de entendernos y experimentarnos ha de reflejar lo que somos. En otro orden de cosas, el discernimiento de espíritus, en el que tanto han insistido los maestros espirituales y de tanta tradición en la Iglesia, no tendría sentido si no se partiera del presupuesto de la posibilidad de una cierta experiencia de Dios en nosotros [46].

¿Cómo podemos entender esta experiencia interior del Espíritu, dado que no se puede tratar de un conocimiento directo e inmediato? El ya citado K. Rahner señala que la presencia divina en nosotros puede ser descubierta cuando hemos sido capaces de ser desinteresados, cuando no hemos buscado la recompensa humana por nuestra acción, cuando hemos amado el bien por el bien, etc.; entonces hemos hecho «la experiencia de que el sentido del hombre no se agota en el sentido y la dicha de este mundo» [47]. Esta experiencia se nos escapa de las manos en cuanto queremos asirla o acapararla: «No se la puede encontrar para reclamarla triunfantemente en propiedad o posesión. Sólo se la puede buscar olvidándose de sí mismo, sólo se la puede encontrar buscando a Dios y entregándose a él con amor desinteresado, sin retornar a nosotros mismos» [48]. Sólo en el olvido de la propia seguridad podemos por consiguiente llegar a Dios; querer tener la garantía de que lo poseemos es precisamente lo que nos hace no encontrarlo. Experimentaremos más a Dios en la medida en que nos abandonamos a él, en que nos olvidamos de nosotros mismos, en que renunciamos a la seguridad de poseerlo. La experiencia de Dios, precisamente por la singularidad de su objeto, ha de tener

[45] Sobre todo en su breve artículo *Sobre la experiencia de la gracia,* en *Escritos de Teología* III (Madrid 1967), 103-107. Un elenco de los otros escritos de R. sobre la cuestión se encontrará en RUIZ DE LA PEÑA, *El don de Dios,* 396; el influjo de R. en el nuevo planteamiento de la cuestión es reconocido por los recientes tratadistas; cf. RUIZ DE LA PEÑA, ib., 394-402; PESCH, *Frei sein,* 341-354; GONZÁLEZ FAUS, *Proyecto de hermano,* 691-705; GANOCZY, *Aus seiner Fülle...,* 327-331.

[46] Cf. a modo de ejemplo IGNACIO DE LOYOLA, *Ejercicios Espirituales,* 175ss; 329ss, entre otros lugares.

[47] *Sobre la experiencia de la gracia,* 105.

[48] Ib., 106.

unas características distintas de las experiencias cotidianas. Sólo lo podemos sentir presente en nosotros en la fe, que, como tantas veces hemos dicho, significa renunciar a fundarnos en nosotros mismos. Jesús vivió su filiación divina abandonándose a la voluntad del Padre, hecho obediente hasta la muerte y muerte de cruz, y no queriendo retener como una presa su igualdad con Dios y su forma divina (cf. Flp 2,6-8).

No podemos dejar de referirnos brevemente al intento de L. Boff de construir prácticamente toda la teología de la gracia sobre la base de la experiencia. Según él, sólo la experiencia de la «gratuidad» es un camino válido de acceso a la reflexión teológica sobre la gracia [49]. Sólo si somos capaces de entender el mundo y la existencia como don podemos entender el regalo que Dios nos hace de sí mismo. De ahí que en la vida personal y social debamos experimentar lo gratuito como lo que da su último sentido a la existencia; solamente si cultivamos el sentido de lo gratuito tal como se nos da en la realidad diaria podemos tener acceso a la experiencia de Dios. Todo esto es verdad. Pero desde el punto de partida de nuestra reflexión teológica podemos también invertir el argumento: todo en el mundo es don, es gracia, porque es reflejo y manifestación del don de Dios en su Hijo y en el Espíritu. Todo ha sido creado por medio de Cristo y camina hacia él; por otra parte la encarnación del Hijo es la primera y mayor gratuidad que pueda pensarse; la «gracia» es así la estructura central de todo cuanto existe. La experiencia de la «gracia» en el sentido estricto permite una nueva experiencia de la gratuidad en todos los órdenes de la vida, porque en todos ellos se puede ver el reflejo de la gratuidad con que el Padre nos ha dado a su Hijo y todas las cosas con él (cf. Rom 8,32). Todo es gracia, porque todo es fruto del amor gratuito de Dios. Cuando en nuestra vida nos dejamos mover por el don de nosotros mismos, cuando obramos movidos por el amor, podemos tener una verdadera experiencia de la gracia, que, como sabemos, es la experiencia de Dios mismo que se quiere hacer presente en nosotros [50].

[49] Cf. o.c., 53ss.

[50] Sobre la cuestión de la experiencia de la gracia y el concepto teológico de la experiencia en general, A. Bertuletti, *Il concetto di «esperienza» nel dibattito fondamentale della teologia contemporanea:* Teo 5 (1980) 283-342; M. Harl, *Le langage de l'expérience religieuse chez les Pères Grecs:* Riv. di storia e lett. rel. 13 (1977) 5-34; G. Langemeier, *Zur Erfahrbarkeit der Gnade:* TGl 70 (1980) 410-413; E. Schrofner, *Gnade und Erfahrung bei K. Rahner und L. Boff:* GuL 59 (1980) 266-280; D. Edwards, *Experience of God and Explicit Faith: a Comparison of John of the Cross and Karl Rahner:* The Thomist 46 (1982) 33-74; X. Pikaza, *Experiencia religiosa y cristianismo* (Salamanca 1981); A. González Montes, *Lugar y legitimidad de la experiencia cristiana:* EE 62 (1987) 131-163; X. Zubiri, *El hombre y Dios* (Madrid 1984), 305-365.

LA DIMENSION ESCATOLOGICA DE LA JUSTIFICACION Y LA FILIACION DIVINA

Mucho de cuanto hemos venido diciendo en los últimos epígrafes nos ha abierto ya el camino para esta reflexión, conclusiva de este capítulo y de algún modo también de nuestro entero tratado sobre la gracia. Sin querer ni siquiera esbozar aquí un tratado de escatología, indicaremos sólo la relación de nuestros temas antropológicos con la consumación definitiva que esperamos. Es una cuestión de interés perenne, y no de actualidad pasajera, la de las relaciones entre la «gracia» y la «gloria», es decir, de la continuidad y la discontinuidad entre la vida actual del justificado y la vida eterna.

Al examinar los pasajes bíblicos referentes a la justicia de Dios, veíamos cómo la revelación de esta justicia en la muerte y resurrección de Jesús significa la irrupción del nuevo eón, caracterizado como el de la salvación definitiva. Esta salvación está ya presente en Cristo, aunque todavía de modo oculto; el cristiano vive en la fe a la espera de la manifestación definitiva del Señor en su segunda venida (cf. 1 Cor 15,22ss). La mayoría de los textos que hacen referencia a la justificación hablan de ella en pasado o en presente. Pero no faltan los lugares en que se habla de ella como de un acontecimiento futuro (cf., p.ej., Rom 2,13; 3,30; 5,19; Gál 5,5). No se trata por supuesto de dos justificaciones distintas, ni podemos tampoco pensar que la dimensión de futuro invalide la realidad presente de la salvación y la justificación en Jesús.

Para entender la tensión entre presente y futuro de la salvación hay que subrayar ante todo que una vez que se han llevado a cabo la muerte y resurrección de Cristo, los acontecimientos que revelan la justicia de Dios y fundamentan la justificación del hombre, se ha entrado ya en el eón definitivo. Si el hombre, en virtud de la fe, hace «suya» la justificación que Cristo le ofrece, no se puede minimizar la realidad de la transformación que en su ser ya ha acaecido. Cuando Pablo habla de la justificación en el futuro, en concreto en Rom 2,13 y 3,30, piensa tal vez en el juicio definitivo de Dios al final de los tiempos; pero basta la lectura de estos textos, del último en particular («no hay más que un solo Dios que justificará a los circuncisos en virtud de la fe, y a los incircuncisos por medio de la fe»), para ver que no se quiere minimizar la realidad de la que ya gozamos. La fe en Jesús es ya viva y operante en los cristianos. En Rom 5,19 («por la obediencia de uno todos serán constituidos justos») tampoco el futuro excluye el presente (cf. Rom 5,1). Frente a la humanidad adamítica se contempla en este lugar el nuevo comienzo que es Cristo, en el que la justificación es ya realidad (cf. 5,17); pero a la vez se vive como futura porque la experiencia de salvación remite a lo que todavía no se posee. También en Gál 5,5 trata de la esperanza cristiana en la promesa de Dios («el Espíritu nos mueve a esperar por la fe los bienes esperados por la justicia»); pero esta esperanza se funda en una realidad presente, el Espíritu recibido por la fe (cf. Gál 3,2.5). La posesión del Espíritu, que es para Pablo ya realidad presente de salvación, es también primicia y prenda de la salvación futura (cf. Rom 8,23; 2 Cor 1,22; 5,5; Ef 1,14). Se trata por consiguiente de una esperanza escatológica que se apoya en lo que ya se posee. Los justificados no pueden esperar la justificación, puesto que ya la han recibido, sino la plenitud y la manifestación definitiva de la misma. El pecado y la muerte ya no tienen dominio sobre los que creen en Jesús, la novedad de Cristo determina ya su existencia. Pero, no obstante, el viejo eón no ha desaparecido todavía; ejerce su influjo en el creyente y puede incluso desviarlo del bien conseguido. El justificado vive en el cuerpo lejos del Señor (cf. 2 Cor 5,6), vive aún en la carne, aunque no según la carne. Por esta razón, nuestra salvación, ya real, es poseída a la vez en esperanza (cf. Rom 8,23ss).

Llegamos a conclusión parecida si tomamos el tema de la filiación divina. Por una parte, según Pablo, somos ya realmente hijos de Dios en Cristo (cf. Gál 3,26; 4,4-7; Rom 8,14-17), aunque por otro lado nuestra filiación no se ha manifestado todavía completamente (cf. Rom 8,23); esperamos para el futuro la plena redención de todo nuestro ser, que coincidirá sin duda con la plena posesión del Espíritu de Jesús que nos hará perfectamente hijos. Por otra parte, y siempre según los textos citados, nuestra condición actual de hijos de adopción nos abre la perspectiva de la futura posesión de la herencia como coherederos de Cristo; desde lo que somos caminamos hacia lo que todavía está por delante. Nuestra plena filiación divina se identifica con la participación en la resurrección de Cristo, cuando llevaremos la imagen del celeste. También Jesús, hijo de Dios desde el principio, fue constituido hijo de Dios en poder por el Espíritu de santidad en virtud de su resurrección de entre los muertos (Rom 1,4). Nuestra posesión actual de la salvación es tal que nos abre en esperanza a la plenitud que vendrá sólo con la manifestación definitiva del Señor. Mientras ésta no acontezca no quedará consumada la obra de Cristo, no habrá llegado a su plenitud su cuerpo que es la Iglesia, y por tanto no tendremos la total posesión de los bienes de que ya gozamos. Sabemos que nunca podemos independizar los dones que poseemos del Señor que nos los da, y que, sobre todo, se da personalmente. Es la configuración con él en la plena comunión con el Padre lo que Jesús quiere realizar en último término en nosotros. Nuestro ser de criaturas nuevas y de hijos en el Hijo lleva a la consumación la vocación inicial a la plena semejanza con Cristo que se alcanzará en la resurrección (cf. 1 Cor 15,49). Por haber resucitado de entre los muertos, Cristo se convierte en el primogénito de los que han muerto (cf. Col 1,18), y también en el primogénito entre muchos hermanos (cf. Rom 8,29). Seremos plenamente hermanos de Jesús e hijos del Padre cuando compartamos plenamente la gloria del primogénito, la herencia que con él nos ha sido reservada (cf. Gál 4,7; Rom 8,17; Ef 1,14). Sólo la plena manifestación de la gloria de Cristo en su parusía llevará a su consumación lo que es ya realidad, aunque imperfecta y amenazada, mientras vivimos en este mundo.

También en los escritos joánicos encontramos esta perspectiva de futuro en relación con la condición de hijos que ya poseemos. Somos ya de verdad hijos de Dios aunque aún no se ha manifestado lo que seremos (cf. 1 Jn 3,2); no vemos todavía a Dios (o a Cristo) tal como es y por tanto no hemos alcanzado la semejanza perfecta. En cualquiera de las dos posibles interpretaciones de este pasaje, que ya conocemos [51], se nos remite al más allá para la definitiva realización de nuestra filiación y nuestra semejanza divina. Una y otra se relacionan a su vez con la visión de Dios, que hay que entender sin duda en el sentido de plena comunión con él (cf. también 1 Cor 13,12).

Por diferentes caminos llegamos a la misma conclusión. El designio último de Dios sobre el hombre, el tenerle como hijo en Jesús, plenamente partícipe de la justicia divina, se va a cumplir cuando Jesús haya culminado su obra y entregue el reino al Padre (cf. 1 Cor 15,25ss). Aunque ya ahora es este designio una realidad, porque con Jesús ha llegado el tiempo definitivo y su resurrección es el acontecimiento escatológico que fundamenta todos los *eskhata* que todavía esperamos. Hay una relación íntima entre la resurrección del Señor, en virtud de la cual ha sido constituido Señor de todo y juez de vivos y muertos, y la parusía en que este juicio se consumará. Pero no solamente nosotros seremos plenamente transformados en aquel momento. Toda la creación tiende también a la plenitud escatológica, el fin último de todo lo creado es ser «nueva creación», nuevos cielos y nueva tierra (cf. Is 65,17; 66,22; Rom 8,19-22; 2 Pe 3,13; Ap 22,1). La primicia de esta nueva creación es Jesús resucitado. La resurrección de Cristo, además de significar para él la manifiesta confirmación por parte del Padre de su vida y de su obediencia, significa para todos nosotros la primicia de la humanidad victoriosa sobre la caducidad de este mundo. La transformación iniciada en Cristo cabeza tendrá sus repercusiones en toda la humanidad y en toda la creación. Si el Vaticano II nos enseña que el misterio del hombre sólo se esclarece en el misterio del Verbo encarnado (cf. GS 22), nosotros podemos añadir que su vocación última se revelará en su participación plena en el misterio del Señor muerto y resucitado.

[51] Cf. el cap.6, nota 18 y texto correspondiente.

CONCLUSION

LA GRACIA, EL DON GRATUITO PARA TODOS LOS HOMBRES

«Dios, nuestro salvador, ... quiere que todos los hombres se salven y lleguen al conocimiento pleno de la verdad. Pues no hay más que un solo Dios y un solo mediador entre Dios y los hombres, el hombre Cristo Jesús, que se entregó a sí mismo en rescate por todos» (1 Tim 2,3-6; cf. también 1 Tim 4,10). No es la primera vez en el curso de nuestro tratado que citamos este texto. Y tal vez ningún otro pasaje bíblico nos puede ofrecer un mejor punto de partida para nuestra reflexión final. En él encontramos formuladas explícitamente y puestas en relación diversas ideas que en el Nuevo Testamento se hallan afirmadas repetidamente, o al menos insinuadas de modo disperso. Dios desea la salvación de todos los hombres; y a la vez Dios mismo es nuestro «salvador», es decir, en su actuación con nosotros se manifiesta como tal. La voluntad de salvación se puede considerar como la clave de su actuación respecto del hombre; todo cuanto existe está incluido en este único plan de salvación; ésta se alcanza por el conocimiento de la verdad, que sin duda no puede considerarse ajena al conocimiento de Jesús y de Dios al que Jesús revela. La unidad del designio salvador tiene su fundamento en la unicidad de Dios y en la unicidad de la mediación de Cristo. Uno solo es el creador y el salvador, que todo lo ha realizado con la mediación de Cristo (cf. Col 1,15-20; 1 Cor 6,8; Jn 1,3.10; Heb 1,2-3). En concreto, la voluntad salvífica de Dios encuentra su expresión y su realización en la obra salvadora y redentora llevada a cabo por el mediador único, el hombre Cristo Jesús, que se ha entregado en rescate por todos.

Dos afirmaciones están íntimamente relacionadas en este pasaje que consideramos: la voluntad salvadora universal de Dios, unida al conocimiento de Cristo, y la realización de la misma en Jesús, mediador único. Es importante notar la articulación de estas dos afirmaciones porque, en diferentes momentos de la historia, la dificultad en la comprensión de cómo la obra salvadora de Cristo podía ser eficaz para todos, ha llevado a posiciones que de hecho parecían cuestionar la voluntad salvífica universal de Dios o, al menos, su eficacia. Por otra parte, en estos momentos se da tal vez la tendencia contraria: la misma dificultad en la admisión de la mediación universal y única del hombre Cristo Jesús, lleva a ciertas tendencias pluralistas a pensar que la salvación que Dios quiere para todos se puede realizar y se realiza de hecho también sin esta mediación o fuera del ámbito de la misma [1].

En el desarrollo anterior de nuestro tratado hemos tenido ya ocasión de mostrar cómo la dimensión sobrenatural es esencial al ser del hombre históricamente existente, el único al que nos referimos en nuestra antropología teológica. Y también que, en las afirmaciones bíblicas y de la tradición de la Iglesia, esta dimensión no puede considerarse con independencia o al margen de Cristo, es decir, prescindiendo de la vocación del hombre a la filiación divina en la configuración plena con Jesús resucitado. No hay «gracia» de Dios para el hombre que no venga mediada por Cristo, y por otra parte ningún hombre viene al mundo al margen de la oferta de esta gracia, aunque a causa del pecado original se vea privado de la misma. Sólo en ella alcanza el hombre su plenitud, que ha de recibir como don y que en ningún caso le es debida. La voluntad salvadora de Dios y la mediación de Cristo tienen por tanto su reflejo en el ser del hombre. Por esto no puede haber contradicción entre la gratuidad del don de Dios, que es él mismo, y el hecho de que él quiera darse a todo hombre. En esta voluntad salvadora se halla el fundamento de nuestro ser: «Puesto que preexistía el Salvador, tenían que venir a la existencia aquellos que iban a ser salvados» [2]. Dios tiene desde siempre, en su ser eterno, la capacidad de salir de sí para salvar, es decir, para llevar a la plenitud a otros seres distintos de sí. Es esta capacidad salvadora, que en la encarnación y en toda la vida humana del Hijo se pone de manifiesto y se ejercita de hecho, la que ha llevado a Dios a la creación del mundo y del hombre en particular. El hombre es por tanto el ser pensado por Dios para poder derramar sus beneficios; con ellos puede el ser humano conseguir la salvación. La restricción de la voluntad salvadora de Dios no va sólo en contra de su bondad; es incompatible con la misma noción teológica del hombre, al menos tal como hemos tratado de desarrollarla en estas páginas. A la vez, cuanto hemos dicho sobre la dimensión supracreatural del hombre y su vocación a la filiación divina nos ha hecho ver cómo

[1] No podemos entrar directamente en el estudio de estas cuestiones; sobre el problema de la salvación fuera de la Iglesia puede verse el reciente volumen de F. A. SULLIVAN, *Salvation outside the Church? Tracing the History of the Catholic Response* (New York 1992); sobre el problema del «pluralismo» religioso, cf. J. HICK-P. KNITTER (eds.), *The Myth of Christian Uniqueness: Toward a Pluralistic Theology of Religions* (New York 1987); y la réplica de AA.VV., *Christian Uniqueness Reconsidered: the Myth of a Pluralistic Theology of Religions* (Maryknoll 1990); J. DUPUIS, *Jesucristo al encuentro de las religiones* (Madrid 1991).

[2] IRENEO DE LYON, *Adv. Haer.* III 22,3 (SCh 211,438): «Cum enim praeexistebat salvans, oportebat et quod salvaretur fieri, uti non vacuum sit salvans»; ib., IV 14,1 (SCh 100,538): «Así, al inicio, Dios plasmó a Adán, no porque tuviera necesidad del hombre, sino para tener en quien colocar sus beneficios».

también la mediación de Jesús determina nuestra vocación última y por tanto nuestro mismo ser.

Dios quiere que todos los hombres se salven en su Hijo Jesús muerto y resucitado, ya que no hay otro nombre en el que podamos ser salvos (cf. Hech 4,10-12). La universalidad de la voluntad salvífica de Dios y la mediación única de Cristo, a pesar de la aparente contradicción que a primera vista pueda haber entre ambas, aparecen relacionadas en el Nuevo Testamento. Precisamente la dificultad de armonizar estas dos afirmaciones ha dado lugar en la historia de la teología al conocido problema de la «predestinación» [3]. No deja de llamar la atención cómo se ha podido llegar a ciertas formulaciones de esta cuestión cuando en el Nuevo Testamento la idea de la predestinación aparece siempre en relación con el misterio de Cristo y nuestra participación en él (cf. 1 Cor 2,7; Rom 8,29s; Ef 1,5.11; cf. también Hech 4,28, la predeterminación de Cristo y el misterio de su muerte y resurrección). El designio de la sabiduría divina oculto hasta la venida de Jesús al mundo tiene precisamente como objeto el mensaje de la salvación, a la que también son llamados los gentiles (cf. Ef 3,5-11). La idea de la predestinación es por tanto fundamentalmente cristológica; en su origen se refiere a la llamada de todos los hombres a la salvación según el designio del Padre anterior a los tiempos, y a la configuración del ser humano según Cristo para que éste sea el primogénito entre muchos hermanos (cf. Rom 8,29s).

No puede hallarse por consiguiente base neotestamentaria a la idea abstracta, desligada del misterio salvífico de Jesús, de una doble predestinación para la salvación o la condenación de la que cada hombre sería objeto en el designio eterno de Dios. En nuestra introducción histórica al concepto de la gracia ya nos hemos referido al problema que se plantea en algunas obras de san Agustín. No le es fácil al obispo de Hipona compaginar justicia y misericordia, la gratuidad y la universalidad de la salvación. Pero también según él Jesucristo en persona es la predestinación y la gracia, y por tanto no hay predestinación a la salvación que no se enraíce en la suya: «la predestinación de los santos es la misma que brilla con todo el esplendor en el Santo de los santos..., pues hemos aprendido que el mismo rey de la gloria, en cuanto el Hijo de Dios se ha hecho hombre, ha sido predestinado» [4]. No se puede negar la profunda inspiración paulina de este pasaje; aunque tal vez haya que echar de menos

[3] Cf. entre los tratados recientes, M. Löhrer, *La gracia como elección del hombre:* MySal IV 2, 737-789; le sigue sustancialmente G. Colzani, *Antropologia teologica,* 217-238; J. I. González Faus, *Proyecto de hermano,* 453-483; J. Auer, *El evangelio de la gracia,* 64-83; A. Ganoczy, *Aus seiner Fülle...,* 135-139; 251-254; ya H. Rondet, *Gratia Christi,* 165-179 *(La gracia de Cristo,* 137-149).

[4] *De praed. sanc.* 15,31 (PL 44,982); cf. también ib., 30 (981-982).

la afirmación explícita de que esta predestinación de los santos en Cristo abraza en principio, en la voluntad de Dios, a la humanidad entera.

El magisterio de la Iglesia ha insistido ya desde muy pronto en la inexistencia de la predestinación al mal y a la condenación eterna (cf. DS 330-342, esp. 333 y 335, concilio Arelatense del 473, abjuración de Lúcido; DS 397, la conclusión del segundo concilio de Orange: «no sólo no creemos que algunos hayan sido predestinados al mal por la potestad divina, sino que, si hay algunos que quieren creer en mal tan grande, los anatematizamos con todo aborrecimiento»; cf. también DS 596, ep. de Adriano I, entre el 785 y el 791). En la época carolingia vuelven a aparecer las tesis extremas sobre la predestinación al mal con el monje Godescalco (que encuentra apoyos para su doctrina, además de en san Agustín, en Isidoro de Sevilla [5]), condenadas también en el concilio de Maguncia del 848, en el de Quiercy del año siguiente y de nuevo en el de Quiercy del 853, presidido por el arzobispo de Reims, Hincmaro; se afirma en este último concilio que no hay más que una predestinación, que se refiere a la gracia o a la retribución de la justicia; por la gracia tenemos libre albedrío para el bien; Dios quiere la salvación de todos (1 Tim 2,4), aunque, se añade, «no todos se salven»; pero en este caso es el que perece el culpable de su condenación (cf. DS 621-624). También sobre el mismo tema volverá a tratar el concilio de Valence del año 855 (cf. DS 625-633); se distingue entre la predestinación al bien y al mal: en la primera, la misericordia divina precede al mérito; en el segundo caso es el mérito de los malos el que precede al justo juicio de Dios; la predestinación al mal no es por tanto tal, sino, en rigor, sólo «presciencia» por parte de Dios de las acciones futuras del hombre (cf. DS 628s).

El problema volverá a aparecer en los tiempos de la Reforma, especialmente con Calvino, quien llegará a afirmar que la predestinación es el decreto eterno de Dios mediante el cual ha determinado lo que quiere que sea la suerte de cada hombre: para algunos ha sido preestablecida la vida eterna, para otros la eterna condenación [6]. El

[5] *Sententiarum* l.II, c.6 (PL 83,606): «Hay una doble predestinación, la de los elegidos para el Reino y la de los réprobos para la muerte. En una y otra se trata del juicio de Dios, que hace que los elegidos sigan siempre las cosas de arriba y las interiores, y permite, abandonándolos, que los réprobos se deleiten siempre en las cosas frágiles y exteriores... Es una disposición admirable de la ordenación suprema, por la cual el justo es justificado todavía más, el impío es ensuciado... Uno quiere ser bueno y no puede, otro quiere ser malo y no se le permite morir»; cf. RONDET, o.c., 173 (143).

[6] *Inst.* III 21,5: (Calvini Opera II 683): «aliis vita aeterna, aliis damnatio aeterna praeordinatur»; cit. por M. LÖHRER, o.c., 753, aunque el propio autor señala que la posición de Calvino es probablemente más matizada de cuanto aparece en esta definición.

canon 17 del decreto tridentino sobre la justificación (cf. DS 1567) repite la enseñanza tradicional; anatematiza al que afirma que la gracia de la justificación sólo alcanza a los predestinados a la vida, pero no a los otros que, aunque llamados, no reciben la gracia y son por tanto en realidad predestinados al mal. Aunque no han llegado a afirmar de manera directa la predestinación para el mal, las doctrinas de los agustinismos postridentinos, según los cuales quedan excluidos del ámbito de la gracia de Dios quienes no se hallan en el ámbito visible de la Iglesia, han significado un reduccionismo de la voluntad salvífica divina y de la eficacia de la redención de Jesús. El motivo paulino de la predestinación en Cristo ha sido también olvidado por estos autores, si no positivamente falseado. Solamente en el marco de la significación universal de Jesús salvador y de la elección de amor por parte del Padre, que tiene en el propio Jesús el primer destinatario (cf. Lc 9,35; 23,35; 1 Pe 2,4), puede tener sentido hablar de la elección y de la predestinación de los hombres.

Ha sido sin duda mérito de K. Barth el haber replanteado en los tiempos modernos esta cuestión (aunque él habla de «elección» más que de «predestinación»), reconduciéndola al fundamento cristológico del que en parte se había alejado [7]. No se puede mantener, según él, el esquema que coloca en el mismo plano la elección y la condenación como si fueran dos posibilidades paralelas. La primera elección es la de Jesucristo, que en cuanto Dios «elige», pero que en cuanto hombre «es elegido». En su elección está la nuestra, ya que él es la cabeza de los elegidos. Dios, en el Hijo, se ha destinado a sí mismo en favor de los hombres, y ha destinado a los hombres para sí; a la vez ha tomado sobre sí el rechazo del hombre a Dios. Junto a la elección de Cristo y frente al rechazo de Israel hay que considerar la elección de la Iglesia; también Dios ha cargado con el rechazo del antiguo pueblo elegido. Tenemos por último la elección de cada hombre; la recibimos por gracia y sin mérito alguno por nuestra parte. En el hombre predestinado acontecen la gracia y el perdón. Por la vinculación íntima que para Karl Barth se da entre Cristo y el hombre, el pecado acaba por convertirse en una «imposibilidad ontológica»; si es posible representar el papel del pecador, del hombre reprobado por Dios, es imposible *ser* tal hombre, pues esta posibilidad, con todas sus consecuencias, la ha destinado Dios para sí en Cristo y, consiguientemente, se la ha arrebatado al hombre [8]. La comunidad de los creyentes tiene que llevar a cada hombre, con el mensaje de Cristo, el testimonio de la elección, que antecede a cada uno, aunque

[7] K. Barth, *Kirchliche Dogmatik,* II/2 (Zürich 1948), 1-563. Dada la extensión de la exposición de B., nos debemos contentar con un resumen muy sumario de la misma.
[8] Cf. ib., 348.

se manifieste en la fe. No es el momento de discutir en detalle las tesis de Barth, que sólo hemos podido presentar en resumen. Bastará notar el peligro contrario a aquel en que han caído los predestinacionistas, que algunos han observado en el gran autor suizo [9]. En efecto, si es insostenible la restricción de la voluntad salvífica de Dios y la predestinación al mal, no tiene tampoco sentido afirmar una salvación de todos con el riesgo de que ésta se realice sin contar con el hombre concreto y con su libertad que sea simplemente automática.

Queda en todo caso fuera de duda que el planteamiento de esta cuestión en el marco cristológico de la elección es el único que garantiza una correcta solución del problema. La elección es, bíblicamente hablando, todo lo contrario del exclusivismo. El elegido ejerce una función para bien de otros. Es una expresión de unión y solidaridad. La elección de Abraham es para la bendición de todos los pueblos de la tierra (cf. Gén 12,3). La misión que Dios confía a Moisés, a Josué y a las otras figuras relevantes del Antiguo Testamento es para bien de todo el pueblo. La elección de Jesús es para la salvación de todos. La Iglesia no es un ámbito exclusivo de salvación que elimina a los que están fuera de ella, sino que es, en Cristo, sacramento, es decir, signo e instrumento de la unión con Dios de todos los hombres (cf. LG 1). Las nociones cercanas de la elección y la predestinación (cf. Ef 1,4s), que sólo reciben su sentido en Cristo, no implican discriminación ni capricho divino, sino inclusión de los hombres en Jesucristo, el Hijo único de Dios, mediador único y universal; en virtud del don del Espíritu, que no conoce fronteras, el Padre da a todos los hombres la posibilidad de unirse al misterio pascual [10].

El misterio de la gracia es, pues, el misterio del amor del Padre a todos los hombres, manifestado en la obra salvadora que ha llevado a término Cristo Jesús. En él hemos sido bendecidos, predestinados y elegidos, en una palabra, «agraciados», antes de la creación del mundo porque Dios Padre, en su designio eterno dado a conocer en los últimos tiempos, ha querido que su Hijo Jesús sea cabeza de todo; en el himno de la carta a los Efesios encontramos compendiada la revelación de la gracia de Dios para toda la humanidad. Con este texto neotestamentario queremos cerrar nuestras reflexiones sobre la gracia que en Cristo nos concede el Padre:

[9] Cf. M. LÖHRER, o.c., 759-761.

[10] Ya hemos citado muchas veces el texto del Vaticano II GS 22: «Cristo murió por todos, y la vocación suprema del hombre es en realidad una sola, es decir, la divina; por ello debemos creer que el Espíritu Santo ofrece a todos la posibilidad de que, del modo a Dios conocido, se asocien a este misterio pascual»; cf. LG 16, etc.; JUAN PABLO II, RM 28: «El Espíritu se manifiesta de manera particular en la Iglesia y sus miembros; pero su presencia y acción son universales, sin límites de espacio ni tiempo».

Bendito sea el Dios y Padre de nuestro Señor Jesucristo,
que nos ha bendecido con toda clase de bendiciones espirituales, en los cielos, en Cristo;
por cuanto nos ha elegido en él antes de la creación del mundo,
para ser santos e inmaculados en su presencia, en el amor;
eligiéndonos de antemano para ser sus hijos adoptivos por medio de Jesucristo,
según el beneplácito de su voluntad,
para alabanza de la gloria de su gracia
con la que nos agració en el Amado.
En él tenemos por medio de su sangre la redención, el perdón de los delitos,
según la riqueza de su gracia,
que se ha prodigado sobre nosotros
en toda sabiduría e inteligencia,
dándonos a conocer el Misterio de su voluntad
según el benévolo designio que en él se propuso de antemano,
para realizarlo en la plenitud de los tiempos:
hacer que todo tenga a Cristo por Cabeza, lo que está en los cielos y lo que está en la tierra...

(Ef 1,3-10) [11]

[11] He usado la traducción de la Biblia de Jerusalén.

INDICE DE NOMBRES